Lehr- und Handbücher der Betriebswirtschaftslehre

Herausgegeben von
Universitätsprofessor Dr. habil. Hans Corsten

Lieferbare Titel:

Produktions-planung und -steuerung

Grundlagen, Konzepte und integrative Entwicklungen

von

John A. Buzacott,
Hans Corsten,
Ralf Gössinger
und
Herfried M. Schneider

Oldenbourg Verlag München

Bibliografische Information der Deutschen Nationalbibliothek

Die Deutsche Nationalbibliothek verzeichnet diese Publikation in der Deutschen
Nationalbibliografie; detaillierte bibliografische Daten sind im Internet über
<http://dnb.d-nb.de> abrufbar.

© 2010 Oldenbourg Wissenschaftsverlag GmbH
Rosenheimer Straße 145, D-81671 München
Telefon: (089) 45051-0
oldenbourg.de

Lektorat: Wirtschafts- und Sozialwissenschaften, wiso@oldenbourg.de
Herstellung: Dr. Rolf Jäger
Coverentwurf: Kochan & Partner, München
Gedruckt auf säure- und chlorfreiem Papier
Gesamtherstellung: Druckhaus „Thomas Müntzer" GmbH, Bad Langensalza

ISBN 978-3-486-59215-3

Vorwort

Ziel des vorliegenden Lehrbuches ist es, Studierenden der Wirtschaftswissenschaften und des Wirtschaftsingenieurwesens die Grundlagen der Produktionsplanung und -steuerung zu vermitteln.

Im ersten Kapitel werden der Objektbereich der Produktionsplanung und -steuerung sowie die planungstheoretischen Grundlagen vorgestellt. Kapitel zwei beschäftigt sich mit den Aufgabenbereichen der Produktionsplanung und -steuerung, wobei an der „klassischen" Struktur festgehalten wird. Im Aufgabenfeld Produktionsplanung werden die Primär- und Sekundärbedarfsplanung sowie die Termin- und Kapazitätsplanung beleuchtet. Bei der Produktionssteuerung stehen die Aufgaben Auftragsfreigabe und Auftragsdurchführung und -überwachung im Zentrum des Interesses. In Kapitel drei werden die sogenannten generischen Konzepte analysiert, wobei eine Unterscheidung in material-, auftragsbestands- und engpaßorientierte Konzepte vorgenommen wird. Damit werden die „traditionellen" Konzepte in breiter Form abgedeckt. Kapitel vier widmet sich weiterführenden Konzepten der Produktionsplanung und -steuerung. Als hybrides Konzept ist dabei das Production-Authorization-Card-System zu nennen, das nicht nur in seiner generellen Struktur dargestellt wird, sondern es wird darüber hinaus gezeigt, wie durch die Parametrisierung generische Konzepte abgebildet werden können. Als flexibilitätsorientiertes Konzept wird die Opportunistische Koordinierung vorgestellt. Neben der Betrachtung der Grundprinzipien werden die strukturellen Konsequenzen für den Aufbau der Produktionsplanung und -steuerung aufgezeigt und für die einzelnen Teilaufgaben Entscheidungsmodelle formuliert. Die Erweiterungen des Aufgabenbereiches durch Enterprise Resource Planning und Advanced Planning bilden den Abschluß des Buches.

Danken möchten wir Frau Dipl.-Wirt.-Math. Sandra Hallek und Herrn Dipl.-Wirt.-Ing. Hagen Salewski für die tatkräftige Unterstützung bei der drucktechnischen Aufbereitung dieses Buches. Schließlich danken wir Herrn Dr. Jürgen Schechler vom Oldenbourg Verlag für die erneut gute Zusammenarbeit.

John A. Buzacott   Hans Corsten   Ralf Gössinger   Herfried M. Schneider

Inhaltsverzeichnis

Abbildungsverzeichnis

Abkürzungsverzeichnis

APS	Advanced Planning Systems	Habil.	Habilitationsschrift
Aufl.	Auflage	Hrsg.	Herausgeber
Bd.	Band	hrsg.	herausgegeben
BDE	Betriebsdatenerfassung	i.a.	im allgemeinen
bspw.	beispielsweise	i.d.F.	in der Fassung
BWL	Betriebswirtschaftslehre	i.d.R.	in der Regel
bzgl.	bezüglich	i.d.S.	in diesem Sinne
bzw.	beziehungsweise	i.e.S.	im engeren Sinne
ca.	circa	IKT	Informations- und Kommunikationstechnik
CAD	Computer-Aided Design		
CAE	Computer-Aided Engineering	insb.	insbesondere
CAM	Computer-Aided Manufacturing	i.S.	im Sinne
		i.S.d.	im Sinne der, des
CAO	Computer-Aided Organization	i.S.v.	im Sinne von
CAP	Computer-Aided Planning	i.V.m.	in Verbindung mit
CAQ	Computer-Aided Quality Assurance	i.w.S.	im weiteren Sinne
		Jg.	Jahrgang
CAT	Computer-Aided Testing	JiT	Just in time
CIM	Computer Integrated Manufacturing	lfd.	laufend, -e
		m.a.W.	mit anderen Worten
CNC	Computerized Numerical Control	Mio.	Millionen
		Mrd.	Milliarde
c.p.	ceteris paribus	MRP	Material Requirements Planning
dgl.	dergleichen		
d.h.	das heißt	MRP II	Manufacturing Resource Planning
Diss.	Dissertation		
div.	diverse	Nachdr.	Nachdruck
DNC	Direct Numerical Control	NC	Numerical Control
ed.	edition, edited	n.F.	neue Fassung
EDV	Elektronische Datenverarbeitung	N.F.	Neue Folge
		No.	Number
ERP	Enterprise Resource Planning	Nr.	Nummer
einschl.	einschließlich	o.a.	oben angegeben (-e, -er)
et al.	et alii (und andere)	o.ä.	oder ähnliche
etc.	et cetera	o.g.	oben genannt, -e
evtl.	eventuell	o.J.	ohne Jahr
f.	für; folgend	o.O.	ohne Ort (Verlagsort)
ff.	fortfolgend	OR	Operations Research, Operational Research
FFS	Flexibles Fertigungssystem		
F&E	Forschung und Entwicklung	o.V.	ohne Verfasser
ggf.	gegebenenfalls	p.	page
H.	Heft	p.a.	per annum

PC	Personal Computer	u.a.m.	und andere(-s) mehr
PPS	Produktionsplanung und -steuerung	u.ä.	und ähnliches
		u.E.	unseres Erachtens
rd.	Rund	usw.	und so weiter
ROI	Return on Investment	u.U.	unter Umständen
R&D	Research and Development	v.	von
S.	Seite	vgl.	vergleiche
s.o.	siehe oben	v.H.	vom Hundert
sog.	sogenannter, -e, -es	Vol.	volume
Sp.	Spalte	vs.	versus
s.u.	siehe unten	z.B.	zum Beispiel
Tab.	Tabelle	z.T.	zum Teil
Tsd.	Tausend	z.Zt.	zur Zeit
u.a.	und andere; unter anderem	zzgl.	zuzüglich

Symbolverzeichnis

Variablen, Parameter, Mengen:

a	Lageparameter
A	Auftrag
an	Anteil
AS	Additionsspaltenvektor
AZ	Additionszeilenvektor
b	Steigungsmaß
BU	Budgetvektor
c	Kapazitätsbedarf
C	Kapazität
CN	Kundenauftrag/Produktart-Matrix
CU	Loseinheit/Kundenauftrag-Zuordnungsmatrix
d	Dauer
D	Nachfrage
e	Prognosefehler
E	Erwartungswert
f	Dichtefunktion
F	Verteilungsfunktion
g	Gewicht
G	Gewinn
h	Produktionskoeffizient, Direktbedarf
JM	Auftragsmenge
JN	Produktionsauftrag/Produktart-Matrix
JO	Produktionsauftrag/Arbeitsgang-Matrix
k	Kostensatz
K	Kosten
L	Liefertermin
m	Stückdeckungsbeitrag
M	Gesamtdeckungsbeitrag
MZ	mittelfristige zyklische Schwankungen
n	Anzahl der beobachteten Werte
NO	Produktart/Arbeitsgang-Matrix
NP	Anzahl der möglichen Parallelbearbeitungen
P	Leistung
pr	Rentabilität
q	Qualitätsniveau
r	Produktionsfaktor
re	Relation
rk	Regressionskonstante
rw	prozentualer Wertanteil
S	Saisonkomponente
SJ	Bearbeitungseinheit/Auftrags-Zuordnungsmatrix
SO	Matrix der potentiellen Bearbeitungsmöglichkeiten (Maschinen)
ST	Auftragsstatus-Vektor
sy	saisonale und irreguläre Komponente
t	Zeit
T	tag (Karte)
tr	Prognoseperiode
TR	Trendfunktion
u	Ausprägung
U	Störvariable
UJ	Produktionsauftrag/Loseinheit-Zuordnungsmatrix
UN	Loseinheit/Produktart-Matrix
v	Geschwindigkeit
w	Wert
W	Nutzwert
WO	Matrix der potentiellen Bearbeitungsmöglichkeiten (Werkzeuge)
WS	Werkzeug/Maschinen-Kombinationszustand
x	Gütermenge
X	Güterart
y	Schlupfvariable
Y	irreguläre Komponente
z	Verflechtungsbedarf
Z	Summe quadrierter Abweichungen
ZF	Zeitfenster
ZY	Zykluslänge
α, β, γ	Gewichtungsfaktor, z.B. Glättungsparameter
Δ	Abweichung
ε	sehr kleine Zahl

κ	Zeitfond	CTP	Capable to Promise
μ	Mittelwert, Erwartungswert	DI	Distribution
ν	Sicherheitsfaktor	DL	Durchlauf
ρ	Korrelationskoeffizient	e	Echelon
σ	Standardabweichung	END	Ende, Stopp
φ	Zeitverzögerung	F	Fix
Φ	Flexibilitätsindikator	FE	Fehlbestand (Back order,
χ	Zufallsvariable der Nachfrage		Backlog, Lost sales)
ω	Binärvariable	K	Kombination
Ω	sehr große Zahl	KA	Kombinationsänderung

Indizes:

KUM Kumuliert

a	Jahresindex $\left(a = 1,...,A\right)$	L	Liefertermin
c	Kundenauftrag $\left(c = 1,...,C\right)$	LA	Lagerung
h	Wertebereich/Wertemenge	Los	Los
	$\left(h = 1,...,H\right)$	max	Maximal
i	Maßnahme $\left(i = 1,...,I\right)$	min	Minimal
j	Produktionsauftrag $\left(j = 1,...,J\right)$	MT	Material tag
ℓ	Numerierung der Werte einer	NIV	Niveau
	Zeitreihe $\left(\ell = 1,...,L\right)$	OT	Order tag
m,m$'$	Gut $\left(m, m' = 1,...,M\right)$	PAC	Production Authorization Card
n, n$'$	Gut $\left(n, n' = 1,...,N\right)$	PL	Plan
o	Arbeitsgang $\left(o = 1,...,O\right)$	PR	Produktion
q	Saisonperioden $\left(q = 1,...,Q\right)$	PT	Process tag
s, s$'$	Stufe, Bearbeitungseinheit	R	Rüstvorgang
	$\left(s, s' = 1,...,S\right)$	RA	freigegeben (already released)
t	Zeitpunkt/Periode $\left(t = 0, 1,...,T\right)$	RD	noch nicht freizugeben (release
u, u$'$	Loseinheit $\left(u, u' = 1,...,U\right)$		delay)
w	Werkzeug $\left(w = 1,...,W\right)$	RDE	noch nicht freizugeben und frei-
π, π'	Anzahl der Perioden $\left(\pi, \pi'\right.$		zugeben
	$\left. \pi, \pi'\right)$	RE	Freigabe (release)
τ	Teilperiode $\left(\tau = 1,...,T\right)$	REA	freigegeben und freizugeben

REF Referenz

Superskripte:

AB	Abgang	RP	freigebbar (release possible)
AF	Abruf	RT	Requisition tag
AL	Auslieferung	SI	Sicherheitsbestand
ANF	Anfang, Start	SN	Sanktion
ANP	Anpassung	TR	Transfer, Transport
AS	Arbeitssystem	V	Vorauswahl
ATP	Available to Promise	WB	Wiederbeschaffung
BE	Beschaffung	WIP	Work in process
BS	Belastungsschranke	ZU	Zugang

Kan Kanban

KB Kombinationsbeibehaltung

Δ	Abweichung	$\overset{\smile}{\circ}$	Vorgänger von $\circ$
ε	Äquivalenz	$\overline{\circ}$	Istwert von $\circ$
η	kritisch	$\overline{\overline{\circ}}$	Sollwert von $\circ$
$\overset{\wedge}{*}$	Maximum	$\overset{\cdot\cdot}{\circ}$	Anfangswert von $\circ$
$\overset{\smile}{*}$	Minimum		
$*$	Optimum		**Operationen:**
$+$	positiv	$*$	Matrizenmultiplikation
$-$	negativ	$\otimes$	Zellenweise Multiplikation von Matrizen oder Vektoren
	Markierungen:	$\div$	Zellenweise Division von Matrizen oder Vektoren
$\overset{\frown}{\circ}$	Mittelwert von $\circ$	zmin	Zellenweises Minimum von Matrizen gleicher Dimension
$\overset{\frown}{\circ}$	Nachfolger von $\circ$	zmax	Zellenweises Maximum von Matrizen gleicher Dimension
$\hat{\circ}$	Prognosewert von $\circ$		

1 Einführung

1.1 Produktionsplanung und -steuerung und ihr Objektbereich

Unter *Planung* wird allgemein diejenige Phase im Managementprozeß einer Unternehmung verstanden, in der eine systematische Vorbereitung und Gestaltung zukünftigen Handelns auf der Grundlage von Annahmen über zukünftige Entwicklungen des zu planenden Objektes und seiner Umwelt erfolgt. Als Teil des Willensbildungsprozesses obliegen ihr die Aufgaben, zu erreichende Ziele festzulegen, Maßnahmen zur Zielerreichung zu identifizieren, den durch deren Realisation zu erwartenden Zielbeitrag abzuschätzen, zwischen alternativ realisierbaren Maßnahmen auszuwählen und die Ausführung der gewählten Maßnahmen vorzubereiten (vgl. z.B. Hahn/Hungenberg 2001, S. 45 f.). Planung ist somit ein geistiger Akt zur Lösung von Entscheidungsproblemen unter Beachtung von Zielvorstellungen (vgl. Klein/Scholl 2004, S. 2), d.h., es geht um die gedankliche Vorwegnahme zukünftiger Handlungen. Mit dieser begrifflichen Abgrenzung werden mehrere Merkmale der Planung angesprochen:

- *Planung ist zukunftsorientiert* und geht damit bedingt durch die Unvollkommenheit der verfügbaren Informationen mit Unsicherheiten hinsichtlich der zukünftigen Entwicklung einher.
- *Planung ist die gedankliche Vorwegnahme zukünftiger Handlungen*, d.h., sie erfolgt nicht unüberlegt, sondern sie wird von Vorstellungen über in der Zukunft liegenden Ereignissen geleitet und in systematischer Weise vollzogen.
- *Planung ist zielorientiert*, d.h., sie dient der Festlegung und Gestaltung von zukünftigen Zuständen.

Ergebnis dieses Prozesses sind Pläne, d.h. ein System von Vorgaben, das den Handlungsspielraum der Ausführenden durch Festlegung quantitativer (zeitlicher, mengenmäßiger und wertmäßiger) und qualitativer Sollgrößen, der zur Erreichung der Sollgrößen zu vollziehenden Maßnahmen und der dabei zur Verfügung stehenden Mittel einengt und strukturiert, sowie die Dokumentation der wesentlichen Grundlagen, auf denen die Vorgaben beruhen (vgl. Delfmann 1989, Sp. 1371; Szyperski/Mußhoff 1989, Sp. 1433). Um die Zielerreichung sicherzustellen, wird durch die *Kontrolle* mit Hilfe von Soll-Ist-Vergleichen festgestellt, ob diese Vorgaben bei der Planumsetzung erfüllt werden. Identifizierte Abweichungen bilden dann den Ausgangspunkt für weiterführende Analysen, in denen deren Ursachen und adäquate Korrekturmaßnahmen zu ergründen sind. Die bestehenden Differenzen werden darauf aufbauend durch das Einleiten von Korrekturmaßnahmen beseitigt (Lenkung). Kontrolle dient damit der Versorgung der Planung mit Feedback-Informationen (vgl. Ossadnik 2008, S. 10 f.).

Ist das Planungsproblem einer Unternehmung sehr umfassend, bietet es sich aus Gründen der Handhabbarkeit an, die Gesamtplanung und den daraus entstehenden Unternehmungsplan in Teilplanungen bzw. Teilpläne zu zerlegen. Diese Dekomposition wird in der Betriebswirtschaftslehre auf der Grundlage unterschiedlicher Kriterien vorgenommen (vgl. z.B. Klein/Scholl 2004, S. 15 ff.; Pfohl/Stölzle 1997, S. 73 f.):

- Nach der *Stärke und Dauer der Wirkungen*, die ein Plan entfaltet, wird zwischen strategischer, taktischer und operativer Ausrichtung unterschieden (vgl. Anthony 1965, S. 15 ff., zu weiteren Möglichkeiten der Unterteilung nach diesem Kriterium vgl. Hahn/Hungenberg 2001, S. 104 ff.). In diese Einteilung fließen die Fristigkeit, die Kapitalbindung und die Korrigierbarkeit von Entscheidungen ein.

- Nach dem Kriterium *Planungsumfang* wird zwischen Total- und Partialplanung unterschieden.

- Der Bezug zu *betrieblichen Funktionsbereichen* (Verrichtungsarten) geht mit einer Differenzierung zwischen den Plänen der dispositiven Kernfunktionen Planung und Organisation, der ausführenden Kernfunktionen Beschaffung, Produktion und Absatz sowie der Randfunktionen, wie etwa Lagerung, Transport, F&E, Rechnungswesen und Qualitätspflege einher (zu dieser Differenzierung von Funktionen vgl. Zelewski 2008, S. 65 ff.).

- Die Pläne können auf einzelne *Güterarten* fokussiert sein, um den Spezifika realer (z.B. Personal, Anlagen, Material, Technologien) und nominaler Objekte (z.B. Geld, Darlehenswerte, Beteiligungswerte) Rechnung zu tragen.

- Der Planfokus kann auf einem speziellen *Gestaltungsbereich* liegen, wobei zwischen Programm-, Potential- und Prozeßgestaltung unterschieden wird (vgl. Kern 1992, S. 83).

Die Anwendung des Kriteriums Stärke und Dauer der Erfolgswirkungen geht mit einer vertikalen Differenzierung von *Plänen mit Über-/Unterordnungsbeziehungen* einher (Strukturierung). Es entsteht eine Planhierarchie, die dadurch gekennzeichnet ist, daß ein übergeordneter Teilplan den Rahmen der untergeordneten Teilpläne absteckt und untergeordnete Teilpläne den übergeordneten Teilplan konkretisieren (vgl. Schneeweiß 1992, S. 76 f. und S. 82 ff.). Untergeordnete Teilpläne weisen somit einen geringeren Problemumfang und einen höheren Detaillierungsgrad als übergeordnete Teilpläne auf (vgl. Koch 1972, S. 226 f.). So enthalten strategische Pläne grundsätzliche Festlegungen mit langfristiger Wirkung (echte Führungsentscheidungen; vgl. Gutenberg 1983, S. 140), die auf die Schaffung und Erhaltung der Wettbewerbsfähigkeit (vgl. Zäpfel 2000b, S. 2) gerichtet sind (z.B. Unternehmungsziele, generelle Betätigungsfelder der Unternehmung auf dem Markt, Entwicklung und Abstimmung von Kernkompetenzen der Unternehmung). Diese Festlegungen werden durch taktische Pläne inhaltlich, etwa im Hinblick auf die Breite und Tiefe des Produktprogramms sowie die kapazitative Ausstattung konkretisiert. Operative Pläne umfassen laufende Anpassungsentscheidungen, die sich auf die im taktisch vorgegebenen Rahmen abzusetzenden, zu produzierenden oder zu beschaffenden Gütermengen, die dabei auszuführenden Prozesse und zu nutzenden Ressourcen beziehen.

Zwischen über- und untergeordneten Teilplänen bestehen wechselseitige Abhängigkeiten in sachlicher und zeitlicher Hinsicht. Einerseits determiniert der übergeordnete Plan die Rahmenbedingungen des untergeordneten Planes, und gleichzeitig ist der Erfolg des übergeordneten Planes vom Erfolg des untergeordneten Planes abhängig (vgl. Wild 1974, S. 189). Anderseits entsteht durch die unterschiedliche zeitliche Reichweite von über- und untergeordnetem Plan eine Wechselwirkung: Der untergeordnete Plan mit kürzerem Zeithorizont ist in Abhängigkeit von den Maßnahmen zu erstellen, die im übergeordneten Plan außerhalb des Zeithorizontes des untergeordneten Planes vorgesehen sind und gleichzeitig kann die Wahl zwischen den bei der Erstellung des übergeordneten Planes zur Disposition stehenden längerfristigen Maßnahmen nicht ohne Kenntnis des untergeordneten Planes erfolgen (vgl. Wild 1974, S. 174 f.). Um die Teilpläne aufeinander abzustimmen, werden in der Literatur zur Berücksichtigung der sachlichen Interdependenzen die Top-down-bottom-up-Vorgehensweise (Gegenstromprinzip; vgl. Wild 1974, S. 196 ff.) bei der Planerstellung und zur Berücksichtigung der zeitlichen Interdependenzen das Konzept der rollierenden Planung (vgl. Ritter von Escherich 1851, S. 81 ff.) empfohlen (vgl. Adam 1996, S. 380; Agthe 1963, S. 116 f. und Abschnitt 1.2.2).

Von einer *Totalplanung* wird in der Betriebswirtschaftslehre dann gesprochen, wenn sich die Planung auf alle Funktionsbereiche einer Unternehmung und auf die gesamte Lebensdauer der Unternehmung bezieht. Diese Beschreibung macht deutlich, daß ein Totalplanungsmodell keine realistische Option darstellt (vgl. Adam 1996, S. 93 f.). Demgegenüber bezieht sich eine *Partialplanung* nur auf einen Teilbereich der Unternehmung und/oder einen verkürzten zeitlichen Horizont. Eine Partialplanung ist somit nicht in der Lage, alle sachlichen und zeitlichen Interdependenzen zwischen den relevanten Bereichen zu erfassen (vgl. Abschnitt 1.2.2).

Aus den *Unterscheidungen nach Funktionsbereichen, Güterarten oder Gestaltungsbereichen* resultiert eine Segmentierung (horizontale Differenzierung) des Unternehmungsplanes in gleichgeordnete Teilpläne. Zwischen diesen Teilplänen bestehen aufgrund von partiellen Überlappungen der Entscheidungsfelder sachliche Interdependenzen, die, um die Eignung der Teilpläne sicherzustellen, eine Abstimmung der Teilpläne erforderlich machen (vgl. Mag 1999, S. 43 ff.). So beeinflußt etwa der Absatzplan den Produktionsplan und die in der Produktion entstehenden Kosten. Gleichzeitig wird aber im Rahmen der Absatzplanung die Kenntnis der Produktionskosten vorausgesetzt. Eine grobe Abstimmung gleichgeordneter Teilpläne kann dadurch erfolgen, daß sie in einen übergeordneten Plan integriert und dadurch in aggregierter Form simultan geplant werden. Zur Detailabstimmung der Teilpläne wird gemäß dem „kurzfristigen Ausgleichsgesetz der Planung" (vgl. Gutenberg 1983, S. 164 ff.) empfohlen, den Teilplan als Ausgangspunkt der Planung zu wählen, in dem die stärksten Engpässe erwartet werden, und die anderen Teilpläne auf diesen Plan auszurichten. „Kurzfristig regelt der Engpaß die Gesamtplanung auf sich ein." (Gutenberg 1983, S. 165).

Produktionsplanung ist somit eine Partialplanung für den funktionalen Teilbereich der Unternehmungsplanung, der sich auf die Sachverhalte der betrieblichen Produktion bezieht. Sie ist einerseits mit den anderen funktionalen Teilbereichen, wie Beschaffungs- und Absatzplanung, insofern abzustimmen, als sie sich auf dieselben Güterarten oder Gestaltungsbereiche bezieht und zwischen den Zielen der Teilplanungen konkurrierende Beziehungen bestehen. Anderseits ordnet sich die Produktionsplanung der (aggregierten) Unternehmungsplanung unter, ist also neben anderen Planungen Mittel zur Erreichung der Unternehmungszwecke. Gleichzeitig umfaßt die Produktionsplanung Teilplanungen mit strategischer, taktischer und operativer Ausrichtung.

Als *Produktion* wird dabei die sich in betrieblichen Systemen vollziehende Gütertransformation zur Hervorbringung von absetzbaren Endprodukten oder dafür benötigten Zwischenprodukten unter Maßgabe der Formalziele bezeichnet (vgl. Corsten/Gössinger 2009, S. 2; Kern 1979, Sp. 1652). Bei der *Gütertransformation* werden durch die Anwendung technischer oder konzeptioneller Verfahren, in die mehrere Güterarten involviert sind, Substanzeigenschaften (stoffliche und energetische Eigenschaften) oder Beziehungseigenschaften (im Hinblick auf Objekte, Zeit und Raum) mindestens eines Gutes so verändert, daß es nicht mehr derselben Güterart zuzuordnen ist[1]. Die Güterbestände vor und nach dem Verfahrensvollzug unterscheiden sich folglich, wobei Güterarten, deren Bestand erhöht (nicht erhöht) wird, als Outputgüter (Inputgüter) bezeichnet werden. Häufig erfolgt die Gütertransformation mehrstufig, d.h., es werden sukzessive mehrere Verfahren durchgeführt, so daß Outputgüter eines Verfahrens gleichzeitig Inputgüter eines anderen Verfahrens sein können. Damit lassen sich drei grundlegende *Güterklassen der Produktion* bilden:

- Originäre Produktionsfaktoren sind in mindestens einem Verfahren Input und in keinem Verfahren Output. Sie bilden die Schnittstelle zwischen Beschaffung und Produktion.
- Derivative Produktionsfaktoren oder Zwischenprodukte sind in mindestens einem Verfahren Output und in mindestens einem anderen Verfahren Input.
- Endprodukte sind in keinem Verfahren Input und in mindestens einem Verfahren Output. Sie bilden die Schnittstelle zwischen Produktion und Absatz.

Die Vielfalt an Outputgütern erfordert unterschiedlichste Verfahren zu ihrer Herstellung. Aus diesem Grunde erfolgt im vorliegenden Buch eine Einschränkung auf diskrete materielle Produkte (Stückgüter). Unter dem Begriff „*Produktionsplanung und -steuerung*" wird im folgenden, wie in der Literatur üblich, die operative Produktionsplanung subsumiert, da sie im Rahmen einer gegebenen kapazitativen Ausstattung der Unternehmung und eines gegebenen Produktionsprogramms erfolgt: „Wenn man heute von Produktionsplanung und -steuerung und von PPS-Systemen spricht, meint man im allgemeinen die Planung und Steuerung auf der operativen Ebene." (Kurbel 2005, S. 6). *Aufgaben* der Produktionsplanung und -steuerung sind die aufgrund erwarteter Nachfrage oder vorliegender Kundenaufträge und unter Beachtung der verfügbaren Kapazität erfolgende

---

1) In der industriellen Produktion gelangen vor allem technische Verfahren zur Anwendung, die der Gewinnung, Verarbeitung und Bearbeitung von Gütern dienen (vgl. Zäpfel 2001, S. 2 f.).

- Festlegung des Vollzugs zukünftiger Produktionen in mengenmäßiger und zeitlicher Hinsicht,
- Überwachung der aktuell zu vollziehenden Produktionen und
- Durchführung korrigierender Maßnahmen bei nichttolerierbaren Abweichungen aktuell zu vollziehender Produktionen von ihren Vorgaben.

In der Literatur besteht weitgehend Übereinstimmung darüber, daß *Produktionsplanung* diejenigen Koordinationsaktivitäten umfaßt, die vor dem Vollzug des zu koordinierenden Produktionsprozesses durchgeführt werden, während die Aktivitäten der *Produktionssteuerung* produktionsprozeßbegleitend mit dem Ziel erfolgen, bei nichttolerierbaren Abweichungen zwischen geplanter und im Prozeß der Realisierung befindlicher Produktion Maßnahmen zu ergreifen, um Soll- und Ist-Größen wieder in Einklang zu bringen (vgl. Schütte/Siedentopf/Zelewski 1999, S. 144 f.). In kybernetischer Sicht handelt es sich bei der Produktionssteuerung jedoch nicht um eine Steuerung, sondern um eine Regelung, die Rückkoppelungen als Feedback-Informationen beinhaltet und bei Abweichungen einen Korrekturprozeß auslöst, der auf ein vorgegebenes Ziel ausgerichtet ist[1] (vgl. Klaus 1969, S. 521 ff.). Im folgenden wird aber an der etablierten Einteilung in Produktionsplanung und -steuerung festgehalten. Diese begriffliche Differenzierung ist zwar historisch gewachsen, läßt sich aber auch inhaltlich durch die bei der Gestaltung von Produktionen bestehende Unsicherheit von Ressourcenverfügbarkeit, Prozeßdurchführung und -ergebnis begründen. Unsicherheit bedeutet dabei, daß die Informationen über die beim Produktionsvollzug eintretenden Systemzustände zum Planungszeitpunkt unvollständig sind. Die Planung muß deshalb von noch unbekannten Details abstrahieren und zukünftige Produktionsprozesse so festlegen, daß sie bei Eintritt alternativ möglicher Systemzustände durchführbar sind und positive Zielbeiträge erwartet werden können. Besteht bei einer solchen unvollständigen Planung die Hoffnung, fehlende Detailinformationen im Zeitablauf zu erhalten, bevor die Ausführung des Produktionsprozesses abgeschlossen ist, dann erscheint es zweckmäßig, diese Informationen in den Steuerungsentscheidungen zu berücksichtigen, die die unvollständige Planung im Nachhinein ergänzen. „Ohne die Unvollständigkeit der Produktionsplanung und die Unsicherheit des Produktionsvollzugs entfiele die ‚Existenzberechtigung' einer eigenständigen Produktionssteuerung, die erst während der Prozeßausführung in die Gestaltung von Produktionsprozessen eingreift." (Schütte/Siedentopf/Zelewski 1999, S. 145).

Die Aufgaben der Produktionsplanung und -steuerung werden in der betriebswirtschaftlichen Literatur nicht einheitlich in *Teilaufgaben* zerlegt (vgl. den systematischen Überblick bei Haupt/Klee 1986, S. 341 ff.). Die Unterschiede in den Einteilungen sind dabei terminologischer und inhaltlicher Natur. Um eine inhaltliche Konkretisierung vorzunehmen, sei in Anlehnung an das *3-P-Konzept* (vgl. Kern 1992, S.

---

1) Unter Steuerung wird in der Kybernetik eine reine Vorwärtskoppelung verstanden.

83) zwischen den Bereichen Programm-, Potential- und Prozeßgestaltung unterschieden[1]:

- Durch die *Produktionsprogrammgestaltung*[2] wird das operative Sachziel der Unternehmung festgelegt, d.h. die Mengen der End- und Zwischenproduktarten, die in den einzelnen Teilperioden des Planungszeitraumes von den einzelnen Produktionsstellen erzeugt werden sollen. Die Festlegung erfolgt unter Berücksichtigung der Nachfrage und der kapazitativen Gegebenheiten mit dem Ziel, den Deckungsbeitrag zu maximieren.

- In der *Potentialgestaltung* werden Festlegungen über die Bereitstellung der zur Realisierung des Produktionsprogramms einzusetzenden Produktionsfaktoren getroffen[3]. Schwerpunktmäßig geht es um die Ermittlung von Material-Nettobedarfen und die Bestimmung der in Bestell- und Produktionsaufträgen zusammengefaßten Mengen von fremdzubeziehenden bzw. selbstzuerstellenden Gütern (Losgrößenplanung).

- Die *Prozeßgestaltung* legt das Zusammenspiel der einzusetzenden Produktionsfaktoren in räumlicher und zeitlicher Hinsicht fest. Sie umfaßt die Teilbereiche Durchlauf- und Kapazitätsterminierung (Festlegung von frühesten und spätesten Start- und Endterminen der Produktionsaufträge), Auftragsfreigabe (Verfügbarkeitsprüfung, Ermittlung von Auftrags- und Maschinenfolgen, Festlegung der Starttermine der Produktionsaufträge) sowie Auftragsdurchführung und -überwachung[4].

Der *Übergang von der Planung zur Steuerung* ist bei dieser Unterteilung nicht in allgemeiner Form festgelegt, sondern er vollzieht sich an der Stelle, an der Planvorgaben in Durchsetzungsaktivitäten übergehen. Cum grano salis lassen sich jedoch die Produktionsprogramm- und die Potentialgestaltung der Produktionsplanung zuordnen, während bei der Prozeßgestaltung die Durchlauf- und Kapazitätsterminierung eher einen Planungscharakter und die Teilaufgaben Auftragsfreigabe sowie Auftragsdurchführung und -überwachung eher einen Steuerungscharakter aufweisen. Daß diese Zuordnung zu Planung bzw. Steuerung nicht ganz frei von Willkür ist, wird insbesondere an der Auftragsfreigabe deutlich. Denn Auftragsfreigabe bedeutet keineswegs, daß mit der Freigabe von Produktionsaufträgen unmittelbar mit deren Ausführung begonnen werden kann, sondern zur Auftragsfreigabe gehört auch die Maschinenbelegungsplanung, d.h., die Produktionssteuerung schließt letztlich auch Planungsaufgaben ein (vgl. hierzu Zelewski/Hohmann/Hügens 2008, S. 419 ff.).

---

1) Als Oberbegriff für Potential- und Prozeßgestaltung wird teilweise die Vollzugs- bzw. Durchführungsplanung verwendet, die die Teilbereiche Bereitstellungsplanung und Prozeß- bzw. Ablaufplanung beinhalten (vgl. Ellinger 1959; Gutenberg 1983).

2) In der Produktionsplanung und -steuerung wird hierfür synonym der Begriff Primärbedarfsplanung verwendet.

3) In diesem Zusammenhang wird teilweise von Bereitstellungsplanung (vgl. Ellinger 1959; Gutenberg 1983) oder Sekundärbedarfsplanung gesprochen.

4) Diese Teilbereiche werden auch unter den Begriff Ablaufplanung subsumiert (vgl. Ellinger 1959), der jedoch in der Literatur inhaltlich unterschiedlich weit gefaßt wird (vgl. z.B. Adam 1998, S. 122; Holthaus 1996, S. 6; Seelbach 1975, S. 14 ff.).

Die dabei zugrundeliegenden Formalziele sollen sicherstellen, daß die Produktionsplanung und -steuerung auf die Ziele der Unternehmung bezogen ist. Sie leiten sich
deshalb aus den Unternehmungszielen ab und liefern einen normativen Maßstab zur
Beurteilung der Vorteilhaftigkeit alternativer Produktionsmöglichkeiten. Grundsätzlich kann zwischen technischen, ökonomischen, sozialen und ökologischen Zielen
unterschieden werden (vgl. Hahn 1994, S. 28 ff.; Zelewski 2008, S. 12 ff.), wobei in
der Produktionsplanung und -steuerung ökonomische und technische Ziele dominie-
ren.

Ökonomische Ziele bauen auf monetären Größen auf, d.h., es erfolgt eine Bewertung
von Zeit- und Mengengrößen mit Preisen. Das Unternehmungsziel der langfristigen
Gewinnmaximierung wird für die Produktion in unterschiedlicher Weise konkretisiert, wobei sich das Spektrum der Ziele auf drei Basisformulierungen zurückführen
läßt: (1) Das Verhältnis von bewertetem Output (Leistung) zu bewertetem Input (Kosten) wird als *Wirtschaftlichkeit* bezeichnet. (2) Die *Rentabilität* als Quotient aus
Gewinn und Kapital drückt die Verzinsung des eingesetzten Kapitals in der betrachteten Periode aus. (3) *Kosten* sind der bewertete sachzielbezogene Güterverzehr. Diese rein inputbezogene Zielformulierung ist dann zum Unternehmungsziel komplementär, wenn der Einfluß von Produktionsentscheidungen auf den Umsatz der Unternehmung vernachlässigbar klein ist.

Technische Ziele knüpfen überwiegend an Zeit- und Mengengrößen an. Die *Produktivität* als Quotient aus gesamtem Output und gesamtem Input ist ein rein mengenori-
entiertes Ziel, das die Ergiebigkeit des Gütereinsatzes ausdrückt. Da die Voraussetzung, daß Zähler und Nenner jeweils Größen enthalten, die in derselben Dimension
gemessen werden, nur selten erfüllt ist, gelangen Teilproduktivitäten (z.B. Arbeits-
produktivität, Maschinenproduktivität) zur Anwendung, bei denen der gesamte Output zum Input einer Güterart in Beziehung gesetzt wird. In der Produktionsplanung
und -steuerung bilden die Kapazitätsauslastung von Produktionseinheiten und die
Durchlaufzeit von Produktionsaufträgen relevante Zielgrößen. Bei der *Kapazitätsauslastung* werden die tatsächliche und die maximal mögliche Leistungsabgabe einer
Produktionseinheit gegenübergestellt, so daß eine outputbezogene Größe vorliegt.
Aufgrund des fehlenden Inputbezugs kann dieses Ziel nur dann in Einklang mit den
Unternehmungszielen stehen, wenn es sich auf die Kapazität der Produktionseinheit
mit der geringsten Verfügbarkeit (Engpaß) bezieht. Mit dem Ziel der *Durchlaufzeit*
wird auf die Dauer der Ausführung eines Auftragsbestandes fokussiert. Es ist somit
outputorientiert. Häufig werden dabei die mittlere Durchlaufzeit der Aufträge oder
die maximale Durchlaufzeit eines Auftrages aus dem Auftragsbestand (Zykluszeit)
gemessen. Bei einem Rückgriff auf technische Ziele ist zu beachten, daß sie die
Knappheit der relevanten Güter am Beschaffungs- und Absatzmarkt der Unternehmung nicht erfassen und somit auch in einer konkurrierenden Beziehung zu den Unternehmungszielen stehen können. Ihre Anwendung ist folglich nur dann gerechtfer-
tigt, wenn eine Anwendung ökonomischer Ziele aufgrund mangelnder Operationali-

sierbarkeit nicht möglich ist und davon ausgegangen werden kann, daß die zur Disposition stehenden alternativen Produktionsmöglichkeiten mit positiven ökonomischen Erfolgswirkungen einhergehen.

Die Struktur des Entscheidungsfeldes der einzelnen Teilaufgaben, d.h. die Handlungsmöglichkeiten und deren ökonomische Wirkung in alternativen zukünftigen Umweltzuständen sowie die über diese Elemente zum Planungszeitpunkt verfügbaren Informationen, und damit auch deren Planungs- bzw. Steuerungscharakter werden maßgeblich von den Ausprägungen der Merkmale des Produktionssystems beeinflußt (vgl. Glaser/Geiger/Rohde 1992; Große-Oetringhaus 1974). Um die in der Realität anzutreffende Heterogenität von Produktionssystemen der Planung und Steuerung zugänglich zu machen, bietet es sich an, Produktionssysteme so zu systematisieren, daß die entstehenden Typen möglichst homogene Anforderungen an die Planung und Steuerung stellen. Hierzu sind Merkmale zu identifizieren, die eine planungsrelevante, echte und eindeutige Unterscheidung der Gesamtheit möglicher Produktionssysteme erlaubt.

Im Kontext der Produktionsplanung werden zur *Typisierung* häufiger die Merkmale Absatzstruktur, Prinzip der räumlichen Anordnung von Arbeitsplätzen und Struktur der Auflagengröße herangezogen. Im Hinblick auf die *Absatzstruktur* kann folgende Differenzierung vorgenommen werden (vgl. Riebel 1965, S. 672 ff.):

- *Kundenorientierte Produktion* (Make to order): Der Produktionsprozeß wird durch den Eingang von Kundenaufträgen ausgelöst. Es besteht Unsicherheit über den Zeitpunkt des Auftragseingangs, die Art der nachgefragten Produkte sowie den gewünschten Liefertermin. Da die Produktion gemäß der individuellen Vorgaben des Kunden erfolgt, kann die Nachfrage nicht aus dem Endproduktlager erfüllt werden. Somit werden Nachfrageschwankungen direkt in die Produktion hineingetragen und der Produktionsplan spiegelt diese Schwankungen wider.

- *Marktorientierte Produktion* (Make to stock): Die Produkte sind nicht kundenindividuell, sondern weisen einen hohen Grad der Standardisierung auf. Somit können Produktarten, -mengen und Produktionszeitpunkte entsprechend den Absatzerwartungen festgelegt werden. Unsicherheit besteht über die zukünftig tatsächlich bestehende Nachfragemenge. Um die Produktion von Schwankungen der Nachfragemenge (z.B. durch saisonale Einflüsse) zu entkoppeln, können End- und Zwischenproduktlager in Perioden mit niedriger Nachfrage aufgebaut und in Perioden mit hoher Nachfrage genutzt werden. Es ist somit möglich, den Produktionsplan so zu gestalten, daß eine gleichmäßige Auslastung der Kapazität erfolgt.

Bei der *räumlichen Anordnung von Arbeitsplätzen* können das Verrichtungsprinzip und/oder das Prozeßfolgeprinzip zur Anwendung gelangen. Das Spektrum der daraus resultierenden Organisationsformen der Produktion wird durch die polaren Typen Werkstattproduktion (reines Verrichtungsprinzip) und Fließproduktion (reines Prozeßfolgeprinzip) abgesteckt (vgl. Corsten/Gössinger 2009, S. 31 ff.):

- *Werkstattproduktion* (Job shop): Arbeitsplätze mit ähnlichen Verrichtungen werden räumlich zu Werkstätten zusammengefaßt, und die Werkstücke werden in der Reihenfolge der auszuführenden Arbeitsgänge den Werkstätten zugeführt, so daß sich ein hoher Transportbedarf ergibt. Da sich die Güterströme in einer solchen Situation nicht vollständig synchronisieren lassen, werden Puffer (Zwischenlager) zwischen den Produktionsstufen vorgesehen, die die Produktionsprozesse voneinander entkoppeln. Werkstattproduktion erfolgt vor allem dann, wenn eine variierende Auftragsstruktur vorliegt und sich die Arbeitsgangfolgen der einzelnen Aufträge stark unterscheiden.

- *Fließproduktion* (Flow shop): Die Arbeitsplätze werden in der Reihenfolge der an den Werkstücken zu verrichtenden Arbeitsgänge angeordnet. Diese Anordnungsform kann einerseits technisch bedingt sein, weil die gewählte Technologie keine andere Reihenfolge zuläßt. Andererseits kann sie organisatorisch bedingt sein, weil aufgrund einer hohen Ähnlichkeit der Produkte eine bestimmte Abfolge von Arbeitsplätzen dominant ist. Diese Anordnung nach dem Prozeßfolgeprinzip wird vor allem dann vorgenommen, wenn ein homogenes Spektrum von Produkten mit standardisiertem Aufbau vorliegt.

Die beiden Anordnungsprinzipien schließen sich nicht gegenseitig aus, sondern können, bezogen auf unterschiedliche Produktionsstufen, in kombinativer Weise zur Anwendung gelangen. Eine solche *Mischform* ist die *Zentrenproduktion*, bei der die für die Komplettbearbeitung von ablaufverwandten Werkstücken und Bauteilen erforderlichen Arbeitsplätze zu einer räumlichen Einheit (Zentrum) zusammengefaßt und unterschiedliche Werkstücke und Bauteile in unterschiedlichen Zentren bearbeitet werden. Diese Vorgehensweise wird auch als Anwendung des *Objektprinzips* bezeichnet. Der in einem Zentrum zu erfüllende Komplex von Produktionsaufgaben und i.d.R. auch die damit verbundenen Dispositionsaufgaben werden einer Arbeitsgruppe übertragen. Konkrete Ausgestaltungsformen der Zentrenproduktion sind die *Produktions(Fertigungs)insel* (vgl. Hedrich 1983) und das *Produktions(Fertigungs)-segment* (vgl. Wildemann 1988). Bei der Zentrenproduktion können im Vergleich zur Werkstattproduktion kürzere Transportwege und -zeiten, geringere Lagerbestände und eine einfachere Produktionssteuerung realisiert werden. Gegenüber der Fließproduktion bestehen die Vorteile in einer höheren Anpassungsfähigkeit an wechselnde Produktionsaufgaben und der Möglichkeit zur Bildung kleinerer Lose (vgl. Günther/Tempelmeier 2005, S. 109).

Im Hinblick auf das Merkmal *„Struktur der Auflagengröße"* werden die folgenden Ausprägungen von Produktionssystemen unterschieden (vgl. Ellinger 1959, S. 71):

- *Einzelproduktion*: Jedes Produkt wird nur einmalig hergestellt oder es kommt lediglich sporadisch und zeitversetzt zu einer wiederholten Produktion. Diese größtmögliche Anpassung an Kundenwünsche erfordert ein flexibles Produktionssystem, mit dem ein breites Spektrum unterschiedlicher Produkte produziert werden kann.

- *Serienproduktion*: Es werden mehrere unterschiedliche, aber verwandte Produkte erzeugt, wobei für jedes Produkt ex ante eine Auflagengröße festgelegt wird. Nach der Fertigstellung einer Serie wird das Produktionssystem auf die Erfordernisse der nächsten Serie umgestellt. Tendiert die Serienproduktion in Richtung Einzel- bzw. Massenproduktion, dann wird auch von Kleinserien- bzw. Großserienproduktion gesprochen.

- *Massenproduktion*: Gleichartige Produkte, an denen höchstens gelegentlich Änderungen erfolgen, werden in großer Stückzahl hergestellt. Damit ist es möglich, ein speziell auf die Produkte abgestimmtes Produktionssystem zu nutzen und Skaleneffekte in großem Umfang zu realisieren. Die Massenproduktion muß bezüglich der Produkte nicht gleichbleibend sein, sondern es können Produktunterschiede auftreten (wechselnde Massenproduktion), die gewollt sind (Sortenproduktion) oder durch Qualitätsschwankungen der Einsatzgüter (Partieproduktion) und nicht vollständig steuerbare Produktionsprozesse (Chargenproduktion) bedingt werden.

Die Ausprägungen der zur Typisierung von Produktionssystemen herangezogenen Merkmale stehen aus empirischer Sicht jedoch nicht unverbunden nebeneinander, sondern es zeigen sich Korrelationen zwischen auftragsorientierter Produktion, Werkstattproduktion und Einzel- oder Kleinserienproduktion einerseits sowie marktorientierter Produktion, Fließproduktion und Massen- oder Großserienproduktion anderseits.

1.2 Planungstheoretische Grundlagen

1.2.1 Planung als Informationsverarbeitungsprozeß

„Planung ist .. als ein komplexer Denk- und Informationsprozeß zu charakterisieren, in dem verschiedenartige Informationen gewonnen, aufgenommen, gespeichert, verarbeitet und übertragen werden." (Wild 1974, S. 14). Da Handlungsalternativen gewählt werden sollen, die in erwarteten Produktionssituationen vorziehenswürdig sind, wird die Besonderheit der Informationsverarbeitung durch den Zukunftsbezug der Planung begründet. Im Planungsprozeß wird auf folgende Informationen zurückgegriffen (vgl. Adam 1996, S. 7 ff.):

- Mit dem *Entscheidungsfeld* wird der Zusammenhang zwischen den Handlungsalternativen und den mit ihrer Realisation in den erwarteten Produktionssituationen einhergehenden Konsequenzen beschrieben.
- Um Handlungsalternativen vergleichen zu können, ist eine *Bewertung* ihrer sachlichen Konsequenzen auf der Grundlage planungsrelevanter ökonomischer Kriterien vorzunehmen.
- Durch die Vorgabe einer *Zielfunktion* werden die Ausprägungen der Bewertungskriterien so zusammengeführt, daß eine Ordnung der Handlungsalternativen nach ihrer Vorziehenswürdigkeit entsteht und die beste Alternative identifiziert werden kann.
- Es sind *Lösungsverfahren* anzugeben, mit deren Hilfe die beste Handlungsalternative in effizienter Weise ermittelt werden kann.

Liegen diese Informationen zu Beginn des Planungsprozesses in operationaler Form vor, dann handelt es sich um ein gutstrukturiertes, andernfalls um ein schlechtstrukturiertes Planungsproblem (vgl. Simon/Newell 1958, S. 4 ff.). „Bei gutstrukturierten Problemen degeneriert Planung damit zu einer reinen Rechenaufgabe." (Adam 1996, S. 9).

Reale Probleme der Produktionsplanung und -steuerung sind in der Regel defektiv, d.h., mindestens eine der Informationen liegt nicht oder in nicht operationaler Form vor. Nach der Art der Mängel wird zwischen Wirkungsdefekten, Bewertungsdefekten, Zielsetzungsdefekten und Lösungsdefekten unterschieden, die einzeln oder kombinativ für das Planungsproblem relevant sein können:

- *Wirkungsdefekte* treten dann auf, wenn nicht bekannt ist, welche Handlungsalternativen problemrelevant sind oder mit welchen Konsequenzen die Realisation der einzelnen Handlungsalternativen einhergeht.

- *Bewertungsdefekte* liegen vor, wenn die ökonomischen Konsequenzen der Realisation einer Handlungsalternative nicht eindeutig sind.

- Für *Zielsetzungsdefekte* sind die Unklarheit über das anzustrebende Ziel und das Vorliegen konfliktärer Ziele ursächlich.

- Bei *Lösungsdefekten* ist außer der vollständigen Enumeration kein Verfahren bekannt, durch das mit Sicherheit die optimale Handlungsalternative bestimmt wird.

Bei schlechtstrukturierten Planungsproblemen obliegen der Planung die Aufgaben, das ursprünglich defektive Problem durch inhaltliche Argumentation in gutstrukturierte Teilprobleme zu transformieren, Lösungen zu diesen Teilproblemen zu berechnen und die Teillösungen in konsistenter Weise zu einer Lösung für das ursprüngliche Problem zusammenzuführen. Da die Art der Transformation vom Planungssubjekt abhängig ist, so daß das Planungsergebnis nicht formallogisch begründet werden kann, besitzt Planung immer einen heuristischen Charakter: Es gibt nicht *das* richtige Planungsmodell und folglich auch nicht *den* optimalen Plan (vgl. Witte 1979).

Sind beim Auftreten eines Planungsproblems noch nicht alle zur Lösung notwendigen Informationen vorhanden oder müssen vorhandene Informationen transformiert werden, um das Planungsproblem zu lösen, dann erfolgt die Planung aufgrund der begrenzten menschlichen und/oder maschinellen Informationsgewinnungs- und Informationsverarbeitungskapazität in der Form eines Prozesses (vgl. Pfohl 1977, S. 58). Zur Vereinfachung der Analyse werden in der betriebswirtschaftlichen Literatur nach dem Kriterium der Ähnlichkeit durchzuführender Aktivitäten aufeinander aufbauende *Planungsphasen* abgegrenzt, die den Ablauf des Planungsprozesses in idealtypischer Weise beschreiben. Die Reihenfolge der Phasen wird durch die Sachlogik beschrieben, nach der eine Phase auf den Ergebnissen einer anderen Phase aufbaut (vgl. Fandel 1983, S. 481). Von einer festen Phasenabfolge kann in der Realität jedoch nicht ausgegangen werden, sondern Planung erfolgt iterativ, d.h., in späteren Phasen erzeugte Informationen werden vorgelagerten Phasen wieder zugeführt, um die Konsistenz mit den dort zugrundeliegenden Annahmen überprüfen und herbeiführen zu können (vgl. Szyperski/Winand 1980, S. 99). Mit der Abgrenzung von Planungsphasen wird also nicht der Anspruch erhoben, reale Planungsprozesse in zeitlicher Abfolge widerzuspiegeln. Als empirisch gesichert kann aber die Existenz der in dem Phasenmodell enthaltenen Aktivitäten angesehen werden (vgl. Witte 1992, Sp. 554). In der Literatur gibt es unterschiedliche Auffassungen über die Ab-

grenzung einzelner Phasen, über die Anzahl der Phasen und über die in das Phasenschema einzubeziehenden Aktivitäten. Im folgenden wird das häufiger zitierte Phasenschema von Wild (1974, S. 39) zugrunde gelegt (zu ähnlichen Phasenmodellen
vgl. Adam 1996, S. 35 f.; Klein/Scholl 2004, S. 12; Mag 1999, S. 15; Ossadnik 2008,
S. 15; Pfohl/Stölzle 1997, S. 55 ff.; Schneider 1995, S. 22 ff.), der zwischen den Phasen Zielbildung, Problemanalyse, Alternativensuche, Prognose und Bewertung unterscheidet (vgl. Abbildung 1-1). In allen Phasen werden Informationen benötigt; in
Abhängigkeit von der Planungsaufgabe sind jedoch unterschiedliche Informationen
erforderlich.

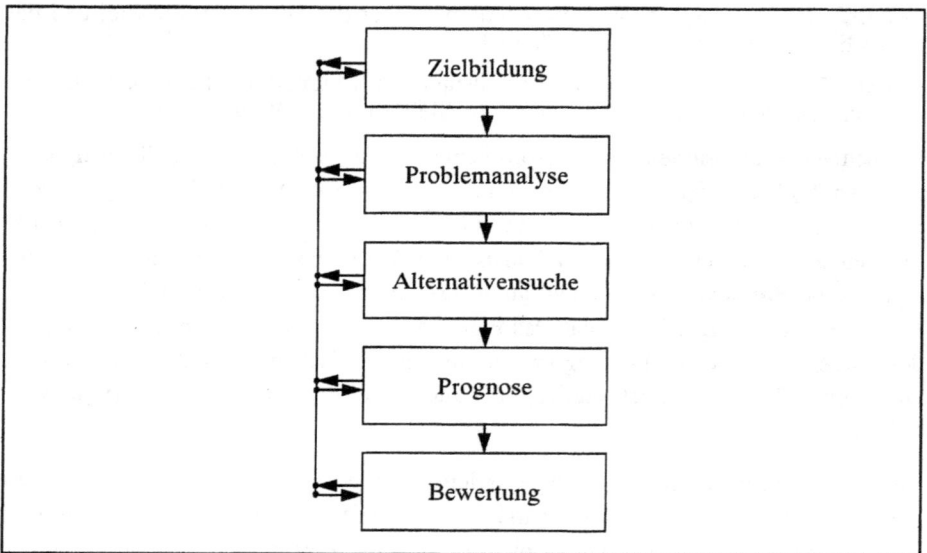

Abbildung 1-1:   Phasenschema der Planung

Ausgangspunkt des Planungsprozesses ist die Phase der *Zielbildung*, in der die zu
verfolgenden Sach- und Formalziele generiert, ausgewählt, systematisiert und autorisiert werden. Den Input bilden dabei einerseits Informationen über Zielsetzungen der
übergeordneten Planungsebene, die den Rahmen für die Entwicklung des Zielsystems darstellen, sowie über Ansprüche relevanter unternehmungsinterner und -ex-
terner Einfluß- und Interessengruppen. Anderseits sind Informationen über die zur
Planrealisation verfügbaren Ressourcen und die Gegebenheiten im Umfeld der zu
planenden Produktion in die Zielbildung einzubeziehen, damit die Ziele nicht einer
realistischen Basis entbehren. Durch die Verarbeitung dieser Informationen werden
Informationen über die einzelnen Ziele und die zwischen ihnen bestehenden Beziehungen generiert. *Einzelzielinformationen* sind (vgl. Corsten 2008, S. 358):

- Inhalt: Variablen einer Zustandsbeschreibung (Zielgrößen), die durch die Umsetzung des Planes verändert werden sollen.

- Erreichungsmaß: für die Zielgrößen angestrebte Ausprägungen.

- Zeitlicher Bezug: Zeitpunkt, bis zu dem die Ziele erreicht werden sollen.

- Nebenbedingungen: Restriktionen, denen bei der Zielerreichung Rechnung zu tragen ist.

Informationen über die *zwischen den Zielen bestehenden Beziehungen* fokussieren auf unterschiedliche Beziehungsarten (vgl. Mag 1999, S. 17 f.): *Interdependenzbeziehungen* zeigen sich in Korrelationen zwischen den Erreichungsgraden unterschiedlicher Ziele. Bei positiver/negativer Korrelation liegt Zielkomplementarität/Zielkonkurrenz vor. Zielindifferenz bezeichnet den Grenzfall zwischen Komplementarität und Konkurrenz, bei dem keine Korrelation besteht. *Präferenzbeziehungen* sind Aussagen über die Vorrangigkeit der Ziele, die von den Planungsträgern formuliert werden und zu Haupt- und Nebenzielen führen. *Instrumentalbeziehungen* sind Mittel-Zweck-Relationen zwischen den Zielen, die eine Einteilung in Ober- und Unterziele begründen.

Diese Informationen lassen sich nicht durch logische Deduktion aus den Inputinformationen ableiten, sondern erfordern eine kreative Leistung. Der *Zielbildungsprozeß* umfaßt deshalb die Teilaufgaben (vgl. Klein/Scholl 2004, S. 122 ff.):

- Generierung: Identifikation der im vorgegebenen Rahmen möglichen Ziele.

- Operationalisierung: Präzisierung der Einzelziel- und Zielbeziehungsinformationen.

- Systematisierung: Formulierung eines Zielsystems unter Berücksichtigung der Präferenz- und Instrumentalbeziehungen.

- Selektion: Beseitigung redundanter Ziele und Auswahl von Maßnahmen zur Lösung von Zielkonflikten.

- Durchsetzung: Beschluß über das Zielsystem und verbindliche Bekanntgabe.

- Zielrevision: Überprüfung der Gültigkeit der Ziele bei Änderungen der Inputinformationen und ggf. Korrektur der Ziele.

Im Prozeß der Zielbildung werden die Teilaufgaben nicht sukzessive abgearbeitet, sondern in einem permanenten durch Rückkoppelung zwischen den Teilaufgaben induzierten Lernprozeß erfüllt. Bei umfangreichen Planungsproblemen sind an diesem Prozeß Personen unterschiedlicher Hierarchieebenen beteiligt, wobei die Art der Partizipation von dem praktizierten Führungsstil, der hierarchischen Einordnung des Planungsproblems, der Qualifikation der Personen etc. abhängig ist. Eine Einbeziehung der mit der Planrealisation beauftragten Mitarbeiter unterstützt die Akzeptanz des formulierten Zielsystems, da sie sich dann eher mit diesen identifizieren können (vgl. Corsten 2008, S. 360 f.). In diesem Kontext erfolgt die Zielbildung interaktiv, d.h., die (revidierte) subjektive Spezifikation des Zielsystems und die Ermittlung der sich daraus ergebenden Konsequenzen erfolgen so lange im Wechsel, bis durch suk-

zessive Eingrenzung ein Zielsystem gefunden wird, dessen Konsequenzen für die
Beteiligten akzeptabel sind (vgl. Ossadnik 2008, S. 19).

Ist das Planungsproblem nicht oder nicht in allen Bestandteilen bekannt und systematisch geordnet, dann ist es Aufgabe der *Problemanalyse*, das richtige Problem zu
identifizieren und so zu spezifizieren, daß es einer Lösung zugänglich ist. Ein Planungsproblem besteht dann, wenn für das zu planende Objekt zwischen dem zukünftig erwarteten Ist-Zustand (Wird-Zustand) und dem Soll-Zustand eine nichttolerierbare Diskrepanz besteht (vgl. Bretzke 1980, S. 33 f.). „Prinzipiell gilt der Satz:
Jemand, der keine Ziele verfolgt, kann auch keine Probleme haben." (Wild 1974, S.
66). Die Problemanalyse setzt folglich Informationen über den Soll-Zustand voraus
und ergründet das Planungsproblem durch Prognose des Wird-Zustandes, indem Informationen über den Ist-Zustand und über Änderungen der Rahmenbedingungen im
Planungszeitraum verknüpft werden, und durch Vergleich von Wird- und Soll-
Zustand. Für ein erkanntes Problem sind dann die durch Abweichungen von den Pla-
nungsprämissen (Durchführbarkeit von Maßnahmen, Verfügbarkeit von Ressourcen,
Bemessung der zur Planrealisation verfügbaren Zeit und Eignung der mit der Planrealisation beauftragten Mitarbeiter) bedingten Ursachen zu analysieren, um abgeleitete Probleme festzustellen. Liegen sehr umfassende schlechtstrukturierte Probleme
vor, ist es erforderlich, durch eine sachliche und zeitliche Dekomposition gutstrukturierte Teilprobleme abzuleiten, deren Beziehungen festzustellen und eine zum Zielsystem äquivalente Problemhierarchie sowie Bedingungen zu formulieren, die Pro-
blemlösungen erlauben. Informationsoutput sind folglich die Problemhierarchie und
die Problemlösungsbedingungen.

Alternative Lösungsmöglichkeiten können zumeist nicht nur durch beobachtendes
Absuchen der Realität nach vorhandenen Lösungsansätzen ermittelt werden. Die *Al-
ternativensuche* ist deshalb ein kreativer Prozeß des Generierens und inhaltlichen
Konkretisierens möglichst unabhängig realisierbarer Planalternativen, mit denen die
Planungsprobleme gelöst und die Ziele erfüllt werden. Planalternativen sind dabei
Bündel terminlich fixierter Einzelmaßnahmen mit Ressourcenzuweisungen und Trägern sowie den in Abhängigkeit von der Umweltentwicklung und den anderen im
Bündel enthaltenen Einzelmaßnahmen eintretenden Wirkungen (vgl. Wild 1974, S.
70). Die zur Lösung eines Problems bestehenden Planalternativen unterscheiden sich
somit durch unterschiedliche Festlegungen der Parameter Maßnahmen, Ressourcen,
Termine und Träger. Da der zur Lösung von Planungsproblemen verfügbare Zeitraum begrenzt ist, ist es bei der Alternativensuche einerseits nicht möglich, alle Planalternativen zu erarbeiten (vgl. Adam 1996, S. 39 f.). Anderseits sollte der Planungsprozeß, weil die Güte der Alternativen in dieser Planungsphase noch nicht
festgestellt werden kann, nicht vorzeitig auf eine Alternative beschränkt werden,
sondern es sollten nur diejenigen Alternativen ausgeschlossen werden, die mit einer
Verletzung von Nebenbedingungen einhergingen. Bei der Alternativensuche wird
folglich nur eine begrenzte Anzahl von Alternativen ermittelt, so daß das Auffinden

der besten Lösung nicht garantiert ist. Um in der begrenzten Zeit möglichst viele Planalternativen zu identifizieren, bietet sich die Anwendung von Kreativitätstechniken (z.B. Brainstorming, Synektik und Morphologische Methode) an (vgl. z.B. Corsten/Gössinger/Schneider 2006, S. 102 ff.). Die dabei ermittelten Lösungsvorschläge sind dann jeweils durch Angaben zum erwarteten Ressourcen- und Zeitbedarf, zu den Trägern der entsprechenden Einzelmaßnahmen und zu den Realisierbarkeitsbedingungen inhaltlich zu konkretisieren. Im Rahmen der Alternativensuche werden folglich Informationen über das vorliegende Planungsproblem, bereits vorhandene Teillösungsansätze (Einzelmaßnahmen) und Vorgehensweisen zur Generierung neuer Teil- und Gesamtlösungsansätze verarbeitet, um Informationen über alternativ realisierbare Pläne zu gewinnen.

Da Pläne zukunftsgerichtet sind, ist das Informationsproblem der Planung im wesentlichen ein Prognoseproblem. Unter *Prognosen* werden „... Aussagen verstanden, die das Eintreten bestimmter Zustände oder Ereignisse in der ... Zukunft behaupten. Dies kann unter Angabe von Bedingungen ... oder ohne Bezugnahme auf besondere Voraussetzungen ... geschehen. Jede informative Prognose ist dabei im Zeitpunkt ihrer Aufstellung prinzipiell mehr oder weniger unsicher. Sicherheit ist nur erkaufbar durch Verzicht auf jeden Informationsgehalt ... ." (Wild 1974, S. 88). Im engeren Sinne besteht die Prognose aus einer zukunftsbezogenen Hypothese, die durch eine objektive Evidenz (z.B. isolierte Beobachtungen, statistisch erhobene Daten, bestätigte erfahrungswissenschaftliche Theorie) gestützt wird, wobei die Begründungsqualität von der Menge und der Qualität der Evidenzen abhängig ist. Da Erfahrungen aus der Vergangenheit das Vertrauen in eine Prognose stützen, liegt Prognosen die Annahme zugrunde, daß „... das Ursachensystem, das die in der Vergangenheit beobachteten Sachverhalte ‚produziert' hat, sich zumindest bis zu dem Zeitpunkt, auf den sich die Prognose bezieht, nicht wesentlich ändern wird." (Wild 1974, S. 93). Diese Annahme wird als *Zeitstabilitätshypothese* oder *Ursachenstabilitätshypothese* bezeichnet (vgl. Mag 1999, S. 25). In der Literatur werden zwei Arten der Prognose im engeren Sinne unterschieden (vgl. Mag 1999, S. 24 ff.; Reiß 1989, Sp. 1631 f.):

- *Lage- und Entwicklungsprognose*: Aussagen über die Entwicklung einer Erwartungsvariablen in Abhängigkeit von Einflußgrößen, die nicht vom Planungsträger kontrolliert werden, d.h. über die künftigen Bedingungen oder Daten.

- *Wirkungsprognose*: Aussagen über erwartete Wirkungen des Vollzugs einer Maßnahme bei Vorliegen einer bestimmten Datenkonstellation. Während Konsequenzen im Hinblick auf Arten-, Zeit-, Sicherheits- und Höhenpräferenz als Hauptwirkungen bezeichnet werden, stellen Synergie-, Engpaß-, Reversibilitäts-, Bedingtheits- oder Durchsetzbarkeitseffekte Nebenwirkungen dar.

Nach der Art der Datengewinnung und -verarbeitung wird zwischen quantitativen und qualitativen *Prognoseverfahren* unterschieden (vgl. Adam 1996, S. 195 ff.). Bei den *quantitativen Verfahren* wird aus Vergangenheitsdaten ein Modell über den Zusammenhang zwischen dem zu prognostizierenden Sachverhalt und den Beobachtungen abgeleitet. Zeitreihenanalysen (z.B. Trendextrapolation, gleitender Durch-

schnitt, exponentielle Glättung; vgl. Abschnitt 2.1.1.1) beschreiben die Entwicklung
der Prognosegröße rein zeitabhängig und können deshalb bei Lage- oder Entwicklungsprognosen zur Anwendung gelangen. Kausale Verfahren (z.B. Regressionsana-
lyse, ökonometrische Modelle) beziehen neben der Zeit weitere Einflußgrößen ein,
so daß sie für Lage- oder Entwicklungsprognosen und Wirkungsprognosen geeignet
sind. *Qualitative Verfahren* basieren auf quantitativem und qualitativem menschlichen Wissen und der menschlichen Urteilsfähigkeit. Aus diesem Grunde können im
Gegensatz zu den quantitativen Verfahren durch ihren Einsatz auch dann Prognosen
erfolgen, wenn die Zeitstabilitätshypothese nicht zutrifft, also Strukturbrüche in der
Zeitreihe vorliegen. Zu den qualitativen Verfahren werden Prognosen auf der Basis
von Befragungen, Verfahren, die auf der Grundlage subjektiver Wertungen möglicher Entwicklungen plausible Entwicklungspfade generieren (z.b. Szenario-Technik,
Delphi-Methode), und Simulationskonzepte (z.b. Monte-Carlo-Simulation, System-
Dynamics-Ansatz) subsumiert (vgl. Adam 1996, S. 196).

Aufgrund der Vielzahl verfügbarer Prognoseverfahren, stellt sich die Frage nach Kriterien, die bei Vorliegen einer Prognoseaufgabe herangezogen werden können, um
das zur Aufgabenerfüllung zweckmäßigste Verfahren auszuwählen. Die Eignung eines Prognoseverfahrens wird maßgeblich dadurch bestimmt, daß dessen Anforderungen an die Datenbasis zur Qualität der vorliegenden Datenbasis kompatibel sind. Des
weiteren sollte durch das Prognoseverfahren die gewünschte Prognosegenauigkeit er-
füllbar sein. Letztlich sollte eine günstige Relation zwischen Prognosekosten und
Prognosegenauigkeit bestehen (vgl. Klein/Scholl 2004, S. 269).

Aufgabe der *Bewertung* ist es, die generierten Planalternativen vor dem Hintergrund
der prognostizierten Entwicklungen und Wirkungen hinsichtlich ihrer Vor- und
Nachteile zu vergleichen, um eine Rangordnung der Vorziehenswürdigkeit herzustel-
len und den Plan mit dem höchsten Beitrag zur Zielerfüllung zu identifizieren. Als
relevant gelten also diejenigen Wirkungen, die mit Beiträgen zur Zielerfüllung einhergehen und wegfielen, wenn die Planalternative nicht realisiert würde (vgl. Adam
1996, S. 41). Zur Bewertung werden Informationen über die Planalternativen, die
erwarteten Umweltzustände, die Konsequenzen der Alternative bei Eintritt der einzelnen Umweltzustände und die Ziele miteinander verknüpft. Aus den Zielinforma-
tionen ergibt sich, an welchen Konsequenzen die Bewertung anknüpft (Artenpräfe-
renz), wie unterschiedliche Ausprägungen (Höhenpräferenz), Eintrittswahrscheinlichkeiten (Sicherheitspräferenz) und Realisationszeitpunkte (Zeitpräferenz) zu be-
werten sind und wie die Bewertungen in den einzelnen Dimensionen zu einem Wert
zusammengefaßt werden (vgl. Ossadnik 2008, S. 28 ff.).

1.2.2 Planungsansätze

Die grundsätzlichen Ansätze der Produktionsplanung lassen sich nach unterschiedlichen Kriterien systematisieren (vgl. Klein/Scholl 2004, S. 15 ff.). Im Kontext von PPS-Systemen weisen die folgenden Kriterien eine hohe Relevanz auf:

- Vorgehensweise bei der Planung und
- Berücksichtigung der zeitlichen Dimension.

Auf der Grundlage des Kriteriums der *Vorgehensweise* ist zwischen Simultan- und Sukzessivplanung zu unterscheiden. Konstitutiv für die *Simultanplanung* ist es, daß *gleichzeitig* über die Werte aller Variablen eines vorliegenden Planungsproblems entschieden wird, so daß alle zwischen den Entscheidungsvariablen bestehenden Interdependenzen berücksichtigt werden. Ziel ist dann die Erreichung eines Totaloptimums. Ein Simultanplanungsmodell kann damit eine große Komplexität erlangen, mit der Konsequenz, daß in einer angemessenen Zeit kein optimaler Plan ermittelt werden kann. Der Nutzen solcher Simultanmodelle liegt damit nicht in der Ermittlung einer Lösung eines Planungsproblems, sondern in der Sichtbarmachung von Interdependenzen, d.h., sie erlangen als „regulatives Leitprinzip" (Bretzke 1980, S. 136) Bedeutung, indem sie die möglichst umfassende Berücksichtigung von Interdependenzen fordern. Vor diesem Hintergrund gelangen im Rahmen praktischer Anwendungen *sukzessive Planungen* zur Anwendung, bei denen die Entscheidungsvariablen des Planungsproblems nacheinander festlegt werden, so daß die Werte der bereits festgelegten Variablen Vorgaben für die noch festzulegenden Variablen darstellen. Dabei ist zu beachten, daß aus der isolierten Optimierung in der Regel kein optimaler Gesamtplan resultiert. Wie weit die ermittelte Lösung von einem theoretisch ermittelbaren Optimum abweicht, ist von der Stärke der Abhängigkeiten zwischen den Entscheidungsvariablen und von dem Ausmaß, in dem eine festgelegte Variable, den Wert der danach festzulegenden Variablen beeinflußt, abhängig. Die Lösungsgüte wird also durch die Reihenfolge der Variablenfestlegung beeinflußt.

Werden die Kriterien „Planungsumfang" (vgl. Abschnitt 1.1) und „Vorgehensweise" in kombinativer Weise herangezogen, dann lassen sich folgende Erscheinungsformen der Planung unterscheiden:

	Total	Partial
Simultan	Simultane Totalplanung	Simultane Partialplanung
Sukzessiv	Sukzessive Totalplanung	Sukzessive Partialplanung

Abbildung 1-2:   Erscheinungsformen von Planungsmethoden

Im Kontext von PPS-Systemen wird dann von einer *simultanen Totalplanung* gesprochen, wenn die PPS-Aufgabe nicht im vorhinein zerlegt wird, sondern die Ge-

samtaufgabe der Produktionsplanung und -steuerung in einem umfassenden Total-
planungsansatz durch gleichzeitige Festlegung der Variablen erfüllt wird (es wird
auch von einem monolithischen Planungsansatz gesprochen; zu einer terminologi-
schen Kritik vgl. Zelewski/Hohmann/Hügens 2008, S. 68 ff.). Obwohl diese Vorgehensweise aus Gründen der Exaktheit vorzuziehen wäre, scheitert sie an den folgenden Problemen (vgl. z.B. Glaser 1989, S. 349):

- Sämtliche Interdependenzen können nicht erfaßt werden, da dann alle Unternehmungsbereiche unter Berücksichtigung der gesamten Lebensdauer der Unternehmung zu betrachten wären.

- Die Zusammenführung der Daten aller Unternehmungsbereiche in einem Total-
  modell ist kaum praktikabel.

- Es ergäbe sich eine Modellkomplexität, bei der für reale Planungsprobleme nicht
  in angemessener Zeit eine Lösung ermittelt werden kann.

Aufgrund der angeführten Probleme, die auch bei einer sukzessiven Totalplanung relevant sind, gelangen im Rahmen der Produktionsplanung und -steuerung *Partial-
planungsansätze* zur Anwendung (vgl. Zäpfel/Gfrerer 1984, S. 235 ff.), wobei vereinzelt Teilpläne auf der Grundlage einer simultanen Vorgehensweise erstellt werden. Für diese Teilpläne werden dann jeweils separat optimale Pläne erstellt. Aus
diesem Grund wird die Koordination der Teilplanungen zu einer zentralen Aufgabe
dieses Planungsansatzes.

Unterschiede bei der *Berücksichtigung der zeitlichen Dimension* werden durch die
Systematisierung der Planung in einstufige (statische) und mehrstufige (dynamische)
Planung erfaßt. Während bei einem *einstufigen* (statischen) *Entscheidungsproblem*
nur eine Entscheidung zu einem Zeitpunkt zu treffen ist, handelt es sich bei einem
mehrstufigen (dynamischen) *Problem* um eine Abfolge von Entscheidungen, die
voneinander abhängig sind. Charakteristisch sind dabei die *mehrwertigen Erwartungen* über die Zukunft. Ein Grundproblem der Planung ist somit darin zu sehen, daß
Entscheidungen zu einem Zeitpunkt $t = 0$, bedingt durch bestehende zeitlich vertikale Interdependenzen bei mehrstufigen Entscheidungen, Bedingungen setzen, die in
späteren Zeitpunkten, $t = 1, 2, ..., T$, den Handlungsspielraum des Entscheidungsträgers einengen und damit negativen Einfluß auf die Flexibilität haben. Des weiteren liegen zum Zeitpunkt $t = 0$ keine vollständigen Informationen über die Bedingungen zukünftiger Entscheidungssituationen vor, wobei sich die Informationslage
bis zum Eintritt einer zukünftigen Entscheidungssituation durch das Eintreffen zusätzlicher Informationen verbessern kann. Damit ergibt sich die Frage, inwieweit
später verfügbare Informationen, die zum Zeitpunkt $t = 0$ unbekannt sind, in der
Entscheidung zum Zeitpunkt $t = 0$ berücksichtigt werden können. Ein Planungsansatz, der von dem Bestreben getragen ist, Entscheidungen erst dann zu treffen,
wenn dies erforderlich ist, ist die *flexible Planung*. Flexible Pläne werden deshalb
unter Beachtung erwarteter zukünftiger Entscheidungssituationen nur in dem Umfang fixiert, der für die Ausführung der nächsten Handlung notwendig ist. Für rele-

vante Handlungen außerhalb dieses Horizontes wird lediglich festgelegt, bei Eintritt welcher Situation sie zu wählen sind. Auf der Grundlage dieser *Eventualpläne* eröffnet sich dem Entscheidungsträger die Möglichkeit, zukünftige Chancen wahrnehmen zu können. Charakteristisch für die flexible Planung ist es folglich, daß im Rahmen der Planung ex ante die Möglichkeit berücksichtigt wird, daß weitere Informationen auftreten und Planrevisionen in der Form von Eventualentscheidungen vorgesehen werden. Dabei geht die flexible Planung von einem *geschlossenen Entscheidungsfeld* aus:

- Die als möglich erachteten Entscheidungssituationen lassen sich zum Zeitpunkt $t = 0$ als endliche Menge diskreter Umweltzustände erfassen. Jedem Umweltzustand wird dabei eine konstante Eintrittswahrscheinlichkeit zugeordnet.

- Alle als relevant erachteten Handlungen lassen sich zum Zeitpunkt $t = 0$ als eine endliche Menge diskreter situationsspezifischer Aktivitäten erfassen. Dabei kann für jede Aktivität ein konstanter Beitrag zur Erreichung der Ziele angegeben werden.

Basis ist somit ein mehrstufiges stochastisches Entscheidungsmodell, das aus einer Folge von Entscheidungssituationen und Realisationen von Zufallsvariablen besteht. Auf jeder Entscheidungsstufe ist eine Alternative aus der zu dieser Stufe gehörenden Alternativenmenge zu wählen. Eine auf einer Stufe getroffene Entscheidung ist somit nicht mehr endgültig, sondern nur bedingt, und zwar in Abhängigkeit von der Realisation der Zufallsvariablen. Da letztlich für jede Kombination zukünftiger Situationen Eventualpläne erstellt werden, steigt der Planungsaufwand schnell an, d.h., die flexible Planung ist nur dann anwendbar, wenn die Anzahl der bedingten Strategien gering ist. Dies kann etwa im Rahmen selektiver Vorüberlegungen geschehen. Flexibilitätsüberlegungen fließen insbesondere in Abschnitt 4.2 ein.

Einen Planungsansatz, bei dem Ausprägungen der genannten Systematisierungskriterien so kombiniert werden, daß er für den zu behandelnden Problemkomplex von praktischer Relevanz ist, bildet die *hierarchische Planung* (sukzessive mehrstufige Partialplanungen mit hierarchischer Koordination). Zentraler Gedanke dieses Ansatzes ist eine sachliche und/oder zeitliche Aufspaltung eines Problemfeldes, im vorliegenden Fall der Produktionsplanung, wodurch mehrere Planungsebenen entstehen, die sich hinsichtlich der Fristigkeit und des Planungsumfangs unterscheiden. Die hierarchische Planung zeichnet sich dann dadurch aus, daß von einer höhergelagerten Entscheidung stufenweise zu einer niedrigeren Entscheidungsebene übergegangen wird. Die folgende Abbildung 1-3 gibt die Grundstruktur eines hierarchischen Planungsmodells mit zwei Ebenen wieder.

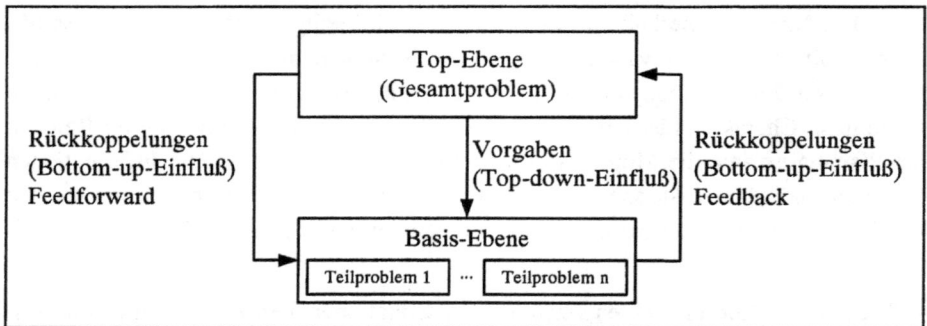

Abbildung 1-3:   Grundstruktur eines hierarchischen Planungsmodells

Die Abbildung zeigt, daß zwischen den Planungsebenen ein *wechselseitiger Informationsaustausch* gegeben ist, wobei

- die obere Ebene „Top down" den Planungsrahmen auf der Grundlage von Vorgaben fixiert und damit den Ausgangspunkt der unteren Planungsebene bildet (vgl. auch Anthony 1965) und
- die untere Ebene auf der Basis eines Bottom-up-Informationsflusses Anhaltspunkte für zukünftige Maßnahmen der betrachteten Ebene gibt.

Dabei nimmt der Aggregationsgrad der Planung von Stufe zu Stufe ab, d.h., es erfolgt eine schrittweise Detaillierung der Planung. Letztlich geht es somit um die *Strukturierung des Gesamtplanungsproblems* in Teilpläne. An einem Beispiel der Serienproduktion von Stückgütern im Verarbeitenden Gewerbe sei eine typisch hierarchische Entscheidungsstruktur verdeutlicht (vgl. Abbildung 1-4).

Ebene	Inhalt der Entscheidungen	Typische Zeitspanne
0	Investitionen in größere Produktionsanlagen und Ausrüstungen	2 -10 Jahre
1	Aggregierte Planung für Einrichtungen und Arbeitsplätze	6 - 18 Monate
2	Master Production Planning (Final Assembly Schedules)	2 - 8 Monate
3	Material Requirements Planning	2 - 8 Monate
4	Input- oder Auftragsfreigabesteuerung	2 - 8 Wochen
5	Outputsteuerung und Shop Floor Scheduling	2 - 10 Tage

Abbildung 1-4:   Hierarchische Entscheidungsstruktur (Beispiel)

Diese Übersicht verdeutlicht, daß eine untergeordnete Ebene in der Regel über detailliertere Informationen verfügt als die jeweils übergeordnete Ebene. So ist z.B. der Inputsteuerung die Auslastung einzelner Maschinen bekannt, während diese Informationen vom MRP-System (vgl. Abschnitt 1.3) nicht genutzt werden, sondern die geschätzten durchschnittlichen Durchlaufzeiten der Aufträge durch einen bestimmten Produktionsbereich. Da die Informationen jedoch in aggregierter Form vorliegen, kann dies mit der Konsequenz einhergehen, daß Entscheidungen nicht optimal sind und die sich aus besonderen Situationen ergebenden Möglichkeiten, wie etwa eine temporär reduzierte Auslastung, nicht genutzt werden. So wird in Industriezweigen, wie z.B. der Halbleiterproduktion, in der die Shop-floor-Leistung häufig variabel und unsicher ist, der Ansatz der Hierarchischen Planung nicht immer zuverlässig funktionieren, da den unterschiedlichen Entscheidungsebenen keine adäquaten Informationen über die Produktionsbereiche zur Verfügung stehen. Demgegenüber hat sich die Hierarchische Planung in der Chemieindustrie, in der Haushaltswaren- und Ausrüstungsproduktion, in denen die Produktionsprozesse beherrscht werden, bewährt.

Ein mathematischer Rahmen für die Hierarchische Produktionsplanung findet sich bei Bitran/Hax/Haas (1981), der eine Basis für die Softwareentwicklung liefert, um die Hierarchische Produktionsplanung implementieren und Entscheidungen unterschiedlicher Ebenen miteinander verknüpfen zu können. Auch wenn die Besonderheiten dieses Entscheidungsansatzes nicht verallgemeinbar sind und nicht das gesamte Spektrum der Entscheidungssituationen abdecken (beispielsweise ist die Entscheidungsstruktur gut geeignet für Situationen, in denen Lagerkosten kritischer sind als Rüst- und Wechselkosten) stellt er einen Rahmen für die Entwicklung anderer Anwendungen mit unterschiedlichen Kostenstrukturen zur Verfügung.

Ergebnis der *Segmentierung* sind dann mehrere gleichgeordnete Teilpläne. Damit bilden die Strukturierung und Segmentierung die generellen Gestaltungsparameter der hierarchischen Planung. Auch wenn keine allgemeingültigen Aussagen über die Vorgehensweisen im Rahmen der Strukturierung und Segmentierung getroffen werden können, da dies immer von dem vorliegenden Sachzusammenhang abhängig ist, kann als generelle Orientierung gelten, daß möglichst wenige Interdependenzen zerschnitten werden sollten.

Die Segmentierung ist dabei zugleich geeignet, die Komplexität zu bewältigen: So läßt sich das Produktionsprogramm in Produktfamilien gliedern und ihre Produktion in getrennten Produktionssegmenten durchführen oder die Aktivitäten eines Produktionssystems getrennten Bereichen zuordnen, die dann jeweils für eine spezifische Produktgruppe zuständig sind. Verfügt jedes Produktionssegment über die erforderlichen Produktionsressourcen zur Herstellung der betreffenden Produkte, dann ist die Verflechtung zwischen den Segmenten minimal. Damit kann die Produktionsplanung und -steuerung in den einzelnen Segmenten unabhängig voneinander erfolgen, wodurch eine signifikante Vereinfachung eintritt. Die Idee der Segmentierung (Focused factory) geht dabei auf Skinner (1974) zurück, der diese Gedanken aus früheren Vorstellungen über Gruppenbearbeitung und Zellenproduktion heraus entwickelte. Ein zentraler Aspekt der segmentierten Produktion ist es, daß sich mit ihrer Hilfe die Aufgaben der Produktionsplanung und -steuerung vereinfachen lassen, indem sie die Verantwortung für die zu treffenden Steuerungsentscheidungen auf die Mitarbeiter in den betreffenden Produktionsbereichen überträgt, wie etwa die Arbeitsverteilung und die Weitergabe der Aufträge von Maschine zu Maschine bzw. zwischen Arbeitsstationen. Das Hauptproblem dieser Produktionsform besteht in der Gefahr einer Überlast für einzelne Produktionsbereiche durch Bedarfsveränderungen, während gleichzeitig andere Produktionsbereiche nicht hinreichend ausgelastet sind (Zielkonflikt zwischen Bereichsautonomie und Kapazitätsauslastung). In einer solchen Situation ist es dann häufig schwierig, Mitarbeiter und Produktionsausrüstungen zwischen den Bereichen zu verschieben, und zwar nicht nur aufgrund kostenintensiver Layoutänderungen, sondern auch wegen der Trennung etablierter Arbeitsgruppen und damit einer Störung der internen Koordination der Arbeitsflüsse. Durch die Zuordnung einzelner Produkte zu mehreren Bereichen läßt sich dieses Problem mildern, mit der Konsequenz, daß die autonome Steuerung einzelner Bereiche aufgegeben werden muß.

Diese Ausführungen verdeutlichen, daß es im Rahmen der hierarchischen Planung die beiden folgenden zentralen Probleme gibt:

- Welcher Aggregationsgrad ist für die einzelnen Ebenen angemessen?
- Wie ist die Abstimmung der Teilpläne untereinander realisierbar?

Unter *Aggregation* ist die Zusammenfassung von Daten und Entscheidungsvariablen zu verstehen, d.h., es geht um ihre zweckmäßige Gruppierung (vgl. Kistner/Steven 2001, S. 212). Mit dieser Vorgehensweise geht letztlich eine Problemvereinfachung einher und dient konkret

- der Reduktion des Modellumfangs,
- der Beeinflussung des Entscheidungstyps und
- der Unsicherheitsreduktion (vgl. Stadtler 1996, Sp. 634).

Durch die Reduktion des Modellumfangs lassen sich

- einerseits der Datenerhebungs- und
- anderseits der Problemlösungsaufwand

reduzieren. In einer differenzierenden Sicht ist zwischen

- einer *inhaltlichen Aggregation*, die an den gegebenen Parametern wie etwa Produkt-, Maschinengruppen etc. und an Restriktionen (z.B. Maschinenkapazität) ansetzt und
- einer *zeitlichen Aggregation*, bei der es um die Bildung unterschiedlicher Zeiträume geht,

zu unterscheiden. Diese beiden Erscheinungsformen sind aufeinander abzustimmen und nicht isoliert zu sehen. Theoretisches Ziel ist dabei eine *perfekte Aggregation*, d.h., der Umfang des Ausgangsmodells ist so zu verringern, daß das Ergebnis des aggregierten Modells nicht von dem Ergebnis des detaillierten Ausgangsmodells abweicht. Diese theoretische Ideallösung ist jedoch für praktische Problemstellungen nicht realisierbar, da die Voraussetzungen für eine perfekte Lösung zu einschneidend sind. Soll etwa unter der Voraussetzung einer mehrstufigen Produktion eine Aggregation der Produkte und Maschinen zu Gruppen erfolgen, dann besagt die perfekte Aggregation, daß alle Produkte einer Produktgruppe nur auf Maschinen derselben Maschinengruppe produziert werden dürfen (vgl. Stadtler 1996, Sp. 634). Vor diesem Hintergrund wird dann die Forderung erhoben, daß durch die Aggregation die Zulässigkeit der gefundenen Lösung nicht beeinträchtigt werden darf. Damit erlangen die Begriffe der *Zulässigkeit* und *Konsistenz* eine zentrale Bedeutung. Von einem zulässigen aggregierten Plan wird dann gesprochen, wenn sich dieser über den gesamten Planungszeitraum, auf den sich die aggregierte Planung bezieht, in zulässige Entscheidungen der jeweils untergeordneten Ebene auflösen läßt, d.h., disaggregieren läßt. Konsistent sind Entscheidungen einer untergeordneten Ebene dann, wenn sie die Vorgaben ihrer übergeordneten Ebene erfüllen. In diesem Zusammenhang wird auch von einer *konsistenten Aggregation* gesprochen. Für praxisrelevante Problemgrößen lassen sich jedoch keine optimalen Lösungen ermitteln, so daß hierarchische Planungsansätze in der Regel als Heuristiken konzipiert werden und folglich den Anspruch auf Optimalität aufgeben. Damit tritt letztlich die Lösbarkeit des Problems mit einem vertretbaren Aufwand ins Zentrum des Interesses (vgl. Stadtler 1988, S. 48 ff.).

Durch die Strukturierung des Gesamtproblems in Teilprobleme und die schrittweise Problemlösung entstehen zwischen den Teilplänen horizontale und vertikale Interdependenzen. *Horizontale Interdependenzen* lassen sich durch die aggregierte Einbeziehung der Teilpläne in das Planungsproblem der übergeordneten Ebene berücksichtigen. Die Interdependenzen werden somit auf einem höheren Aggregationsniveau beachtet. Die übergeordnete Ebene formuliert dann entsprechend abgestimmte Vorgaben. *Vertikale Interdependenzen* lassen sich mit Hilfe des Gegenstromprinzips handhaben, d.h., es werden mehrere Planungsiterationen durchgeführt. Im Rahmen der hierarchischen Planung lassen sich vertikale Interdependenzen durch eine *rollierende Planung* berücksichtigen, in die das Gegenstromprinzip implementiert werden kann. Der rollierenden Planung zur Handhabung vertikaler zeitlicher Interdependenzen liegt die folgende Vorgehensweise zugrunde:

- Innerhalb einer Planungsebene wird der Zeitraum zwischen Planungszeitpunkt und -horizont in mehrere Planungsperioden unterteilt.
- Während der Plan für die erste Periode verbindlich ist, haben Pläne für nachfolgende Perioden vorläufigen Charakter.

- Am Ende einer Planungsperiode werden aktuelle Informationen in den nächsten Planungslauf einbezogen, dessen Planungshorizont um eine Periode in die Zukunft verschoben ist.
- Der Planungshorizont der Basisebene entspricht in der Regel. der Planungsperiode der Topebene.
- Der Plan für die erste Periode auf der Topebene wird der Basisebene als Planungsrahmen vorgegeben.

Eine Implementierung des *Gegenstromprinzips* in das Konzept der rollierenden Planung wird dann durch eine wechselseitige Abstimmung zwischen dem ersten Periodenplan der Top-Ebene und dem sich bis zum Planungshorizont der Basisebene erstreckenden Detailplan vollzogen. Abbildung 1-5 gibt diese Überlegungen in anschaulicher Weise wieder.

Abbildung 1-5 verdeutlicht, daß eine wechselseitige Abstimmung zwischen dem ersten Periodenplan der Top-Ebene und dem sich bis zum Planungshorizont der Basis-Ebene erstreckenden Detailplan vollzogen wird (vgl. Corsten/Gössinger 2009, S. 545 f.). Generell wird die rollierende Planung im Rahmen der hierarchischen Planung auf den oberen Planungsebenen angewandt und dient dabei der periodischen Anpassung der Pläne an den aktuellen Informationsstand, wodurch der Unsicherheit Rechnung getragen werden kann, da ein erneuter Planungslauf initiiert wird, der den Planungszeitraum um eine definierte Zeitspanne in die Zukunft verschiebt, wodurch weitere Informationen berücksichtigt werden können. Damit werden mit jedem Planungslauf die Daten aktualisiert. Dieser Überlegung liegt die Annahme zugrunde, daß die Unsicherheit der Daten mit der Nähe zum Planungszeitpunkt in der Tendenz abnimmt (vgl. Stadtler 1996, Sp. 636).

Eine andere Möglichkeit ist darin zu sehen, in den untergeordneten Planungsebenen einen „Schlupf" bei den betrachteten Restriktionsgrenzen zu gewähren. Hiermit wird nicht nur der Unsicherheit hinsichtlich zulässiger Pläne begegnet, sondern darüber hinaus eröffnen sich damit für die untergeordneten Planungsebenen Entscheidungsspielräume (zur Festlegung des Ausmaßes des Schlupfes mit Hilfe des Chance-Constrained-Ansatzes vgl. Kistner 1992, S. 1125 ff.).

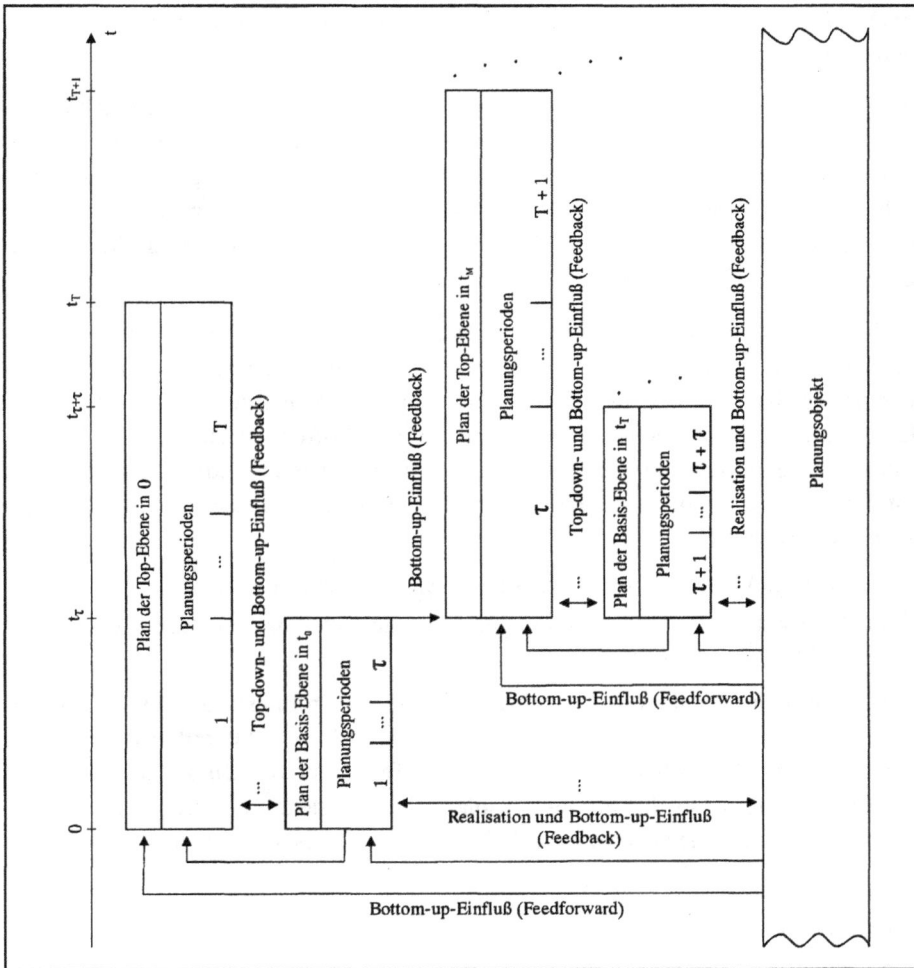

Abbildung 1-5:   Rollierende Planung und Gegenstromprinzip

1.3 Konzeptionelle Entwicklungslinien der Produktionsplanung und -steuerung

Der in der zweiten Hälfte des 20. Jahrhunderts in den Industriestaaten vollzogene Wandel von angebots- zu nachfrageorientierten Märkten stellte an die industrielle Produktion neue Anforderungen.

Für die Produktionsplanung erwies es sich als schwierig, individualisierte Produktspezifikationen und kurzfristige Liefererwartungen zu berücksichtigen. Zur Handhabung der daraus resultierenden Komplexität wurden Verfahren und Systeme zur Produktionsplanung und -steuerung entwickelt. Gleichzeitig war es durch die Entwicklungen im Bereich der Informations- und Kommunikationstechnik (IKT) möglich, die Vielfalt und das wachsende Volumen an Daten verfügbar zu halten, sowie zunehmend besser und umfassender zu verarbeiten.

Das aus praktischen Anforderungen heraus in den 1960er Jahren entwickelte Konzept der rechnergestützten Bedarfsauflösung und Materialplanung, Material Requirements Planning (MRP), konnte durch Nutzung der Möglichkeiten der IKT in den frühen 1980er Jahren zu dem von Wight (1984) formulierten Konzept des Manufacturing Resource Plannung (MRP II) weiterentwickelt werden, das auch die Termin- und Kapazitätsplanung einschloß.

Produktionsplanungs- und -steuerungssysteme wurden zunächst als *zentrale Systeme* entwickelt, die dadurch charakterisiert waren, daß alle Entscheidungen, die im Rahmen der Produktionsplanung und -steuerung auftraten, von einer zentralen Stelle auf der Basis eines umfassenden Produktionsmodells getroffen wurden. Für die Produktionsstellen ging dies mit der Konsequenz einher, daß ihnen lediglich ausführende Funktionen, aber keine planenden Aufgaben übertragen wurden. Voraussetzungen solcher zentralen Systeme sind

- die ständige Verfügbarkeit des aktuellen Systemzustandes und
- das Vorhandensein eines vollständigen Prozeßmodells, das als Basis für sämtliche zutreffende Entscheidungen dient.

Es ist unmittelbar einsichtig, daß solche Systeme auf Störungen und Eilaufträge äußerst empfindlich reagierten, mit der Konsequenz, daß die generierten Produktionspläne ständige Revisionen erforderten. Diese Probleme führten zu *Dezentralisierungsbestrebungen* bei der Produktionsplanung und -steuerung, die durch die drei folgenden Aspekte, die sich gegenseitig bedingen und verstärken, unterstützt werden:

- fertigungstechnische,
- informationstechnische und
- organisatorische Entwicklungen.

Im Rahmen der *fertigungstechnischen Entwicklungen* sind insbesondere Flexible Fertigungszellen und Flexible Fertigungssysteme zu nennen. Während es sich bei *Flexiblen Fertigungszellen* um hochautomatisierte Einzelmaschinen handelt, auf denen die Werkstücke in der Regel in einer Aufspannung komplett bearbeitet werden können und ein Steuersystem für einen automatisierten Werkzeug- und Werkstückwechsel sorgt, bestehen *Flexible Fertigungssysteme* aus mehreren Fertigungseinrichtungen, deren Material- und Informationsfluß so verknüpft sind, daß einerseits eine automatische Produktion stattfinden und anderseits eine gleichzeitige Bearbeitung unterschiedlicher Werkstücke mit unterschiedlicher Bearbeitungsfolge durchgeführt werden kann. Durch den Einsatz dieser Fertigungstechnologien, die auch als flexible Automatisierung bezeichnet wird, soll der klassische Zielkonflikt zwischen Produktivität und Flexibilität entschärft und eine Dezentralisierung der Produktionsplanung und -steuerung unterstützt werden.

Aus den *informationstechnischen Entwicklungen* ergibt sich ein Unterstützungspotential für die Dezentralisierung, insbesondere aus der Schaffung anwenderunabhängiger Datenbasen (Datenbanksysteme), durch den Einsatz technischer Hilfsmittel zum unternehmungsinternen Informationsaustausch (lokale Netze) sowie durch die Verfügbarkeit benutzerfreundlicher Visualisierungsmöglichkeiten. Eng verbunden mit den fertigungs- und informationstechnischen Konzepten ist die Entwicklung neuer *Organisationskonzepte*, und zwar insbesondere *dezentrale Produktionsstrukturen* wie etwa Flexible Produktions(Fertigungs)inseln und Produktions(Fertigungs)segmente. Solche dezentralen Produktionsstrukturen zielen auf eine Rücknahme hochgradiger Arbeitsteilung durch Reintegration von Funktionen und Redelegation von Entscheidungskompetenzen vor Ort ab. Hierdurch soll der Produktionsbereich in die Lage versetzt werden, steigenden Produktivitäts-, Flexibilitäts- und Qualitätsanforderungen gerecht zu werden und zum Aufbau produktionsseitig gestützter Wettbewerbsvorteile beitragen. So ist es für *Produktions(Fertigungs)inseln* charakteristisch, daß alle für die Produktion von Produkten, Baugruppen oder Einzelteilen benötigten Ressourcen in einer organisatorischen Einheit angeordnet sind, der dann auch weitgehende Planungs- und Steuerungsaufgaben zugeordnet werden. Aus organisationstheoretischer Sicht liegt den Produktions(Fertigungs)inseln damit das Objektprinzip zugrunde. Aus dem Konzept der Flexiblen Fertigungssysteme ergibt sich damit die Notwendigkeit, dezentrale Steuerungssysteme zu entwickeln, die es ermöglichen, die in den Inseln vorhandenen Aufgaben zu verwalten, detailliert zu terminieren, die Bearbeitungsreihenfolge festzulegen und darüber hinaus auch die Rückmeldung der abgeschlossenen Arbeitsgänge an die zentrale Planungsstelle durchzuführen. Auch bei der *Produktions(Fertigungs)segmentierung* liegt eine objektorientierte Aufbauorganisation vor, d.h., die Organisationseinheiten ergeben sich aus der Zusammenfassung produktspezifischer Aktivitäten, die dann auf spezifische Marktsegmente auszurichten sind (vgl. Wildemann 1998, S. 54 ff.). Mit der Schaffung solcher autonomer Einheiten geht einerseits eine Dezentralisierung der Verantwortung für Entscheidungen und anderseits eine physische Ressourcentrennung und damit eine Kapazitätsentflechtung einher, mit dem Ziel, die so entstandenen Teilbereiche möglichst autonom zu steuern. Die Grundidee der Produktionssegmentierung liegt somit darin, nicht mehr alle Produkte eines heterogenen Produktionsprogramms mit in der Regel unterschiedlichen wettbewerbsstrategischen Anforderungen dasselbe Produktionssystem durchlaufen zu lassen, sondern durch Produktions(Fertigungs)segmentierung möglichst autonome *Produkt-Markt-Produktionskombinationen* als Produktionsbereiche zu bilden. Die Integration im Rahmen der Produktions(Fertigungs)segmentierung bezieht sich dabei auf die Materialflußkette, die produktbezogenen Auftragsabwicklungsfunktionen und die Unterstützungsfunktionen, d.h. auf die gesamte logistische Kette.

Diese Entwicklungstendenzen dürfen jedoch nicht isoliert betrachtet werden, sondern sie sind für die Dezentralisierung der Produktionsplanung und -steuerung in ihren Wechselwirkungen zu berücksichtigen:

- So erfordert der Einsatz neuerer fertigungstechnischer Konzepte eine Reintegration vorher arbeitsteiliger Prozesse, d.h., er ist mit arbeitsorganisatorischen Konsequenzen verbunden. Darüber hinaus erfordert die Fertigungstechnik, bedingt durch das zunehmende Datenvolumen aufgrund eines höheren Automatisierungsgrades, von der Informationstechnik Ansätze für eine Datenintegration.

- Demgegenüber stellen die organisatorischen Entwicklungen, insbesondere die Implementierung gruppenorganisatorischer Konzepte, veränderte Anforderungen an die Fertigungs- und Informationstechnik.

- Die informationstechnische Entwicklung mit ihren zentralen Elementen der Daten- und Funktionsintegration ermöglicht einerseits, den Anforderungen der fertigungstechnischen und organisatorischen Entwicklungen gerecht zu werden, anderseits stellen die informationstechnischen Entwicklungen wiederum Anforderungen an die Fertigungstechnik und an die Organisation.

Dies zeigt, daß sich die skizzierten Entwicklungen gegenseitig bedingen und verstärken können und folglich nicht unabhängig voneinander zu betrachten sind. Damit stellt sich die weitergehende Frage nach den konkreten Dezentralisierungsmöglichkeiten der Produktionsplanung und -steuerung. Dieser Frage ist einerseits aus der Perspektive der Datenhaltung und anderseits aus der Perspektive der Funktionsverteilung nachzugehen.

Mit dem Problemkomplex der *Datenverteilung* werden die physische Speicherung und die Zugriffsmöglichkeiten von Daten angesprochen. Bei einer dezentralen Datenhaltung erfolgt eine Datenspeicherung und -verarbeitung am Ort ihrer Entstehung. Dies geht auf der einen Seite zwar mit einer hohen Verfügbarkeit der Daten und einer Entlastung der zentralen Rechnersysteme einher, bedingt aber auf der anderen Seite eine erhöhte Anzahl von Schnittstellen und kann damit zu Dateninkonsistenzen führen. Es bietet sich daher an, die Konzepte einer zentralen und dezentralen Datenhaltung zu kombinieren. Grundlage hierfür bildet dann eine *Netzwerklösung*, mit dem Ziel, den Zugriff auf die Daten sämtlicher Rechner zu ermöglichen, wodurch die Vorteile einer dezentralen Datenhaltung mit der Möglichkeit eines unternehmungsweiten Datenzugriffs verknüpft werden. Es handelt sich damit um das *Konzept der verteilten Datenbanken*. Der Sachverhalt, daß in einem verteilten System mehrere Rechnerknoten zur Bearbeitung des gemeinsamen Datenbestandes zur Verfügung stehen, eröffnet ferner die Möglichkeit, Anfragen, die Daten auf mehreren Rechnern betreffen, parallel zu bearbeiten und auf diese Weise wesentlich kürzere Antwortzeiten zu erzielen, als dies bei zentraler Verarbeitung möglich wäre. Ferner lassen sich die folgenden Gründe nennen, die für verteilte Datenbanken sprechen:

- geringe Schnittstellenproblematik,
- Unterstützung heterogener Hardwarearchitekturen,
- Speicherung und überwiegende Nutzung der Daten am Entstehungsort und damit verbunden
  -- zurechenbare lokale Verantwortlichkeiten für die Daten,
  -- kürzere Zugriffszeiten und

-- größere Datensicherheit durch physisch verteilte Datenhaltung.

Aus betriebswirtschaftlicher Sicht ist die Frage nach der *Funktionsaufteilung* in der dezentralen Produktionsplanung und -steuerung von besonderem Interesse. Unter Funktionsaufteilung wird dabei eine segmentierte Verteilung der von der Produktionsplanung und -steuerung durchzuführenden Aufgaben dergestalt verstanden, daß die Anwender mit dem technischen Subsystem eine organisatorische Einheit bilden.

In der Regel findet sich in der Literatur (vgl. z.B. Zäpfel 2000a, S. 197 ff.) die folgende Funktionsaufteilung:

- *Zentrale Stelle*: Ihr obliegt die Primärbedarfs- und Materialbedarfsplanung sowie eine grobe Durchlaufterminierung und Kapazitätsplanung. Sie legt damit die Produktionsaufträge, spezifiziert nach Art und Menge (= Lose) sowie Freigabezeitpunkten (= Beauftragung), fest und übergibt diese an die dezentralen Stellen. Planungsobjekte der zentralen Stellen sind damit die Produktionsaufträge. Ferner obliegt ihr die Koordination der dezentralen Stellen.

- *Dezentrale Stellen*: Ihnen obliegt die Produktionssteuerung, d.h., die Auftragsfreigabe sowie die Kapazitäts- und Auftragsüberwachung. Planungsobjekte der dezentralen Stellen sind die Arbeitsgänge, die zur Realisation der Produktionsaufträge notwendig sind, d.h., es erfolgt die Einplanung der Arbeitsgänge auf die einzelnen Produktionsstellen unter Berücksichtigung ihrer Kapazitäten. Darüber hinaus melden die dezentralen Stellen die Durchlaufzeiten, die Bestände, die Kapazitätsauslastung etc. an die zentrale Planungsstelle zurück. Eine konkrete Möglichkeit zur Unterstützung der Dezentralisierung bilden Leitstände (vgl. Abschnitt 2.2.2).

Dieser Funktionsaufteilung liegt damit die Überlegung zugrunde, daß die Planung zentral und die Steuerung dezentral erfolgt. Teilweise wird diese Trennung auch aufgehoben und die Bestandsführung, die Teil der Materialbedarfsplanung ist, den dezentralen Einheiten zugeordnet. Die Funktionsaufteilung wird aber durch die Produktionsorganisation beeinflußt, so daß hierzu nur tendenzielle Aussagen gemacht werden können.

Die zunehmende Übertragung von Planungsaufgaben auf dezentrale Stellen spiegelt sich in der Entwicklung von *generischen Konzepten* der Produktionsplanung und -steuerung wider, mit denen den spezifischen Bedingungen unterschiedlicher Produktionsbereiche Rechnung getragen wird. Dabei sind insbesondere die Konzepte:

- *Kanban* (vgl. Monden 1994),
- *Optimized Production Technology* (OPT) (vgl. Evans 1993),
- *Retrograde Terminierung* (RT) (vgl. Adam 1987a),
- *Belastungsorientierte Auftragsfreigabe* (BOA) (vgl. Bechte1980) und
- *Constant Work in Process* (CONWIP) (vgl. Hopp/Spearman 2001)

zu nennen, die im Kapitel 3 im Detail betrachtet werden. Die in der Realität anzutreffenden Produktionssysteme umfassen häufig mehrere Produktionsbereiche mit unterschiedlichen Spezifika, so daß *hybride Konzepte* der Produktionsplanung und

-steuerung erforderlich werden. Ein hybrides Konzept, das auf der Grundlage eines einheitlichen Modells durch Parametervariation das Planungs und -steuerungskonzept unterschiedlicher dezentraler Konzepte nachzubilden vermag, ist das *Production Authorization Card System* (vgl. Buzacott/Shanthikumar 1992), das im Abschnitt 4.1 thematisiert wird.

Einen weiteren Aspekt bildet der *Funktionsumfang*. Während zunächst mit dem Material Requirements Planning (MRP) die Materialwirtschaft im Zentrum stand, wurde mit dem *MRP II* (Manufacturing Resource Planning) der Aufgabenumfang nicht nur deutlich erweitert, sondern es kann als das zur Zeit umfassendste PPS-Konzept bezeichnet werden, das neben der Aufgabenerweiterung auch einen Abstimmungsprozeß nach einer Top-down-Koppelung beinhaltet. Dies bedeutet, daß die Ergebnisse einer übergeordneten Planungsebene den Rahmen für die untergeordnete Planungsebene darstellen, wobei dann Rückkoppelungen zwischen den Ebenen vorgesehen sind, wenn für die untergeordnete Ebene keine zufriedenstellende Lösung gefunden wird. Eine zentrale Verbesserung im Vergleich zum „klassischen PPS-Konzept" ist darin zu sehen, daß MRP II die Möglichkeit bietet, Produktgruppen und Kapazitätseinheiten zu bilden und dann mit Hilfe der deterministischen Simulation das festgelegte Produktionsprogramm auf seine Realisierbarkeit zu prüfen. Die folgende Abbildung 1-6 gibt die zentralen Elemente sowie die Planungs- und Steuerungslogik des MRP II-Konzeptes wieder (vgl. Kurbel 2005, S. 138).

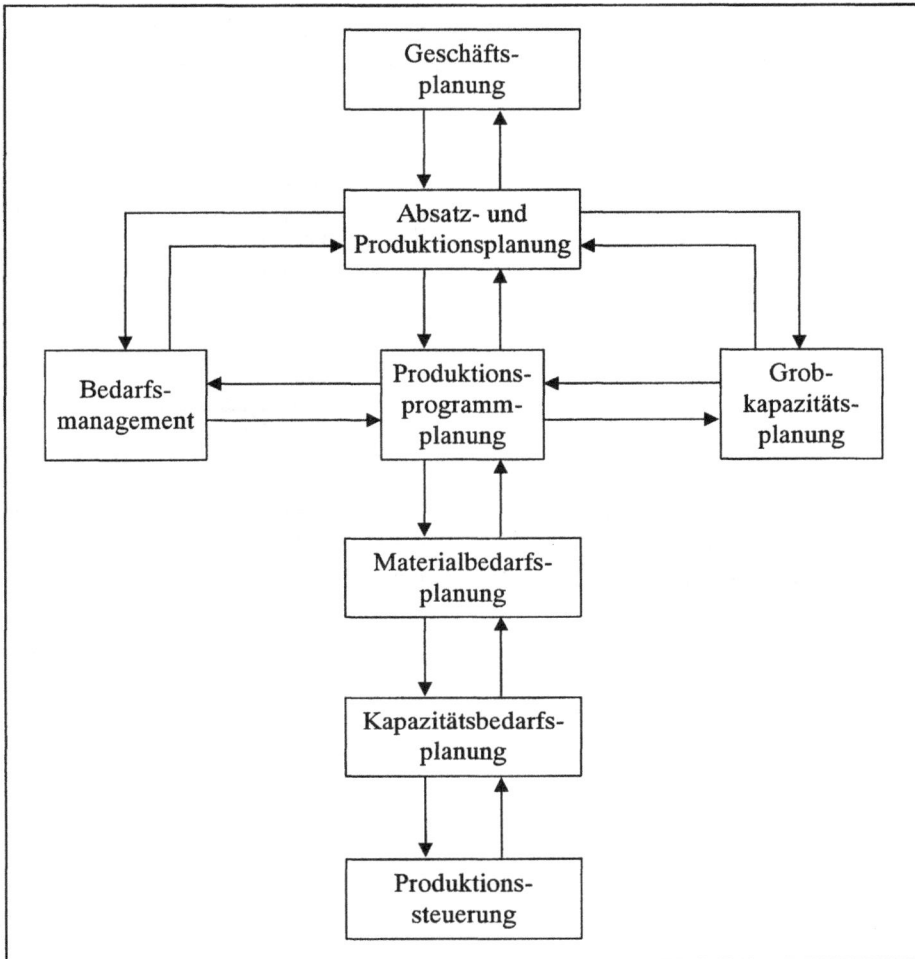

Abbildung 1-6:   Planungs- und Steuerungslogik des MRP II-Konzeptes

Der Leitgedanke des MRP II-Konzeptes ist dabei eine ganzheitliche markt- und ressourcenorientierte Planung der Absatz-, Produktions- und Bestandsmengen, die auf der obersten Managementebene beginnt.

Eine Weiterführung des MRP II-Konzeptes hinsichtlich des Kriteriums Funktionsumfang ist in den *Enterprise-Resource-Planning-Systemen* (ERP-Systeme; vgl. Abschnitt 4.3.1) zu sehen, wobei dieses integrierte Anwendungspaket weitere unternehmungsbezogene Funktionsbereiche wie den Vertrieb, das Rechnungswesen, das Finanzwesen, die Personalwirtschaft etc. umfaßt.

Wird der Fokus nicht mehr auf eine einzelne Unternehmung gelegt, sondern eine *unternehmungsübergreifende Sicht* zugrunde gelegt, dann gelangen unternehmungsübergreifende Wertschöpfungsketten in das Zentrum der Überlegungen (Supply

Chain), wobei eine konsequente Kundenorientierung den Ausgangspunkt einer sogenannten *Supply Chain* bildet (vgl. Corsten/Gössinger 2008, S. 94 ff.), wie dies in Abbildung 1-7 zum Ausdruck kommt (vgl. Abschnitt 4.3.2).

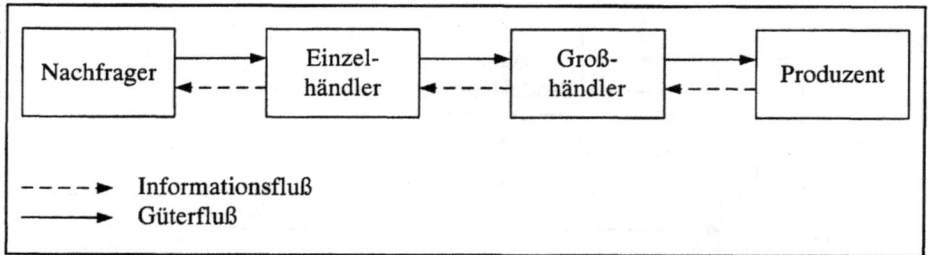

Abbildung 1-7:   Unternehmungsübergreifende Betrachtung

Eine Unterstützung für diese unternehmungsübergreifende Zusammenarbeit bieten
dabei *Supply-Chain-Management-Softwaresysteme* (APS-Systeme), die modular
strukturierte Softwaresysteme sind (vgl. Abschnitt 4.3.2).

2 Aufgaben der Produktionsplanung und -steuerung

Beim „Urtyp" (vgl. Zelewski/Hohmann/Hügens 2008, S. 214) hierarchisch-sequentieller PPS-Konzepte ist es üblich, die Produktionsplanung in Primär-, Sekundärplanung und Kapazitätsplanung untergliedern und die Produktionssteuerung in die Teilaufgaben Auftragsfreigabe sowie Auftragsdurchführung und -überwachung aufzuspalten. Die zur Erfüllung dieser Teilaufgaben in den PPS-Systemen herangezogenen Modelle und Lösungsansätze (vgl. Fandel/Gubitz 2008, S. 197 ff.) werden in den folgenden Abschnitten 2.1 und 2.2 im Detail vorgestellt.

2.1 Produktionsplanung

2.1.1 Primärbedarfsplanung

Im Rahmen der Primärbedarfsplanung wird festgelegt, welche Produktarten in welchen Mengen in einem Planungszeitraum produziert werden sollen. Ergebnis der Primärbedarfsplanung ist das Produktionsprogramm.

2.1.1.1 Prognose als Voraussetzung der Primärbedarfsplanung

Im Rahmen der Programmbildung ist es wesentlich zu wissen, welche Produktmengen in der Planungsperiode voraussichtlich nachgefragt werden. Da diese Informationen zum aktuellen Zeitpunkt nicht vorhanden sind, gelangen Prognoseverfahren zum Einsatz. Generell werden an eine Prognose die folgenden Anforderungen gestellt:

- Die Basis bilden Vergangenheitswerte, die in der Form einer sogenannten Zeitreihe vorliegen.
- Es müssen die Voraussetzungen offengelegt werden, unter denen eine Prognose erstellt wird sowie eine sachlogische Begründung.

Von einer *Prognose* wird im folgenden nur dann gesprochen, wenn auf der Grundlage von Vergangenheitswerten mit Hilfe eines quantitativen Modells Aussagen über zukünftige Werte getroffen werden. Unter einer *Zeitreihe* wird eine Menge von Beobachtungswerten x_t $(t = 1, \ldots, T)$ verstanden, die in äquidistantem Abstand aufeinanderfolgen, wobei mit x_t der zum Zeitpunkt t beobachtete Zeitreihenwert erfaßt wird und T die Anzahl aller beobachteten Werte angibt. Abbildung 2-1 gibt eine Zeitreihe in allgemeiner Form wieder.

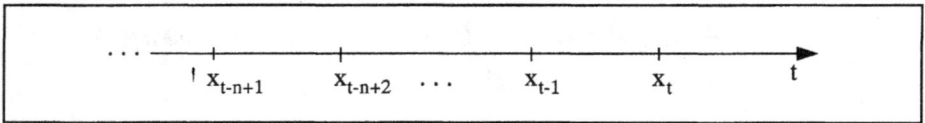

Abbildung 2-1:   Zeitreihe

Ferner läßt sich eine Zeitreihe in die folgenden vier Komponenten zerlegen:

- *Trend*: Er gibt die Entwicklungsrichtung bzw. die Entwicklungstendenz einer Zeitreihe wieder.
- *Zyklische Schwankungen*: Es handelt sich um Abweichungen vom langfristigen Trend, wobei die Zykluslänge nicht exakt definierbar ist (z.B. fünf Jahre).
- *Saisonale Schwankungen*: Es liegen Änderungen im jahreszeitlichen Rhythmus vor (z.B. Monats- oder Quartalsschwankungen).
- *Unregelmäßige Schwankungen*: Mit diesen Schwankungen, die auch als irreguläre Komponente bezeichnet werden, werden insbesondere zufällige Einflüsse erfaßt, die sich aber ausgleichen, so daß ihr Erwartungswert „null" beträgt.

Im folgenden sollen fünf (gängige) Prognosemodelle vorgestellt werden:

- gleitender Durchschnitt,
- exponentielles Glätten
  -- erster Ordnung,
  -- zweiter Ordnung,
- lineare Regression,
- Zeitreihendekomposition und
- Saisonverfahren von Winters.

Die *Methode des gleitenden Durchschnitts* ist ein einfaches Prognosemodell, das bei Zeitreihen zur Anwendung gelangen kann, die einen nahezu konstanten Verlauf aufweisen (vgl. z.B. Tempelmeier 2003, S. 45 ff.; Zäpfel 1982, S. 165 ff.). Abbildung 2-2 gibt einen solchen Verlauf beispielhaft wieder.

Ziel ist dabei die Eliminierung zufallsbedingter Unregelmäßigkeiten in der Zeitreihe. Folgende Definitionsgleichung gilt:

$$\hat{x}_t = \frac{x_t + x_{t-1} + \ldots + x_{t-(\pi-1)}}{\pi}$$

mit:

t	=	aktueller Zeitpunkt
$\hat{x}_t$	=	arithmetisches Mittel zum Zeitpunkt t
π	=	Periodenlänge des gleitenden Durchschnitts

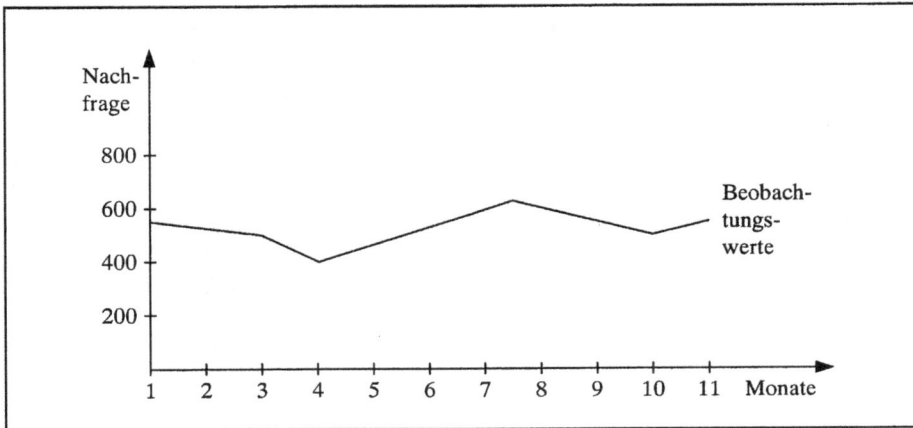

Abbildung 2-2:   Zeitreihe mit (nahezu) konstantem Verlauf

Wird die Gleichung

$$\widehat{x}_{t-1} = \frac{x_{t-1} + x_{t-2} + \ldots + x_{t-\pi}}{\pi}$$

in die Gleichung $\widehat{x}_t$ eingesetzt, dann ergibt sich:

$$\widehat{x}_t = \widehat{x}_{t-1} + \frac{x_t - x_{t-\pi}}{\pi}$$

Der Unterschied zum arithmetischen Mittel liegt folglich darin, daß nur die π neuesten Vergangenheitswerte berücksichtigt werden.

Während die bei der Methode des gleitenden Durchschnitts in die Berechnung einfließenden Werte gleichgewichtet sind, werden im Rahmen des *exponentiellen Glättens* die Zeitreihenwerte unterschiedlich stark gewichtet. So können etwa die aktuellen Zeitreihenwerte stärker gewichtet werden als zeitlich weiter zurückliegende Werte. Hierzu wird ein gewogenes arithmetisches Mittel aus den Vergangenheitswerten gebildet, wobei der aktuellste Wert mit $\alpha \cdot (1-\alpha)$, der vorletzte Wert mit $\alpha \cdot (1-\alpha)^2$ etc. gewichtet wird. Es ergibt sich damit (vgl. Tempelmeier 2003, S. 47 ff.):

$$\widehat{x}_t^{(1)} = \alpha \cdot x_t + \alpha \cdot (1-\alpha) \cdot x_{t-1} + \alpha \cdot (1-\alpha)^2 \cdot x_{t-2} + \ldots$$

$$\widehat{x}_t^{(1)} = \alpha \cdot \sum_{n=0}^{\infty} (1-\alpha)^n \cdot x_{t-n}$$

mit:

$\widehat{x}_t^{(1)}$	=	Mittelwert 1. Ordnung
x_t	=	Beobachtungswert zum Zeitpunkt t
α	=	Gewichtungsfaktor

Das Gewicht $\alpha \cdot (1-\alpha)^n$ des Zeitreihenwerts x_{t-n} nimmt dabei mit dessen Alter exponentiell ab, wie dies in Abbildung 2-3 dargestellt ist.

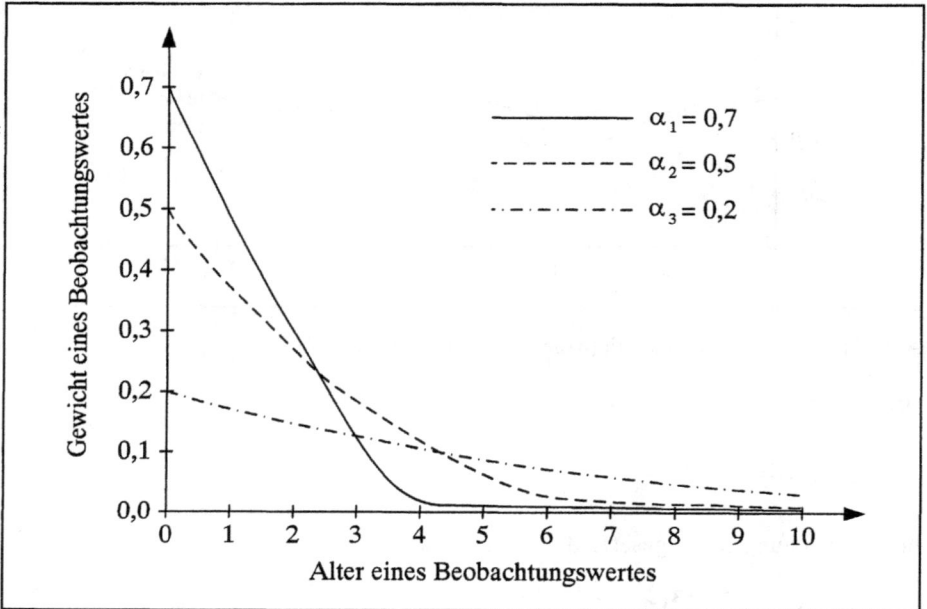

Abbildung 2-3:   Zusammenhang zwischen Alter und Gewicht eines Beobachtungswertes

Durch Umformung der Gleichung $\hat{x}_t^{(1)}$ in

$$\hat{x}_t^{(1)} = \alpha \cdot x_t + \alpha \cdot \sum_{n=1}^{\infty} (1-\alpha)^n \cdot x_{t-n}$$

und Anwendung der Gleichung

$$\hat{x}_{t-1}^{(1)} = \alpha \cdot \sum_{n=1}^{\infty} (1-\alpha)^n \cdot x_{t-n}$$

ergibt sich die folgende Gleichung zur Berechnung des Mittelwertes 1. Ordnung:

$$\hat{x}_t^{(1)} = \alpha \cdot x_t + (1-\alpha) \cdot \hat{x}_{t-1}^{(1)}$$

Zur rekursiven Berechnung des Prognosewertes $\hat{x}_t^{(1)} \left(= \hat{x}_{t+1}\right)$ sind dann nur noch

- der aktuelle Wert und
- der „alte" Mittelwert

erforderlich.

Von zentraler Bedeutung bei der Anwendung dieses Verfahrens ist die Festlegung des *Glättungsparameters* α $(0 \leq \alpha \leq 1)$, mit dem die einzelnen Zeitreihenwerte gewichtet werden. Es gelten die folgenden Zusammenhänge:

- Bei einem hohen α-Wert werden die aktuellen Werte stärker gewichtet als die weiter in der Vergangenheit liegenden Werte. Bei $\alpha = 1$ ist der Prognosewert $\hat{x}_{t+1}$ gleich dem aktuellen Beobachtungswert x_t, d.h., die Vergangenheitswerte werden nicht berücksichtigt.

- Bei einem niedrigen Wert von α werden die Werte der Vergangenheit stärker gewichtet als die aktuelle Beobachtung. Bei $\alpha = 0$ wird der aktuelle Wert in der Prognose nicht berücksichtigt.

Bei praktischen Anwendungen werden häufig α-Werte zwischen 0,05 und 0,4 angewendet. Diese Vorgehensweise ist aber nicht unproblematisch, da sich im voraus kein optimaler α-Wert bestimmen läßt und das Phänomen eines „Ausreißers" (singuläre Erscheinung) unberücksichtigt bleibt. Aus diesem Grunde wurden Verfahren zur Dynamisierung des α-Wertes konzipiert, die eine laufende Anpassung von α an die Zeitreihenentwicklung ermöglichen (vgl. Hansmann 1983, S. 40 f.).

Während die bisher dargestellten Prognosemodelle für (nahezu) konstante Verläufe geeignet sind, bietet sich für einen trendförmigen Verlauf das *exponentielle Glätten 2. Ordnung* an. Um das Prinzip des exponentiellen Glättens 1. Ordnung für solche Zeitreihen nutzbar zu machen, wird zusätzlich eine Glättung der Schätzwerte, d.h. der Mittelwerte 1. Ordnung, durchgeführt, so daß sich eine weitere geglättete Reihe ergibt:

$$\hat{x}_t^{(2)} = \alpha \cdot \hat{x}_t^{(1)} + (1-\alpha) \cdot \hat{x}_{t-1}^{(2)}$$

mit:

$\hat{x}_t^{(2)}$ =   Mittelwert 2. Ordnung

Aus Abbildung 2-4 geht hervor, daß die Mittelwerte 2. Ordnung den Mittelwerten 1. Ordnung durchschnittlich im gleichen Abstand „hinterherhinken" wie die Mittelwerte 1. Ordnung den eigentlichen Beobachtungswerten.

Ziel des exponentiellen Glättens 2. Ordnung ist es dann, für eine beliebige Periode t eine Prognose zu erstellen. Ausgangspunkt bildet dabei die folgende lineare Prognosefunktion:

$$\hat{x}_{t+t'} = a_t + b_t \cdot t'$$

mit:

a_t =   Lageparameter auf der Ordinate, der der Prognose für den aktuellen Zeitraum t entspricht

b_t =   Steigungsmaß der Prognosefunktion

t' =   Anzahl der auf t folgenden Prognosen

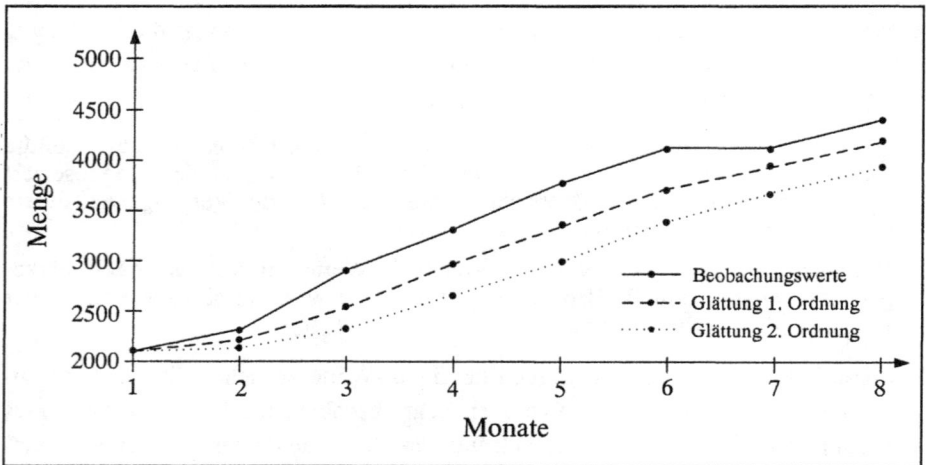

Abbildung 2-4:   Verlauf der Beobachtungswerte und der Mittelwerte 1. und 2. Ordnung

Durch die in der Abbildung 2-4 dargestellten systematischen Beziehungen zwischen $x_t, \hat{x}_t^{(1)}$ und $\hat{x}_t^{(2)}$ ergibt sich die Möglichkeit, den Wert des Lageparameters a_t zu bestimmen. Der Abstand zwischen $\hat{x}_t^{(1)}$ und x_t entspricht etwa dem Abstand zwischen $\hat{x}_t^{(1)}$ und $\hat{x}_t^{(2)}$. Damit entspricht a_t ungefähr dem Wert von x_t und es gilt:

$$a_t = \hat{x}_t^{(1)} + \left(\hat{x}_t^{(1)} - \hat{x}_t^{(2)} \right) = 2 \cdot \hat{x}_t^{(1)} - \hat{x}_t^{(2)}$$

Das Steigungsmaß b_t ergibt sich aus der Differenz der beiden neuesten Mittelwerte 2. Ordnung:

$$b_t = \hat{x}_t^{(2)} - \hat{x}_{t-1}^{(2)}$$

Zur Initialisierung des Prognoseprozesses sind Startwerte für $\hat{x}_1^{(1)}$ und $\hat{x}_1^{(2)}$ erforderlich. Hierfür kann eine Schätzung durch Mittelwertbildung über die ersten n-Beobachtungen vorgenommen oder die erste Beobachtung x_1 herangezogen werden.

Soll hingegen eine langfristige Prognose unabhängig von etwaigen kurzfristigen Schwankungen erstellt werden, dann bietet sich die *lineare Regression* an. Grundidee ist es dabei, eine Funktion aufzustellen, die sich gut an den Verlauf der tatsächlichen Werte anpaßt. Als Beurteilungskriterium wird dabei die Summe der quadrierten absoluten Abstände (Δ_t) zwischen der Trendfunktion TR_t und den tatsächlichen Werten x_t herangezogen. Abbildung 2-5 gibt diesen Sachverhalt für einen linearen Trend wieder.

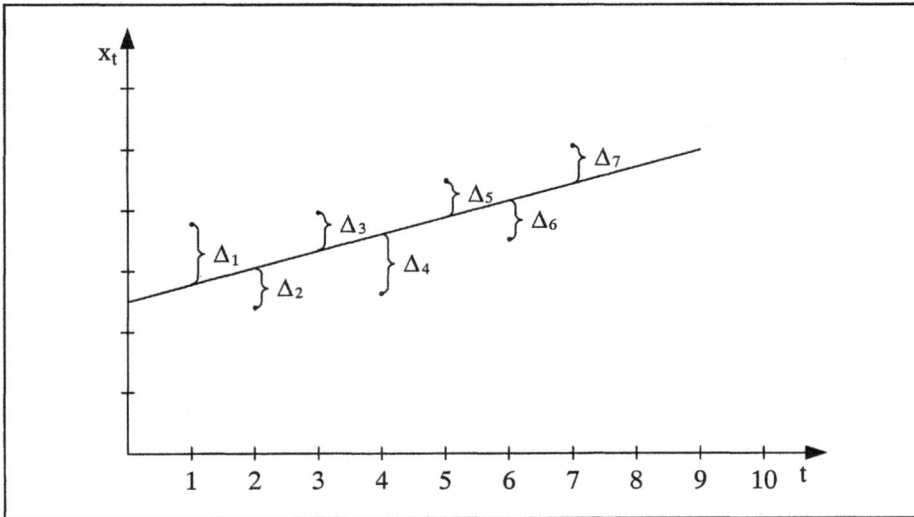

Abbildung 2-5:   Lineare Trendfunktion

Für diese *Trendfunktion* gilt:

$$TR_t = a + b \cdot t$$

Da die *quadrierten Abstände* zu minimieren sind, gilt:

$$Z = \Delta_1^2 + \Delta_2^2 + \ldots + \Delta_T^2 \quad \rightarrow \min!$$

oder

$$Z = \sum_{t=1}^{T} (x_t - TR_t)^2 \quad \rightarrow \min!$$

Wird die Trendfunktion in diesen Term eingesetzt, dann ergibt sich:

$$Z = \sum_{t=1}^{T} \left(x_t - (a + b \cdot t) \right)^2$$

$$Z = \sum_{t=1}^{T} (x_t - b \cdot t - a) \cdot (x_t - b \cdot t - a)$$

$$Z = \sum_{t=1}^{T} x_t^2 - 2 \cdot \sum_{t=1}^{T} (b \cdot t \cdot x_t) - 2 \cdot \sum_{t=1}^{T} (a \cdot x_t) +$$

$$+ \sum_{t=1}^{T} \left(b^2 \cdot x_t^2 \right) + 2 \cdot \sum_{t=1}^{T} (b \cdot a \cdot x_t) + \sum_{t=1}^{T} a^2$$

Durch partielle Ableitung dieser Zielfunktion nach a und b ergeben sich die beiden folgenden *Normalgleichungen*:

$$\sum_{t=1}^{T} x_t = b \cdot \sum_{t=1}^{T} t + T \cdot a$$

$$\sum_{t=1}^{T} (t \cdot x_t) = a \cdot \sum_{t=1}^{T} t + b \cdot \sum_{t=1}^{T} t^2$$

Die Werte der Parameter a und b werden durch Lösen dieses linearen Gleichungssystems berechnet.

Zur Nachfrageprognose bei saisonalem Verlauf bietet es sich an, auf die Methode der *Zeitreihendekomposition* zurückzugreifen. Grundidee ist es, eine Zeitreihe in Komponenten mit einer regelmäßigen Verlaufscharakteristik zu zerlegen, die verbleibende irreguläre Komponente zu eliminieren und die regelmäßigen Komponenten in einer Prognosegleichung zu kombinieren. Die Kombination kann dabei additiv oder multiplikativ erfolgen. Im folgenden wird die Struktur eines multiplikativen Zeitreihenmodells einer genaueren Betrachtung unterzogen, das als reguläre Komponenten

- den langfristigen Trend TR,
- mittelfristige zyklische Schwankungen MZ und
- saisonale Schwankungen S

berücksichtigt. Die Schätzgleichung, inklusive der irregulären Komponente Y, lautet dabei:

$$D = TR \cdot MZ \cdot S \cdot Y$$

Zur Erläuterung der Vorgehensweise bei der Zeitreihendekomposition sei auf die Daten einer Zeitreihe mit quartalsbezogenen Schwankungen zurückgegriffen. Der Nachfragebedarf ist in Abbildung 2-6 numerisch und in Abbildung 2-7 graphisch dargestellt.

a \ q	1	2	3	4
1	[1] 422	[2] 482	[3] 292	[4] 259
2	[5] 455	[6] 512	[7] 309	[8] 268
3	[9] 501	[10] 533	[11] 353	[12] 294
4	[13] 506	[14] 577	[15] 377	[16] 331
5	[17] 558	[18] 601	[19] 396	[20] 371

Abbildung 2-6:   Ausgangsdaten der Zeitreihendekomposition

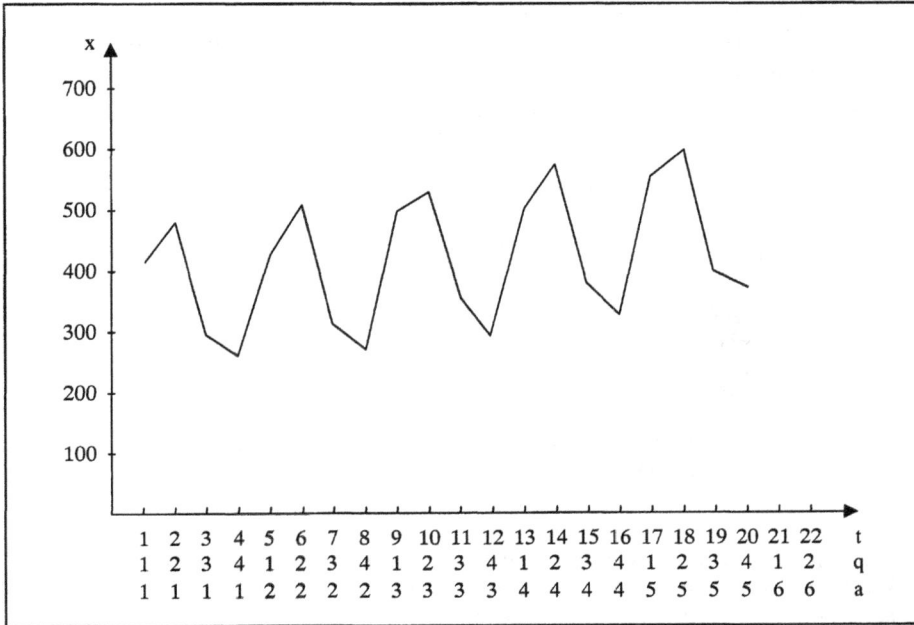

Abbildung 2-7:   Zeitreihe mit saisonalem Verlauf

Zur Zeitreihendekomposition werden die folgenden Schritte durchlaufen:

1. *Berechnung der glatten Komponente.* Um aus der Zeitreihe die Komponenten mit einer Periodizität von weniger als einem Jahr zu eliminieren, wird ein zentrierter gleitender Durchschnitt über die Anzahl der Saisonperioden Q berechnet. Die Berechnungen bei gerader und ungerader Saisonperiodenanzahl unterscheiden sich:

- ungerade Saisonperiodenanzahl:

$$\widehat{x}_t = \frac{1}{Q} \cdot \sum_{t'=t-Q'}^{t+Q'} x_{t'} \qquad \text{mit}: Q' = \frac{Q-1}{2}$$

- gerade Saisonperiodenanzahl:

$$\widehat{x}_t = \frac{1}{Q} \cdot \left(\frac{x_{t-Q\cdot 0,5} + x_{t+Q\cdot 0,5}}{2} + \sum_{t'=t-Q'}^{t+Q'} x_{t'} \right) \qquad \text{mit}: Q' = \frac{Q}{2} - 1$$

Die Werte für die Beispielzeitreihe sind in Abbildung 2-8 ersichtlich.

2. *Berechnung der saisonalen und irregulären Komponente.* Durch Division der Ursprungszeitreihe durch die glatte Komponente ergeben sich die Indizes sy, die die saisonalen und irregulären Einflüsse wiedergeben (vgl. Abbildung 2-8):

$$sy_t = \frac{x_t}{\widehat{x}_t}$$

3. *Berechnung der Saisonfaktoren*. Zur Eliminierung der irregulären Schwankungen werden die saisonperiodenbezogenen Mittelwerte berechnet und so standardisiert, daß sich die Summe der Saisonfaktoren zu Q ergibt (vgl. Abbildung 2-9):

- saisonperiodenbezogene Mittelwerte:

$$sy_q = \frac{1}{Q} \cdot \sum_{a=1}^{A} sy_{aq}$$

- Standardisierung:

$$s_q = sy_q \cdot \frac{Q}{\displaystyle\sum_{q=1}^{Q} sy_q}$$

4. *Berechnung der Trendkomponente*. Bei näherungsweise linearem Verlauf der glatten Komponente kann diese durch eine lineare Funktion der Form

$$TR_t = a + b \cdot t$$

abgebildet werden. Zur Ermittlung der Parameter a und b wird das Verfahren der linearen Regression auf die Werte der glatten Komponente angewendet. Im Beispiel lautet die vorläufige Trendfunktion

$$TR_{t'} = 343{,}13 + 7{,}31 \cdot t'$$

Die Periode $t' = 1$ entspricht dabei derjenigen Periode t der ursprünglichen Zeitreihe, für die der erste Wert der glatten Komponente berechnet wurde, so daß gilt:

$$t = t' + \frac{Q}{2} \qquad \text{(bei gerader Saisonperiodenanzahl) bzw.}$$

$$t = t' + \frac{Q-1}{2} \qquad \text{(bei ungerader Saisonperiodenanzahl)}$$

Um die folgenden Berechnungen zu vereinfachen, wird der Ursprung des Koordinatensystems der vorläufigen Trendfunktion in den der ursprünglichen Zeitreihe verschoben, indem das absolute Glied der Trendfunktion um den Wert

$$\frac{Q}{2} \cdot b \qquad \text{bzw.} \qquad \frac{Q-1}{2} \cdot b$$

reduziert wird. Die endgültige Trendfunktion des Beispiels lautet:

$$TR_t = 328{,}52 + 7{,}31 \cdot t$$

Die Prognosewerte lassen sich dann nach der Gleichung

$$\hat{x}_t = (a + b \cdot t) \cdot s_t$$

berechnen. Für das Beispiel ergeben sich für das 6. Jahr die in Abbildung 2-10 angegebenen Werte.

t	a	q	x_t	$\hat{x}_t$	sy_t
1	1	1	422	-	-
2	1	2	482	-	-
3	1	3	292	367,88	0,79
4	1	4	259	375,75	0,69
5	2	1	455	381,62	1,19
6	2	2	512	384,88	1,33
7	2	3	309	391,75	0,79
8	2	4	268	400,12	0,67
9	3	1	501	408,25	1,23
10	3	2	533	417,00	1,28
11	3	3	353	420,88	0,84
12	3	4	294	427,00	0,69
13	4	1	506	435,50	1,16
14	4	2	577	443,12	1,30
15	4	3	377	454,25	0,83
16	4	4	331	463,75	0,71
17	5	1	558	469,12	1,19
18	5	2	601	476,50	1,26
19	5	3	396	-	-
20	5	4	371	-	-

Abbildung 2-8:   Zwischenergebnisse der Zeitreihendekomposition

a \\ q	1	2	3	4
1	-	-	0,79	0,69
2	1,19	1,33	0,79	0,67
3	1,23	1,28	0,84	0,69
4	1,16	1,30	0,83	0,71
5	1,19	1,26	-	-
Summe	4,77	5,17	3,25	2,76
sy_q	1,19	1,29	0,81	0,69
s_q	1,20	1,30	0,82	0,69

Abbildung 2-9:   Ermittlung der Saisonfaktoren

t	a	q	TR_t	s_t	PW_t
21	6	1	495,68	1,20	594,82
22	6	2	503,64	1,30	654,73
23	6	3	511,60	0,82	419,51
24	6	4	519,56	0,69	358,50

Abbildung 2-10:   Prognosewerte

Um Änderungen in saisonalen Zeitreihen berücksichtigen zu können, verknüpft das *Verfahren von Winters* (vgl. Winters 1960, S. 324 ff.) die Zeitreihenkomposition mit dem exponentiellen Glätten. Es besteht aus den *drei* folgenden *Gleichungstypen*:

-   Berechnung des Lageparameters a_t :

$$a_t = \alpha \cdot \left(\frac{x_t}{s_{t-Q}} \right) + (1-\alpha) \cdot (a_{t-1} + b_{t-1})$$

$$a_t = (a_{t-1} + b_{t-1}) + a \cdot \left[\left(\frac{x_t}{s_{t-Q}} \right) - (a_{t-1} + b_{t-1}) \right]$$

Der Wert a_t wird somit durch eine exponentielle Glättung fortgeschrieben. Dabei wird die „alte" Schätzung $(a_{t-1} + b_{t-1})$ um den Bruchteil α des Prognosefehlers korrigiert.

-   Für die Steigung der Trendgeraden in der Periode t, die mit der exponentiellen Glättung fortgeschrieben wird, gilt:

$$b_t = \beta \cdot (a_t - a_{t-1}) + (1-\beta) \cdot b_{t-1}$$

-   Die dritte Gleichung dient der Ermittlung des neuen Saisonfaktors, der ebenfalls mit Hilfe der exponentiellen Glättung aktualisiert wird. Zum Zeitpunkt t existieren Q Saisonfaktoren, die die Saisonschwankungen der Zeitreihe repräsentieren. Hieraus wird der Saisonfaktor zum Zeitpunkt $t-Q$ neu berechnet. Es ergibt sich dann die folgende Gleichung:

$$s_t = \gamma \cdot \left(\frac{x_t}{a_t} \right) + (1-\gamma) \cdot s_{t-Q}$$

$$s_t = s_{t-Q} + \gamma \cdot \left[\left(\frac{x_t}{a_t} \right) - s_{t-Q} \right]$$

Der neue Saisonfaktor entspricht dann dem entsprechenden Faktor des Zeitpunktes $t-Q$, korrigiert um einen Bruchteil γ aus der Differenz zwischen dem Quotienten x_t/a_t und dem „alten" Saisonfaktor.

Zur Initialisierung des Verfahrens werden als Startwerte für a_0, b_0 und s_0 die Werte aus der Zeitreihendekomposition entnommen (vgl. Tempelmeier 2006, S. 77 ff.).

Zur Beurteilung von Prognosen kann ein Vergleich der prognostizierten mit den tatsächlich eingetretenen Werten durchgeführt werden. Von zentraler Bedeutung ist dabei der sogenannte *Prognosefehler* e_t, der sich aus der Differenz zwischen tatsächlichem x_t und prognostiziertem Wert $\hat{x}_t$ ergibt:

$$e_t = x_t - \hat{x}_t$$

oder als absoluter Prognosefehler:

$$|e_t| = |x_t - \hat{x}_t|$$

oder als quadratischer Prognosefehler:

$$e_t^2 = (x_t - \hat{x}_t)^2$$

Diese Prognosefehler finden Einsatz bei der Konstruktion von statistischen Fehlermaßen, mit deren Hilfe Aussagen über die Prognosegüte möglich sind (vgl. z.B. Corsten/Peckedrath 2001).

2.1.1.2 Programmbildung

Liegt eine *marktorientierte Produktion* vor, dann läßt sich das Produktionsprogramm mit Hilfe des Standardansatzes der Linearen Optimierung ermitteln (vgl. z.B. Corsten/Corsten/Sartor 2005, S. 11 ff.). Das *Grundmodell* geht dabei von den folgenden *Voraussetzungen* aus:

- Die Produktarten, aus denen sich das zu planende Produktionsprogramm zusammensetzt, liegen fest. Entscheidungsvariablen sind die Produktionsmengen der einzelnen Produktarten.
- Das Modell ist statisch und deterministisch, d.h., es geht von einwertigen Erwartungen aus.
- Rüst- und Wartezeiten werden nicht einbezogen, d.h., Probleme der Ablaufplanung bleiben unberücksichtigt.
- Produktions- und Absatzmengen stimmen bei den Produktarten überein.
- Es liegt eine monovariable Zielfunktion zugrunde, d.h., es wird nur ein Formalziel verfolgt.
- Die Kapazitäten sind konstant, d.h., sie sind fest vorgegeben.
- Die Produktionskoeffizienten sind konstant.
- Preis und variable Kosten je Mengeneinheit sind für jede Produktart konstant. Damit bleiben z.B. Mengenrabatte ausgeschlossen.
- Zwischen den Produktarten besteht kein Absatzverbund, d.h., es gibt keine substitutionalen oder komplementären Beziehungen.

- Es treten keine Kuppelprodukte auf.
- Die Faktorpreise sind konstant.

Auf dieser Grundlage läßt sich dann das folgende *Standardmodell* formulieren:

Für eine deckungsbeitragsmaximale Lösung ergibt sich die *Zielfunktion*:

$$M(x_1, \ldots, x_N) = \sum_{n=1}^{N} m_n \cdot x_n \rightarrow \max!$$

mit:

M =   Gesamtdeckungsbeitrag

x_n =   Menge von Produkt n

m_n =   Stückdeckungsbeitrag von Produkt n

Neben der Zielfunktion sind die *Restriktionen* zu formulieren, die sicherstellen, daß es sich bei der Lösung des Modells auch um eine zulässige Lösung handelt. Zulässig ist die Lösung immer dann, wenn sie alle Restriktionen des Modells gleichzeitig erfüllt. Für das Standardmodell sind die beiden folgenden Klassen von Restriktionen relevant:

- *Kapazitätsrestriktionen*, die sich auf die für die Produktion erforderlichen *Potentialfaktoren* wie Maschinen und objektbezogene menschliche Arbeitsleistungen beziehen. Mit ihnen wird sichergestellt, daß die Kapazitätsnachfrage nicht größer wird als das verfügbare -angebot des Potentialfaktors. Die Kapazität wird dabei in der Regel in Zeitgrößen gemessen und die konkrete Beanspruchung des jeweiligen Potentialfaktors mit Hilfe des Produktionskoeffizienten $h_{m.n}$ erfaßt. Damit ergibt sich folgende Kapazitätsrestriktion:

$$\sum_{n=1}^{N} h_{m.n} \cdot x_n \leq C_m$$

mit:

C_m = Kapazität des Potentialfaktors m

Müssen hingegen *Repetierfaktoren* beschafft werden, dann gibt C_m die Höchstbeschaffungsmenge des jeweiligen Repetierfaktors (z.B. Rohstoffe) an und der Produktionskoeffizient, wie viele Einheiten einer Repetierfaktorart einzusetzen sind, um eine Einheit der jeweiligen Produktart zu erstellen. Die Beschaffungsrestriktion ist damit ebenfalls eine Kapazitätsrestriktion.

- *Nichtnegativitätsbedingungen* für die Entscheidungsvariablen x_n:

$x_n \geq 0$

$x_n \in \mathbb{R}$

Damit ergibt sich der folgende Standardansatz:

$$M(x_1, \ldots, x_N) = \sum_{n=1}^{N} m_n \cdot x_n \;\; \to \; \max!$$

$$\sum_{n=1}^{N} h_{m.n} \cdot x_n \le C_m$$

$$x_n \ge 0$$

$$x_n \in \mathbb{R}$$

oder in *expliziter Schreibweise*:

$$M(x_1, \ldots, x_N) = \sum_{n=1}^{N} m_n \cdot x_n \;\; \to \; \max!$$

$$h_{1.1} \cdot x_1 + h_{1.2} \cdot x_2 + \ldots + h_{1.n} \cdot x_n \le C_1$$
$$\vdots \qquad \vdots \qquad \vdots \qquad \vdots \qquad \qquad \vdots \qquad \vdots \qquad \vdots$$
$$h_{m.1} \cdot x_1 + h_{m.2} \cdot x_2 + \ldots + h_{m.n} \cdot x_n \le C_m$$

$$x_n \ge 0$$

$$x_n \in \mathbb{R}$$

Zur Lösung dieses linearen Optimierungsmodells kann auf den sogenannten *Simplex-Algorithmus* zurückgegriffen werden (vgl. z.B. Corsten/Corsten/Sartor 2005, S. 18 ff.), der an einem Beispiel, das zunächst graphisch gelöst wird, dargestellt werden soll.

Eine Unternehmung stellt die beiden Produkte X_1 und X_2 her, wobei deren Mengen mit x_1 und x_2 erfaßt werden. Von den benötigten Rohstoffen 1 und 2 werden für Produkt X_1 10 g/kg bzw. 40 g/kg und für Produkt X_2 10 g/kg bzw. 20 g/kg benötigt. Abbildung 2-11 gibt die notwendigen Informationen wieder.

	Rohstoff 1	Rohstoff 2	Nachgefragte Menge	Gewinn
X_1	10 g/kg	40 g/kg	unbegrenzt	30 GE/kg
X_2	10 g/kg	20 g/kg	80 kg	20 GE/kg
	Vorhandene Menge: 1.000 g	Vorhandene Menge: 2.800 g		

Abbildung 2-11:   Ausgangsinformationen für die Programmbildung

Zur Berechnung des gewinnmaximalen Produktionsprogramms gilt dann die folgende *Zielfunktion*:

$$G = 30\,x_1 + 20\,x_2 \quad \rightarrow \quad \max!$$

oder:

$$G - 30\,x_1 - 20\,x_2 = 0$$

Als *Nebenbedingungen* ergibt sich das Gleichungssystem:

$$10\,x_1 + 10\,x_2 \leq 1.000$$

$$40\,x_1 + 20\,x_2 \leq 2.800$$

$$x_2 \leq \quad 80$$

und die Nichtnegativitätsbedingungen:

$$x_1 \geq 0$$

$$x_2 \geq 0$$

Bedingt durch die Nichtnegativitätsbedingungen müssen sich die zulässigen Lösungen für das gesuchte Produktionsprogramm im ersten Quadranten eines kartesischen Koordinatensystems befinden. Durch Einzeichnen der Restriktionen in ein (x_1, x_2)-System ergibt sich die Abbildung 2-12.

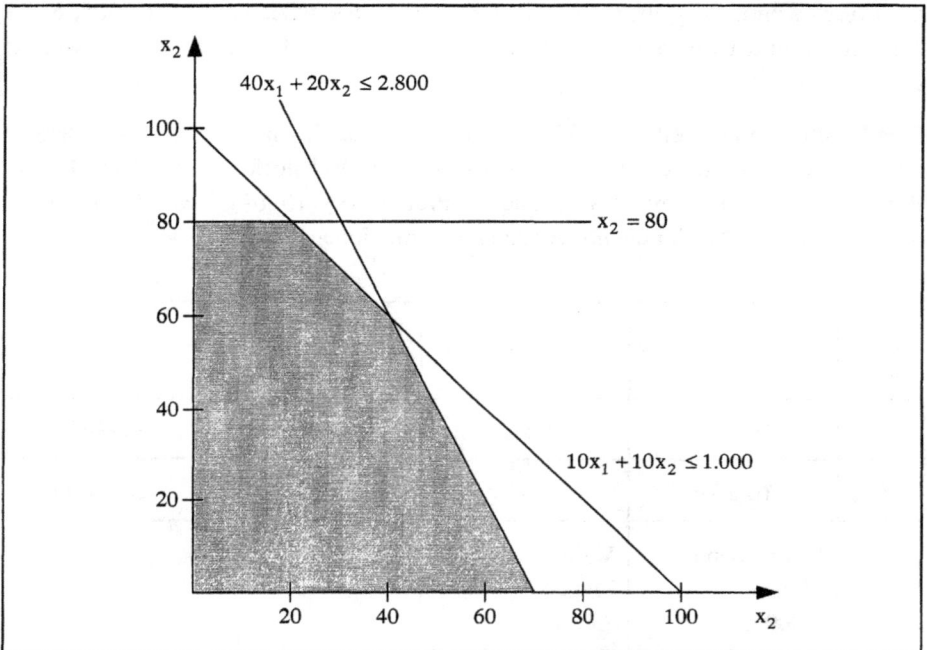

Abbildung 2-12:   Restriktionsraum

Zur Identifikation der optimalen Lösung wird die Zielfunktion für einen bestimmten Gewinn in das Koordinatensystem ebenfalls eingezeichnet und so lange parallel verschoben, bis sie den Rand des zulässigen Bereichs tangiert. Die Optimallösung liegt dann im Tangentialpunkt (vgl. Abbildung 2-13):

$x_1 = 40$ kg

$x_2 = 60$ kg

$G = 2.400$ EUR

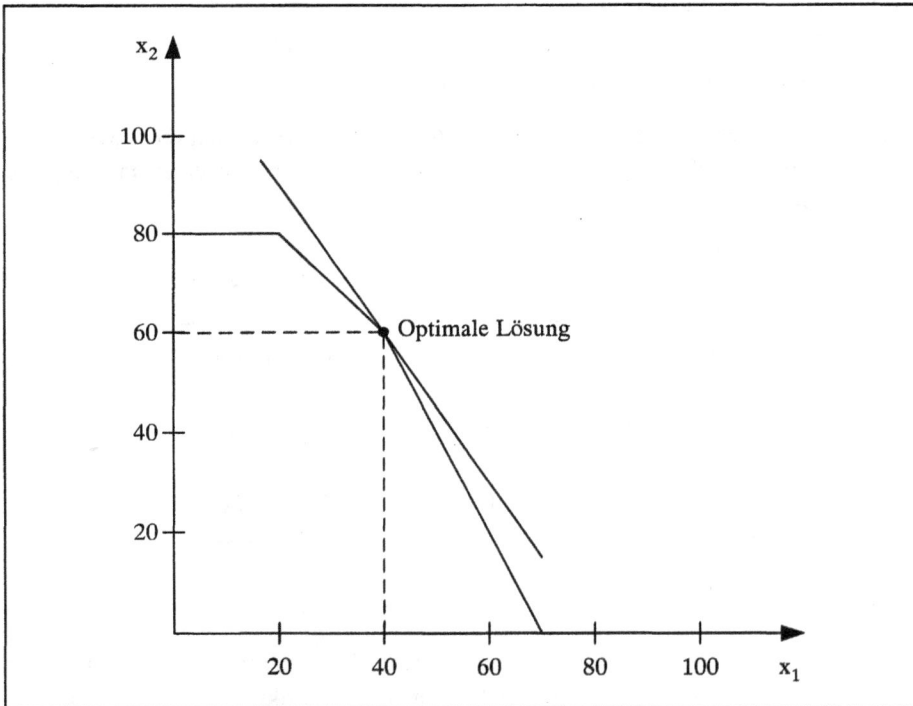

Abbildung 2-13:   Optimale Lösung

Diese graphische Lösung ist für realistische Problemabmessungen nicht geeignet. Zur Lösung derartiger Probleme mit z.T. mehreren hundert Produkten gelangt dann der Simplex-Algorithmus zum Einsatz, der dadurch charakterisiert ist, daß die gesuchte Optimallösung in einer iterativen Vorgehensweise, d.h. in mehreren Schritten, ermittelt wird. Ausgangspunkt bildet dabei eine Basislösung, die sich im Nullpunkt $(x_1, x_2) = (0, 0)$, der einen Eckpunkt des zulässigen Bereichs bildet, befindet. In den Iterationen wird dann von Eckpunkt zu Eckpunkt des Lösungsraumes gegangen, und zwar so lange, bis die Optimallösung gefunden ist. Hierfür werden zunächst

Schlupfvariablen (y) eingeführt, die im vorliegenden Fall nicht genutzte Rohstoffe darstellen. Hierdurch werden die Ungleichungen in Gleichungen überführt:

$$10x_1 + 10x_2 + y_1 = 1.000$$

$$40x_1 + 20x_2 + y_2 = 2.800$$

$$x_2 + y_3 = 80$$

Die formulierten Gleichungen lassen sich dann in das Simplextableau eintragen, wobei

- in die Kopfzeile die Variablen,
- in die Tabellenfelder die Koeffizienten der Variablen und
- in die letzte Zeile die Koeffizienten der Zielfunktion

eingetragen werden. In die sogenannte „Rechte Seite" (RS) werden die Obergrenzen der einzelnen Nebenbedingungen aufgenommen. Es ergibt sich dann das folgende Simplextableau:

x_1	x_2	y_1	y_2	y_3	G	RS
10	10	1	0	0	0	1.000
40	20	0	1	0	0	2.800
0	1	0	0	1	0	80
−30	−20	0	0	0	1	0

Diese als Basislösung bezeichnete Lösung liegt im Koordinatenursprung, da keines der beiden Produkte produziert wird und somit der Zielfunktionswert den Wert „0" aufweist.

Als Basisvariablen werden dabei diejenigen Variablen bezeichnet, die mit dem Koeffizienten 1 in jeder Gleichung nur jeweils einmal vorkommen, die übrigen Variablen sind die Nicht-Basisvariablen. Die Lösung ist dann so lange nicht optimal, wie in der letzten Zeile (Zielfunktion) noch negative Koeffizienten stehen. Eine Verbesserung der Lösung erfolgt dadurch, daß eine nicht in der Lösung befindliche Variable gegen eine Lösungsvariable ausgetauscht wird. Hierfür wird die Variable gewählt, die in der letzten Zeile den absolut größten Wert aufweist, d.h., es wird das Produkt mit dem größten Stückgewinn in die Lösung aufgenommen. In der entsprechenden Spalte ist dann ein Einheitsvektor zu erzeugen. Hierzu ist für jede Zeile der Wert der letzten Spalte (RS) durch den Wert in der zur Variablen x_1 gehörenden Spalte zu dividieren. Der kleinste Wert ergibt sich in Zeile 2.

	x_1	x_2	y_1	y_2	y_3	G	RS	
	10	10	1	0	0	0	$1.000 : 10 = 100$	
Pivot-zeile →	(40)	20	0	1	0	0	$2.800 : 40 = 70$	
	0	1	0	0	1	0	80	n.d.
	−30	−20	0	0	0	1	0	

Pivotspalte   Pivotelement

Es ergibt sich dann das folgende Tableau:

x_1	x_2	y_1	y_2	y_3	G	RS
10	10	1	0	0	0	1.000
1	$\frac{1}{2}$	0	$\frac{1}{40}$	0	0	70
0	1	0	0	1	0	80
−30	−20	0	0	0	1	0

Um einen Einheitsvektor zu erzeugen, sind geeignete Vielfache der Pivotzeile zu den anderen Zeilen zu addieren, so daß die übrigen Elemente der Pivotspalte den Wert „0" annehmen. Da in Zeile 3 der Pivotspalte bereits eine „0" steht, sind nur die erste und die vierte Zeile betroffen. Dabei wird

- das (−10)-fache der neuen Pivotzeile zu Zeile 1 und
- das 30-fache der neuen Pivotzeile zu Zeile 4

addiert. Somit ergibt sich das folgende neue Simplextableau:

x_1	x_2	y_1	y_2	y_3	G	RS
0	5	1	$-\frac{1}{4}$	0	0	300
1	$\frac{1}{2}$	0	$\frac{1}{40}$	0	0	70
0	1	0	0	1	0	80
0	−5	0	$-\frac{3}{4}$	0	1	2.100

Als Ergebnis der 1. Iteration ergibt sich:

$$x_1 = 70 \; ; \; x_2 = 0 \; ; \; G = 2.100 \text{ EUR}$$

Da in der letzten Zeile noch ein negativer Koeffizient steht (−5), ist die Lösung nicht optimal. Da nur ein negativer Koeffizient in der letzten Zeile steht, liegt die Pivotspalte (x_2) fest. Die Division der Rechten Seite (RS) durch die Koeffizienten der Pivotspalte zeigt, daß Zeile 1 die Pivotzeile ist.

	x_1	x_2	y_1	y_2	y_3	G	RS
Pivot-zeile →	0	5	1	$-\frac{1}{4}$	0	0	300 : 5 = 60
	1	$\frac{1}{2}$	0	$\frac{1}{40}$	0	0	70 : $\frac{1}{2}$ = 140
	0	1	0	0	1	0	80 : 1 = 80
	0	−5	0	$\frac{3}{4}$	0	1	2.100

Pivotspalte

Wird die Pivotzeile durch „5" dividiert, dann ergibt sich:

x_1	x_2	y_1	y_2	y_3	G	RS
0	1	$\frac{1}{5}$	$-\frac{1}{20}$	0	0	60
1	$\frac{1}{2}$	0	$\frac{1}{40}$	0	0	70
0	1	0	0	1	0	80
0	–5	0	$\frac{3}{4}$	0	1	2.100

Folglich ist

- das $(-1/2)$-fache der Pivotzeile zu Zeile 2,
- das (-1)-fache der Pivotzeile zu Zeile 3 und
- das 5-fache zu Zeile 4

zu addieren. Als neues Simplextableau ergibt sich dann:

x_1	x_2	y_1	y_2	y_3	G	RS
0	1	$\frac{1}{5}$	$-\frac{1}{20}$	0	0	60
1	0	$-\frac{1}{10}$	$\frac{1}{20}$	0	0	40
0	0	$-\frac{1}{5}$	$\frac{1}{20}$	1	0	20
0	0	1	$\frac{1}{2}$	0	1	2.400

Da in der letzten Zeile keine negativen Koeffizienten stehen, liegt die optimale Lösung des Produktionsprogramms vor:

$$x_1 = 40 \;\; ; \;\; x_2 = 60 \;\; ; \;\; G = 2.400 \text{ EUR}$$

Ausgehend von diesem Standardmodell wurden in der Literatur (vgl. z.B. Zelewski/Hohmann/Hügens 2008, S. 277 ff.) durch Variation der angeführten Prämissen die unterschiedlichsten Modellvarianten entwickelt, von denen einige kurz erwähnt seien:

- Einführung der *Ganzzahligkeitsbedingung*, die unterstellt, daß nicht wie im Standardmodell, eine Produktart in beliebig teilbaren, d.h. in kontinuierlich variierbaren Produktionsmengen hergestellt werden kann, sondern daß es sich bei den Produktionsmengen nur um ganze, nichtnegative Werte handeln darf. Folglich ist eine entsprechende Ganzzahligkeitsbedingung in das Modell aufzunehmen:

$$x_n \in \mathbb{N}$$

Die Bedingung geht mit der Konsequenz einher, daß spezielle Optimierungsverfahren zur Anwendung gelangen müssen (z.B. Schnittebenenverfahren, Branch-and-Bound-Verfahren; vgl. z.B. Corsten/Corsten/Sartor 2005, S. 125 ff.).

- *Mehrvariable Zielfunktion*, d.h., die Unternehmung verfolgt mehrere Ziele simultan. Auch hierfür sind in der Literatur spezielle Verfahren entwickelt worden. Eine Entscheidung bei mehrfacher Zielsetzung ist dann unproblematisch, wenn eine Entscheidung bei allen Zielen zum höchsten Zielerreichungsgrad führt (sogenannte perfekte Lösung). Ist dies nicht der Fall, dann sind weitere Analysen notwendig (zu unterschiedlichen Vorgehensweisen vgl. den Überblick bei Corsten/Corsten/Sartor 2005, S. 109 ff.).

- *Satisfizierungsziele* etwa in der Form, daß mit den Erlösen aus dem Verkauf der Produkte mindestens eine Kostendeckung möglich ist. Dies geht mit der Konsequenz einher, daß aus der Zielfunktion eine *Zielrestriktion* wird, d.h., es werden solche Programme als zulässig betrachtet, bei denen die Erlöse die Kosten mindestens decken. Eine zu maximierende Zielfunktion entfällt somit und damit auch ihre selektive Wirkung. Dies bedeutet, daß eine zulässige Lösung immer zugleich auch eine „optimale" Lösung des Modells ist. Damit wird durch den Übergang von einem Extremierungsziel zu einem Satisfizierungsziel einerseits die formale Modellstruktur (Zielrestriktion) und anderseits die Menge der „optimalen" Lösungen beeinflußt (vgl. hierzu Zelewski/Hohmann/Hügens 2008, S. 288 ff.).

- Berücksichtigung, daß produzierte und abgesetzte Mengen nicht gleich sein müssen, d.h., es sind Probleme der Lagerhaltung von Bedeutung. Es müssen somit Lagerzugangs- und Lagerabgangsmengen in das Modell aufgenommen werden. Damit wird berücksichtigt, daß einerseits mehr produziert als abgesetzt und anderseits mehr abgesetzt als produziert werden kann. Das Modell muß somit entsprechende Restriktionen für den Lagerabgang und Lagerzugang aufnehmen (vgl. hierzu Zelewski/Hohmann/Hügens 2008, S. 301 ff.).

Dieser keineswegs vollständige Überblick über Modellvariationen (vgl. die differenzierten Ausführungen bei Zäpfel 1982, S. 88 ff.) zeigt, daß durch die Prämissenvariationen entsprechend umfangreichere und komplexere Modellvarianten entstehen.

Im folgenden sollen zwei Modellvarianten ausführlicher charakterisiert werden, die auf die Modellstruktur wesentliche Auswirkungen haben.

Als weitere Restriktionen können

- Absatzhöchstmengen und/oder
- Absatzmindestmengen

in das Modell aufgenommen werden. Während Absatzhöchstmengen sich problemlos in das bisherige Restriktionsset einfügen lassen, führt die Berücksichtigung von *Absatzmindestmengen* etwa in der Form

$$x_1 + x_2 \geq 80$$

zu signifikanten Modellvariationen, da hierdurch „gemischte" Restriktionen vorliegen, d.h., neben den bereits bekannten „≤"-Bedingungen tritt nun eine „≥"-Bedingung hinzu.

Das folgende Beispiel soll dies verdeutlichen:

Zielfunktion:

$$G = 30\,x_1 + 20\,x_2 \quad \rightarrow \quad \text{max}!$$

Nebenbedingungen:

$$10\,x_1 + 10\,x_2 \leq 1.000$$

$$40\,x_1 + 20\,x_2 \leq 2.800$$

$$x_2 \leq \quad 80 \quad \text{(Absatzmindestmengen)}$$

Nichtnegativitätsbedingungen:

$$x_1 \geq 0$$

$$x_2 \geq 0$$

Graphisch ergibt sich dann das folgende Bild (vgl. Abbildung 2-14).

Durch die Einbeziehung von Absatzmindestmengen wird der Lösungsraum im Vergleich zum Standardansatz weiter eingeschränkt. Der Koordinatenursprung ist damit nicht mehr Bestandteil des Lösungsraumes.

Wird die Zielfunktion eingetragen, dann ergibt sich als optimale Lösung die Eckpunktlösung $x_1 = 40$ und $x_2 = 60$.

Soll dieses Problem mit Hilfe des Simplex-Algorithmus gelöst werden, dann ist zunächst die „≥"-Ungleichung in die Standardform „≤" umzuwandeln. Durch Multiplikation der Ungleichung „≥" mit „−1" ergibt sich:

$$- x_1 - x_2 \leq - 80$$

Durch Addition der Schlupfvariablen y_4 läßt sich die Ungleichung in eine Gleichung umformen:

$$- x_1 - x_2 + y_4 = - 80$$

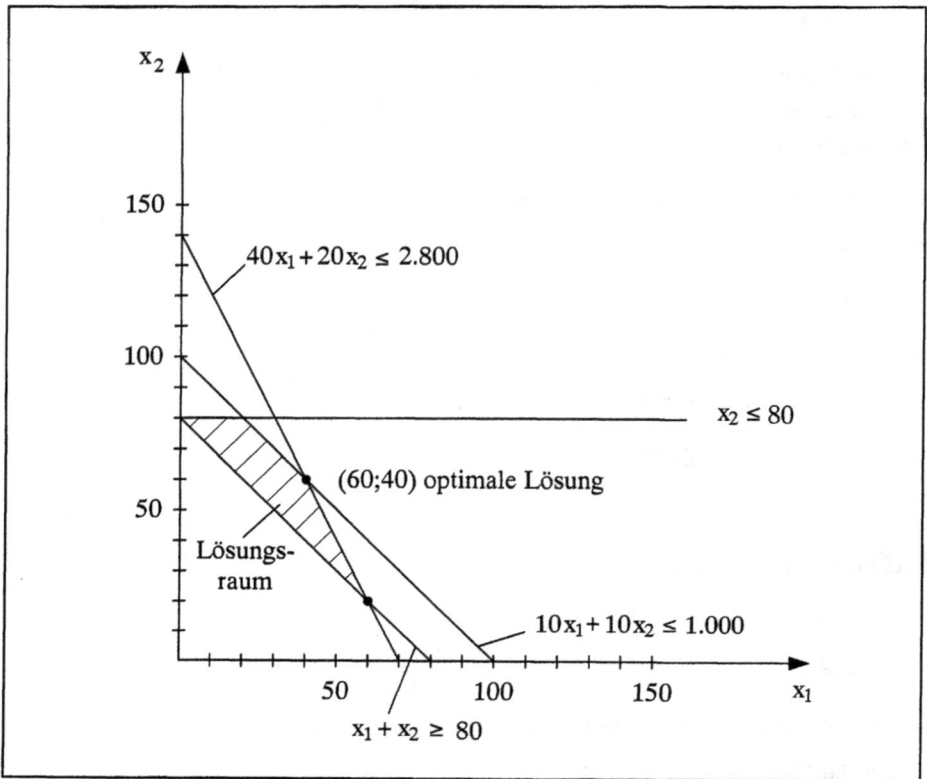

Abbildung 2-14:   Zulässiger Lösungsraum mit gemischten Restriktionen

Haben die Variablen x_1 und x_2 den Wert null, dann nimmt die Schlupfvariable y_4 den Wert -80 an, wodurch die Nichtnegativitätsbedingung verletzt wird und folglich eine *unzulässige Basislösung* vorliegt. Um diese Problemstellung mit dem Simplexalgorithmus lösen zu können, ist die sogenannte Zwei-Phasen-Methode anzuwenden:

- *Phase 1*: Ziel ist es, eine Ausgangslösung im zulässigen Bereich zu ermitteln, falls dieser existiert.
- *Phase 2*: Darauf aufbauend kann die optimale Lösung durch Anwendung des Simplex-Algorithmus bestimmt werden.

Als *Ausgangstableau* für den Simplexalgorithmus ergibt sich dann:

x_1	x_2	y_1	y_2	y_3	y_4	G	RS
10	10	1	0	0	0	0	1.000
40	20	0	1	0	0	0	2.800
0	1	0	0	1	0	0	80
−1	−1	0	0	0	1	0	−80
−30	−20	0	0	0	0	1	0

Es fällt auf, daß auf der rechten Seite ein negativer Wert (−80) steht. Es ist nun möglich, pro Iteration eine Variable zur Einhaltung der Nichtnegativitätsbedingung zu
zwingen. Hierzu ist diese Variable aus der Basis zu entfernen, d.h., ihre Zeile wird
als Pivotzeile gewählt. Als Nichtbasisvariable hat sie dann den Wert null und erfüllt
die Bedingung. Die Auswahl zwischen den negativen Werten ist dabei beliebig. Im
vorliegenden Fall ist nur die Variable y_4 negativ, so daß die 4. Zeile zur Pivotzeile
wird. Nach der Durchführung von zwei Iterationen ergibt sich dann eine erste zulässige Lösung: $x_1 = 60$ und $x_2 = 20$.

x_1	x_2	y_1	y_2	y_3	y_4	G	RS
0	0	1	0	0	10	0	200
0	1	0	$-\frac{1}{20}$	0	−2	0	20
0	0	0	$\frac{1}{20}$	1	2	0	60
1	0	0	$\frac{1}{20}$	0	1	0	60
0	0	0	$\frac{1}{2}$	0	−10	1	2.200

Mit diesem Tableau ist die erste Phase abgeschlossen. In der zweiten Phase wird
dann mit dem „normalen" Simplex-Algorithmus die optimale Lösung gesucht. Nach
einer Iteration ergibt sich dann als Endtableau die folgende Lösung:

x_1	x_2	y_1	y_2	y_3	y_4	G	RS
0	0	$\frac{1}{10}$	0	0	1	0	20
0	1	$\frac{2}{10}$	$-\frac{1}{20}$	0	0	0	60
0	0	$-\frac{2}{10}$	$\frac{1}{20}$	1	0	0	20
1	0	$-\frac{1}{10}$	$\frac{1}{20}$	0	0	0	40
0	0	1	$\frac{1}{2}$	0	0	1	2.400

Als optimale Lösung ergibt sich dann: $x_1 = 40$, $x_2 = 60$ mit einem Gewinn $G = 2.400\,\text{EUR}$.

Eine weitere Modellvariante, auf die näher eingegangen werden soll, ist die Berücksichtigung von zusammengesetzten Produkten, die aus unterschiedlichen Produktstrukturstufen bestehen. Die Produkte setzen sich aus Gruppen, Untergruppen und diese wiederum aus Teilen zusammen, so daß der Fall einer *mehrstufigen marktorientierten Programmbildung* vorliegt. Damit ist die Produktstruktur in die Modellierung einzubeziehen. Die Beziehungen zwischen Produkten, Baugruppen und Teilen werden mit Hilfe der Produktionskoeffizienten $h_{m.m'}$ erfaßt, die angeben, wie viele Mengeneinheiten eines Elements m in ein Element m' auf der übergeordneten Stufe eingehen. Für jedes Produkt, jede Baugruppe und jedes Teil ist dann eine sogenannte Mengenbilanz aufzustellen, die berücksichtigt, daß das Element m

- entweder in ein Element m' eingeht $(h_{m.m'} \cdot r_{m'})$ oder
- als Produkt auf dem Markt abgesetzt werden kann (x_n).

Damit ergibt sich die folgende Modellstruktur:

$$M(x_1, \ldots, x_N) = \sum_{n=1}^{N} m_n \cdot x_n \quad \to \quad \max !$$

Mengenbilanzen:

$$x_n + \sum_{m'=1}^{N} h_{m.m'} \cdot r_{m'} = r_m$$

Kapazitätsrestriktionen:

$$\sum_{n=1}^{N} h_{m.n} \cdot r_n \leq C_m$$

Nichtnegativitätsbedingungen:

$x_n \geq 0$

$r_m \geq 0$

Liegt hingegen eine *kundenorientierte Produktion* vor, d.h., die zu erstellenden Produkte werden durch die Nachfrager spezifiziert, dann läßt sich die beschriebene Programmbildung nicht realisieren. Aber auch im Rahmen einer kundenorientierte Produktion werden in der Regel Produkte erstellt, die nicht von Grund auf neu sind, sondern sich aus bekannten Komponenten zusammensetzen. In diesen Fällen wird es möglich, etwa auf der Ebene von *Produktgruppen* eine Programmplanung durchzuführen, d.h., sie setzt auf einem höheren Aggregationsgrad an und hat damit naturgemäß einen gröberen Charakter. Auf dieser Ebene lassen sich dann mit Hilfe von Prognosen (vgl. Abschnitt 2.1.1.1) Hinweise auf zukünftige Absatzmengen generieren.

Grundsätzlich ergibt sich aber der Primärbedarf bei Auftragsproduktion aus den vorliegenden individuellen Kundenaufträgen. Damit liegt bei einer kundenorientierten Programmbildung ein *zeitlich offenes Entscheidungsfeld* vor, d.h., im Zeitablauf treten Veränderungen des Entscheidungsfeldes auf. Die Informationen über diese Veränderungen sind aber zum Planungszeitpunkt unvollständig, so daß sich Unsicherheiten ergeben. Diese Unsicherheiten können sich aus den Aufträgen und eventuellen Störungen ergeben:

- Aufträge:
  -- Sicherheit besteht nur über eine begrenzte Anzahl von Aufträgen, nämlich für die, die zum Planungszeitpunkt vertraglich vorliegen.
  -- Während der Planrealisation können Informationen über neue Aufträge hinzukommen. Die hieraus resultierenden Unsicherheiten können die Ankunftszeit und die Konditionen (z.B. Produktart, Produktmenge, Liefertermin, Preis) betreffen.
- Störungen:
  -- Auftragsseitig können terminlich, mengenmäßig oder inhaltliche Änderungen auftreten (mögliche Konsequenzen sind: Fehlmengen, erhöhte Bestände, Verzug, verfrühte Fertigstellung etc.).
  -- Ressourcenseitig können quantitative und/oder qualitative Beeinträchtigungen hervorgerufen werden (beispielhaft seien folgende Konsequenzen genannt: reduzierte Leistungsabgabe, Kapazitätsausfälle, Einschränkung des Bearbeitungsspektrums).

Unter der Voraussetzung, daß eine Unternehmung über ausreichend freie Kapazität verfügt und auch kein Beschaffungsengpaß existiert, ist die Programmbildung bei kundenorientierter Produktion trivial, da letztlich alle Aufträge mit einem positiven Deckungsbeitrag in das Programm aufgenommen werden. Liegen hingegen mehrere Engpässe vor und ist ex ante nicht bekannt, welche Maschine, Werkstatt oder welches Teil in Abhängigkeit von dem zu ermittelnden Programm den Engpaß bilden, dann wird die Komplexität des Planungsproblems evident.

Bei einer kundenorientierten Programmbildung ist es charakteristisch, daß es vor Auftragserteilung zu einem Interaktionsprozeß zwischen Nachfrager und der Unternehmung kommt, der sich wie folgt konkretisieren läßt (vgl. Abbildung 2-15).

Ausgangspunkt bildet die Überprüfung der *technischen Machbarkeit*. Hierzu existieren wissensbasierte Systeme zur Produktkonfiguration (Konfiguratoren oder elektronische Produktkataloge; vgl. Fandel/Gubitz 2008 S. 198 ff.). Als zentrale Aufgaben ergeben sich die Prüfung der ökonomischen Vorteilhaftigkeit einer Anfrage und die Angebotserstellung, wobei Preis und Liefertermin die Entscheidungsparameter der Unternehmung darstellen.

Die in der Theorie aufgestellten Modelle, die sich in die beiden Klassen *periodenbezogene* (das Produktionsprogramm einer Planungsperiode wird durch Auswahl der zum Planungszeitpunkt bereits vorliegenden und spezifizierten Aufträge gebildet) und *zeitpunktbezogene Modelle* (sie dienen der Ermittlung der Auftragskonditionen, die die Unternehmung auf der Basis einer konkreten Nachfrage erstellt bzw. der Entscheidung über Annahme oder Ablehnung eines Auftrags zugrunde legt) untergliedern lassen, sind in den erhältlichen PPS-/ERP-Systemen nicht implementiert. Erfolgt seitens des Nachfragers eine Auftragserteilung und der Anbieter bestätigt den Auftrag, dann wird beim Anbieter ein entsprechender Kundenauftrag angelegt. PPS-/ERP-Systeme stellen hierfür eine sogenannte Erfassungsmaske für den Kundenauftrag zur Verfügung (vgl. Fandel/Gubitz 2008, S. 200).

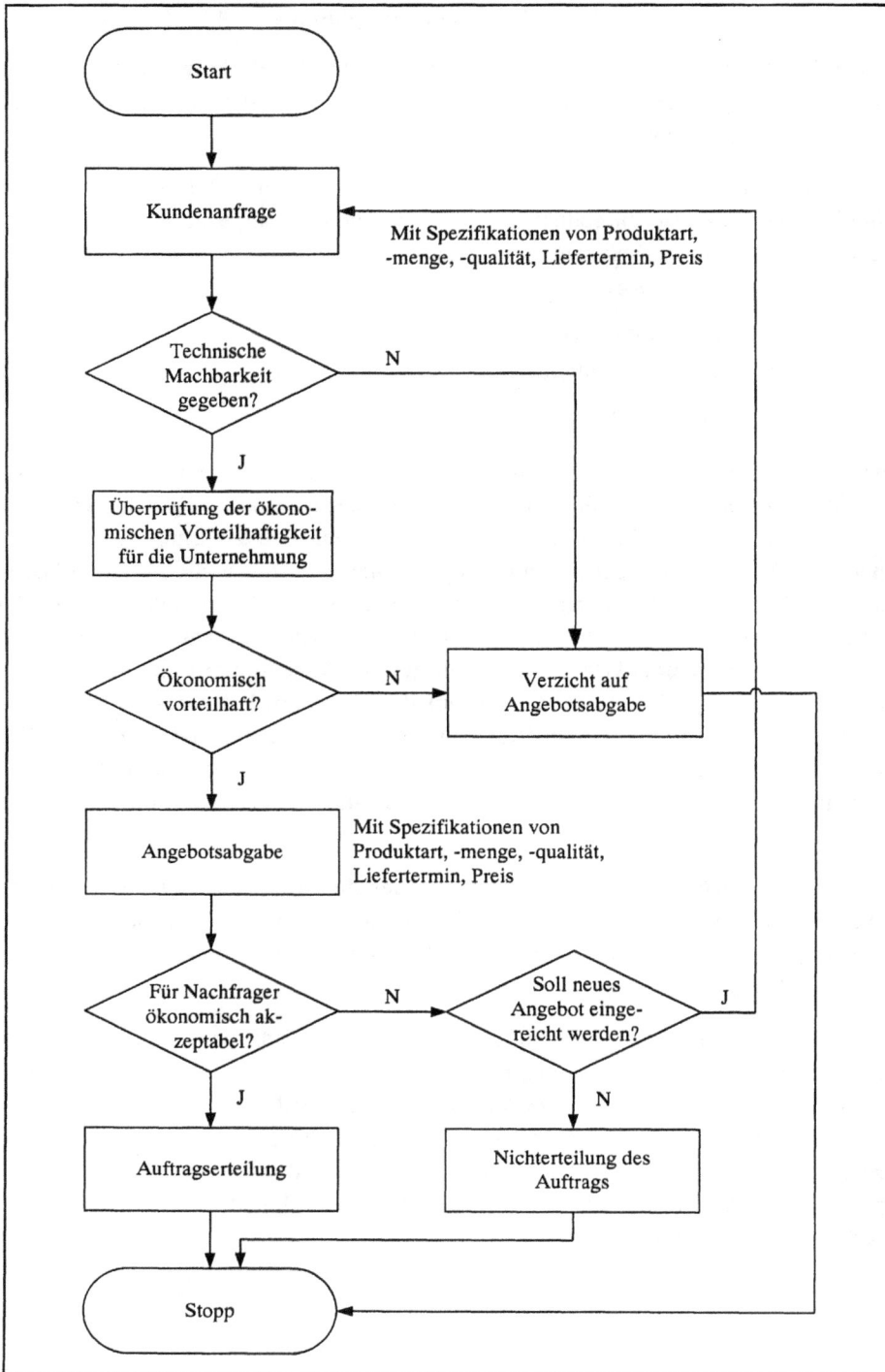

Abbildung 2-15:   Interaktion zwischen Nachfrager und Unternehmung

2.1.2 Sekundärbedarfsplanung

Die Sekundärbedarfsplanung schließt sich unmittelbar an die Primärbedarfsplanung an, d.h., die Ergebnisse der Primärbedarfsplanung sind für die Sekundärbedarfsplanung vorgegebene Rahmendaten.

Im Rahmen der Materialbedarfsermittlung wird zunächst der Bruttosekundärbedarf für die Vor- und Zwischenprodukte ermittelt. Er gibt damit an, welche Vor- und Zwischenprodukte zur Realisierung des Produktionsprogramms erforderlich sind. Zur Durchführung dieser Aufgabe kann

- einerseits programmorientiert und
- anderseits verbrauchsorientiert

vorgegangen werden.

Bei einer *programmorientierten Vorgehensweise* werden auf der Grundlage des Produktionsprogramms die benötigten Vor- und Zwischenprodukte in genauer Höhe errechnet, d.h., es muß bekannt sein, aus welchen Teilen sich das Endprodukt zusammensetzt. Auskunft hierüber geben die sogenannten *Stücklisten*, die für jede Materialart angeben, in welcher Menge sie in die Produktion einer Einheit des Endproduktes eingeht. Durch die Auflösung einer Stückliste lassen sich dann alle Mengen an Vor- und Zwischenprodukten ermitteln, die für eine Einheit eines Endproduktes erforderlich sind. Werden diese Mengen mit dem Primärbedarf eines Endproduktes multipliziert, dann ergibt sich der Bruttosekundärbedarf der Materialarten, die in dieses Endprodukt einfließen. Daran anschließend werden sämtliche Bruttosekundärbedarfe über alle Endprodukte addiert, um so den Bruttosekundärbedarf für jede einzelne Materialart zu erhalten.

Bei den *verbrauchsorientierten Verfahren* werden die Bruttosekundärbedarfe auf der Grundlage von Verbrauchsmengen aus der Vergangenheit geschätzt. In diesem Zusammenhang können die in Abschnitt 2.1.1.1 dargestellten Prognoseverfahren zum Einsatz gelangen.

Die beiden vorgestellten Verfahren gehen mit unterschiedlichem Berechnungsaufwand einher. Während die programmorientierten Verfahren, insbesondere bei Berücksichtigung von *Vorlaufzeitverschiebungen*, tendenziell mit einem hohen Berechnungsaufwand verbunden sind, ist dieser Aufwand bei verbrauchsorientierten Verfahren deutlich niedriger. Auf der anderen Seite ist jedoch zu beachten, daß programmorientierte Verfahren exakte Bedarfe ermitteln, während verbrauchsorientierte Verfahren Schätzwerte liefern.

2.1.2.1 Klassifikation der Materialarten

Da in einer Unternehmung eine Vielzahl zu planender und kontrollierender Materialarten existiert, erscheint es zweckmäßig, die Materialien hinsichtlich ihrer Wertigkeit
zu Gruppen zusammenzufassen.

Ein solches Verfahren zur Erfassung der relativen wertmäßigen Bedeutung der Materialarten stellt die ABC-Analyse dar. Abbildung 2-16 gibt hierzu ein Beispiel wieder.

Materialnummer	Menge pro Periode	Preis pro Mengen-einheit	Gesamtverbrauch pro Periode
0001	400	175,-	70.000,-
0002	1.000	15,-	15.000,-
0003	1.200	35,-	42.000,-
0004	500	350,-	175.000,-
0005	1.500	12,-	18.000,-
0006	700	90,-	63.000,-
0007	600	500,-	300.000,-
0008	1.200	10,-	12.000,-
0009	1.000	5,-	5.000,-
0010	2.000	20,-	40.000,-

Abbildung 2-16: Ausgangssituation für eine ABC-Analyse

Zur Klassifikation der Materialarten nach ihrer wertmäßigen Bedeutung sind dann
die folgenden Schritte durchzuführen:

- Berechnen der prozentualen Wertanteile der einzelnen Materialarten:

$$rw_n = \frac{x_n \cdot p_n}{\sum_{n'=1}^{N} x_{n'} \cdot p_{n'}}$$

- Ordnen der Materialarten nach absteigendem Anteil am Gesamtwert und
- Kumulation der errechneten prozentualen Anteile.

Abbildung 2-17 gibt die Ergebnisse dieser Berechnungen wieder.

Auf der Grundlage der kumulierten Anteile an Materialien einer Klasse und der kumulierten prozentualen Wertanteile läßt sich dann eine *Lorenzkurve* erstellen, bei der
eine Gleichverteilung der Verbrauchswerte vorliegt, wenn die Lorenzkurve einer 45°-
Linie entspricht (vgl. Abbildung 2-18).

Material-nummer	Menge pro Peri-ode	%-Anteil	%-Anteil kumuliert	Ver-brauchs-wert	%-Anteil	%-Anteil kumuliert
0007	600	5,94	5,94	300.000,-	40,54	40,54
0004	500	4,95	10,89	175.000,-	23,65	64,19
0001	400	3,96	14,85	70.000,-	9,46	73,65
0006	700	6,93	21,78	63.000,-	8,51	82,16
0003	1.200	11,88	33,66	42.000,-	5,68	87,84
0010	2.000	19,80	53,46	40.000,-	5,41	93,25
0005	1.500	14,85	68,31	18.000,-	2,43	95,68
0002	1.000	9,90	78,21	15.000,-	2,03	97,71
0008	1.200	11,88	90,09	12.000,-	1,62	99,33
0009	1.000	9,90	99,99	5.000,-	0,68	100,01

Abbildung 2-17:   Werthäufigkeitstabelle

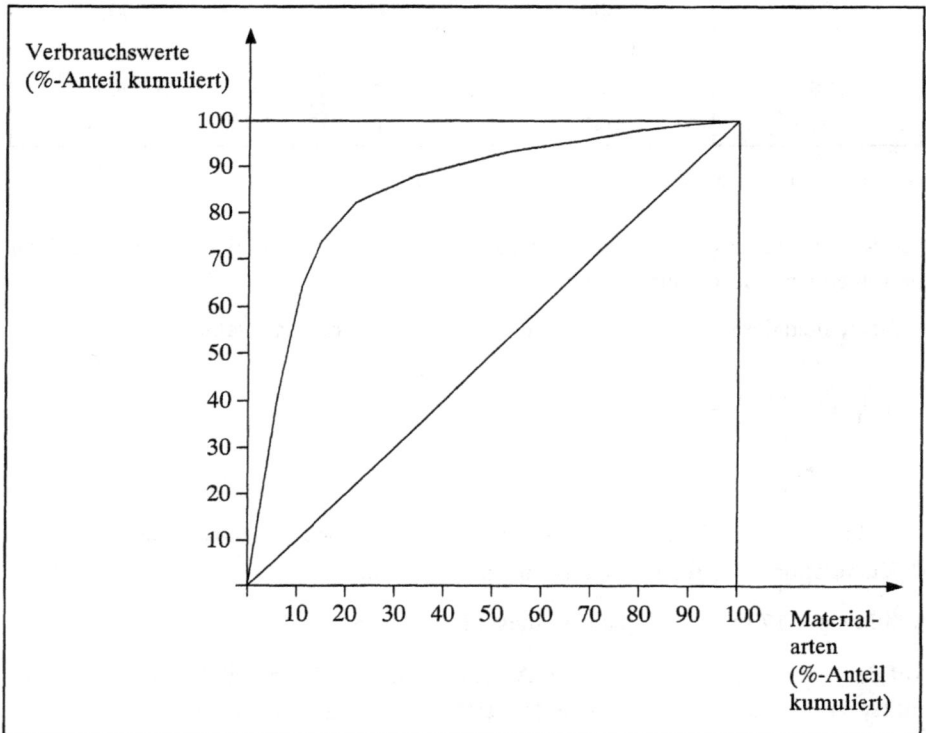

Abbildung 2-18:   Lorenzkurve

Abbildung 2-18 zeigt eine typische Ungleichverteilung, die den Ausgangspunkt für eine ABC-Analyse bildet. Es zeigt sich, daß ein geringer Anteil der Materialarten einen hohen Anteil am Gesamtwert der Materialarten aufweist. Eine denkbare Einteilung wäre dann:

- Die Materialarten 0007 und 0004 stellen A-Teile dar.
- Die Materialarten 0001, 0006 und 0003 sind B-Teile.
- Die Materialarten 0010, 0005, 0002, 0008 und 0009 bilden die Menge der C-Teile.

Diese auf den ersten Blick durchaus nachvollziehbare Einteilung stellt aber nur eine denkbare Aufteilung dar und hat durchaus willkürliche Züge, weil die Festlegung der Klassengrenzen einen subjektiven Vorgang darstellt. So ist es etwa denkbar, die Klasse der A-Teile zugunsten der B-Teile zu verkleinern. Eine entscheidungstheoretisch fundierte Abgrenzung der einzelnen Klassen ist insbesondere deshalb nicht möglich, weil dies voraussetzt, daß sich die mit der Zuordnung eines Beschaffungsobjektes zu einer Klasse verbundenen ökonomischen Konsequenzen quantifizieren lassen. Dies scheitert jedoch daran, daß sich weder der Nutzen noch die Kosten der Verfahrensanwendung hinreichend erfassen lassen.

Die mit der ABC-Analyse vorgenommene Einordnung der Materialarten in unterschiedliche Klassen gibt dann Hinweise darauf, welche Verfahren der Bedarfsermittlung für diese Materialien aufgrund ihrer ökonomischen Bedeutung für die Unternehmung anzuwenden sind. Die Empfehlungen für die Anwendung von Verfahren sind dabei nicht immer einheitlich. Während einerseits die Empfehlung gegeben wird, C-Teile auf der Basis grober Schätzungen, B-Teile tendenziell verbrauchsorientiert und A-Teile programmorientiert zu ermitteln, wird andererseits die Empfehlung gegeben, A- und B-Teile programmorientiert und C-Teile verbrauchsorientiert zu ermitteln. Letztlich hängt die Vorgehensweise von der konkreten Situation ab und die Empfehlungen sind als Handlungsheuristiken zu betrachten.

Eine weitere Fragestellung in diesem Zusammenhang ist darin zu sehen, ob der Bruttosekundärbedarf für eine Materialart im Zeitablauf konstant ist oder schwankt. Eine heuristische Vorgehensweise zur Berücksichtigung der zeitlichen Verlaufsformen stellt die RSU-Analyse dar, wobei R-Teile Materialien mit regelmäßigem Bedarf, S-Teile Materialien mit schwankendem Bedarf und U-Teile Materialien mit unregelmäßigem Bedarf sind. Unregelmäßiger Bedarf läßt sich mit Hilfe des *Störpegels*

$$SP = \frac{MAA}{\hat{x}}$$

mit:

$$MAA = \frac{1}{T} \cdot \sum_{t=1}^{T} |x_t - \hat{x}|$$

$$\hat{x} = \frac{1}{T} \cdot \sum_{t=1}^{T} x_t$$

identifizieren, wobei Unregelmäßigkeit bei SP > 0,5 vermutet werden kann. Zur Unterscheidung zwischen regelmäßigem Verlauf ohne Saisoneinfluß (R) und mit Saisoneinfluß (S) kann eine Analyse der *Autokorrelationskoeffizienten* vorgenommen werden. Ein Autokorrelationskoeffizient ist dabei ein Maß für die Stärke des Zusammenhangs zwischen zwei Zeitreihenwerten mit einem Abstand von τ Perioden:

$$\rho_\tau = \frac{\displaystyle\sum_{t=1}^{T-\tau} x_t \cdot x_{t+\tau} - \frac{1}{T-\tau} \cdot \sum_{t=1}^{T-\tau} x_t \cdot \sum_{t=1+\tau}^{T} x_t}{\left(\left(\displaystyle\sum_{t=1}^{T-\tau} x_t^2 - \frac{1}{T-\tau} \cdot \left(\sum_{t=1}^{T-\tau} x_t \right)^2 \right) \cdot \left(\sum_{t=1+\tau}^{T} x_t^2 - \frac{1}{T-\tau} \cdot \left(\sum_{t=1+\tau}^{T} x_t \right)^2 \right) \right)^{\frac{1}{2}}}$$

Werden die Korrelationskoeffizienten für unterschiedliche Zeitverschiebungen τ (τ = 1,...,T) berechnet und im Verschiebungsverlauf dargestellt, dann können die folgenden typischen Fälle unterschieden werden (vgl. Tempelmeier 2003, S. 30 f.):

- *Saisonaler Verlauf ohne Trend*: zyklische Schwankungen der Korrelationskoeffizienten um den Wert null.
- *Trendförmiger Verlauf*: mit zunehmender Verschiebung stetig abnehmende Korrelationskoeffizienten.
- *Konstanter Verlauf bei Dominanz zufälliger Schwankungen*: unregelmäßige Schwankungen der Korrelationskoeffizienten um den Wert null.

Es bietet sich dann an, die RSU-Analyse mit der ABC-Analyse zu kombinieren, wie dies in Abbildung 2-19 dargestellt ist.

	A-Teile	B-Teile	C-Teile
Regelmäßiger Bedarf (R)	Programm-gesteuert	Programm-gesteuert	Verbrauchs-gesteuert
Schwankender Bedarf (S)	Programm-gesteuert	Programm-gesteuert	Verbrauchs-gesteuert
Unregelmäßiger Bedarf (U)	Programm-gesteuert	Verbrauchs-gesteuert	Grobe Schätzungen

Abbildung 2-19:   ABC-/RSU-Analyse

In der dargestellten 9-Felder-Matrix sind Handlungsempfehlungen eingetragen, die als bedingte Empfehlungen zu interpretieren sind.

2.1.2.2 Nettosekundärbedarfsermittlung

Die ermittelten Bruttosekundärbedarfe bilden aber noch keine hinreichende Basis für die Materialbereitstellung, da es nicht notwendig sein muß, alle Bruttosekundärbedarfe der Materialarten zu beschaffen oder zu produzieren. Es ist vielmehr zu beachten, daß sich Teilmengen der einzelnen Materialarten in der Unternehmung bereits befinden oder zum relevanten Zeitpunkt vorliegen werden, da sie in Produktion sind oder eine Bestellung bei einem Lieferanten in Bearbeitung ist. Um diese Gegebenheiten zu berücksichtigen, ist eine sogenannte Nettosekundärbedarfsplanung vorzunehmen. Zunächst sind die Lagerbestände der benötigten Materialarten zu berücksichtigen, wobei jedoch zu beachten ist, daß eventuell nicht alle vorhandenen Lagerbestände disponibel sind, sondern Teilmengen bereits für andere Produktionsprozesse vorgesehen sind (sog. Vormerkungen). Es sind somit nur die disponiblen Lagerbestände von den Bruttosekundärbedarfen zu subtrahieren. Ferner sind ggf. Zusatzbedarfe für Ersatzteillieferungen und externe Kunden zu berücksichtigen. Für den Nettobedarf gilt dann:

$$\text{Nettobedarf} = \max \{\text{Bruttobedarf} - \text{verfügbarer Bestand} + \text{Zusatzbedarf}; 0\}$$

Die Nettobedarfsermittlung setzt folglich eine Bestandsrechnung voraus, der die Aufgabe obliegt, die aktuellen Bestände termingerecht zu ermitteln. Dabei gilt:

Verfügbarer Bestand	=	Lagerbestand
	+	Werkstattbestand
	+	offene Bestellungen
	−	reservierter Bestand
	−	Sicherheitsbestand

Zur Ermittlung des Materialbedarfs wird auf den *Gozintographen*, der ein gerichteter, bewerteter Graph ist, zurückgegriffen. Ein solcher Graph besteht aus Knoten, Kanten und Mengen (Produktionskoeffizienten), mit dessen Hilfe die quantitativen Beziehungen zwischen den einzelnen Komponenten (Bauteile, Einzelteile) erfaßt werden. Abbildung 2-20 gibt einen solchen Gozintographen wieder.

Neben dieser graphischen Darstellung läßt sich die Ergebnisstruktur auch als Stückliste erfassen. Eine *Stückliste* ist eine mengenmäßige Aufstellung der in ein Endprodukt oder Bauteil eingehenden Teile. In den Abbildungen 2-21 und 2-22 werden für das dargestellte Beispiel die Strukturstückliste und die Mengenübersichtsstückliste wiedergegeben.

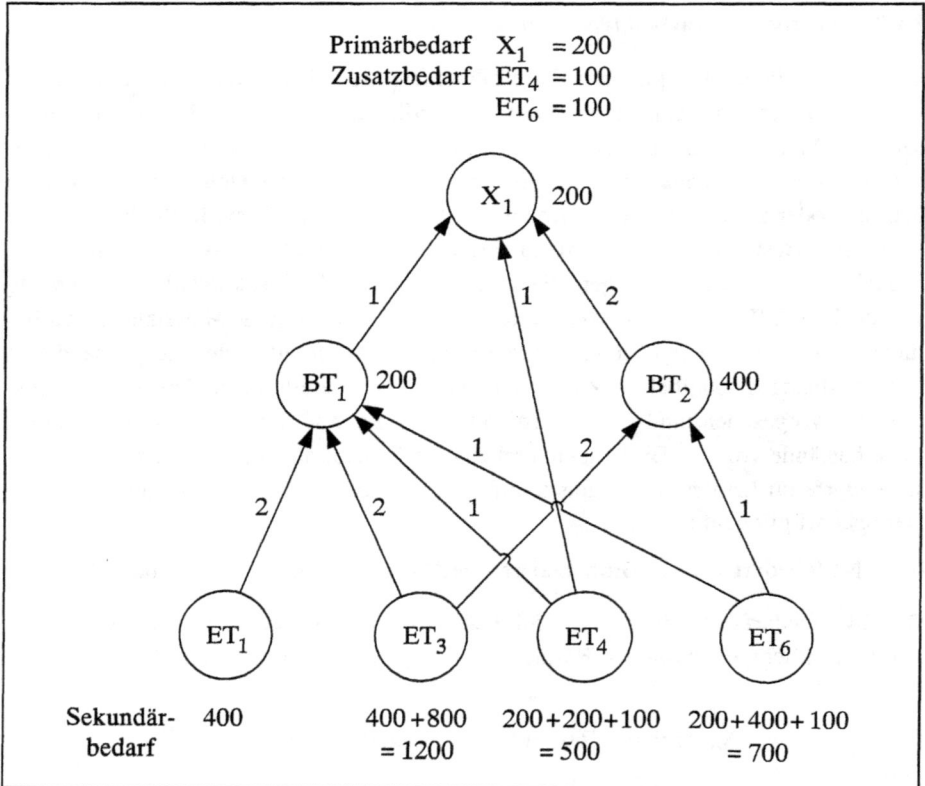

Abbildung 2-20:   Gozintograph (Beispiel)

Mit dem Hinweis „termingerecht" wird deutlich, daß es sich nicht nur um eine reine Mengenbetrachtung handeln darf, da sonst vernachlässigt würde, daß der Bedarf von Materialien zu einem früheren Zeitpunkt gegeben ist, als dies beim Endprodukt der Fall ist. Dies läßt sich mit Hilfe der Vorlaufzeit berücksichtigen. Wird z.B. ange-nommen, daß sich ein Erzeugnis X_1 aus den Materialnummern 0001, 0003, 0004 und 0006 der Liste der Materialpositionen aus o.a. ABC-Analyse zusammensetzt und unterstellt, daß die Produktion der Komponenten (Baugruppen und Einzelteile) auf einer Produktionsstufe jeweils eine Teilperiode benötigt, dann ergibt sich die folgen-de Situation: Das Produkt X_1 wird von der Produktionsstufe 0 ausgehend schrittwei-se in seine Teile zerlegt, wobei sich der Bruttobedarf eines auf der Produktionsstufe 1 aufgeführten Teils aus der Multiplikation des Bruttobedarfs der Stufe 0 mit dem Pro-duktionskoeffizienten, d.h. den Mengenangaben in der Stückliste ergibt. Abbildung 2-23 gibt diesen Sachverhalt an einem Beispiel wieder.

Pos.-Nr.	Produktionsstufe		Sach-Nr.	Benennung	Einheit	Menge
1	1		BT_1	Bauteil 1	Stück	1
2		2	ET_1	Einzelteil 1	Stück	2
3		2	ET_3	Einzelteil 3	Stück	2
4		2	ET_4	Einzelteil 4	Stück	1
5		2	ET_6	Einzelteil 6	Stück	1
6	1		BT_2	Bauteil 2	Stück	2
7		2	ET_3	Einzelteil 3	Stück	2
8		2	ET_6	Einzelteil 6	Stück	1
9	1		ET_4	Einzelteil 4	Stück	1

Abbildung 2-21:   Strukturstückliste (Beispiel)

Pos.-Nr.	Sach-Nr.	Benennung	Einheit	Menge
1	BT_1	Bauteil 1	Stück	1
2	BT_2	Bauteil 2	Stück	2
3	ET_1	Einzelteil 1	Stück	2
4	ET_3	Einzelteil 3	Stück	6
5	ET_4	Einzelteil 4	Stück	2
6	ET_6	Einzelteil 6	Stück	3

Abbildung 2-22:   Mengenübersichtsstückliste (Beispiel)

Disp.-stufe	Sach-Nr.	Prod.-koeff.	\multicolumn{8}{Teilperioden}								Gesamt
			1	2	3	4	5	6	7	8	
0	X_1		-	-	50	20	35	65	-	30	200
1	BT_1	1	-	50	20	35	65	-	30	-	200
	BT_2	2	-	100	40	70	130	-	60	-	400
	ET_4	1	-	50	20	35	65	-	30	-	200
2	ET_1	2	100	40	70	130	-	60	-	-	400
	ET_3	6	300	120	210	390	-	180	-	-	1200
	ET_4	1	50	20	35	65	-	30	-	-	200
	ET_6	3	150	60	105	195	-	90	-	-	600
Zusatz-bedarf	ET_4		-	-	-	-	50	-	50	-	100
	ET_6		50	-	-	-	50	-	-	-	100
Gesamt-bedarf	ET_4		50	70	55	100	115	30	80	-	500
	ET_6		200	60	105	195	50	90	-	-	700

Abbildung 2-23:   Vorlaufverschiebung (Beispiel)

2.1.2.3 Losgrößenplanung

2.1.2.3.1 Statische Verfahren

In einem weiteren Schritt ist festzulegen, in welchen Mengen die einzelnen Material-arten bereitgestellt werden sollen. Dabei stehen als Alternativen die Beschaffung bestimmter Bestellmengen oder die Produktion von Losgrößen offen. Als *Bestellmenge* wird die durch einen Bestellvorgang gegenüber einem Zulieferer angeforderte Menge einer Materialposition (Rohmaterial, Zukaufteil oder Baugruppe) bezeichnet, die sich aus den unterschiedlichen Verfahren der (Nettosekundär-)Bedarfsermittlung für eine bestimmte Planungsperiode ergeben hat. Dagegen bezeichnet die *Losgröße* die Menge eines Erzeugnisses (Einzelteil, Baugruppe oder Endprodukt), die in einem Produktionsprozeß ohne Unterbrechung durch die Produktion anderer Erzeugnisse auf einer Produktionsanlage bearbeitet wird.

Die Bestellmengen- und Losgrößenberechnung ist eine Teilaufgabe der Materialbedarfsplanung (Nettosekundärbedarfsplanung, Mengenplanung). Ziel dieser Berechnungen ist es, die *optimale* Bestellmenge bzw. Losgröße (Losgrößenmodell) zu bestimmen. Das dafür verwendete Entscheidungsmodell besitzt in der Betriebswirtschaftslehre eine lange Tradition. Ausgehend von dem Grundmodell zur Bestimmung der kostenoptimalen Bestellmenge (vgl. Harris 1915; Stefanic-Allmeyer 1927; Andler 1929) wurde in der Folgezeit eine kaum zu überblickende Anzahl an Modellvarianten entwickelt, von denen in den weiteren Ausführungen einige ausgewählte Varianten vorgestellt werden.

Bestellmengen- und Losgrößenplanung werden wegen ihrer ähnlichen Problem- und Modellstruktur häufig unter dem Begriff *Auftragsgrößenplanung* subsumiert (vgl. Adam 1998, S. 475). Die folgende Darstellung konzentriert sich auf die Losgrößenberechnung, die durch Anpassung der Formeln, ohne deren formale Struktur grundlegend zu verändern, auf die Berechnung der Bestellmenge übertragen werden kann. Um auf die Analogien zwischen Bestellmengen- und Losgrößenplanung aufmerksam zu machen, werden die äquivalenten Begriffe und Variablen der Bestellmengenbildung in einigen Fällen in Klammern angeführt.

Eine losweise Produktion ist vor allem mit den Produktionstypen Serien- und Sortenproduktion sowie mit den Organisationstypen Werkstatt- und Gruppenproduktion verknüpft, für die eine mehrstufige Mehrproduktproduktion charakteristisch ist (vgl. Adam 1998, S. 23).

Dabei liegt die Regel *Economic order quantity (EOQ)*[1] zugrunde, die besagt, daß die Losgröße eines Produktes für einen gegebenen Bearbeitungsvorgang auf einer gegebenen Produktionsanlage die kostenminimale Teilmenge eines über mehrere Perioden bekannten Gesamtbedarfs ist.

In die endgültige Festlegung der Bestellmenge gehen weitere Einflußfaktoren wie die Lieferbereitschaft des Herstellers und ggf. dessen Produktionsrhythmus, die logistischen Bedingungen (u.a. Transportmengen und -zeiten), die eventuelle Verderblichkeit der Güter, die Lagermöglichkeiten etc. ein.

Auch die als Ergebnis von auf dem Nettosekundärbedarf beruhenden Planungsrechnungen ermittelte Losgröße muß ggf. durch Wechselwirkungen zu anderen Produkten (Produktsequenzen, mehrstufige Produktion etc.) modifiziert werden.

Zur Bestimmung der kostenminimalen Losgröße ist es notwendig, alle bei der Produktion eines Erzeugnisses anfallenden und entscheidungsrelevanten Kostenarten zu erfassen und ihren Gesamtbetrag zu minimieren. Grundsätzlich lassen sich die folgenden Kostenarten unterscheiden:

- (Beschäftigungs-)*variable Produktionskosten* (bzw. *unmittelbare Beschaffungskosten*),
- *Rüstkosten* (bzw. *mittelbare Beschaffungskosten*),
- *Lagerhaltungskosten* und
- *Fehlmengenkosten*.

Die (beschäftigungs-)variablen Produktionskosten (Herstellkosten) werden durch den unmittelbar mit dem Produktionsvorgang verbundenen Faktorverbrauch (z.B. menschliche Arbeitsleistungen, Material) verursacht. Sie sind bei der Losgrößenplanung nur dann zu berücksichtigen, wenn sie sich im Betrachtungszeitraum ändern oder wenn sie von der Losgröße abhängig sind (vgl. Tempelmeier 2003, S. 136, Fußnote 20). Für den in der Praxis meist angenommenen Fall zeitinvarianter, losgrößenunabhängiger variabler Produktionskosten hat diese Kostenart keinen Einfluß auf die Lage des Optimums. Sie ist somit entscheidungs*irrelevant* und kann unter Beachtung der genannten Bedingungen vernachlässigt werden.

Die für die Produktion eines bestimmten Loses erforderliche Vorbereitung der Anlage oder des Arbeitsplatzes wird allgemein als *Rüsten* bezeichnet. Die dabei anfallenden Kosten werden als *Rüstkosten* berücksichtigt. Rüstvorgänge umfassen ggf. die Einrichtung der für die Bearbeitung benötigten Werkzeuge und Bearbeitungspro-

---

1)   Andere Regeln sind: *Lot-for-lot (LFL):* Die Losgröße eines Produktes entspricht dem über MRP-Berechnungen (Netto-Sekundärbedarfsrechnung) bestimmten Periodenbedarf. *Fixed order quantity (FOQ):* Die Losgröße eines Produktes für einen gegebenen Bearbeitungsvorgang auf einer gegebenen Fertigungsanlage ist eine feste Größe. *Periodic order quantity (POQ):* Die Losgröße eines Produktes für einen gegebenen Bearbeitungsvorgang auf einer gegebenen Fertigungsanlage deckt den Bedarf einer festgelegten Anzahl von Perioden.

gramme auf der Produktionsanlage, das Aufspannen der Werkstücke auf Werkstück-
trägern u.ä. Sofern diese Rüstvorgänge nicht außerhalb der Produktionsanlage
(„hauptzeitparallel") durchgeführt werden können, bestimmt ihre Dauer wesentlich
die wirtschaftlichen Losgrößen. Die Rüstkosten lassen sich in direkte und indirekte
Rüstkosten aufspalten. Während sich die *direkten Rüstkosten* auf den unmittelbar mit
dem Rüstvorgang verbundenen Faktorverbrauch (z.B. Arbeitszeit des Rüstpersonals,
Ausschuß im Anlaufbetrieb der Produktionsanlage) beziehen, handelt es sich bei den
indirekten Rüstkosten um Opportunitätskosten für die durch den Rüstvorgang nicht
genutzte Kapazität, mit der eine zusätzliche Produktion möglich wäre und damit ein
zusätzlicher Deckungsbeitrag erzielt werden könnte.

Die *Lagerhaltungskosten* beinhalten sowohl Kosten, die durch das in den Lagerbeständen gebundene Kapital entstehen (abhängig von Lagerdauer und kalkulatori-
schem Zinssatz), als auch Kosten, die bei Pflege und Handhabung des Materials an-
fallen (Lagerraumkosten, Kosten durch Ein- und Auslagerungsvorgänge, Schwund
und Verderb). Für die Ermittlung der *Kapitalbindungskosten* ist folglich ein kalkulatorischer Zinssatz auf die betrachtete Planungsperiode zu beziehen. Die sonstigen
Lagerkosten werden aus pragmatischen Gründen meist durch einen pauschalen,
durch Erfahrung begründeten Aufschlag auf den kalkulatorischen Zinssatz berücksichtigt, so daß der Berechnung ein kalkulatorischer Lagerhaltungskostensatz zugrunde gelegt wird (zu einer ausführlichen Diskussion dieses Problems vgl. Zelewski/
Hohmann/Hügens 2008, S. 322 ff.).

Fehlmengenkosten entstehen dann, wenn der Bedarf an Zwischen- oder Endprodukten nicht zum erforderlichen Zeitpunkt gedeckt werden kann. Als Beispiele lassen
sich Stillstandskosten als Folge von Produktionsunterbrechungen, Vertragsstrafen bei
Nichteinhaltung von Lieferterminen oder entgangene Gewinne bei Absatzeinbußen
anführen. Ihre Bestimmung stößt in der Praxis zumeist auf erhebliche Schwierigkeiten. Die meisten Modelle schließen deshalb das Auftreten von Fehlmengen aus und
lassen diese Kostenart bei der Losgrößenoptimierung unberücksichtigt.

Die Lage des Optimums der Losgröße wird durch die einander entgegengesetzten
Verläufe der Rüst- und Lagerhaltungskostenfunktion in Abhängigkeit von der Losgröße bestimmt (vgl. Abbildung 2-24). Während die Rüstgesamtkosten K^R mit stei-
gender Losgröße durch die geringer werdende Anzahl der Umrüstvorgänge hyperbo-
lisch abnehmen (Rüstkostendegression), steigen die Lagerhaltungskosten K^{LA} aufgrund der größeren Menge der durchschnittlich zu lagernden Güter proportional zur
Losgröße an. Werden beide Kostenverläufe addiert, ergibt sich eine Gesamtkostenfunktion K (der entscheidungsrelevanten Kostenarten), deren Minimum die
Lage der optimalen Losgröße bestimmt.

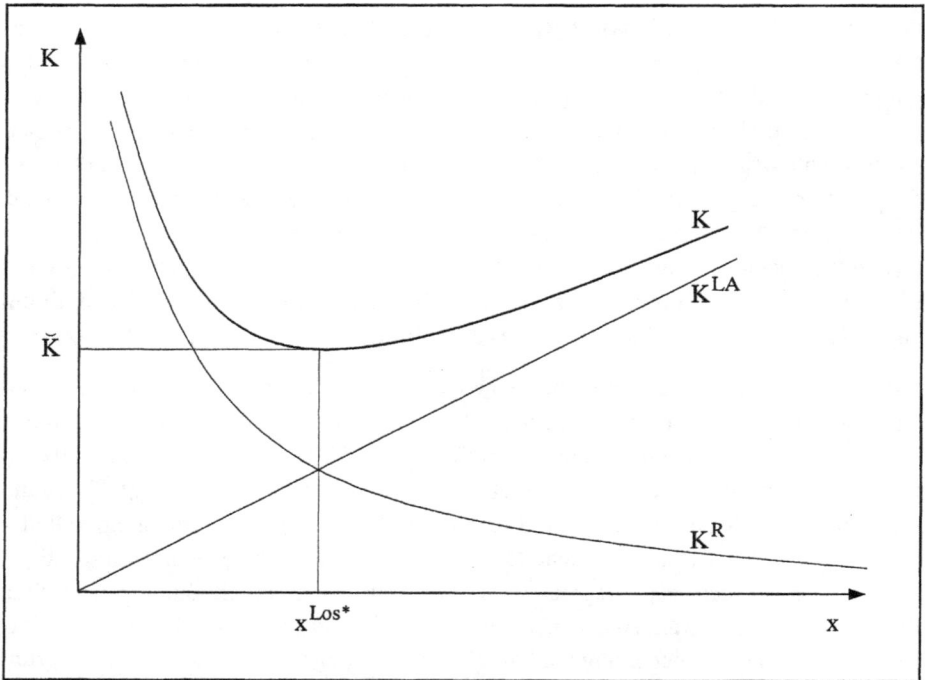

Abbildung 2-24:   Prinzip der Ermittlung optimaler Losgrößen

Dieses Prinzip der Kostenminimierung bei gegenläufigen Kostenfunktionen bildet die Grundlage aller Verfahren zur Losgrößenberechnung.

Zur Ermittlung wirtschaftlicher Losgrößen wurden zahlreiche mathematische Modelle aufgestellt (vgl. z.B. Domschke/Scholl/Voß 1998, S. 40 und S. 70 f.). Als Kriterien zur Unterscheidung dieser Verfahren lassen sich heranziehen:

- der zeitliche Verlauf der Nachfrage,
- die Anzahl der in die Berechnung einbezogenen Produkte,
- die Anzahl der im Berechnungsmodell abgebildeten Produktionsstufen und
- die Lösungseigenschaften des Berechnungsverfahrens.

Auf der Grundlage des *zeitlichen Verlaufs der Nachfrage* wird zwischen statischen und dynamischen Modellen unterschieden. Bei *statischen Modellen* wird eine kontinuierlich auftretende, stets gleich große Nachfrage pro Zeiteinheit für den gesamten Planungszeitraum angenommen. Dagegen wird bei *dynamischen Modellen* der Planungszeitraum in äquidistante Teilperioden aufgeteilt, in denen unterschiedliche Bedarfe auftreten können. Weiterhin wird für statische Modelle unterstellt, daß Losauflagen zu beliebigen (sich aus der Berechnung ergebenden, reellwertigen) Zeitpunkten erfolgen können, während sie bei dynamischen Modellen zu diskreten Zeitpunkten (in der Regel jeweils am Anfang der Teilperioden) angenommen werden.

Nach der *Anzahl der in die Berechnung einbezogenen Produkte* ist zwischen Einprodukt- und Mehrproduktmodellen zu unterscheiden. In *Einproduktmodellen* wird die optimale Losgröße für ein einzelnes Produkt berechnet, ohne gegebenenfalls vorhandene Wechselwirkungen zu anderen Produkten, die im gleichen Zeitraum produziert werden sollen, zu beachten. *Mehrproduktmodelle* berücksichtigen dagegen die Interdependenzen zwischen mehreren Produkten, die z.B. durch eine gemeinsame Produktstruktur oder durch die Produktion auf demselben Aggregat bedingt sein können.

Auf der Basis des Kriteriums der *Anzahl der im Berechnungsmodell abgebildeten Produktionsstufen* lassen sich *einstufige Modelle*, bei denen die Vorgänger- und Nachfolgerprodukte eines Erzeugnisses unberücksichtigt bleiben, und *mehrstufige Modelle*, bei denen simultan für alle Vor- und Zwischenprodukte Losgrößen ermittelt werden, unterscheiden.

Die Berechnungsverfahren sind hinsichtlich ihrer *Lösungseigenschaften* in *exakte Verfahren (Algorithmen)*, die unter den gegebenen Annahmen die optimale Lösung eines Problems liefern und *heuristische Verfahren (Heuristiken)*, also Näherungsverfahren, die in der Regel zu suboptimalen Lösungen führen, zu unterscheiden.

Den Ausgangspunkt in der historischen Entwicklung von Losgrößenmodellen bildet das auf *Harris (1913)* und *Andler (1929)* zurückgehende *statische Grundmodell*. Aufbauend auf dieses klassische Modell sind eine Fülle von umfassenderen Ansätzen vorgeschlagen worden (vgl. Zäpfel 1982, S. 198; Domschke/Scholl/Voß 1998, S. 76 ff.). Im vorliegenden Lehrbuch wird auf Modellerweiterungen bei endlicher Produktionsgeschwindigkeit fokussiert. Einen weiteren Schritt in der Entwicklung der Losgrößenplanung stellt das exakte Lösungsverfahren für das *dynamische Grundmodell* dar, das von *Wagner/Whitin (1959)* formuliert wurde. Für die Lösung des dynamischen Losgrößenproblems wurden darüber hinaus zahlreiche Heuristiken entwickelt.

Auch wenn das statische Verfahren zur Bestellmengen- und Losgrößenrechnung nach Andler/Harris im strengen Sinne nur unter sehr restriktiven Annahmen zutreffende Ergebnisse liefert, können doch mit seiner Hilfe die Grundprinzipien der Bestellmengen- und Losgrößenrechnung dargestellt werden[1].

Für die Anwendung des Modells sind folgende *Grundannahmen* zu treffen:

- Es handelt sich um ein einstufiges Einproduktmodell, ohne Berücksichtigung knapper Produktions- und Lagerkapazitäten und der Interdependenzen zu anderen Produkten.
- Unterstellt wird über die gesamte Planungsperiode ein konstanter Verbrauch in gleichbleibender Qualität bei gleichbleibenden, von der Losgröße unabhängigen variablen Kosten für das herzustellende Erzeugnis.
- Fehlmengen sind unzulässig.

---

1) Für eine ausführliche Erörterung dieses Sachverhaltes vgl. Zelewski/Hohmann/Hügens (2008, S. 321 ff.).

- Im Berechnungsmodell werden ausschließlich Rüst- und Lagerhaltungskosten berücksichtigt.
- Die Lagerauffüllgeschwindigkeit (Produktionsgeschwindigkeit) wird als unendlich groß angenommen.
- Die Losauflagen können zu beliebigen, sich aus der Berechnung ergebenden äquidistanten Zeitpunkten im Verlauf der betrachteten Planungsperiode und in beliebigen (konstanten) Teilmengen des Gesamtbedarfs erfolgen.

Aufgrund der getroffenen Annahmen wird in diesem Modell unterstellt, daß der Nettosekundärbedarf für die jeweilige Materialart in dem zugrundeliegenden Betrachtungszeitraum (Planungsperiode) gleichförmig verbraucht wird, d.h. ein kontinuierlicher Lagerabgang vorliegt. Damit gilt, daß während der Planungsperiode im Durchschnitt die halbe Bestellmenge bzw. Produktionslosgröße $x^{Los}/2$ als Lagerbestand vorhanden ist (vgl. Abbildung 2-25).

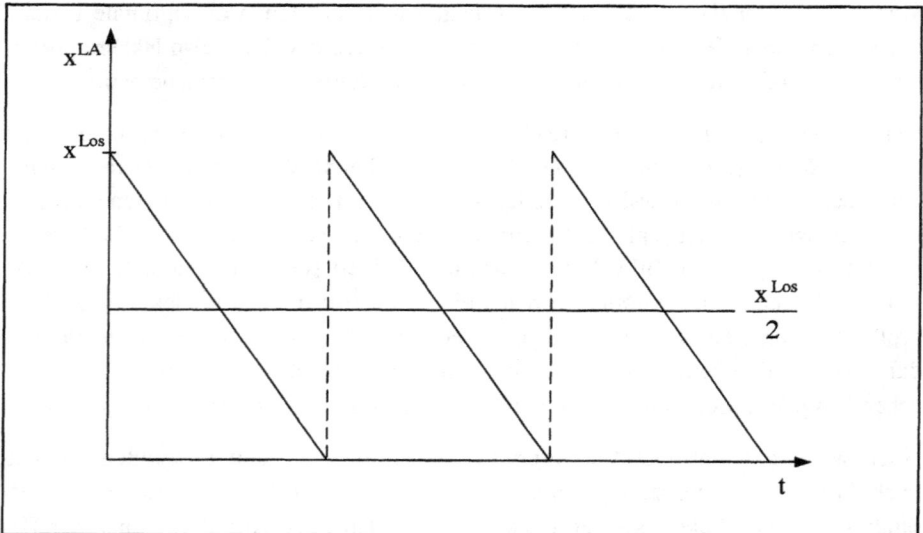

Abbildung 2-25:   Lagerbestandsverlauf

Bei der Bestimmung der optimalen Lösung wirken, wie bereits gezeigt, zwei gegenläufige Kostenfunktionen, die in Abbildung 2-24 dargestellt sind. Mit zunehmender Losgröße x^{Los} steigen, jeweils auf die gesamte Planperiode bezogen, die Lagerhaltungskosten K^{LA}, während die Rüstkosten K^R sinken. Zu ermitteln ist dann die Losgröße, die unter Berücksichtigung dieser beiden Kostenbestandteile die niedrigsten Gesamtkosten K verursacht:

$$K = K^H + K^R + K^{LA} \rightarrow min!$$

Die gesamten Herstellkosten der Planungsperiode ergeben sich aus:

$$K^H = k^H \cdot B$$

Sie können allerdings, sofern sie konstant bleiben, bei der Ermittlung der optimalen Losgröße vernachlässigt werden, da sie wegen o.g. Prämissen einen zur x-Achse parallelen Verlauf aufweisen und somit keinen Einfluß auf die Lage des Optimums x^{Los*} haben.

Die Lagerhaltungskosten der Betrachtungsperiode ergeben sich aus

$$K^{LA} = \frac{x^{Los}}{2} \cdot k^{LA}$$

und die Rüstkosten aus

$$K^R = \frac{B}{x^{Los}} \cdot k^R$$

mit:

B	=	Gesamtbedarf der Planperiode
k^H	=	Herstellkosten je Stück bzw. ME
k^{LA}	=	Lagerhaltungskosten je Stück bzw. ME und Planperiode
k^R	=	Rüstkosten je Losauflage
x^{Los}	=	Losgröße

Die Kostenfunktion K wird nach der Entscheidungsvariablen x^{Los} differenziert und $K'(x^{Los})$ gleich „0" gesetzt (notwendige Bedingung zur Ermittlung eines Optimums) und nach x^{Los} aufgelöst. Da $K''(x^{Los})$ größer 0 ist (hinreichende Bedingung für ein Minimum) liegt die ermittelte Losgröße x^{Los*} im Minimum der Gesamtkostenfunktion. Die abgeleitete Gleichung ist die sogenannte *Andlersche Losgrößenformel*:

$$x^{Los*} = \sqrt{\frac{2 \cdot B \cdot k^R}{k^{LA}}}$$

Graphisch kann die optimale Losgröße als Schnittpunkt von Rüst- und Lagerhaltungskosten bestimmt werden. In diesem Punkt entspricht der marginale Zuwachs der Lagerhaltungskosten gerade der marginalen Abnahme der Rüstkosten, d.h. Grenzlagerhaltungskosten $K'^{LA}(x^{Los})$ und Grenzrüstkosten $K'^R(x^{Los})$ sind gleich groß.

Die Berechnung sei an einem Beispiel verdeutlicht. Aus der ABC-Analyse (vgl. Abschnitt 2.1.2.1) werden folgende Daten der Materialposition 0006 (ET_6) übernommen:

k^H = Herstellkosten je Stück   90 EUR

B   = Gesamtbedarf der Planungsperiode   700 Stück

und folgende weitere Annahmen getroffen:

k^{LA} = Lagerhaltungskosten je Stück/Planungs-
periode[1)]   12 EUR

k^R = Rüstkosten je Losauflage[2)]   475 EUR

Als optimale/kostenminimale Losgröße ergibt sich:

$$x^{Los*} = \sqrt{\frac{2 \cdot 700 \cdot 475}{12}} = 235{,}407 \approx 235$$

Die Anzahl der Losauflagen n^{Los*} in der betrachteten Planungsperiode ergibt sich aus:

$$n^{Los*} = \frac{B}{x^{Los*}} = \frac{700}{235} = 2{,}979 \approx 3$$

Daraus ergeben sich die folgenden Gesamtkosten:

$$K = K^H + K^R + K^{LA} = 700 \cdot 90 + 3 \cdot 475 + 235/2 \cdot 12$$

$$= 63.000 + 2.835 = 65.835$$

Bei Gesamtkosten von 65.835 EUR betragen die entscheidungsrelevanten Kosten demnach 2.835 EUR. Wie erläutert, erfolgen die Losauflagen nach diesem Modell zu den sich aus der Berechnung ergebenden äquidistanten Zeitpunkten im Verlauf der betrachteten Planungsperiode, in diesem Falle also in jeder zweiten Teilperiode.

Wird die wirklichkeitsfremde Annahme einer unendlichen Produktionsgeschwindigkeit aufgegeben, dann ist in das Grundmodell die *endliche Produktionsgeschwindigkeit* aufzunehmen (vgl. Domschke/Scholl/Voß 1997, S. 79 ff.). Des weiteren ist zwischen *offener* und *geschlossener Produktion* zu unterscheiden. Bei offener Produktion erfolgt die Entnahme der ersten bearbeiteten Produkteinheit vom Lager unverzüglich nach Beginn des Produktionsausstoßes. Bei geschlossener Produktion wird dagegen mit der Entnahme erst nach Fertigstellung des gesamten Loses begonnen.

Dazu sind weitere Variablen einzuführen:

---

1) Als Dauer der Planungsperiode wird ein Zeitraum von 6 Teilperioden (Monaten) angenommen. Für die späteren Berechnungen ergeben sich damit Lagerhaltungskosten je Stück/Teilperiode in Höhe von 2 EUR.

2) Die angenommenen Rüstkosten von 475 EUR unterstellen einen aufwendigen Rüstprozeß, wie er z.B. beim Wechsel großer Werkzeuge auftritt.

$$v^{ZU} = \frac{x^{Los}}{d^{ZU}}$$

$$v^{AB} = \frac{x^{Los}}{d^{AB}}$$

mit:

d^{AB} = Dauer des Verbrauchs von x^{Los}

d^{ZU} = Dauer der Produktion von x^{Los}

v^{AB} = Abgangsrate (Verbrauchsgeschwindigkeit)

v^{ZU} = Produktionsrate (Produktionsgeschwindigkeit)

Unter der Bedingung $v^{AB} < v^{ZU}$ ergeben sich Zu- und Abgangsverlauf als Ursprungsgerade gemäß Abbildung 2-26. Der Lagerabgang x^{AB} (Verbrauch) und die produzierte Losgröße x^{Los} (Lagerzugang) lassen sich durch die folgenden Gleichungen erfassen:

$$x^{AB} = v^{AB} \cdot d$$

$$x^{ZU} = v^{ZU} \cdot d$$

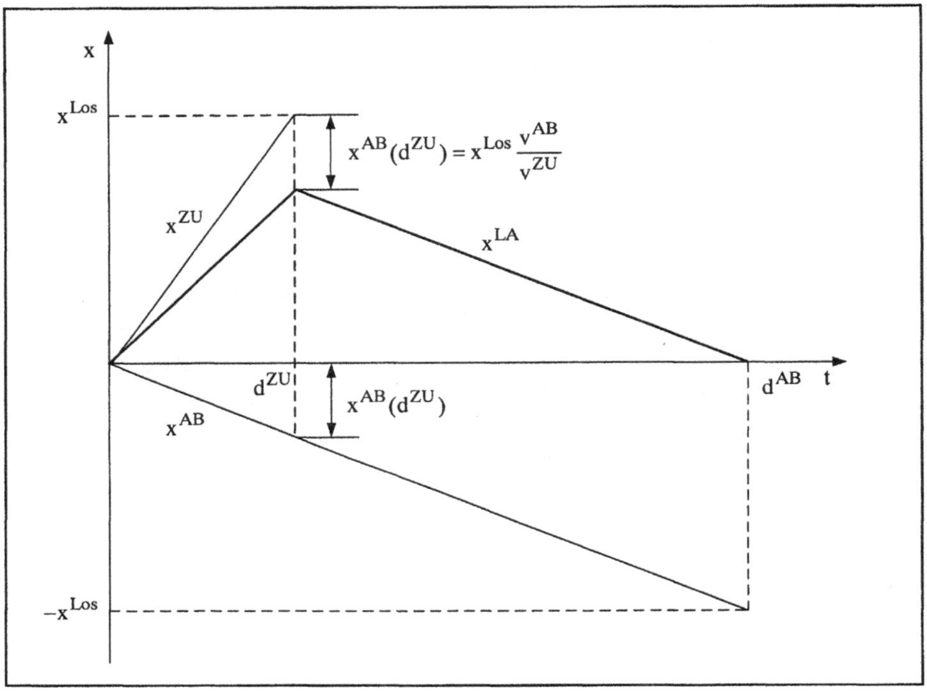

Abbildung 2-26: Entwicklung des Lagerbestandes bei endlicher Produktionsgeschwindigkeit und offener Produktion

Anhand der Abbildung 2-26 läßt sich für den Fall der offenen Produktion nachvollziehen, daß der maximale Lagerbestand im Vergleich zum Grundmodell um den in der Produktionsdauer d^{ZU} bereits angefallenen Verbrauch $x^{AB}(d^{ZU})$ der Menge x^{Los} reduziert ist. Die Reduktion des Lagerbestands beträgt demnach:

$$x^{AB}(d^{ZU}) = v^{AB} \cdot d^{ZU} = x^{Los} \cdot \frac{v^{AB}}{v^{ZU}}$$

Der sich einstellende maximale Lagerbestand $\hat{x}^{LA}$ beträgt dann:

$$\hat{x}^{LA} = x^{Los} - x^{AB}(d^{ZU}) = x^{Los} - x^{Los} \cdot \frac{v^{AB}}{v^{ZU}} = x^{Los} \cdot \left(1 - \frac{v^{AB}}{v^{ZU}}\right)$$

Für die optimale Losgröße bei *offener Produktion* ergibt sich dann die folgende Beziehung:

$$x^{Los*} = \sqrt{\frac{z \cdot B \cdot k^{R}}{k^{LA}\left(1 - \frac{v^{AB}}{v^{ZU}}\right)}}$$

Für den Fall der *geschlossenen Produktion* unter der Bedingung, daß die Verbrauchsgeschwindigkeit geringer ist als die Produktionsgeschwindigkeit, also wie oben $v^{AB} < v^{ZU}$, muß die Produktion spätestens x / v^{ZU} Zeiteinheiten vor Entnahme der letzten Produkteinheit des vorangegangenen Loses beginnen. Vollständig entnommen ist ein Los x / v^{AB} Zeiteinheiten nach Abschluß seiner Produktion. Bei Produktionsbeginn des nächsten Loses befinden sich noch

$$x \cdot \frac{v^{AB}}{v^{ZU}}$$

Mengenheiten des vorangegangenen Loses am Lager. Da bei Abschluß der Produktion definitionsgemäß ein Los vollständig entnommen sein soll und sich das nachfolgende Los bei Entnahmebeginn in voller Höhe am Lager befindet ist der maximale Lagerbestand folglich x^{Los} (vgl. Abbildung 2-27), während sich der durchschnittliche Bestand $\hat{x}^{LA}$ aus der halben Differenz von Maximalbestand x^{max} und Minimalbestand x^{min} zuzüglich dem Minimalbestand x^{min} errechnet:

$$\hat{x}^{LA} = \frac{x^{max} - x^{min}}{2} + x^{min}$$

$$= \frac{x^{Los} - x^{Los} \cdot \frac{v^{AB}}{v^{ZU}}}{2} + x^{Los} \cdot \frac{v^{AB}}{v^{ZU}}$$

$$= \frac{x^{Los}}{2}\left(1 + \frac{v^{AB}}{v^{ZU}}\right)$$

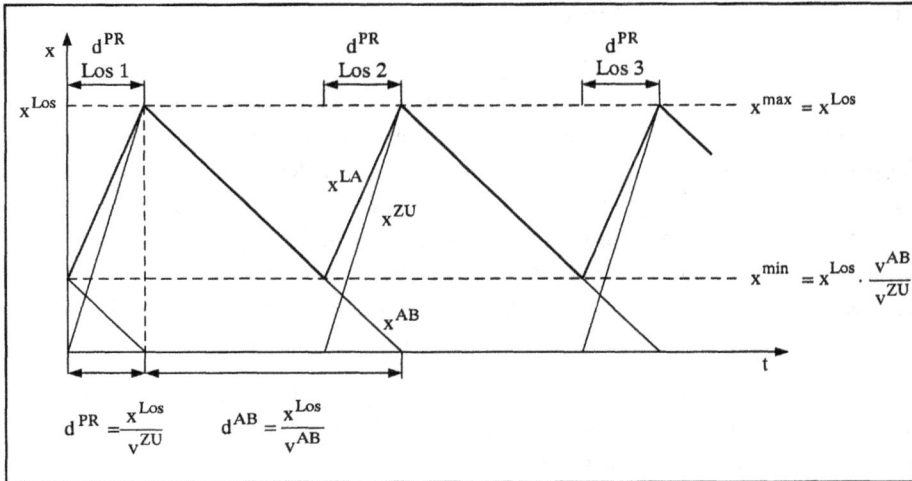

Abbildung 2-27: Entwicklung des Lagerbestandes bei endlicher Produktionsgeschwindigkeit und geschlossener Produktion

Die optimale Losgröße bei *geschlossener Produktion* errechnet sich aus:

$$x^{Los*} = \sqrt{\frac{z \cdot B \cdot k^R}{k^{LA}\left(1 + \dfrac{v^{AB}}{v^{ZU}}\right)}}$$

Ein Hauptproblem der hier behandelten *statischen* Modelle liegt in der Annahme eines konstanten und kontinuierlichen Verbrauchs begründet[1]. Ein derartiger Bedarfsverlauf ist meist nur bei solchen Komponenten (Baugruppen, Einzelteilen) festzustellen, die in viele übergeordnete Produkte eingehen. Für sogenannte C-Güter und geringerwertige B-Güter (vgl. Abschnitt 2.1.2.1) bietet es sich dann an, eine Entkoppelung des Produktionsprozesses durch ein Zwischenlager vorzunehmen, um die betreffenden Komponenten verbrauchsorientiert auf Basis einer heuristischen Lagerhaltungspolitik zu disponieren. Dabei könnte für die Festlegung einer konstanten Produktionsmenge (r,q- bzw. s,q-Politik; vgl. Abschnitt 2.1.2.4) auf ein statisches Losgrößenmodell zurückgegriffen werden.

---

1) Neben den hier vorgestellten Verfahren sind einstufige Einproduktmodelle bekannt, die
   eine Erweiterung des statischen Grundmodells um die Aspekte sprungfixer Lagerkosten, veränderlicher variabler Produktionskosten, nichtlinearer Bedarfsverläufe sowie
   Lerneffekte vornehmen (vgl. Domschke/Scholl/Voß 1997, S. 83 f.) sowie statische Ansätze zur Losgrößenberechnung und -optimierung bei ein- und mehrstufiger Mehrproduktproduktion mit beschränkten Kapazitäten (vgl. Domschke/Scholl/Voß 1997, S. 84
   ff.).

2.1.2.3.2 Dynamische Verfahren

Die dynamischen Modelle (vgl. Tempelmeier 2003, S. 140 ff.) geben die grundlegende Prämisse statischer Modelle, die Annahme eines konstanten und kontinuierlichen Verbrauchs, auf und lassen unterschiedliche Bedarfsmengen in den einzelnen Teilperioden zu. Solche Modelle sind insbesondere für den Einsatz im Rahmen der Mengenplanung von programmorientiert disponierten Erzeugnissen geeignet. Bei Anwendung einer programmorientierten Bedarfsplanung (vgl. Abschnitt 2.1.2.1) werden für die einzelnen Teilperioden des Planungshorizontes in der Regel variable Nettosekundärbedarfe für die Produkte der verschiedenen Produktionsstufen ausgewiesen, die als Eingangsdaten für ein dynamisches Modell dienen können.

Das Prinzip der Kostenminimierung bei gegenläufigen Kostenfunktionen bildet auch die Grundlage der dynamischen Verfahren, die allerdings im Planungszeitraum ggf. unterschiedliche (Teil-)Periodenbedarfe berücksichtigen.

Für die dynamische Losgrößenoptimierung sind zahlreiche exakte und heuristische Lösungsverfahren entwickelt worden. Alle in diesem Lehrbuch behandelten Ansätze gehören zur Klasse der deterministischen Modelle, d.h., sie setzen bekannte Teilperiodenbedarfe voraus. Als *Prämissen* dieser Lösungsverfahren sind zu nennen (vgl. Hoitsch 1993, S. 398; Schneider/Buzacott/Rücker 2005, S. 53):

- Es liegen einstufige Einproduktmodelle vor.
- Die Bedarfe der einzelnen Teilperioden sind unterschiedlich, jedoch für den gesamten Planungszeitraum bekannt, in gleichbleibender Qualität bei gleichbleibenden, von der Losgröße unabhängigen variablen Kosten.
- Der gesamte Planungszeitraum wird in T Teilperioden gleicher Länge unterteilt.
- Im Falle einer Losauflage wird eine gegebene Rüstkostengröße berücksichtigt.
- Die Lagerhaltungskosten für Mengeneinheiten, die nicht in der Teilperiode der Losauflage verbraucht werden, sind proportional zur Lagerdauer zu berechnen.
- Fehlmengen werden nicht berücksichtigt.
- Variable Produktionskosten werden nicht berücksichtigt.
- Es werden keine Kapazitätsbeschränkungen im Produktions- und Lagerbereich angenommen.
- Die Losauflage erfolgt zu Beginn einer Teilperiode.

Für jede Teilperiode ist die Entscheidung zu treffen, ob und in welcher Höhe eine Losauflage erfolgen soll. Dabei entspricht die Höhe der Losauflage immer dem Teilperiodenbedarf bzw. der Summe mehrerer Teilperiodenbedarfe. In den folgenden Abschnitten werden einige ausgewählte Lösungsverfahren für das dynamische Losgrößenproblem vorgestellt.

Ziel des *Rekursionsverfahrens nach Wagner/Whitin*, ein exaktes Verfahren nach dem Prinzip der dynamischen Optimierung, ist die Ermittlung einer kostenminimalen Bestell- bzw. Losauflagenpolitik für einen festen Zeitraum $(\tau = 1, ..., T)$. Die Kosten alternativer Losauflagen können entsprechend der nachstehenden Rekursionsbeziehung ermittelt werden (vgl. Hoitsch 1993, S. 398 ff.; Schneider/Buzacott/Rücker 2005, S. 54 ff.):

$$K_{\tau'} = Min \left\{ \underset{1 \leq \tau^{Los} < \tau'}{Min} \left[k^R + k^{LA} \sum_{\tau = \tau^{Los}+1}^{t} B_\tau (\tau - \tau^{Los}) + \right. \right.$$
$$\left. \left. + K_{\tau^{Los}-1} \right]; k^R + K_{\tau'-1} \right\} \forall \tau; \tau_0 < \tau' \leq T$$

mit:

B_τ =   Bedarf der Teilperiode τ

k^{LA} =   Lagerhaltungskosten je Stück und Teilperiode

k^R =   Rüstkosten je Losauflage

$K_{\tau'}^*$ =   Optimum der Gesamtkosten der Losauflagen bis Teilperiode τ'

τ =   laufender Zählindex für die Teilperioden

τ' =   aktuelle Teilperiode

τ^{Los} =   Teilperiode der letzten Losauflage

T =   letzte Teilperiode des Planungszeitraumes

Als Ausgangspunkt der Planung wird die Teilperiode 1 gewählt. Von dieser werden sukzessive alle weiteren Teilperioden bis zur Teilperiode T durchlaufen.

Ein Los, das den Bedarf einer aktuell betrachteten Teilperiode τ' deckt, kann

(1) in einer davor liegenden Teilperiode τ^{Los} produziert werden, was durch den Term in den eckigen Klammern ausgedrückt wird, oder

(2) in der Teilperiode τ' selbst produziert werden, was durch den hinteren Term innerhalb der geschweiften Klammer ausgedrückt wird.

Erfolgt die Losauflage gemäß (1) in einer Vorperiode τ^{Los} mit $\tau_1 \leq \tau^{Los} < \tau'$ so entstehen für die vor der Teilperiode τ^{Los} liegenden Teilperioden $(1,...,\tau^{Los}-1)$ Kosten in der Höhe $K_{\tau_{Los}-1}$. Zusätzlich fallen für die Teilperiode τ^{Los} Rüstkosten k^R sowie für die Perioden $\tau^{Los}+1$ bis τ', deren Bedarfe zu einem Los gebündelt werden, Lagerhaltungskosten im Umfang von

$$K^{LA} = k^{LA} \sum_{\tau = \tau^{Los}+1}^{\tau'} B_\tau (\tau - \tau^{Los})$$

an. Dabei hängen die Lagerhaltungskosten von den gelagerten Bedarfsmengen B_τ, den Lagerdauern $\tau - \tau^{Los}$ und den Stücklagerhaltungskosten k^{LA} ab.

Wird das Los dagegen gemäß (2) in der betrachteten Teilperiode τ' produziert, dann fallen neben den Kosten $K_{\tau'-1}$ für die optimale(n) Losauflage(n) zur Bedarfsdeckung der Vorperioden ($\tau_1, \ldots, \tau'-1$) lediglich Rüstkosten in Höhe k^R an. Die Entscheidung, ob eine Losauflage erfolgen soll oder nicht, ist für jede folgende Teilperiode erneut zu treffen. Im Rahmen der geschilderten Vorgehensweise sind beim Schritt von der Teilperiode $\tau'-1$ zur Betrachtungsperiode τ' zusätzliche, mögliche (Teil-)Lösungen zu betrachten. So müssen bei einem Optimierungsproblem mit T Teilperioden insgesamt $T(T+1)/2$ (Teil-)Lösungen evaluiert werden.

Das folgende Beispiel soll das Rekursionsverfahren verdeutlichen. Hierzu werden die Daten der Materialposition 0006 (ET_6) aus der ABC-Analyse (vgl. Abschnitt 2.1.2.1) und der Berechnung der Vorlaufverschiebung (vgl. Abschnitt 2.1.2.2) übernommen.

Es gelten die folgenden Werte:

$$K^R = 475 \text{ EUR}$$

$$K^{LA} = 2 \text{ EUR}$$

$$K_{\tau_0} = 0 \text{ EUR}$$

sowie die Bedarfe in den Teilperioden gemäß Abbildung 2-28:

T	1	2	3	4	5	6
B_τ	200	60	105	195	50	90

Abbildung 2-28:   Bedarfe der Teilperioden für ET_6

Damit errechnen sich die optimalen Losauflagen wie in Abbildung 2-29 gezeigt.

Spalte 2 umfaßt die Kosten für die unterschiedlichen Möglichkeiten der Losauflage (oder Beschaffung) in den Vorperioden von τ' für den Fall, daß in der aktuellen Teilperiode τ' keine Losauflage (oder Beschaffung) erfolgt. Die Teilperiode der letzten Losauflage ist dann τ^{Los}; hier fallen Rüstkosten k^R an sowie für die Teilperiodenbedarfe $B_{\tau^{Los}+1}, \ldots, B_{\tau'}$ Lagerhaltungskosten. Zudem enthält der Term in Spalte 2 die gegebenenfalls einzubeziehenden Kosten der Vorperioden $K_{\tau^{Los}-1}$. Die Kosten in Spalte 3 entstehen, wenn der Bedarf der jeweils aktuellen Teilperiode durch Produktion (oder Beschaffung) in dieser Teilperiode τ' befriedigt wird. Je nach Lage des lokalen Minimums erfolgt also eine Losauflage in Teilperiode τ' oder der Bedarf der Teilperiode τ' wird aus einer Losauflage der Vorperioden gedeckt.

1	2		3
	$k^R + k^{LA} \displaystyle\sum_{\tau=\tau^{Los}+1}^{\tau'} B_\tau \left(\tau - \tau^{Los}\right) + K_{\tau^{Los}-1}$		$k^R + K_{\tau'-1}$
K_1	Der Ausdruck ist für $\tau=1$ nicht definiert.		475 EUR
K_2	$\tau^{Los}=1$	595 EUR	950 EUR
K_3	$\tau^{Los}=1$	1.015 EUR	1.070 EUR
	$\tau^{Los}=2$	1.160 EUR	
K_4	$\tau^{Los}=1$	2.185 EUR	1.490 EUR
	$\tau^{Los}=2$	1.940 EUR	
	$\tau^{Los}=3$	1.460 EUR	
K_5	$\tau^{Los}=1$	2.585 EUR	1.935 EUR
	$\tau^{Los}=2$	2.240 EUR	
	$\tau^{Los}=3$	1.660 EUR	
	$\tau^{Los}=4$	1.590 EUR	
K_6	$\tau^{Los}=1$	3.485 EUR	2.065 EUR
	$\tau^{Los}=2$	2.960 EUR	
	$\tau^{Los}=3$	2.200 EUR	
	$\tau^{Los}=4$	1.950 EUR	
	$\tau^{Los}=5$	2.115 EUR	

Abbildung 2-29: Berechnung der optimalen Losauflagen nach dem Verfahren von Wagner/Whitin

In dem Berechnungsbeispiel übersteigen bei einer Losauflage in Teilperiode 1 die in den folgenden Teilperioden anfallenden Lagerhaltungskosten, sofern in diesen Teilperioden kein Los aufgelegt wird und die Losauflage in Teilperiode 1 demzufolge um den Bedarf der nachfolgenden Teilperioden erhöht wird, erstmals in Teilperiode 4 die Kosten für den Term $k^R + K_{\tau'-1}$. Also erfolgt in Periode 4 eine erneute Losauflage (vgl. die Spalten 2 und 3 für K_4).

Für das Beispiel ergibt sich die in Abbildung 2-30 angegebene kostenminimale Lösung mit Losauflagen in den Teilperioden $\tau^{Los}=1$ und $\tau^{Los}=4$:

T	1	2	3	4	5	6
B_τ	200	60	105	195	50	90
Losauflagen	365	-	-	335	-	-

$$K_\tau = 2 \cdot 475 + 2\,(60 + 2 \cdot 105 + 50 + 2 \cdot 90) = 1.950 \text{ EUR}$$

Abbildung 2-30:   Bedarfe, Losauflagen und losabhängige Kosten

Aufgrund des Rechenaufwandes wurde dieser Algorithmus in der betrieblichen Praxis wenig angewandt. Insbesondere bei einer großen Anzahl von Materialarten (vgl. Kistner/Steven 2001, S. 62 f.; Neumann 1996, S. 51) und fehlender Rechnerunterstützung war eine derartige Berechnung nicht zu bewältigen. In jüngerer Zeit werden im Rahmen von *Advanced Planning Systems (APS)* entsprechende Lösungsalgorithmen angeboten (allerdings konzentrieren sich bekannte Systeme eher auf die Implementierung nachfolgend beschriebener Heuristiken; vgl. Knolmayer/Mertens/Zeier 2000, S. 77).

Heuristische Verfahren (vgl. Hoitsch 1993, S. 401 ff.; Schneider/Buzacott/Rücker 2005, S. 57 ff.) führen in der Regel nicht zur optimalen Lösung. Bei der Berechnung der einzelnen Losauflagevarianten wird das Verfahren dann abgebrochen, wenn sich die Lösung, d.h. die bis zur Teilplanperiode τ' berechneten losabhängigen Gesamtkosten, für $\tau'+1$ wieder verschlechtern. Dies gilt als Indiz, daß das (theoretische) Optimum durchschritten wurde. Es wird die Losauflagefolge mit den geringsten Gesamtkosten gewählt, die folglich dem Optimum am nächsten liegt. Heuristische Verfahren erreichen damit nicht die Lösungsqualität des exakten Verfahrens nach Wagner/Whitin, zeichnen sich jedoch durch einen geringeren Rechenaufwand aus. Vergleichsrechnungen zeigen, daß die Lösung mittels heuristischer Verfahren um so näher an der optimalen Lösung liegt, je geringer die Bedarfsschwankungen über die einzelnen Teilperioden sind.

Beim *Verfahren der gleitenden wirtschaftlichen Losgröße* besteht das Ziel in der Minimierung der durchschnittlichen (losabhängigen) Stückkosten. Ausgehend von der Teilperiode τ^{Los} der letzten Losauflage werden deren Bedarfe mit den Bedarfen der folgenden Teilperioden $\tau' \geq \tau^{Los}$ solange gebündelt, bis die durchschnittlichen Stückkosten für die Losauflage in der aktuellen Teilperiode ein Minimum erreichen. Dies ist der Fall, wenn die Stückkosten einer Losauflage von der Teilperiode τ^{Los} bis zur Teilperiode τ' geringer sind als bei Hinzunahme eines weiteren Teilperiodenbedarfs $B_{\tau'+1}$. Das Abbruchkriterium lautet daher:

$$K_{\tau^{Los},\tau'} < K_{\tau^{Los},\tau'+1}$$

Die Stückkosten in der jeweils aktuellen Teilperiode τ' lassen sich nach folgender Beziehung ermitteln:

$$K_{\tau^{Los},\tau'} = \frac{k^R + k^{LA} \sum\limits_{\tau=\tau^{Los}}^{\tau'} B_\tau(\tau - \tau^{Los})}{\sum\limits_{\tau=\tau^{Los}}^{\tau'} B_\tau}$$

mit:

B_τ =   Bedarf an Erzeugnissen in der Teilperiode τ

k^{LA} =   Lagerkosten je Stück und Teilperiode

k^R =   Rüstkosten je Losauflage

Wenn das Abbruchkriterium $K_{\tau^{Los},\tau'} < K_{\tau^{Los},\tau'+1}$ für Teilperiode τ' erfüllt ist, dann wird der Bedarf für das geschlossene Zeitintervall $[\tau^{Los};\tau']$ in Teilperiode τ^{Los} durch Produktion befriedigt. Daraufhin wird der Teilperiodenindex τ^{Los} auf $\tau'+1$ gesetzt, und es hat, falls der Bedarf dieser Teilperiode größer 0 ist, die Auflage eines neuen Loses zu erfolgen; der Algorithmus startet mit einer neuen Iteration.

Die Qualität der nach diesem Verfahren erzielbaren Lösungen ist in der Regel die schlechteste im Vergleich zu den nachfolgend vorgestellten heuristischen Verfahren (vgl. Hoitsch 1993, S. 406 f.).

Das *Stückperiodenverfahren (Part Period Algorithm)* geht von dem dargestellten Sachverhalt aus, daß im Optimum, d.h. im Schnittpunkt zwischen den beiden Kostenkurven, die Lagerhaltungs- und Rüstkosten gleich hoch sind. Werden die Kosten einer einperiodigen Lagerung den Rüstkosten gegenübergestellt, dann läßt sich die kritische Menge x^η ableiten:

$$K^{LA} = k^R \Rightarrow k^{LA} \cdot x^\eta = k^R \Rightarrow x^\eta = \frac{k^R}{k^{LA}}$$

mit:

k^R =   Rüstkosten je Losauflage

k^{LA} =   Stücklagerkosten

K^{LA} =   Gesamtlagerkosten

Die kritische Menge x^η, gemessen in Stück·Periode, drückt folglich aus, welche Menge der über eine gewisse Anzahl von Teilperioden gelagerten Erzeugniseinheiten einen gleich hohen Kostenbetrag erzeugt wie ein Rüstvorgang. Die kritische Menge ist der Äquivalenzmenge $x^\varepsilon_{\tau^{Los},\tau'}$ gegenüberzustellen:

$$x^{\varepsilon}_{\tau^{Los},\tau'} = \sum_{\tau=\tau^{Los}}^{\tau'} B_\tau(\tau-\tau^{Los})$$

mit:

B_τ = Bedarf der Teilperiode τ

$x^{\varepsilon}_{\tau^{Los},\tau'}$ = Äquivalenzmenge

Ausgehend von der Teilperiode τ^{Los} der letzten Losauflage wird deren Bedarf solange mit den Bedarfen der folgenden Teilperioden $\tau' \geq \tau^{Los}$ gebündelt, bis die Äquivalenzmenge die kritische Menge übersteigt. Das Abbruchkriterium lautet:

$$x^{\varepsilon}_{\tau^{Los},\tau'} > x^{\eta}$$

Wird das Abbruchkriterium in Teilperiode τ' erreicht, wird der Bedarf für das Intervall $[\tau^{Los};\tau'-1]$ in der Teilperiode τ^{Los} hergestellt und der Teilperiodenindex τ^{Los} wird auf τ' gesetzt. In dieser Teilperiode ist ein neues Los aufzulegen, falls der Bedarf größer 0 ist. Der Algorithmus startet dann eine erneute Iteration.

Dieses sowie das dem Stückperiodenverfahren ähnliche Kostenausgleichsverfahren (vgl. Hoitsch 1993, S. 403 ff.) führen zu Lösungen mittlerer Güte, die zwar in der Regel besser als die Lösungen nach dem Verfahren der gleitenden wirtschaftlichen Losgröße sind, aber meist hinter der Lösungsgüte des im folgenden behandelten Verfahrens nach Silver/Meal zurückstehen (vgl. Hoitsch 1993, S. 406 f.).

Die Silver/Meal-Heuristik zielt darauf ab, die durchschnittlichen (losabhängigen) Teilperiodenkosten zu minimieren. Dazu wird, von der Teilperiode τ^{Los} der letzten Losauflage ausgehend, deren Bedarf solange mit den Bedarfen der folgenden Teilperioden $\tau' \geq \tau^{Los}$ zusammengefaßt, bis die durchschnittlichen Teilperiodenkosten einer Losauflage ein Minimum erreichen. Das entsprechende Abbruchkriterium ist erreicht, wenn die Kosten einer Losauflage mit der Reichweite von Teilperiode τ^{Los} bis zur aktuellen Teilperiode τ' geringer sind als bei Hinzunahme eines weiteren Teilperiodenbedarfs $B_{\tau+1}$, was als „Durchschreiten" des Minimums interpretiert werden kann:

$$K_{\tau^{Los},\tau'} < K_{\tau^{Los},\tau'+1}$$

Die Berechnungsformel für die durchschnittlichen Teilperiodenkosten $K_{\tau^{Los},\tau'}$ in der Teilperiode τ' lautet dann:

$$K_{\tau^{Los},\tau'} = \frac{k^R + k^{LA} \sum_{\tau=\tau^{Los}}^{\tau'} B_\tau(\tau-\tau^{Los})}{\tau'-\tau^{Los}+1}$$

mit:

B_τ = Bedarf an Erzeugnissen in der Teilperiode τ

k^{LA} = Lagerkosten je Stück und Teilperiode

k^R = Rüstkosten je Losauflage

Bei Erreichen des Abbruchkriteriums $K_{\tau^{Los},\tau'} < K_{\tau^{Los},\tau'+1}$ in Teilperiode $\tau'+1$ wird in Teilperiode τ^{Los} der Bedarf für das geschlossene Zeitintervall $[\tau^{Los};\tau']$ produziert und der Teilperiodenindex τ^{Los} auf $\tau'+1$ gesetzt. Sofern der Bedarf dieser Teilperiode größer 0 ist, hat eine neue Losauflage zu erfolgen, d.h., der Algorithmus startet von neuem. Das Silver/Meal-Verfahren erzielt neben dem Berechnungsverfahren nach Groff (vgl. Hoitsch 1993, S. 405 ff.) in der Regel die höchste Lösungsqualität aller hier vorgestellten heuristischen Verfahren.

Wie im Beispiel des exakten Verfahrens nach Wagner/Whitin werden die Daten für die Materialposition 0006 (ET_6) aus der ABC-Analyse (vgl. Abschnitt 2.1.2.1) und aus der Berechnung der Vorlaufverschiebung (vgl. Abschnitt 2.1.2.2) übernommen.

Es seien:

k^R = 475,- EUR

k^{LA} = 2,- EUR

K_{τ_0} = 0,- EUR

sowie die Bedarfe gemäß Abbildung 2-31.

T	1	2	3	4	5	6
B_τ	200	60	105	195	50	90

Abbildung 2-31: Bedarfe der Teilperioden für ET_6

Die optimalen Losauflagen errechnen sich nach o.a. Formel (vgl. Abbildung 2-32).

$K_{\tau^{Los},\tau'} = \dfrac{k^R + k^{LA} \sum\limits_{\tau=\tau^{Los}}^{\tau'} B_\tau(\tau - \tau^{Los})}{\tau' - \tau^{Los} + 1}$	Wert (EUR)	$K_{\tau^{Los},\tau'} < K_{\tau^{Los},\tau'+1}$
$K_{1,1}$　475	475,00	-
$K_{1,2}$　$(475 + 2 \cdot 60)/2$	297,50	nein
$K_{1,3}$　$(475 + 2 \cdot (60 + 2 \cdot 105))/3$	338,33	ja
$K_{3,3}$　475	475,00	-
$K_{3,4}$　$(475 + 2 \cdot 195)/2$	432,50	nein
$K_{3,5}$　$(475 + 2 \cdot (195 + 2 \cdot 50))/3$	355,00	nein
$K_{3,6}$　$(475 + 2 \cdot (195 + 2 \cdot 50 + 3 \cdot 90))/4$	401,25	ja
$K_{6,6}$　475	475,00	-

Abbildung 2-32:　Berechnung der optimalen Losauflagen nach dem Verfahren von Silver/Meal

Wenn das Abbruchkriterium $K_{\tau^{Los},\tau'} < K_{\tau^{Los},\tau'+1}$ in Teilperiode $\tau'+1$ erfüllt ist (im Beispiel trifft dies für die Teilperioden 3 und 6 zu), wird in Teilperiode τ^{Los} der Bedarf für das Intervall $(\tau^{Los};\tau')$ durch Produktion (bzw. Beschaffung) befriedigt. Der Teilperiodenindex von τ^{Los} wird nunmehr auf $\tau'+1$ gesetzt. Sofern der Bedarf dieser Teilperiode größer als 0 ist, erfolgt eine neue Losauflage und der Algorithmus startet von neuem. Selbstverständlich muß unter der Bedingung, daß der Bedarf in τ_1 größer als 0 und kein Anfangsbestand vorhanden ist, in τ_1 ebenfalls eine Losauflage erfolgen.

T	1	2	3	4	5	6
B_τ	200	60	105	195	50	90
Losauflagen	260	-	350	-	-	90
$K_\tau = 3 \cdot 475 + 2(60 + 195 + 2 \cdot 50) = 2.135$ EUR						

Abbildung 2-33:　Bedarfe, Losauflagen und losabhängige Kosten

An diesem Beispiel wird deutlich, daß selbst mit dem Verfahren nach Silver/Meal meist nicht die Lösungsqualität des exakten Verfahrens nach Wagner/Whitin erreicht wird. Die Ergebnisse weichen um so mehr voneinander ab, je stärker die Schwankung der Periodenbedarfe ausfällt. Zu bedenken ist allerdings auch, daß die Prognosegüte für den Bedarf geringer wird, je länger der betrachtete Planzeitraum ist und damit aufwendige Berechnungsverfahren eine Scheingenauigkeit vorspiegeln.

Auch bei den vorgestellten dynamischen Losgrößenmodellen handelt es sich um einstufige Einproduktmodelle ohne Kapazitätsbeschränkungen. Mehrstufige Erzeugnisstrukturen, bei denen die Bedarfe der einzelnen Produktkomponenten voneinander abhängig sind, d.h. die Vorprodukte rechtzeitig zum Produktionsbeginn eines übergeordneten Erzeugnisses zur Verfügung stehen müssen, bleiben unberücksichtigt. Auch werden Interdependenzen vernachlässigt, die sich aus der gemeinsamen Nutzung knapper Ressourcen (z.B. Maschinen und Arbeitsplätze) durch mehrere Produkte ergeben. Kapazitätsrestriktionen können dazu zwingen, von einer kostenminimalen aber kapazitätsmäßig nicht realisierbaren Losauflagepolitik abzuweichen.

Zur Bestimmung der optimalen Losgröße bei *mehrstufiger Mehrproduktproduktion* mit variablen Periodenbedarfen lassen sich folgende Vorgehensweisen unterscheiden:

- Sukzessive Zerlegung in mehrere einstufige und einteilige Losgrößenprobleme
- Harmonisierung der Losgrößen auf den einzelnen Produktionsstufen und
- Anwendung komplexerer Modelle.

Die *sukzessive Zerlegung in mehrere einstufige und einteilige Losgrößenprobleme* (vgl. Hoitsch 1993, S. 407 f.), eine in der industriellen Praxis weitverbreitete und in vielen PPS-Systemen integrierte Vorgehensweise, läßt sich folgendermaßen skizzieren:

1. Ermittlung der Nettobedarfe der obersten Erzeugnisebene (Endprodukte);
2. Zusammenfassung der periodenbezogenen Nettobedarfe unter Zugrundelegung des dynamischen Grundmodells zu Losen;
3. Ermittlung der Nettobedarfe der direkten Vorprodukte unter Berücksichtigung der Ergebnisse von (2.), der Vorlaufzeit, der Produktionskoeffizienten und der Vorprodukt-Lagerbestände;
4. Start einer erneuten Iteration mit (2.) unter Zugrundelegung der Ergebnisse von (3.), falls die unterste Erzeugnisebene noch nicht erreicht ist;
5. manueller Kapazitätsabgleich.

Dabei erweist sich insbesondere der letzte Teilschritt als schwierig, so daß die mit diesem Verfahren erzielbare Lösungsqualität im wesentlichen von der Erfahrung und Intuition des Planers abhängt. Auch garantiert die Summe der lokalen Optima der einstufigen Teilprobleme kein Gesamtoptimum über alle Produktionsstufen hinweg. Trotzdem sollte diese Vorgehensweise einer Auflage der Periodenbedarfe ohne Losgrößenbildung vorgezogen werden.

Bei der *Harmonisierung der Losgrößen auf den einzelnen Produktionsstufen* werden auf jeder Produktionsstufe „optimale" Losgrößen nach einem der oben beschriebenen statischen Verfahren auf Basis der prognostizierten Gesamtbedarfe ermittelt. Daraufhin werden die Zwischenproduktlosgrößen auf ein ganzzahliges Vielfaches der Endproduktlosgrößen gebracht, wobei im Zweifelsfall, wegen des geringeren Anstiegs der Gesamtkosten rechts vom Optimum, also von der optimalen Losgröße nach oben, abzuweichen ist (vgl. Abbildung 2-24). Gegebenenfalls bietet es sich an, die Transportlosgrößen als ganzzahligen Bruchteil der Produktionslosgrößen zu bestimmen und die Behältergrößen daran anzupassen. Die Harmonisierung der Losgrößen führt tendenziell zu einer Verstetigung des Produktionsablaufes und des Materialflusses und garantiert zumindest eine rudimentäre Berücksichtigung des Losgrößenaspekts bei mehrstufiger Produktion.

Bei *Anwendung komplexerer Modelle* werden mehrere der unrealistischen Prämissen der nichtsdestoweniger in der Praxis eingeführten Berechnungsmodelle durch zusätzliche Nebenbedingungen aufgelöst[1]. So sind inzwischen mehrstufige Mehrproduktmodelle verfügbar, die beschränkte Kapazitäten berücksichtigen. Durch die große Anzahl von Randbedingungen in derartigen Modellen sind sie jedoch lediglich bei relativ kleinen Problemdimensionen mit wenigen Teilperioden, Produkten und Kapazitätseinheiten in angemessener Zeit exakt lösbar.

Die bisherigen Betrachtungen gingen von der Annahme gegebener Rüstzeiten und -kosten aus. Sind die Rüstzeiten relativ lang, dann lohnt es sich zu überlegen, ob durch den Einsatz neuer Technologien die Höhe der Rüstkosten reduziert werden kann, was gemäß Abbildung 2-24 zu kleineren optimalen Losgrößen führt. Dies kann beispielsweise durch Einsatz automatisierter Produktionsanlagen, wie z.B. flexibler Fertigungssysteme und Bearbeitungszentren, mit einer erhöhten Flexibilität beim Wechsel auf andere Erzeugnisarten bzw. -varianten und damit geringeren Rüstzeiten erreicht werden. Automatisch wechselbare Werkzeugsätze und Werkzeugschnellwechselsysteme[2] ermöglichen einen raschen Werkzeugwechsel[3]. Auch werden Rüstvorgänge teilweise auf sogenannten Einrichtplätzen hauptzeitparallel, d.h. ohne Unterbrechung des Produktionsvorganges durchgeführt. Auf diese Weise nähert sich unter entsprechenden Bedingungen die Praxis der vielfach propagierten „Losgröße 1". Können zudem die Bearbeitungszeiten durch geeignete Maßnahmen harmonisiert werden, ergibt sich die Möglichkeit zur Organisation einer Fließproduktion („One piece flow"). Doch auch wenn eine losweise Produktion notwendig oder sinnvoll ist, wird durch eine Verringerung der Losgröße ein häufigerer Produktwechsel auf den betreffenden Produktionsanlagen ermöglicht. Auch dies führt bereits zu einer Verstetigung des Materialflusses und damit zu geringeren Beständen an unfertigen Erzeugnissen (Zwischenprodukten).

Die hier skizzierten Ansätze eignen sich insbesondere für Bereiche der Großserienproduktion mit möglichst geringen Bedarfsschwankungen. Im Bereich der Klein- und Mittelserienproduktion mit schwankenden Bedarfen und dem dafür typischerweise

---

1) Einen Überblick geben Domschke/Scholl/Voß (1997).

2) Vgl. Hahn/Laßmann (1999, S. 372).

3) So werden beispielsweise in der kunststoffverarbeitenden Industrie Werkzeugwechselsysteme eingesetzt, die die Werkzeuge außerhalb der Produktionsanlagen („hauptzeitparallel") bereits auf die Betriebstemperatur bringen, sowie entsprechende Justiereinrichtungen, die eine schnelle und exakte Positionierung des Werkzeuges in der Produktionsanlage erlauben. Damit wird die Rüstzeit auf einen Bruchteil der früher benötigten Dauer reduziert und die Kapazität dieser hochproduktiven Anlagen erhöht.

eingesetzten Organisationsprinzip der Werkstattproduktion behält die Ermittlung optimaler Losgrößen unverändert ihre Berechtigung.

2.1.2.4 Lagerhaltungspolitik

Um die Verfügbarkeit des in der Produktion benötigten Materials unter Berücksichtigung einer Wiederbeschaffungsdauer sicherzustellen, werden im Rahmen der Lagerhaltungspolitik *Handlungsregeln* formuliert, die angeben, wie auf bestimmte Lagerereignisse zu reagieren ist. Für die Produktionsplanung und -steuerung relevante Ereignisse sind dabei

- der Ablauf einer vorgegebenen Dauer seit der letzten Bestellung (Bestellintervall $r = d^{BE}$) und

- das Erreichen oder Unterschreiten eines definierten Bestandsniveaus (Bestellpunkt $s = x^{BE}$).

Die Handlungsregeln sind zweiteilig und ergeben sich durch Verknüpfung eines oder beider Ereignisse (Wenn-Teil) mit einer Aufforderung, bestimmte Handlungen durchzuführen (Dann-Teil). Zur Wiederauffüllung des Lagers bestehen folgende *Handlungsalternativen*:

- Bestellen einer konstanten Menge (Bestellmenge $q = x^{Los}$) und

- Bestellen der Differenzmenge zwischen aktuellem Lagerbestand und festgelegtem Maximalbestand (Bestellniveau $S = x^{NIV}$).

Durch kombinative Verknüpfung dieser Ereignisse und Handlungsmöglichkeiten ergeben sich die in Abbildung 2-34 dargestellten sechs alternativen Lagerhaltungspolitiken (vgl. Corsten/Gössinger 2009, S. 482 ff.).

Aufgaben der Produktionsplanung und -steuerung sind in diesem Kontext, geeignete Lagerhaltungspolitiken auszuwählen und die ereignis- bzw. handlungsbezogenen Parameter der gewählten Alternative so festzulegen, daß eine vorgegebene Verfügbarkeit des Materials gewährleistet wird. Im *deterministischen Fall*, d.h. unter Berücksichtigung aller Einflußgrößen auf die relevanten Lagerereignisse besteht Sicherheit, kann eine vollständige Materialverfügbarkeit (keine Fehlmengen) herbeigeführt werden. Weil die Lagerhaltungspolitiken dabei mit den gleichen Wirkungen einhergehen und die Parameter unmittelbar ineinander überführbar sind, können die Entscheidungen auf der Grundlage einer relativ einfachen Analyse getroffen werden. Liegt hingegen der *stochastische* Fall vor, etwa wenn mehrwertige Erwartungen über den Verlauf des Lagerabgangs oder die Wiederbeschaffungsdauer bestehen, dann können auch bei ökonomischer Verhaltensweise Fehlmengen auftreten. Die Lagerhaltungspolitiken gehen dann mit unterschiedlichen Wirkungen einher, und bei der Parameterfestlegung sind die Konsequenzen des Auftretens von Fehlmengen zu berücksichtigen, so daß eine unmittelbare Überführung der Parameter untereinander nicht mehr möglich ist.

Ereignis- bezug Hand- lungsbezug	Bestellintervall r	Bestellpunkt s	Bestellintervall r und Bestellpunkt s
Bestellmenge q	*r,q-Politik:* In regelmäßigen Abständen wird die Bestellung einer konstanten Menge ausgelöst.	*s,q-Politik:* Bei Erreichen des Bestellpunktes wird die Bestellung einer konstanten Menge ausgelöst.	*r,s,q-Politik:* In regelmäßigen Abständen wird geprüft, ob der Bestellpunkt erreicht oder unterschritten wurde und ggf. wird die Bestellung einer konstanten Menge ausgelöst.
Bestellniveau S	*r,S-Politik:* In regelmäßigen Abständen wird die Bestellung der Differenzmenge zwischen aktuellem und festgelegtem maximalen Lagerbestand ausgelöst.	*s,S-Politik:* Bei Erreichen des Bestellpunktes wird die Bestellung der Differenzmenge zwischen aktuellem und festgelegtem maximalen Lagerbestand ausgelöst.	*r,s,S-Politik:* In regelmäßigen Abständen wird geprüft, ob der Bestellpunkt erreicht oder unterschritten wurde und ggf. wird die Bestellung der Differenzmenge zwischen aktuellem und festgelegtem maximalen Lagerbestand ausgelöst.

Abbildung 2-34:   Lagerhaltungspolitiken als Handlungsregeln

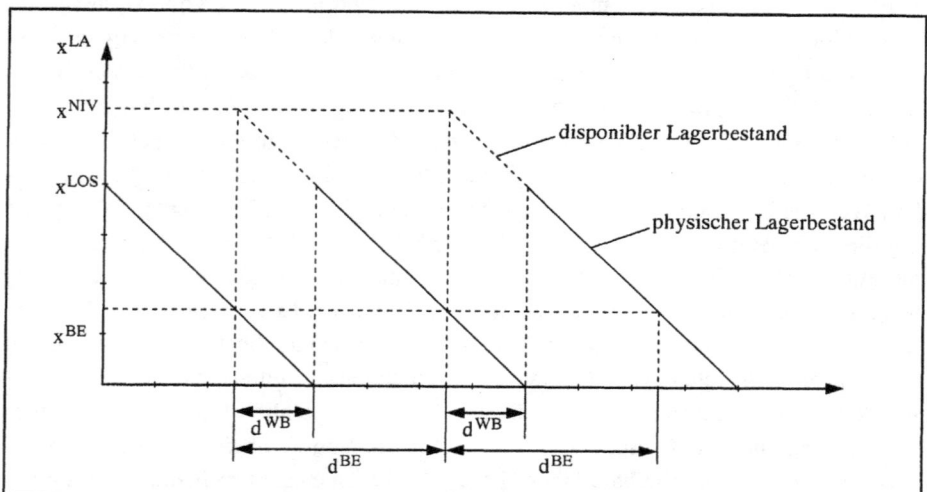

Abbildung 2-35:   Verlauf des Lagerbestandes bei Sicherheit und rechtzeitiger Bestellung

Im folgenden wird zunächst der *deterministische* Fall analysiert. Werden die Bestellungen vor der Entnahme des letzten Teils aus dem Lager mit einem zeitlichen Vorlauf ausgelöst, der der Wiederbeschaffungsdauer entspricht, dann ergibt sich der in Abbildung 2-35 dargestellte Lagerbestandsverlauf.

Der *Bestellpunkt* x^{BE} entspricht in diesem Fall der Menge, die in der Wiederbeschaffungszeit d^{WB} dem Lager entnommen wird. Bei gegebener Lagerabgangsgeschwindigkeit v^{AB} gilt:

$$x^{BE} = v^{AB} \cdot d^{WB}$$

Zur Ermittlung der *Bestellmenge* x^{Los} kann auf einen der in Abschnitt 2.1.2.3 vorgestellten Ansätze zurückgegriffen werden. Mit dem Eintreffen der bestellten Menge wird der physische Lagerbestand wieder auf die Menge x^{Los} aufgefüllt, während sich der disponible Lagerbestand bereits durch das Auslösen der Bestellung auf das Maximalniveau x^{NIV} erhöht. Der Unterschied zwischen beiden Beständen entspricht im deterministischen Fall genau dem Wert des Bestellpunktes. Für das *Bestellniveau* x^{NIV} gilt folglich:

$$x^{NIV} = x^{Los} + x^{BE}$$

Das *Bestellintervall* d^{BE}, d.h. der zeitliche Abstand zwischen zwei Bestellungen, ergibt sich bei gegebener Bestellmenge x^{Los} und Lagerabgangsgeschwindigkeit v^{AB} aus:

$$d^{BE} = \frac{x^{Los}}{v^{AB}}$$

Im *stochastischen Fall* sind die Wiederbeschaffungszeit und/oder die Nachfragemenge in der Wiederbeschaffungszeit unsichere Größen, so daß die bestellten Mengen nur zufällig genau dann eintreffen, wenn nach vollständiger Räumung des Lagers wieder Material entnommen werden soll. Bei Eingang der Lieferung kann also entweder noch ein positiver Lagerbestand $\bar{x}^{LA}$ oder ein Lagerbestand von null gemeinsam mit einer *Verlustliste* (Lost sales: Bedarfe, die nicht durch Lagerentnahme erfüllt werden konnten und deshalb storniert werden) oder einer *Vormerkliste* (Back orders: Bedarfe, die nicht durch Lagerentnahme erfüllt werden konnten und zum nächstmöglichen Zeitpunkt bedient werden sollen), die die Fehlmengen x^{FE} angeben, bestehen. Abbildung 2-36 gibt die Lagerbestandsverläufe für den Back-order-Fall bei unsicherem Bedarfsverlauf bzw. unsicherer Wiederbeschaffungszeit wieder.

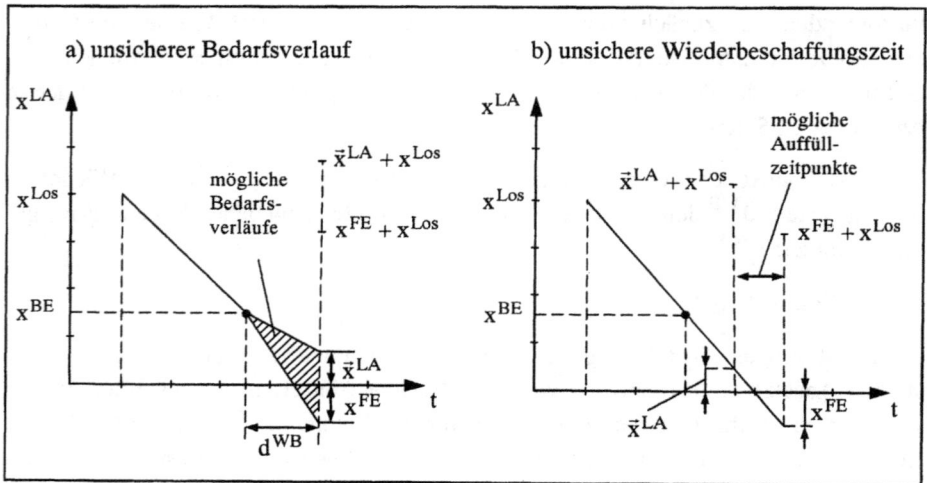

Abbildung 2-36:   Wirkungen der Unsicherheit auf den Lagerbestandsverlauf

Bei der *Auswahl einer Lagerhaltungspolitik* ist zu berücksichtigen, daß sich die Alternativen bei Unsicherheit in ihren Wirkungen unterscheiden (vgl. Inderfurth 1998, S. 631 ff.; Naddor 1971, S. 303 ff.):

- Aufgrund der starren Vorgabe von Bestellmenge und -zyklus besteht bei der r,q-Politik keine *Möglichkeit, auf unsichere Ereignisse zu reagieren*, während bei den anderen Lagerhaltungspolitiken mindestens eine der beiden Größen variabel ist.

- Im Hinblick auf die *Bestell- und Lagerhaltungskosten* und die *Lieferzeit* sind die Lagerhaltungspolitiken vorteilhaft, bei denen eine kontinuierliche Überwachung des Lagerbestandes erfolgt, d.h. die s,q- und die s,S-Politik.

- Lagerhaltungspolitiken mit zyklischer Bestandsüberwachung ermöglichen eine bessere *zeitliche Abstimmung* zwischen den Lieferungen unterschiedlicher Materialarten.

- Eine Anwendung der s,q-, s,S- und r,s,q-Politik geht mit geringeren *Einschränkungen des Entscheidungsspielraumes* als bei den anderen Lagerhaltungspolitiken einher.

- Die Berücksichtigung von *Mengenrabatten* und *Bestellmengenrestriktionen* ist bei Lagerhaltungspolitiken mit konstanten Bestellmengen (s,q-, s,S- und r,s,q-Politik) möglich.

In der Gesamtsicht zeigt sich, daß keine der Lagerhaltungspolitiken dominant ist. Es kann also nicht von der besonderen Eignung einer der Alternativen ausgegangen werden, sondern die Auswahl muß aufgrund der konkreten Anforderungen des Produktionssystems erfolgen. Die Vorteilhaftigkeit einer Lagerhaltungspolitik ist somit abhängig von der konkreten Gewichtung der einzelnen Beurteilungskriterien.

Grundüberlegung bei der *Parametrisierung von Lagerhaltungspolitiken* ist es, daß durch das Vorhalten eines Sicherheitsbestandes der Erwartungswert der Fehlmenge reduziert werden kann, wobei das Ausmaß des Sicherheitsbestandes von der Relation zwischen den Lagerhaltungskosten und den Fehlmengenkosten abhängig ist. Sicherheitsbestände können entweder durch das Erhöhen des Bestellpunktes/-niveaus, der/das unter Sicherheit festgelegt würde, oder das Verkürzen des Bestellzyklus, der im deterministischen Modell gewählt würde, aufgebaut werden. Die Vielzahl der in der Literatur vorgeschlagenen Modelle zur Parametisierung von Lagerhaltungspolitiken (vgl. z.B. Diks/Kok/Lagodimos 1996, S. 245 f.; Houtum/Inderfurth/Zijm 1996, S. 1 ff.) läßt sich auf der Grundlage der folgenden Kriterien klassifizieren:

- *Zielfunktion*: Wird die Minimierung entscheidungsrelevanter Kosten angestrebt, dann ist bei der Parametisierung der Trade-off zwischen Lagerhaltungskosten des Sicherheitsbestandes und den Fehlmengenkosten auszubalancieren (vgl. Silver/Pyke/Peterson 1998, S. 249 ff.). Für praktische Problemstellungen erweist es sich jedoch als schwierig, die Fehlmengenkosten zu quantifizieren. Aus diesem Grunde wird ein als günstig erachteter Servicegrad vorgegeben, der durch die Lagerhaltung zu erfüllen ist. Damit wird das ursprüngliche Ziel der Kostenminimierung in das Ersatzziel der Lagerbestandsminimierung bei Einhaltung der Servicegradrestriktion transformiert (vgl. Houtum/Zijm 2000, S. 129 ff.).
- *Vorgehensweise bei der Optimierung*: Grundsätzlich kann bei der Optimierung simultan oder sukzessive vorgegangen werden. Aufgrund der Komplexität verwundert es nicht, daß in der Literatur bislang nur wenige simultane Lösungsansätze vorliegen (vgl. Inderfurth 1998, S. 637 ff.). Sukzessive Ansätze nehmen bei den vorgestellten einstufigen Modellen eine parameterbezogene Dekomposition vor. Dabei wird zunächst der Parameter festgelegt, der in seinen Wirkungen auf die Zielgröße von den anderen Parametern am geringsten beeinflußt wird. Da dies bei der Bestellmenge und dem Bestellzyklus zutrifft (vgl. Naddor 1971, S. 57 f.), können bei einer sukzessiven Vorgehensweise zunächst die Bestellmengen- bzw. -zyklusparameter und dann die Bestellpunkt- bzw. -niveauparameter optimiert werden (vgl. z.B. Tempelmeier 2003, S. 411, S. 424 und S. 430).

Im folgenden wird für die Fälle „unsicherer Bedarfsverlauf" und „unsichere Wiederbeschaffungszeit" ein *sukzessives Servicegradmodell* (zu einer detaillierten Darstellung und Analyse der simultanen kostenorientierten Ansätze von Arrow/Harris/Marschak 1951 und Hadley/Whitin 1963 vgl. Kistner/Steven 2001, S. 84 ff.) für eine *s,q-Politik* vorgestellt.

Der *Servicegrad* stellt dabei eine Leistungskennzahl der Lagerhaltung dar, die angibt, welcher Anteil des Materialbedarfs im betrachteten Planungszeitraum unmittelbar aus dem vorhandenen Lagerbestand gedeckt werden kann. Es gilt:

$$\beta = \frac{E(B) - E\left(x^{FE}\right)}{E(B)} = 1 - \frac{E\left(x^{FE}\right)}{E(B)}$$

Für praktische Problemstellungen wird i.d.R. ein als günstig erachteter Servicegrad vorgegeben, der durch die Lagerhaltung zu erfüllen ist. Aufgabe ist es dann, den Sicherheitsbestand zu ermitteln, durch den der geforderte Servicegrad gerade noch gewährleistet werden kann.

Bei der s,q -Politik wird die Bestellung einer konstanten Menge x^{Los} dann ausgelöst, wenn der Lagerbestand den Bestellpunkt x^{BE} erreicht. Die Lieferung der bestellten Menge erfolgt nach Ablauf der konstanten Wiederbeschaffungsdauer d^{WB}. Innerhalb dieses Zeitraumes wird weiteres Material aus dem Lager entnommen, und es kann sich eine Fehlmenge x^{FE} ergeben, wenn der unsichere Bedarf $\left(B \mid d^{WB} \right)$ über den durch den Bestellpunkt x^{BE} definierten Bestand hinausgeht. Es sei angenommen, daß die dem Fehlbestand entsprechende Bedarfsmenge nach dem Eintreffen der Lieferung erfüllt wird (Back order). Die Wiederbeschaffungszeit entspricht somit dem Risikozeitraum, innerhalb dessen die Unsicherheit des Bedarfs durch den Lagerbestand abzudecken ist. Abbildung 2-37 gibt den Verlauf des Lagerabgangs und des Lagerbestandes wieder (vgl. Tempelmeier 2003, S. 409).

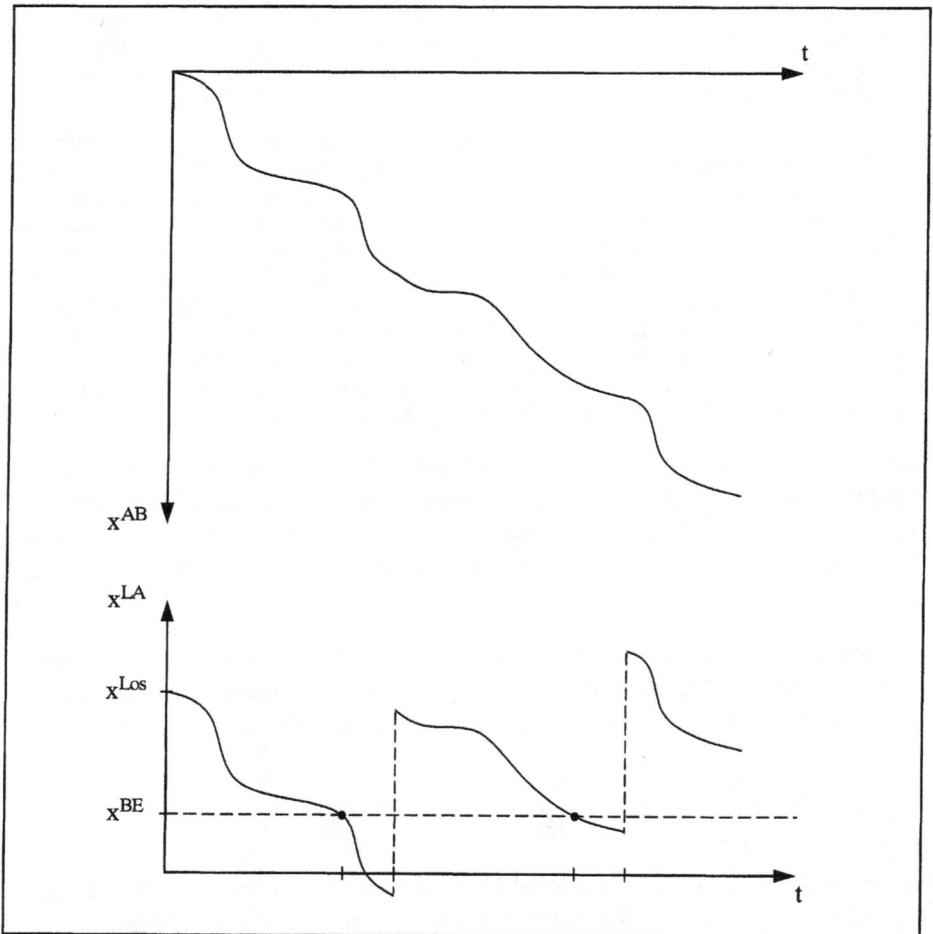

Abbildung 2-37:   Verlauf des Lagerbestandes bei einer s,q-Politik

Wird zur Ermittlung der Bestellmenge x^{Los} auf einen der in Abschnitt 2.1.2.3 vorgestellten Ansätze zurückgegriffen, dann läßt sich das Optimierungsproblem zur Bestimmung des Bestellpunktes mit Hilfe des folgenden Modells erfassen:

- Ziel ist die Minimierung des Bestellpunktes:

$$x^{BE} \rightarrow \min!$$

- Nebenbedingung ist, daß der vorgegebene Servicegrad erreicht wird:

$$\beta \leq 1 - \frac{E\left(x^{FE}\right)}{x^{Los}}$$

Liegt eine kontinuierliche Wahrscheinlichkeitsverteilung der Bedarfsmenge in der Wiederbeschaffungszeit vor, dann kann die Nebenbedingung in folgender Weise konkretisiert werden:

$$\beta \leq 1 - \frac{\int_{x^{BE}}^{\infty} \left(\left(B \mid d^{WB}\right) - x^{BE}\right) \cdot f\left(B \mid d^{WB}\right) \cdot d\left(B \mid d^{WB}\right)}{x^{Los}}$$

In der Praxis wird häufig angenommen, daß die Bedarfsmenge in der Wiederbeschaffungszeit einer Normalverteilung mit den Parametern Mittelwert μ und Standardabweichung σ folgt. Durch Standardisierung dieser Verteilung ergibt sich:

$$\beta \leq 1 - \frac{\sigma \cdot E(\nu)}{x^{Los}} \qquad \text{mit:} \qquad \nu = \frac{x^{BE} - \mu}{\sigma}$$

Der Erwartungswert des Sicherheitsfaktors $E(\nu)$ läßt sich dann aus der Dichtefunktion f und der Verteilungsfunktion F der Standardnormalverteilung berechnen:

$$E(\nu) = f(\nu) - \nu \cdot \left(1 - F(\nu)\right)$$

Der Wert des Sicherheitsfaktors ist dann optimal (ν^{*}), wenn die Bedingung

$$f(\nu) - \nu \cdot \left(1 - F(\nu)\right) = \left(1 - \beta\right) \cdot \frac{x^{Los}}{\sigma}$$

erfüllt ist. Zur Überprüfung dieser Bedingung kann auf statistische Tabellen zur Standardnormalverteilung zurückgegriffen werden. Die optimale Meldemenge ergibt sich dann zu:

$$x^{BE*} = \mu + \nu^{*} \cdot \sigma$$

Eine analoge Vorgehensweise kann bei *unsicherer Wiederbeschaffungszeit* gewählt werden (vgl. Hansmann 2006, S.321 ff.). Eine Fehlmenge tritt in diesem Fall auf, wenn die realisierte Wiederbeschaffungszeit größer als die Reichweite des Lagers ist.

Wird von einer kontinuierlichen Verteilung der Wiederbeschaffungszeit ausgegangen und wird die Lagerweite als Quotient aus Bestellpunkt und Lagerausgangsgeschwindigkeit berechnet, dann gilt für die erwartete Fehlmenge:

$$E\left(x^{FE}\right) = \int_{x^{BE}/v^{AB}}^{\infty} \left(d^{WB} - \frac{x^{BE}}{v^{AB}}\right) \cdot f\left(d^{WB}\right) \cdot d\left(d^{WB}\right)$$

Unter Annahme einer Normalverteilung und nach Standardisierung ergibt sich die Servicegradrestriktion

$$\beta \leq \frac{\sigma \cdot E(v)}{x^{Los}} \quad \text{mit:} \quad v = \frac{\dfrac{x^{BE}}{v^{AB}} - \mu}{\sigma},$$

so daß die Ermittlung des optimalen Sicherheitsfaktors v^* in der oben beschriebenen Form erfolgen kann. Der optimale Bestellpunkt wird dann in folgender Weise berechnet:

$$x^{BE^*} = \left(\mu + v^* \cdot \sigma\right) \cdot v^{AB}$$

2.1.3 Termin- und Kapazitätsplanung

Durch die Termin- und Kapazitätsplanung werden unter Beachtung der Kapazität der Bearbeitungseinheiten die realisierbaren frühesten und spätesten Start- und Endtermine der auszuführenden Produktionsaufträge und die dafür erforderlichen Maßnahmen zur Kapazitätsanpassung ermittelt. Häufig wird dabei eine zweistufige Vorgehensweise gewählt (vgl. z.B. Kurbel 2005, S. 139 ff.):

- In der *Durchlaufterminierung* werden auf der Grundlage der mittleren Durchlaufzeiten, des mengenmäßigen Umfangs und der Liefertermine der Produktionsaufträge zunächst deren Gesamtdauer und zeitliche Struktur der Ausführung berechnet, ohne die Auslastungsgrenzen der Bearbeitungseinheiten zu berücksichtigen.

- Bei der *Kapazitätsterminierung* werden dann Kapazitätsbedarf und -angebot durch Anpassungsmaßnahmen, wie Modifikation der Start- und Endtermine, Überlappen und Splitten der Produktionsaufträge, so aufeinander abgestimmt, daß keine Auslastungsgrenzen überschritten und das Formalziel der Reihenfolgeplanung erfüllt wird.

Bei der *Durchlaufterminierung* werden die einzelnen Aufträge einer isolierten Analyse unterzogen. Wesentliche Komponenten der Durchlaufzeit sind dabei die Durchführungszeit (Bearbeitungs- und Rüstzeit) und die Übergangszeit (Kontroll-, Transport- und Liegezeit). Analysen der Durchlaufzeit zeigen, daß die relativ gut ermittelbare Durchführungszeit lediglich 10 bis 20% der Durchlaufzeit umfaßt und die Übergangszeit überwiegend von der nur relativ schwierig zu schätzenden Liegezeit bestimmt wird, die an der Durchlaufzeit einen Anteil von bis zu 85% haben kann (vgl. Zäpfel 2001, S. 187 f.). Zur Durchlaufzeitschätzung werden Daten über

- die bei der Auftragsausführung in der Vergangenheit oder in Simulationen realisierten Werte der Zeitkomponenten (Beobachtungsgrößen),
- den dabei abgearbeiteten Auftragsbestand (Einflußgrößen) und
- die dabei bestehende Auslastung des Produktionssystems (Einflußgrößen)

mit statistischen Verfahren ausgewertet, um den Zusammenhang zwischen Beobachtungs- und Einflußgrößen zu ermitteln (vgl. z.B. Ahmed/Fisher 1992, S. 633 ff.; Enns 1993, S. 2054 ff.).

Die Berechnung der frühesten und spätesten Start- und Endtermine der Produktionsaufträge an den einzelnen Maschinengruppen erfolgt mit Hilfe einer Vorwärts- und einer Rückwärtsterminierung (vgl. Hahn/Laßmann 1999, S. 498 ff.). Bei der *Vorwärtsterminierung* wird die früheste Lage des Auftrags an den einzelnen Bearbeitungseinheiten bestimmt, wobei die Reihenfolge der an den Bearbeitungseinheiten zu erfüllenden Arbeitspakete durch Grobarbeitspläne vorgegeben ist, die neben den Bearbeitungszeiten auch die Rüst-, Kontroll- und Transportzeiten wiedergeben. Die früheste Anfangszeit entspricht dann beim ersten Arbeitspaket dem Beginn des Planungszeitraumes und bei den darauffolgenden Arbeitspaketen der frühesten Endzeit des spätesten Vorgängers. Die früheste Endzeit eines Vorgangs ergibt sich aus der Addition von frühester Anfangszeit und Bearbeitungszeit des Arbeitspakets bzw. Rüst-, Kontroll- oder Transportzeit. Die späteste Lage der Produktionsaufträge wird durch *Rückwärtsterminierung* ermittelt. Dabei entspricht die späteste Endzeit des letzten Vorgangs dem Liefertermin des Auftrags und die der anderen Vorgänge der spätesten Anfangszeit des frühesten Nachfolgers. Die späteste Anfangszeit eines Vorgangs ergibt sich aus der spätesten Endzeit abzüglich der Vorgangsdauer (vgl. Zäpfel 2001, S. 177 ff.).

Für eine Beispielunternehmung seien die Daten dreier Aufträge (vgl. Abbildung 2-38) und der zu ihrer Ausführung zu nutzenden drei Maschinengruppen (vgl. Abbildung 2-39) gegeben. Die Berechnung der Auftragstermine kann durch das in Abbildung 2-40 angegebene Schema erfolgen[1].

---

1) Da die Transporte parallel zu den Rüstvorgängen ausgeführt werden und die Rüstzeiten mindestens genauso groß wie die Transportzeiten sind, werden die Werte der Transportzeiten im vorgegebenen Schema nicht berücksichtigt.

Auftrag	Maschinengruppe für Arbeitspaket			Vorgangsfolge	Los-größe	Liefer-termin
	1	2	3			
1	1	2	3	R1-B1-T-B2-T-B3-K `\R2/` `\R3/`	30	8
2	1	3	2	R1-B1-T-B3-T-B2-K `\R3/` `\R2/`	10	7
3	2	3	1	R2-B2-T-B3-T-B1-K `\R3/` `\R1/`	20	6

Symbole:
R1, R2, R3   Rüstvorgang auf Maschinengruppe 1, 2, 3
B1, B2, B3   Bearbeitungsvorgang auf Maschinengruppe 1, 2, 3
T   Transportvorgang
K   Kontrollvorgang

Abbildung 2-38:   Auftragsdaten zur Grobterminierung (Beispiel)

Maschinen-gruppe	Kapa-zität	Stückbear-beitungszeit	Rüst-zeit	Stückkon-trollzeit	Transportzeit nach		
					1	2	3
1	15	1	2	1,5	0	1	2
2	20	1,5	2	1,5	1	0	1
3	25	2	2	1,5	2	1	0

Abbildung 2-39:   Maschinengruppendaten zur Grobterminierung (Beispiel)

Es zeigt sich, daß unter den gegebenen Annahmen für die Ausführung der Aufträge 1, 2 und 3 noch ein zeitlicher Puffer besteht. Da die Aufträge jedoch auf dieselben Ressourcen zugreifen, liefern die Ergebnisse der Durchlaufterminierung lediglich Werte für die Obergrenze des spätesten Starttermins und die Untergrenze für den frühesten Endtermin. Ein realistisches Bild ergibt sich dann, wenn in diese Berechnung die Schätzung der Liegezeit einbezogen wird.

An welcher Maschinengruppe und wann temporäre Kapazitätsengpässe bestehen, aus denen sich die Liegezeiten ergeben, läßt sich durch die Gegenüberstellung von Kapazitätsangebot und -nachfrage in den einzelnen Teilperioden ermitteln. Abbildung 2-41 gibt die Kapazitätsbelastungsprofile der drei Maschinengruppen für den Fall wieder, daß die Aufträge zum frühesten Starttermin eingeplant werden.

	Auftrag 1	Auftrag 2	Auftrag 3
spätester Endtermin	9,00	8,00	7,00
frühester Endtermin	8,76	3,28	6,75

Komponenten der Durchlaufzeit		Auftrag 1	Auftrag 2	Auftrag 3
	- K	45	15	30
	- B	60 : 25 = 4,28	15 : 20 = 1,60	20 : 15 = 3,47
	- R	2	2	2
	- B	45 : 20 = 2,35	20 : 25 = 0,88	40 : 25 = 1,68
	- R	2	2	2
	- B	30 : 15 = 2,13	10 : 15 = 0,80	30 : 20 = 1,60
	- R	2	2	2

	Auftrag 1	Auftrag 2	Auftrag 3
spätester Starttermin	0,24	4,72	0,25
frühester Starttermin	0,00	0,00	0,00

Abbildung 2-40:   Berechnungsschema zur Durchlaufterminierung (Beispiel)

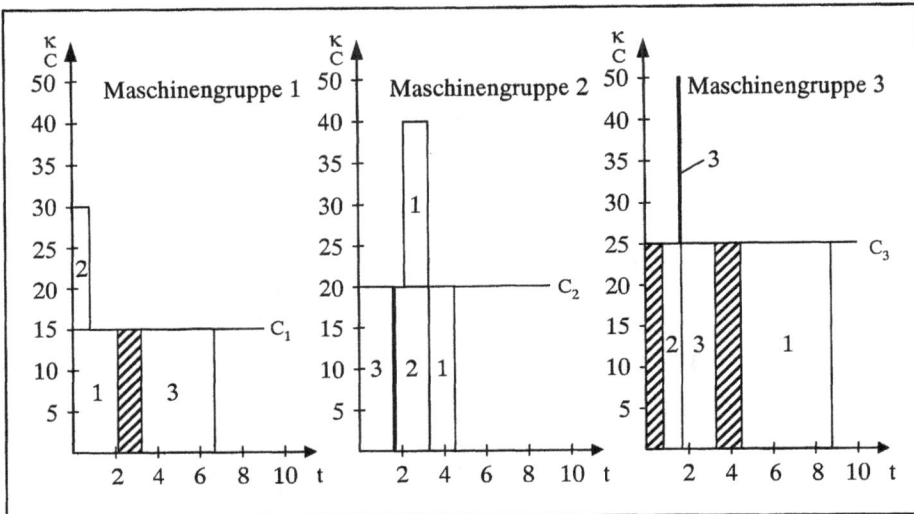

Abbildung 2-41:   Kapazitätsbelastungsprofile der Maschinengruppen (Beispiel)

In dieser Gegenüberstellung werden temporäre Überauslastungen an allen drei Maschinengruppen angezeigt, so daß das Ergebnis der Durchlaufterminierung im Beispiel kein zulässiger Plan ist. Da diese Situation aber nicht nur in speziellen Fällen eintritt, sondern den Regelfall darstellt, wird nach der Durchlaufterminierung die *Kapazitätsterminierung* durchgeführt. Der Kapazitätsabgleich kann dabei durch Anpassung des Kapazitätsbedarfs an das -angebot und/oder Anpassung des Kapazitätsangebotes an den -bedarf erfolgen. Abbildung 2-42 gibt einen Überblick über die grundsätzlich möglichen Maßnahmen (vgl. Corsten/Gössinger 2009, Anhang).

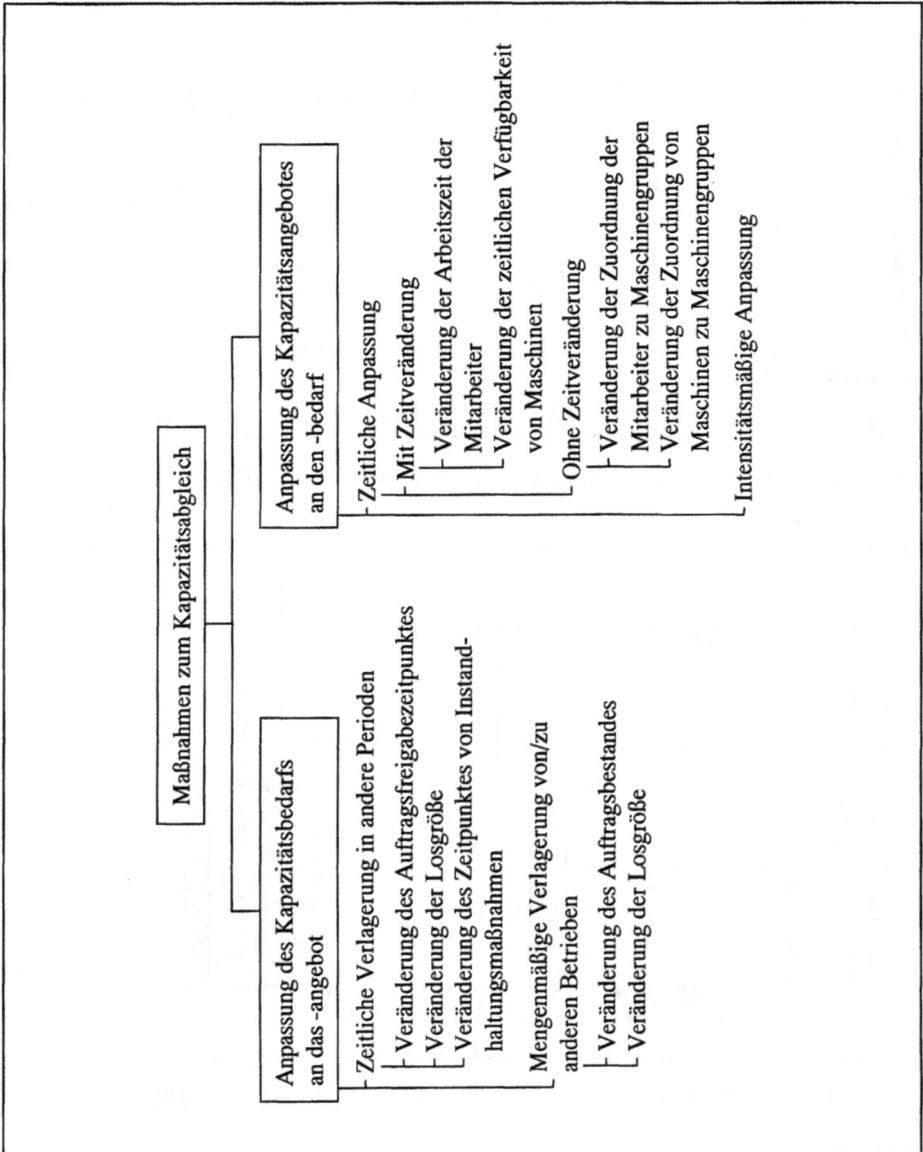

Abbildung 2-42:   Maßnahmen zum Kapazitätsabgleich

Welche Maßnahmen ergriffen werden, ist einerseits von ihrer situativen Eignung (insbesondere der Zeitraum von der Veranlassung bis zur Wirkung der Maßnahme) zum Kapazitätsabgleich und andererseits von den damit einhergehenden Kosten abhängig. Maßnahmen, die relativ kurzfristig Wirkung zu entfalten vermögen und in der Regel geringe Kosten induzieren, passen den Kapazitätsbedarf durch zeitliche Verlagerung in andere Perioden an das Angebot an. Zu nennen und im folgenden genauer zu betrachten sind dabei:

- zeitliche Verlagerung der Auftragsbearbeitung,
- überlappende Auftragsausführung und
- Splitten von Aufträgen.

Eine einfache Vorgehensweise bei der *zeitlichen Verlagerung der Auftragsbearbeitung*, die auch bei komplexen Produktionssystemen zur Anwendung gelangen kann, besteht in der Anwendung von *Prioritätsregeln* (vgl. z.B. Kolisch 1995, S. 83 ff.; Küpper/Lüder/Streitferdt 1975, S. 269 ff.). Bei Ressourcenkonflikten zwischen Aufträgen werden für die entsprechenden Aufträge Prioritätszahlen auf der Grundlage von Eigenschaften der Grobarbeitsgänge ermittelt, die über die Vorziehenswürdigkeit entscheiden. Oftmals herangezogene Eigenschaften sind:

- Nachfolgebedingungen (z.B. Anzahl aller Vorgängerbeziehungen),
- zeitliche Lage nach der Durchlaufterminierung (z.B. späteste Anfangszeit, Schlupfzeit),
- Ausführungsdauer und
- Kapazitätsbedarf (z.B. Differenz zwischen verfügbarer und benötigter Kapazität).

Abbildung 2-43 gibt die Kapazitätsbelastungsprofile für einen zulässigen Terminplan der Aufträge wieder, der mit Hilfe der Prioritätsregel „minimale Schlupfzeit" ermittelt wurde.

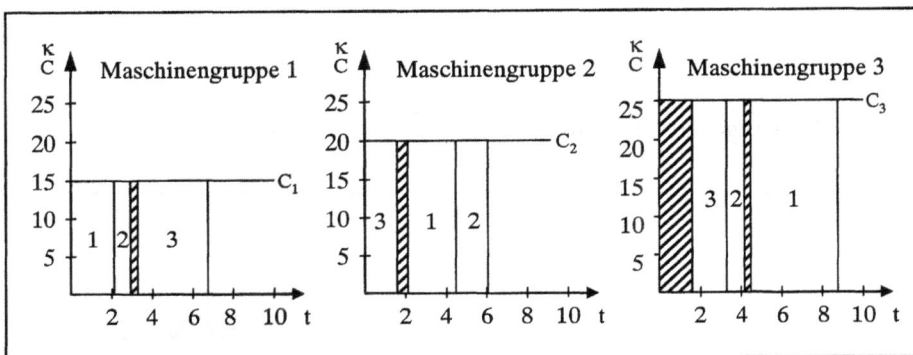

Abbildung 2-43:   Kapazitätsbelastungsprofile für einen zulässigen Plan

Durch das Überlappen und Splitten von Aufträgen kann deren Durchlaufzeit reduziert werden. Beim *Überlappen* wird mit der Ausführung des nachfolgenden Grobarbeitsganges begonnen, sobald der vorhergehende Grobarbeitsgang an einer Teilmenge der Werkstücke des Auftrags ausgeführt ist. Dadurch wird einerseits die Ausführungszeit für beide Grobarbeitsgänge um die Überlappungszeit reduziert, anderseits vervielfacht sich die Anzahl der durchzuführenden Transporte in Abhängigkeit von der Überlappungszeit. Wird davon ausgegangen, daß der Vorgang „Bearbeiten" für Teillose des Auftrags durchgeführt werden kann, die den n -ten Teil der ursprünglichen Auftragsgröße umfassen, dann ergibt sich eine Ausführungszeit für zwei aufeinanderfolgende Grobarbeitsgänge in Höhe von:

$$d^D = d_s^B + \frac{d_{s-1}^B}{n} + \max\left(0; d^T - \frac{n-1}{n} \cdot d_{s-1}^B\right) + d_{s-1}^B \qquad (\text{wenn } d_s^B > d_{s-1}^B)$$

wobei n Transporte durchzuführen sind (vgl. Abbildung 2-44).

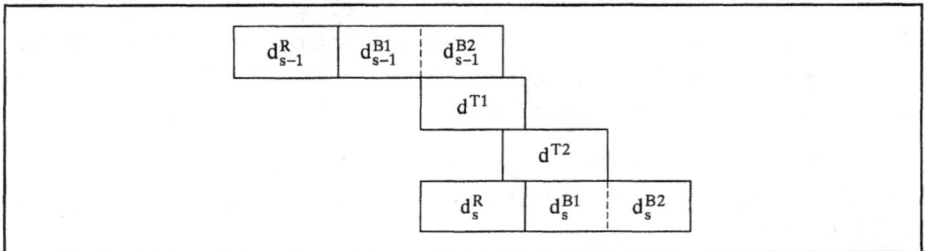

Abbildung 2-44:   Reduzierung der Liegezeit durch Überlappen

Splitten bedeutet, daß ein Grobarbeitsgang eines Auftrags durch Aufteilung der Werkstückmenge zeitgleich auf mehreren Maschinengruppen ausgeführt wird. Wird davon ausgegangen, daß der Vorgang „Bearbeiten" auf n gleiche Maschinengruppen aufgeteilt wird, dann ergibt sich die Ausführungszeit des Vorgangs zu:

$$d^D = d^R + \frac{d^B}{n},$$

wobei n Rüstvorgänge auszuführen sind (vgl. Abbildung 2-45).

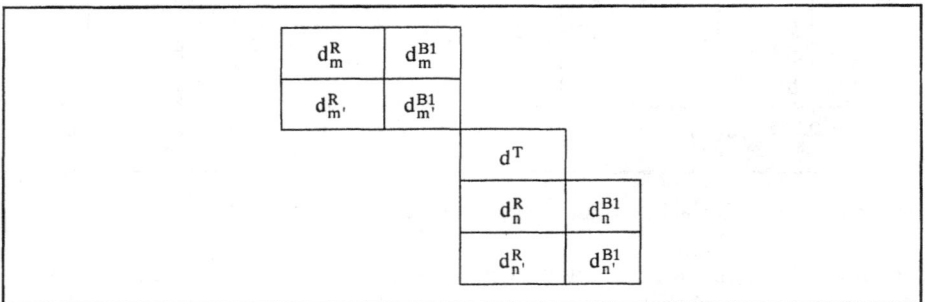

Abbildung 2-45:   Reduzierung der Liegezeit durch Splitten

2.2 Produktionssteuerung

2.2.1 Auftragsfreigabe

Ausgangspunkt der Auftragsfreigabe sind die Ergebnisse der Kapazitätsterminierung, die eine Grobplanung für die Produktionsaufträge des betrachteten Planungszeitraumes darstellt. Aufbauend auf dieser Planung obliegt dann der Auftragsfreigabe die Aufgabe, die Produktionsaufträge zu bestimmen, die in der nächsten Periode freigegeben werden sollen. Dabei umfaßt die Auftragsfreigabe aber auch eine Verfügbarkeitsprüfung der zum Einsatz gelangenden Produktionsfaktoren und erstellt im Rahmen der Feinplanung einen Maschinenbelegungsplan.

Im Rahmen der Auftragsfreigabe wird unter den Bedingungen der Werkstattproduktion ein Zielkonflikt thematisiert, den Gutenberg (1983, S. 216) als das *Dilemma der Ablaufplanung* charakterisiert hat, und der sich auf die Ziele

- Minimierung der Durchlaufzeit und
- Maximierung der Kapazitätsauslastung (Minimierung der Leerzeiten)

bezieht (vgl. Corsten/Gössinger 2009, S. 515). Über die generelle Gültigkeit dieses Dilemmas wurde in der Literatur kontrovers diskutiert, wobei Einigkeit dahingehend besteht, daß strenggenommen kein „echtes" Dilemma vorliegt. So betont Zäpfel (1982, S. 253), daß die Existenz eines Dilemmas vor allem davon abhänge,

- was unter diesem Begriff zu verstehen sei und
- wie die beiden Ziele (insbesondere die Durchlaufzeitminimierung) präzisiert würden.

Der Auftragsfreigabe obliegt damit die Aufgabe, so viele Produktionsaufträge freizugeben, daß die Kapazitätsauslastung möglichst hoch ist und dabei die Durchlaufzeiten dieser Aufträge möglichst kurz ausfallen. Zu konkreten Freigabekonzepten sei auf Kapitel 3 verwiesen.

Ein zentrales Problem im Rahmen der Auftragsfreigabe ist im sogenannten *Durchlaufzeitsyndrom* zu sehen, das dadurch charakterisiert ist, daß sich verspätete Auftragsfertigstellungen, hohe Auftragsbestände im Produktionssystem und lange Durchlaufzeiten wechselseitig verstärken: Werden Produktionsaufträge, aus welchem Grund auch immer, nicht rechtzeitig fertiggestellt, dann wird hieraus häufig die Schlußfolgerung gezogen, daß dies auf eine zu späte Freigabe der Aufträge zurückzuführen sei. Vor diesem Hintergrund werden die Produktionsaufträge dann früher freigegeben, d.h., die Warteschlangen vor den einzelnen Bearbeitungsstationen verlängern sich, wodurch sich die Wartezeiten und in Konsequenz die Durchlaufzeiten der Produktionsaufträge verlängern. Damit werden die Produktionsaufträge aber noch später fertiggestellt, wodurch letztlich ein Aufschaukelungseffekt auftritt.

Im Rahmen der Maschinenbelegungsplanung wird festgelegt, welche Arbeitsgänge der Produktionsaufträge in welchen Zeiträumen auf welchen Maschinen ausgeführt werden sollen, wobei das Zeitraster von wenigen Stunden, wie etwa einer Schicht, bis hin zu einer Woche reicht, d.h., es handelt sich um eine *Feinterminierung*. Damit liegt letztlich ein dreidimensionales *Zuordnungsproblem* vor. In den folgenden Ausführungen wird von der Prämisse ausgegangen, daß nur eine Einfachbelegung von Maschinen möglich ist, d.h., von einer gleichzeitigen Bearbeitung mehrerer Werkstücke auf einer Bearbeitungseinheit wird abgesehen. In einem zulässigen Maschinenbelegungsplan ist folglich jede Bearbeitungseinheit zu jedem Zeitpunkt mit höchstens einem Arbeitsgang belegt, so daß zwischen

- *Bearbeitungszeiten*, in denen eine Maschine einen Arbeitsgang ausführt, und
- *Leerzeiten*, in denen eine Maschine keinen Arbeitsgang ausführt,

unterschieden werden kann. Neben diesen beiden Zeitkategorien ist jedoch zu beachten, daß eine Maschine für die Ausführung eines Arbeitsganges vorbereitet werden muß (z.B. Maschineneinstellungen). Diese Zeiten werden als *Rüstzeiten* bezeichnet und sind ebenfalls zu berücksichtigen. Ein Problem in diesem Zusammenhang ist jedoch darin zu sehen, daß Rüstzeiten häufig reihenfolgeabhängige Größen sind, die erst durch die Maschinenbelegungsplanung determiniert werden. Eine Möglichkeit, die Rüstzeiten zu erfassen, bilden sogenannte *Rüstzeitmatrizen*, die die Umrüstkosten von einem Arbeitsgang zu allen anderen relevanten Arbeitsgängen erfassen. Dies setzt jedoch voraus, daß in einer Unternehmung sämtliche Informationen, die für die Rüstzeitenbestimmung von Bedeutung sind, bekannt sind. Da dies häufig nicht der Fall ist und die Ermittlung dieser Informationen mit erheblichen Kosten verbunden ist, werden in der unternehmerischen Praxis die Maschinenrüstzeiten in der Regel nicht explizit berücksichtigt, sondern den Bearbeitungszeiten eines Arbeitsganges implizit zugeschlagen. Diese theoretisch nicht zufriedenstellende Vorgehensweise erweist sich in der Praxis u.a. auch deshalb als anwendbar, weil die ursprünglich aufgestellten Maschinenbelegungspläne häufig durch das Auftreten von Produktionsstörungen nicht realisiert werden können: „Wegen dieser störungsbedingten Realisierungsschwierigkeiten ist es nicht erforderlich, die Maschinenbelegungsplanung mit größtmöglicher Exaktheit durchzuführen." (Zelewski/Hohmann/Hügens 2008, S. 429).

Die Reihenfolgeplanung ist eine seit den 1950er Jahren in der Produktionswirtschaft intensiv bearbeitete Problemstellung. Aufgrund der Komplexität dieser Problemstellung sind jedoch exakte Ansätze für die Lösung von Problemen mit realen Problemabmessungen ungeeignet. Vor diesem Hintergrund wurde in der Literatur eine Vielzahl heuristischer Verfahren entwickelt. Werden als Kriterien

- die Art des Routing der Aufträge (identisch, unterschiedlich) und
- die Stufigkeit des zugrundeliegenden Produktionsprozesses

herangezogen, dann lassen sich die in Abbildung 2-46 dargestellten Problemklassen bilden.

	Flow shop (identical routing)	Job shop (different routing)
Einstufige Produktion	-	Zum Beispiel Verfahren des besten Nachfolgers und heuristisches Austauschverfahren
Mehrstufige Produktion	Zum Beispiel Verfahren von Johnson, Näherungsverfahren nach Palmer und Sokolizin	Vorrangregeln (Prioritätsregeln)

Abbildung 2-46: Problemklassen der Reihenfolgeplanung

In den am Markt angebotenen PPS-/ERP-Systemen zeigt sich, daß insbesondere zur Lösung dieses Problems *Prioritätsregeln* zum Einsatz gelangen (vgl. Fandel/Gubitz 2008, S. 309 ff.). Vor diesem Hintergrund werden sich die weiteren Ausführungen auf diese Regeln konzentrieren.

Prioritätsregeln gehören zur Klasse der heuristischen Planungsverfahren, die in der Regel suboptimale Lösungen des Maschinenbelegungsproblems liefern, d.h., die Lösung ist schlechter als die optimale Lösung (nur zufällig kann die Lösung mit der optimalen Problemlösung übereinstimmen). Da aber bei Anwendung eines heuristischen Planungsverfahrens die optimale Lösung nicht bekannt ist, ist es nicht möglich zu erkennen, ob die gefundene Lösung mit der optimalen übereinstimmt oder wie weit sie von dieser abweicht (vgl. differenziert Zelewski/Hohmann/Hügens 2008, S. 440).

Eine Prioritätsregel kann darüber hinaus einen statischen oder dynamischen Charakter aufweisen. Von einer *statischen Prioritätsregel* wird dann gesprochen, wenn sich die Reihenfolge der Produktionsaufträge, die durch Anwendung dieser Regel gebildet wurde, während der gesamten Maschinenbelegungsplanung nicht ändert. Demgegenüber variieren die Reihenfolgen von Produktionsaufträgen bei *dynamischen Prioritätsregeln* im Rahmen der Realisation einer Maschinenbelegungsplanung. Ein typisches Beispiel hierfür ist die sogenannte Schlupfzeitregel.

Beispielhaft seien die beiden folgenden Prioritätsregeln genannt (vgl. auch die Übersicht bei Corsten/Gössinger 2009, S. 535):

- *Kürzeste Operationszeit* (KOZ): Es erhält der Auftrag mit der kürzesten Operationszeit (Bearbeitungszeit) die höchste Priorität. Der Einsatz dieser Regel zeigt insbesondere bei den Zielsetzungen „Maximale Kapazitätsauslastung" und „Minimale Durchlaufzeit" gute Ergebnisse. Schlecht unterstützt wird hingegen die Zielsetzung „Minimale Terminabweichung", weil die Orientierung am Liefertermin bei dieser Regel fehlt und Aufträge mit langen Operationszeiten immer wieder zurückgestellt werden.

- *Geringste Schlupfzeit* (SL): Es erhält der Auftrag die höchste Priorität, bei dem die geringste Differenz zwischen Liefertermin und verbleibender Restbearbeitungszeit gegeben ist. Dabei zeigen sich gute Ergebnisse hinsichtlich der Zielsetzung „Minimale Terminabweichung".

Durch die *alternative Kombination* der KOZ- und der SL-Regel wird es möglich, die Vorteile beider Regeln zu vereinen, d.h., daß bei Terminüberschreitungen die SL-Regel zum Einsatz gelangt und ansonsten die KOZ-Regel. Diese Verknüpfung wird auch als CoverT-Regel bezeichnet.

Die bereits angesprochene Marktanalyse von Fandel/Gubitz (2008, S. 312 ff.) offenbart, daß in den untersuchten 111 ERP-Systemen primär einfache und eher selten kombinierte Regeln zur Anwendung gelangen. Überraschend ist dabei, daß die KOZ-Regel eher selten implementiert ist, während die Kundenauftragspriorität und die Festlegung der Reihenfolge durch den Benutzer dominant sind. Im „Mittelfeld" befinden sich „First in - First out" und „Frühester Fertigstellungstermin".

Als zentrale *Vorteile* der Prioritätsregeln lassen sich nennen:

- Die Reihenfolgeentscheidungen müssen erst zu dem Zeitpunkt getroffen werden, zu dem eine Maschine frei wird, und
- es muß nicht an jeder Maschine die gleiche Prioritätsregel zum Einsatz gelangen.

Auch wenn eine Vielzahl von Simulationsstudien vorliegt, die untersuchen, wie sich der Einsatz von unterschiedlichen Prioritätsregeln auf die Zielerreichung der Produktionssteuerung auswirkt, ist zu beachten, daß diese Ergebnisse nicht verallgemeinert werden dürfen, weil die Ergebnisse einer solchen Simulationsstudie nur unter den spezifischen Voraussetzungen gelten, die für das betrachtete Produktionssystem und den Auftragsbestand unterstellt wurden. Auch wenn mehrere Simulationsstudien hinsichtlich der Zielwirksamkeit von Prioritätsregeln zu ähnlichen Ergebnissen kommen, kann lediglich von einer tendenziellen Zielwirksamkeit einzelner Prioritätsregeln gesprochen werden.

2.2.2 Auftragsdurchführung und -überwachung

Für die freigegebenen Produktionsaufträge ist eine planmäßige Realisation sicherzustellen. Das bedeutet einerseits, die Ausführung der einzelnen Arbeitsgänge in der der durch den Arbeitsplan vorgegebenen Reihenfolge in Abhängigkeit vom Bearbeitungsstand des Auftrages zu initiieren. Anderseits ist es beim Auftreten von Störungen erforderlich, die bestehenden Pläne an die veränderte Situation so anzupassen, daß die Abweichungen von den ursprünglichen Auftragsvorgaben möglichst gering sind. Zur Aufgabenerfüllung ist es erforderlich, Informationen über den Auftragsvollzug produktionsprozeßbegleitend zurückzumelden, diese Ist-Daten mit den Soll-Daten zu vergleichen und bei nichttolerierbaren Abweichungen Korrekturmaßnahmen zu identifizieren, auszuwählen und in den Produktionsplan zu integrieren.

Die Auftragsfortschrittskontrolle kann dabei manuell über Rückmeldescheine oder automatisiert durch die *Betriebsdatenerfassung* (BDE) erfolgen, die alle Maßnahmen zur Bereitstellung der im Produktionsprozeß generierten Daten über das Geschehen im Produktionssystem (Produktionsmengen und -zeiten, Lagermengen, Anlagenzustände etc.) in maschinenlesbarer Form umfaßt. Hierzu werden die benötigten Daten an den unterschiedlichen Produktionsstellen manuell per Computertastatur eingegeben, automatisch von den Produktionsanlagen generiert oder bei den Aufträgen mit Hilfe von „Ident-Trägern" (z.B. Barcode label, Transponder) und entsprechenden Lesegeräten (z.B. Laser-Scanner, RFID-Lesegerät) erfaßt, an den Ort ihrer Verarbeitung übermittelt, dort verarbeitet (z.B. Prüfung auf formale Richtigkeit der Daten) und gespeichert (vgl. Kurbel 2005, S. 298 ff.).

Die *Überwachung* des Produktionsprozesses auf der Grundlage von Betriebsdaten und das Sichern des Produktionsvollzugs beim Auftreten von Soll-Ist-Abweichungen erfolgen in der Regel dezentral in den einzelnen Produktionsbereichen (z.B. Werkstätten, Produktionsinseln, Produktionssegmenten). Dies wird einerseits damit begründet, daß es bedingt durch den hohen Detaillierungsgrad der feinterminierten Pläne und die Geschwindigkeit der Änderungen im realen Produktionssystem oftmals nicht möglich ist, zentral mit anderen Teilplänen abgestimmte feinterminierte Pläne zeitnah zur Verfügung zu stellen (vgl. Kurbel 2005, S. 298). Anderseits wird durch Anreicherung der Entscheidungskompetenzen dezentraler Bereiche das Detailwissen über die Produktionsabläufe für die Produktionssteuerung nutzbar gemacht, und es lassen sich i.S. eines Job Enrichment positive Motivationseffekte realisieren (vgl. Hahn/Laßmann 1999, S. 555).

Im Rahmen der Überwachung festgestellte Soll-Ist-Abweichungen sind auf unerwartete Beeinträchtigungen der Produktion zurückzuführen, die durch Änderungen an den zum Einsatz gelangenden Produktionsfaktoren, an den zu erzeugenden Produkten und/oder den Transformationsprozessen hervorgerufen werden. Diese Beeinträchtigungen werden als *Störungen* bezeichnet. Auf der Grundlage folgender Kriterien lassen sich unterschiedliche Störungsarten identifizieren (vgl. Gössinger/Lehner 2008, S. 5 ff.):

- *Wirkungskettenbezug*: Durch die Koppelung der Teilprozesse des betrieblichen Leistungsprozesses pflanzt sich die Wirkung einer ursprünglichen Störung (Primärstörung) im betrachteten System fort, und entlang der Wirkungskette ergeben sich Sekundärstörungen (vgl. Schneeweiß 1988, S. 289). Damit lassen sich Rückschlüsse auf die Bedeutung von Maßnahmen zur Behandlung von Primärstörungen ziehen.

- *Systembezug*: Störungen können in der Umwelt des Produktionssystems auftreten und über Wirkungsketten als Sekundärstörungen für das System relevant werden. Die auf diesem Sachverhalt aufbauende Unterscheidung zwischen endogenen und exogenen Störungen gibt Aufschluß über die grundsätzliche Beeinflußbarkeit der Störung im Produktionsbereich.

- *Gestaltungsdimensionsbezug*: Störungen können sich auf die eingesetzten Produktionsfaktoren, den Verlauf des Produktionsprozesses und die zu erzeugenden Produkte beziehen. Dem 3-P-Konzept entsprechend, kann also zwischen Produkt-, Potential- und Prozeßstörungen unterschieden werden.

Zur differenzierten Analyse von *Potentialstörungen* kann eine Unterscheidung nach der störungsverursachenden Produktionsfaktorart und den störungsverursachenden

Ausprägungen vorgenommen werden. Erfolgt dabei eine Anlehnung an die Systematik von Gutenberg (1983, S. 2 ff.) und wird zwischen den Ausprägungen Quantität und Qualität unterschieden, dann ergibt sich die in Abbildung 2-47 dargestellte Systematik.

In Anlehnung an Zäpfel (2001, S. 237 f.) sind für die einzelnen Faktorarten folgende Störungsursachen zu nennen:

- Durch den *dispositiven Faktor* (Planungsträger) verursachte Störungen lassen sich auf eine unzureichende Informationssituation, eine fehlerhafte Informationsverarbeitung im Rahmen der Planung, eine mangelnde Weitergabe der Planungsinformationen an die mit der Planrealisation beauftragten Mitarbeiter (Vorgabe) und eine falsche oder verspätete Rückmeldung bezüglich der Realisierbarkeit und Realisation von Planvorgaben an die Planungsträger zurückführen.

- Der *Potentialfaktor objektbezogene menschliche Arbeitsleistung* kann etwa die Produktion durch Arbeitsfehler, Abweichungen vom geplanten Leistungsgrad und von der Qualifikation sowie entschuldigtes/unentschuldigtes Fernbleiben vom Arbeitsplatz beeinträchtigen. Beim Potentialfaktor *Betriebsmittel* sind Maschinenausfälle sowie Mängel an Maschinen, Werkzeugen und Vorrichtungen als Beispiele für Störungsursachen zu nennen.

- *Repetierfaktoren* können durch unzureichende Verfügbarkeit oder Fehlerhaftigkeit (z.B. Werkstoffehler, Qualitätsmängel) Störungen induzieren.

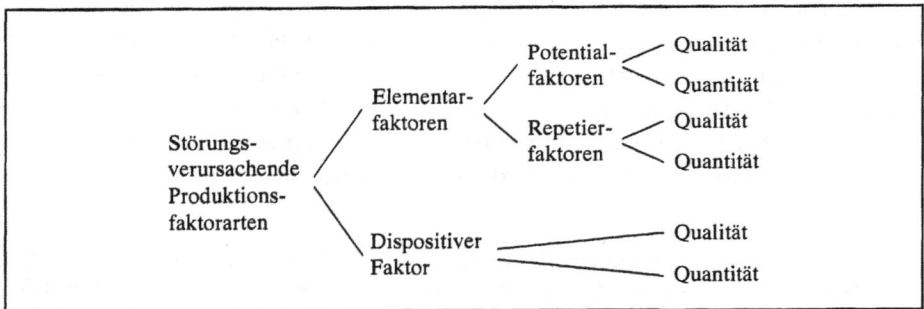

Abbildung 2-47:   Systematik der Potentialstörungsarten (vgl. Gössinger/Lehner 2008, S. 8)

Aufgaben der *Sicherung des Produktionsvollzugs* sind die Störungsprävention und die Störungshandhabung. Bei der *Störungsprävention* wird versucht, die Eintrittswahrscheinlichkeit oder das zu erwartende Wirkungsausmaß von Störungen zu reduzieren (vgl. Bormann 1978, S. 82). Im operativen Rahmen der Produktionsplanung und -steuerung steht dabei der Aufbau von Bestandsflexibilität durch Reservehaltung im Vordergrund, die sich in Potential- (z.B. Materialsicherheitsbestände, Reservemaschinen, Springer), Prozeß- (z.B. Sicherheitspuffer, alternative Maschinenfolgen) und Produktreserven (z.B. Sicherheitsbestände für Zwischen- und Endprodukte) zeigt. Im einzelnen ist dabei zu prüfen, ob die Kosten der Reservehaltung durch den Nutzen der Störungsvermeidung kompensiert werden (vgl. Zäpfel 2001, S. 240). Die Wirkungen eingetretener Störungen zu kompensieren, ist Aufgabe der *Störungshandha-*

bung. Dies läßt sich um so effektiver realisieren, je schneller die Störungen erkannt und klassifiziert sowie geeignete Maßnahmen identifiziert und realisiert werden (vgl. Reichwald/Behrbohm 1983, S. 838 ff.). Grundsätzlich sind zwei Arten von Störungshandhabungsmaßnahmen zu unterscheiden (vgl. Zäpfel 2001, S. 239 f.):

- Maßnahmen, durch die die Vorgaben trotz zwischenzeitlich eingetretener Abweichungen erfüllt werden, werden vor allem zur Behebung von Realisationsfehlern herangezogen. Sie sind darauf gerichtet, die Störungsursachen und -wirkungen auf der Grundlage eines systematischen Vorgehens in adäquater Weise zu beseitigen. Abbildung 2-48 gibt einen Überblick über wirkungsbezogene Maßnahmen (vgl. Corsten/Gössinger 1997, S. 8 f.).

- Sind die Abweichungen auf Planungsfehler zurückzuführen oder lassen sich Abweichungen aufgrund von Realisationsfehlern nicht durch die zuerst genannten Maßnahmen beheben, dann sind Maßnahmen zu ergreifen, durch die die Vorgaben an die realen Gegebenheiten angepaßt werden.

Oftmals gelangen die genannten wirkungsbezogenen Maßnahmen zur Störungshandhabung in kombinativer Weise in sogenannten Umplanungskonzepten (vgl. Stute u.a. 1982, S. 45) zur Anwendung. Dabei wird versucht, störungsbeeinträchtigte Teile eines ungültig gewordenen Plans so zu modifizieren, daß die ihm zugrundeliegenden Ziele trotz Störung erreicht werden. Der Suchraum alternativer Maßnahmen wird hierbei so strukturiert, daß für erwartete Störungen zunächst nur eine Teilmenge möglicher Maßnahmen einbezogen wird, die tendenziell wirksamer als andere Maßnahmen sind und deren situationsspezifische Disposition schneller vorgenommen werden kann als bei anderen Maßnahmen. Wird bei der anschließenden Suche keine akzeptable Maßnahme gefunden, dann wird der Suchraum um die nächste Teilmenge von Handlungsmöglichkeiten erweitert und ein neuer Suchprozeß gestartet (vgl. z.B. Kotschenreuther 1991, S. 64 ff.; Rose 1989, S. 60 ff.). Durch diese Vorgehensweise wird einerseits ein kürzerer Planungsprozeß als bei einer Neuplanung erreicht; anderseits kann aber mit dieser Umplanung aufgrund der sukzessiven Lösung von Teilproblemen nur ein suboptimales Ergebnis erreicht werden.

Zur Unterstützung der Sicherung des Produktionsvollzugs können *elektronische Leitstände* eingesetzt werden, deren Funktionalität zumeist über die Sicherung des Produktionsvollzugs hinausgeht, da sie auch Werkzeuge zur Erfüllung von Aufgaben der Maschinenbelegungsplanung, Auftragsfreigabe und Auftragsüberwachung umfassen. Sie stellen somit das dezentrale Bindeglied zwischen dem PPS-System und der BDE dar. Die Arbeitsteilung zwischen diesen Systemen wird in der Regel durch folgenden Ablauf koordiniert (vgl. Rautenstrauch/Turowski 1998, S. 150 f.):

1. PPS-System: Freigabe von grobterminierten Produktionsaufträgen, die in der nächsten Planungsperiode zu erfüllen sind (Arbeitsvorrat), zur Feinplanung durch den Leitstand.

2. Leitstand: Einplanung der Arbeitsgänge des Arbeitsvorrats durch Zuordnung von Maschinen sowie Start- und Endterminen der Arbeitsgangausführung (Maschinenbelegungsplanung).

3. Leitstand: Freigabe der Arbeitsgänge zur Realisation durch Erstellung der Arbeitspapiere und Weitergabe an die entsprechende ausführende Stelle.

4. BDE: Rückmeldung von Ausführungsständen der freigegebenen Arbeitsgänge an den Leitstand.

5. Leitstand: Überwachen des Fortschritts der Auftragserfüllung und Umplanung bzw. Neuaufwurf der Planung beim Eintritt von Störungen.

6. Leitstand: Rückmeldung von Ausführungsständen der freigegebenen Produktionsaufträge an das PPS-System.

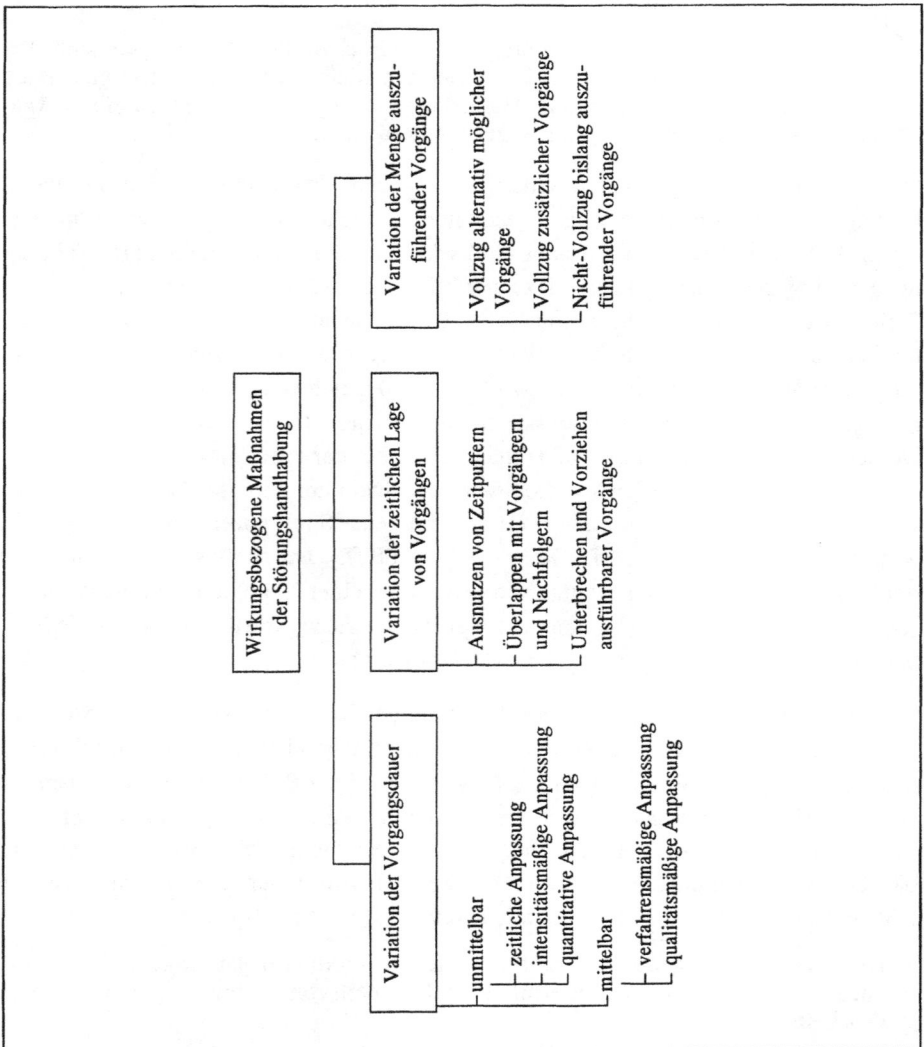

Abbildung 2-48:   Wirkungsbezogene Maßnahmen der Störungshandhabung

Kernelement des elektronischen Leitstandes bildet die *elektronische Plantafel*, ein Planungsinstrument, das zwar in seinem Erscheinungsbild auf der graphischen Benutzeroberfläche eines Computersystems der manuellen Plantafel nachempfunden ist, jedoch mehr Planungsunterstützung zu bieten vermag (vgl. Abbildung 2-49).

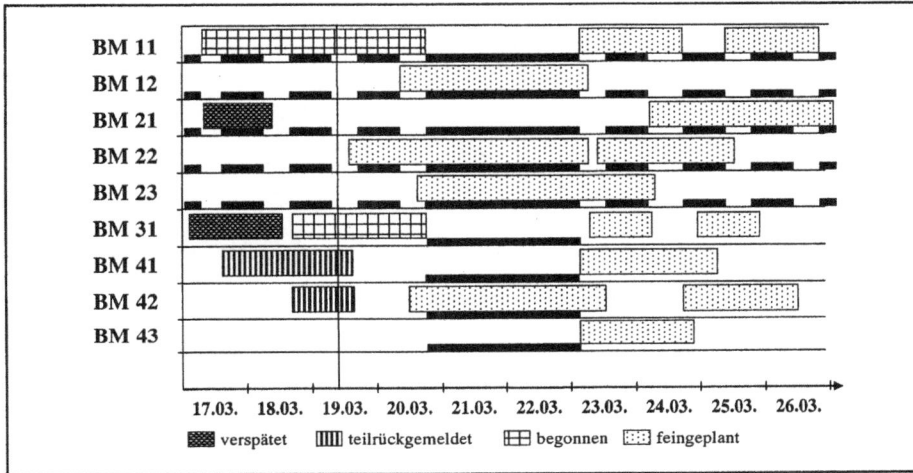

BM 11
BM 12
BM 21
BM 22
BM 23
BM 31
BM 41
BM 42
BM 43

17.03.   18.03.   19.03.   20.03.   21.03.   22.03.   23.03.   24.03.   25.03.   26.03.

▓ verspätet   ‖ teilrückgemeldet   ⊞ begonnen   ▒ feingeplant

Abbildung 2-49:   Elektronische Plantafel (vgl. Rautenstrauch/Turowski 1998, S. 150)

Manuelle Plantafeln visualisieren das (Zwischen)ergebnis der Maschinenbelegungsplanung und Arbeitsgangausführung durch einen tabellenähnlichen Aufbau, der in der Horizontalen das Zeitraster der Feinplanung und in der Vertikalen die nutzbaren Maschinengruppen oder Maschinen erfaßt, und die in die Zeilen der Tabelle einsteckbaren Karten, die Produktionsaufträge oder Arbeitsgänge repräsentieren (vgl. Kurbel 2005, S. 268 f.). Durch das Einstecken der Karten in die Zeilen wird ein Gantt-Chart erzeugt, in dem durch Weiterschieben der Karten der Ausführungsstand erfaßt werden kann. Bei realen Planungsumfängen ist diese manuelle Vorgehensweise mit einem großen Zeitbedarf für das Stecken und Umstecken der Karten verbunden. Mit Hilfe elektronischer Plantafeln erfolgen die Planung, Überwachung und Umplanung teilautomatisiert: Die Produktionsaufträge/Arbeitsgänge können auf der graphischen Benutzeroberfläche entweder manuell per Mausklick oder durch algorithmische Einplanungsverfahren den Maschinengruppen/Maschinen zugeordnet werden, wobei im Hintergrund gleichzeitig die Zulässigkeit der Einplanungsschritte auf der Grundlage technischer Daten und bereits vorliegender Pläne überprüft wird.

Nach dem Eingang von Rückmeldungen der BDE (z.B. Ende der Arbeitsgangausführung, Unterbrechungen, Maschinenausfälle) ermittelt der elektronische Leitstand unmittelbar nichttolerierbare Abweichungen von den Planvorgaben und signalisiert dem Planer ggf. Umplanungsbedarf. Zur manuellen Umplanung per Mausklick stellt der elektronische Leitstand Informationen über die Umplanungskonsequenzen zeitnah zur Verfügung und warnt beim Auftreten von Planinkonsistenzen (vgl. Zäpfel

2001, S. 224 f.). Zur automatisierten Umplanung können im elektronischen Leitstand implementierte heuristische Lösungsverfahren (z.B. Genetische Algorithmen, Simulated Annealing) herangezogen werden (vgl. Kurbel 2005, S. 281 f.).

3 Generische Konzepte

Die Vielfalt der möglichen Organisationsformen einzelner Produktionsbereiche (Produktionssegmente) macht die Beherrschung des Produktionssystems als Ganzes durch eine zentrale Steuerungsinstanz in der Regel unmöglich (vgl. Abschnitt 1.3). Vielmehr ist ein vernetztes System von Planungs- und Steuerungskomponenten zur Produktionsdurchführung erforderlich, die auf die Lösung der spezifischen Aufgaben innerhalb der einzelnen Produktionssegmente spezialisiert sind.

Die Konzepte zur Feinplanung des Auftragsdurchlaufs und des Materialflusses, die unter den Bedingungen unterschiedlich strukturierter Produktionsbereiche geeignet sind, produktionswirtschaftliche Zielsetzungen zu unterstützen, werden auch als *generische Konzepte* bezeichnet. Da sie nicht das gesamte PPS-Aufgabenfeld abzudekken vermögen, wird teilweise auch von *fokussierenden PPS-Konzepten* gesprochen (vgl. Zelewski/Hohmann/Hügens 2008, S. 214 ff.).

3.1 Materialbestandsorientierte Konzepte

3.1.1 Make-to-stock-System

Ein Produktionssystem mit Lagerproduktion für einen anonymen Markt wird als Make-to-stock-System bezeichnet. Die Produktion erfolgt auf der Grundlage von Prognosen über den erwarteten Auftragseingang; Kundenbestellungen werden aus einem Lager beliefert. Dazu muß sichergestellt sein, daß stets ein genügend großer Lagerbestand vorhanden ist bzw. das betreffende Lager wieder aufgefüllt wird, sobald ein Kundenauftrag beliefert wurde (zu den verschiedenen Lagerhaltungspolitiken vgl. Abschnitt 2.1.2.4). Dies reduziert die Wartezeit zur Bedienung der Kundenaufträge, bindet aber gleichzeitig Kapital in Lagerbeständen.

Ein einfaches Make-to-stock-System mit einem Arbeitssystem ohne Beschränkungen der Freigabemenge läßt sich durch identische Zeitpunkte für Kundenauftragseingänge und Auftragsfreigaben an das Arbeitssystem zum Wiederauffüllen des Lagers charakterisieren. Abbildung 3-1 zeigt ein solches Produktionssystem.

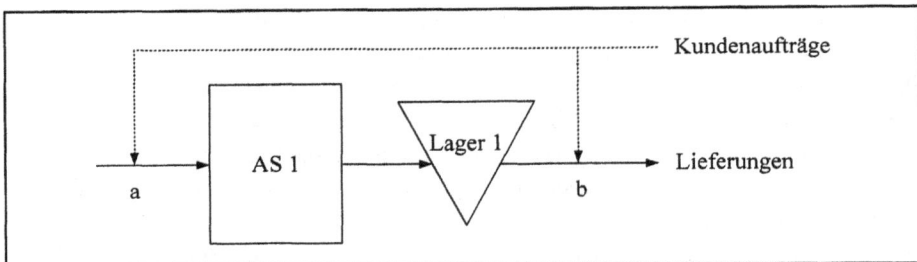

Abbildung 3-1:   Make-to-stock-System mit einem Arbeitssystem

Informationen über die Kundenaufträge (gestrichelte Linie) werden dem Arbeitssystem wie auch dem Lager gleichzeitig bereitgestellt, so daß ein Kundenauftrag unverzüglich an das Arbeitssystem freigegeben wird, sofern keine Beschränkung der Freigabemenge besteht (z.B. eine Mindestlosgröße gefordert ist). Ebenso erfolgt gleichzeitig eine Lieferung (durchgezogene Linie) an den Kunden, falls ausreichend Lagerbestand vorhanden ist. Ein Produkt wird also nur dann von Punkt b aus an den Kunden geliefert, wenn sowohl ein Kundenauftrag als auch Lagerbestand vorhanden ist. Läuft das Lager leer, so bildet sich am Punkt b ein Lieferrückstand $x^B(t)$ (Backlog).

Besteht das Make-to-stock-System aus mehreren Arbeitssystemen, so wird das Produktionssystem zweckmäßigerweise so gegliedert, daß jedes Arbeitssystem mit einem zugeordneten Lager ausgestattet ist, wie beispielsweise das System in Abbildung 3-1. Weiterhin kann in einem Produktionssystem, in dem eine Montage erforderlich ist, zur Zusammenstellung der Komponentensätze aus der Vorproduktion ein Lager K *(Kitting, Kommissionierung)* erforderlich sein, so daß sich das in Abbildung 3-2 dargestellte Make-to-stock-System ergibt.

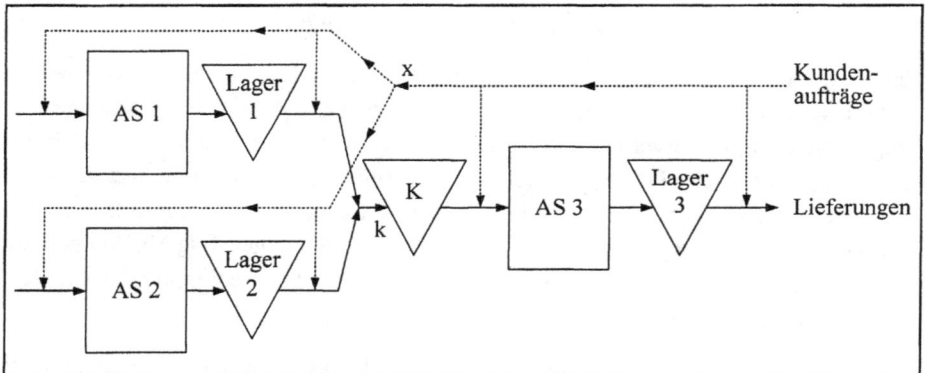

Abbildung 3-2:   Make-to-stock-System mit mehreren Arbeitssystemen

In der üblichen Betrachtungsweise der Funktion eines Make-to-stock-Systems generiert Lager 3 Aufträge an das Arbeitssystem 3 zur Produktion von Produkten zur Aufrechterhaltung des Lagerbestandes. Arbeitssystem 3 wird also einen Komponentensatz von Lager K anfordern; Lager K wiederum fordert jeweils ein Produkt aus den Lagern 1 und 2 an, um einen neuen Komponentensatz zu erstellen und somit den Bestand in K wieder aufzufüllen. Die Lager 1 und 2 werden schließlich Produktionsaufträge zu ihrer Bestandserhöhung an die ihnen zugeordneten Arbeitssysteme 1 und 2 senden. Gibt es keine Beschränkungen der Bestellmengen (z.B. eine minimale Bestellmenge), so erfolgt die Information über eingehende Kundenaufträge unverzüglich und gleichzeitig an Lager 3, an K und an Punkt x . Am Punkt x wird die Information dupliziert und unverzüglich an die Lager und Arbeitssysteme 1 und 2 übermittelt.

Weitere Varianten des Make-to-stock-Systems können das Verfahren der Auftragsfreigabe an die vorgelagerten Arbeitssysteme in Verbindung mit entsprechenden Lagerhaltungspolitiken (vgl. Abschnitt 2.1.2.4; Schneider/Buzacott/Rücker 2005, S. 84 ff.) unterschiedlich im Sinne von Pull- oder Push-Verfahren gestalten (vgl. Abschnitt 1.1).

3.1.2 Base-stock-System

Das als Base stock bezeichnete Auftragssteuerungsverfahren[1] wurde in den 1950er Jahren von *Clark/Scarf* (1960) sowie von *Kimball* (1988) entwickelt, um die Nachteile durch Informationsverzögerungen bei Losbildung in dezentral gesteuerten Prouktionssystemen mit Lieferungen an Zwischenlager unter Anwendung traditioneller Lagerhaltungspolitiken[2] (Make-to-stock-Systemen) zu überwinden (vgl. Inderfurth 1998; Silver/Pyke/Peterson 1998, S. 480 ff.). Das Verfahren eignet sich insbesondere für ein variantenarmes Produktspektrum, das in einem Reihenproduktionssystem bzw. in ungetakteter Fließproduktion oder in einem Gruppenproduktionssystem hergestellt wird (vgl. Rücker 2006, S. 17).

In einem Base-stock-System wird für einen Produktionsbereich eine Lagerbestandssollgröße für jedes der vor und in diesem Bereich hergestellten Produkte (Einzelteile, Komponenten, Baugruppen, Enderzeugnisse) festgelegt. Dieser Sollbestand wird für den zu steuernden Produktionsbereich insgesamt definiert als Summe der Bestände der betreffenden Produkte in allen Bearbeitungszuständen über sämtliche Zwischenlager im Produktionsbereich hinweg bis hin zum letzten kundenseitigen Auslieferungslager. Da die einzelnen Komponenten in den Produktionsteilbereichen „downstream" bereits in weiteren Baugruppen Verwendung finden können, also Bestandteil des *Work in process (WIP)* sind, werden auch sie in die Bestimmung des gesamten Bestandes eingerechnet. Die Entscheidung über die Auftragsfreigabe an einen Produktionsteilbereich hat also immer die Einhaltung bzw. Erreichung des Sollbestandes im gesamten Produktionssystem zum Ziel. Für die einzelnen Produktionsteilbereiche und ihre Zwischenlager ergeben sich damit Teilmengen des festgelegten Gesamtbestandes, der sogenannte *Staffelbestand (Echelon stock;* vgl. Abbildung 3-3*)*.

---

1) Das Base-stock-Verfahren wird auch als *Echelon stock policy* bezeichnet (vgl. Axsäter/Rosling 1994, 406 f. und 1999, S. 560 ff.).

2) Zu traditionellen Lagerhaltungspolitiken und den ggf. entstehenden Problemen der Informationsverzögerung (vgl. Schneider/Buzacott/Rücker 2005, S. 84 ff.).

Die Freigaberegel für Produktionsaufträge an das Base-stock-System wird meist definiert als eine bestandsorientierte (Make-to-stock-)Politik mit der Annahme, daß jeder Produktionsteilbereich (im folgenden als Arbeitssystem[1] bezeichnet) Informationen darüber erhält, wann Kundenaufträge eingehen. Weiterhin wird angenommen, daß jedes Arbeitssystem über Auslieferungen an Kunden und den gesamten Lagerbestand zwischen dem eigenen und dem kundenseitigen Lager sowie über eventuelle Lieferrückstände im kundenseitigen Auslieferungslager informiert ist. Ein Produktionssystem, das aus in Reihe angeordneten Arbeitssystemen besteht, kann als ein System mit S Staffeln betrachtet werden, in dem die Staffeln s ($s = 1, 2, ..., S$) die Arbeitssysteme $s, s+1, ..., S$ enthalten. Für jede Staffel $s, s = 1, ..., S$, wird ein Sollstaffelbestand (Echelon target stock) $\overline{\overline{x}}_s^e$ mit dem Parameter $\overline{\overline{x}}_{s'}^{LA}$ ($s' = 1, 2, ..., S$) definiert:

$$\overline{\overline{x}}_s^e = \sum_{s'=s}^{S} \overline{\overline{x}}_{s'}^{LA}$$

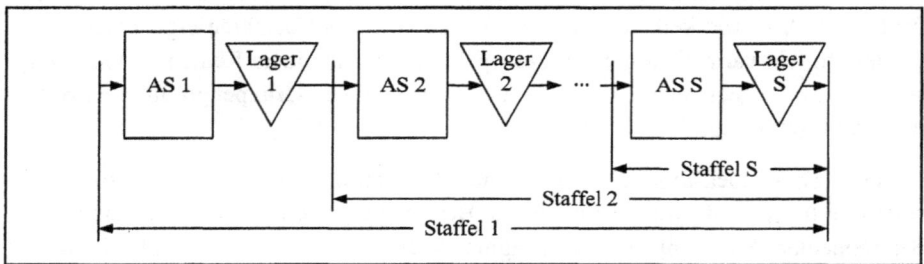

Abbildung 3-3:   Bildung des Staffelbestandes

Die zweckmäßige Höhe des Sollstaffelbestandes ist aus der Wechselbeziehung zwischen Durchlaufzeit (Wiederbeschaffungszeit) und Bedarfsrate nach Little's Law zu ermitteln (vgl. Abschnitt 3.2.3). Bei Eingang eines Kundenauftrages wird durch das Bereichsmanagement des Produktionssystems eine Bedarfsinformation x^{AF} generiert und unverzüglich an alle Lager $s = 0, ..., S$ des Produktionssystems übermittelt. Befindet sich an einem der Lager $s - 1$ ein positiver Bestand $\overline{x}_{s-1}^{LA} > 0$ wird das angeforderte Produkt (Enderzeugnis, Baugruppe, Komponente oder Einzelteil) unverzüglich an den Kunden bzw. an das dem jeweiligen Lager nachgeordnete Arbeitssystem, System s, ausgeliefert. Andernfalls wartet die Bedarfsinformation, bis das dem betreffenden Lager vorgelagerte Arbeitssystem das angeforderte Produkt hergestellt und an das nachfolgende Lager ausgeliefert hat.

---

1)   Ein Arbeitssystem soll alle Ressourcen, die zur Herstellung eines bestimmten Produktspektrums (Einzelteile, Komponenten, Baugruppen oder Enderzeugnisse) und für einen bestimmten Umfang an Arbeitsverrichtungen (bearbeiten, montieren, prüfen, verpacken oder auch transportieren) innerhalb dieses Teilsystems erforderlich sind, umfassen.

Zum betrachteten Zeitpunkt t wird die erforderliche Freigabemenge $\overline{\overline{x}}_{s-1}^{RE}(t)$ an das Arbeitssystem $s = 1, ..., S$ aus der Größe des Iststaffelbestandes

$$\overline{x}_s^e(t) = \sum_{s'=s}^{S} \overline{x}_{s'}^{LA}(t) + \overline{x}_{s'}^{WIP}(t)$$

bestimmt. Die angestrebte Freigabemenge ist gegeben durch

$$\overline{\overline{x}}_{s-1}^{RE}(t) = \max\left\{\overline{\overline{x}}_s^e + \overline{x}_s^{FE}(t) - \overline{x}_s^e(t), 0\right\},$$

wobei $\overline{x}_s^{FE}(t) \geq 0$ der Lieferrückstand im kundenseitigen Lager zum Zeitpunkt t ist. Die tatsächliche Freigabemenge $\overline{x}_s^{RE}(\bar{t})$ für Arbeitssystem s zum Zeitpunkt $\bar{t}$ beträgt nach Ermittlung des Rückstandes $\overline{x}_{s-1}^{FE}(t)$ und des Lagerbestandes $\overline{x}_{s-1}^{LA}(t)$:

$$\overline{x}_s^{RE}(\bar{t}) = \min\left\{\overline{x}_{s-1}^{FE}(t), \overline{x}_{s-1}^{LA}(t)\right\}$$

Sofern Bestimmungen über Losgrößen, wie z.B. eine minimale Losgröße, einzuhalten sind, kann die freizugebende Menge jedoch von $\overline{\overline{x}}_{s-1}^{RE}(t)$ abweichen.

In einem aus einem einzigen Arbeitssystem bestehenden Produktionssystem gibt es folglich keine Unterschiede zwischen einem Base-stock-System und einem Make-to-stock-System. Die Unterschiede zwischen diesen beiden Politiken werden deutlich, wenn ein Produktionssystem mit zwei Arbeitssystemen in Reihe betrachtet wird, in denen ein Produkt produziert wird, das zuerst in Arbeitssystem 1 und anschließend in Arbeitssystem 2 bearbeitet wird (vgl. Abbildung 3-4).

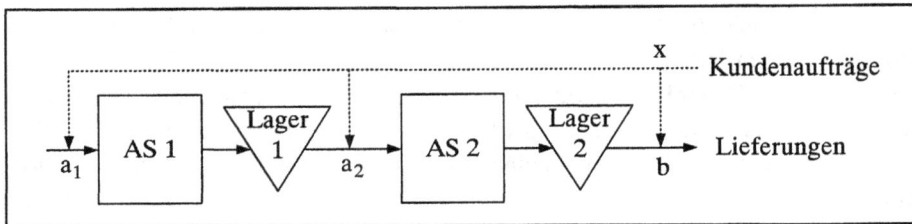

Abbildung 3-4: Base-stock-System mit zwei Arbeitssystemen in Reihe

Kundenaufträge werden aus dem dem Arbeitssystem 2 nachgeordneten Lager bedient. Aufträge werden in Losen der Größen x_1^{Los} und x_2^{Los} an die Arbeitssysteme 1 und 2 freigegeben und kein Transport von Erzeugnissen aus Lager 1 in Arbeitssystem 2 ausgelöst, bevor nicht Aufträge im Umfang von x_2^{Los} in Lager 2 warten. Wird angenommen, daß Lager 1 nicht über die Kundenaufträge informiert ist, bevor Lager 2 die Erzeugnisse x_2^{Los} anfordert, dann läge eine dem Make-to-stock-System äquivalente Situation vor. Der Ansatz des Base-stock-Systems sieht dagegen vor, daß Lager 2 jeden eingehenden Auftrag an Lager 1 meldet. Die Losbildung für Arbeitssystem 2 findet dann gemäß Abbildung 3-4 an Punkt a_2 anstatt in Punkt x statt.

Der grundlegende *Vorteil* eines Base-stock-Systems liegt folglich in der unverzüglichen Weitergabe der Information über eingehende Aufträge an alle Lager und damit in der Verkürzung der Durchlaufzeit durch die Produktion. Allerdings wird dieser Vorteil mit produkt- bzw. variantenspezifischen Pufferbeständen erkauft. Zudem erfolgt im Rahmen von Base stock keine explizite Kapazitätsplanung, die folglich ebenso wie beispielsweise bei Kanban und Fortschrittszahlenkonzept im Rahmen des eingesetzten PPS-Systems durchzuführen ist. Der Grundgedanke des Base-stock-Verfahrens eignet sich auch für eine *unternehmensübergreifende Anwendung*, da die Nachfrageinformationen an alle Unternehmungen einer Supply Chain gleichzeitig übermittelt werden (vgl. Lödding 2005, S. 285), sowie für Distributionsketten, in denen ein Verteilzentrum einen Großhändler und dieser den Einzelhändler beliefert.

3.1.3 Fortschrittszahlenkonzept

Das Fortschrittszahlenkonzept hat seinen Ursprung in der Automobilindustrie. Es gelangt nicht nur zur *unternehmungsinternen* Steuerung zum Einsatz, sondern wird auch im Rahmen *unternehmungsübergreifender* Abnehmer-Zulieferer-Beziehungen thematisiert (unternehmungsübergreifende Logistik). Derartige Verflechtungen sind insbesondere in der Automobilindustrie anzutreffen, in der die Materiallieferungen häufig produktionssynchron erfolgen (Just in time oder sogar Just in sequence). Hierfür bildet das Fortschrittszahlenkonzept mit seinen einfachen und leicht nachvollziehbaren Kennzahlen eine gute Grundlage.

Ausgangspunkt des Fortschrittszahlenkonzeptes bilden die aus der Produktionsplanung stammenden *Sollmengen* für das bereitzustellende Material und die *Solltermine* für Start und Ende der Ausführung von Produktionsaufträgen. Aus den Sollmengen und Sollterminen leitet das Fortschrittszahlenkonzept für die Produktionssteuerung die Soll-Fortschrittszahlen ab. Unter einer *Fortschrittszahl* ist dabei eine sich auf ein Teil beziehende *kumulierte Mengengröße* zu verstehen, die sich aus einer in der Regel jährlich mit einem Stichtag (Beginn des Steuerungszeitraums) beginnenden Kumulation der Stückzahlen des betreffenden Teils ergibt. Differenzierend wird zwischen Soll- und Ist-Fortschrittszahlen unterschieden. Während die *Ist-Fortschrittszahl* diejenige Menge eines Teils angibt, die bis zu einem bestimmten Zeitpunkt tatsächlich bereitgestellt oder produziert wurde, kennzeichnet die *Soll-Fortschrittszahl* die Menge eines Teils, die in der Regel, ausgehend vom Jahresanfang bis zu einem bestimmten Zeitpunkt bereitzustellen ist, um das vorgegebene Produktionsprogramm zu realisieren. Derartige Fortschrittszahlen können sich sowohl auf zu bearbeitende Kundenaufträge als auch auf fremdbezogene Teile beziehen.

Voraussetzung für die Steuerung mit Fortschrittszahlen ist es, das Produktionssystem in sogenannte Kontrollblöcke zu zerlegen. Hierzu wird das Produktionssystem in Subsysteme zerlegt, die dann autonom zu steuern sind, wodurch die Komplexität der Produktionssteuerung reduziert wird. Ein *Kontrollblock* ist dann ein Subsystem, das beim Fortschrittszahlenkonzept eine Black box darstellt, wobei es sich um einen Arbeitsplatz, eine Arbeitsplatzgruppe, eine Abteilung oder einen Bereich handeln kann. Für die Segmentierung des Produktionssystems gibt das Fortschrittszahlenkonzept keine Handlungsempfehlung hinsichtlich des Detaillierungsgrades, sondern dieser ist unternehmungsspezifisch zu wählen. Bei der Bildung der Kontrollblöcke ist jedoch darauf zu achten, daß sie in produktionstechnischer Hinsicht eine *lineare Struktur* aufweisen, d.h., es darf zwischen den gebildeten Kontrollblöcken keine wechselseitigen Leistungsverflechtungen geben. Damit stellen die Kontrollblöcke weitgehend autonome Organisationseinheiten dar. Da der Kontrollblock eine Black box ist, wird lediglich sein Input und sein Output betrachtet (vgl. Abbildung 3-5). Vor diesem Hintergrund wird zwischen einer Eingangs- und Ausgangsfortschrittszahl als zeitbezogene Menge unterschieden, wodurch die einzelnen Kontrollblöcke gegen die jeweiligen Vorgänger und Nachfolger abgegrenzt werden (vgl. Heinemeyer 1988, S. 9).

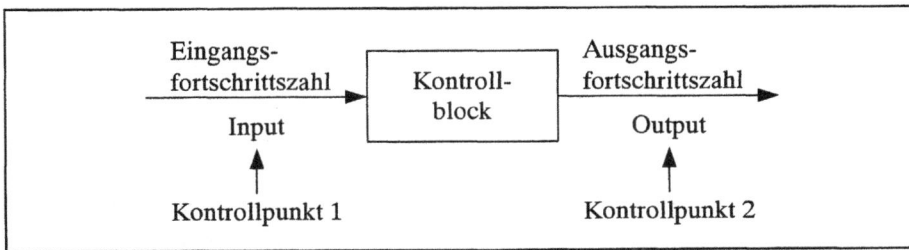

Abbildung 3-5:   Kontrollblock

Dem Kontrollblock lassen sich dann zwei *Kontrollpunkte* zuordnen:

- *Kontrollpunkt 1* bezieht sich auf den Start des ersten Arbeitsganges in dem jeweiligen Kontrollblock. Die sich auf diesen Arbeitsgang beziehenden Ist- und Soll-Fortschrittszahlen sind für den jeweiligen Kontrollblock die Eingangsfortschrittszahlen.

- *Kontrollpunkt 2* bezieht sich auf den Abschluß des letzten Arbeitsganges in dem jeweiligen Kontrollblock. Die sich auf diesen Arbeitsgang beziehenden Ist- und Soll-Fortschrittszahlen sind für den jeweiligen Kontrollblock die Ausgangsfortschrittszahlen.

Durch diese Vorgehensweise ergibt sich ein System miteinander verbundener Kennzahlen, auf dessen Grundlage sich dann konkrete Aussagen über den Produktionsfortschritt der zu erstellenden Erzeugnisse tätigen lassen. Wichtig ist dabei, daß die Fortschrittszahlen keine Mengenangaben bezogen auf einen bestimmten Zeitpunkt darstellen, sondern wie bereits angesprochen, diejenigen Mengen sind, die seit dem Start des Steuerungszeitraums bis zu dem aktuellen Zeitpunkt am Eingang oder Ausgang eines Kontrollblocks angefallen sind, d.h., es liegen *zeitraumbezogene, kumulierte Mengenangaben* vor. Die folgende Abbildung 3-6 gibt in schematischer Form die zeitliche Entwicklung von Eingangs- und Ausgangsfortschrittszahlen bezogen auf einen Kontrollblock wieder.

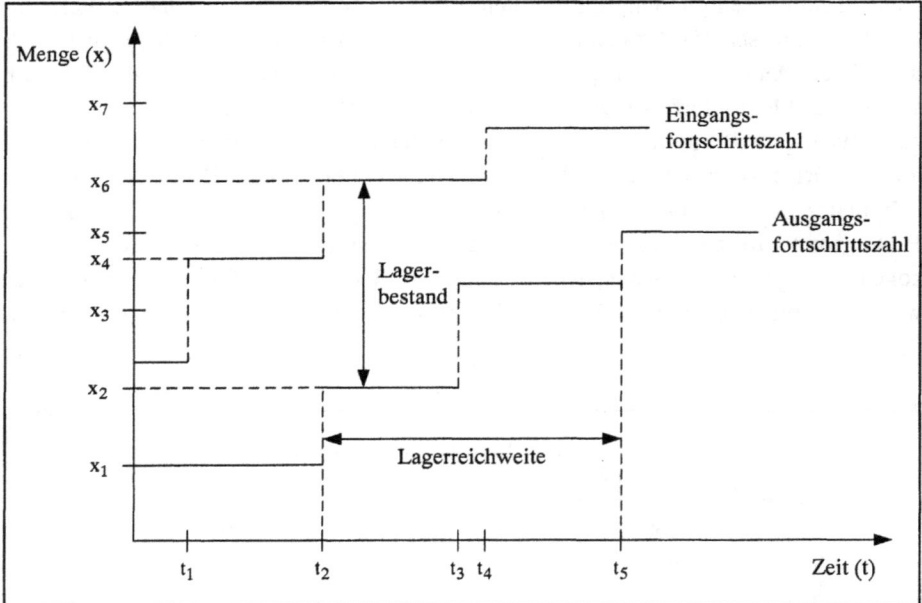

Abbildung 3-6:   Beispielhafter Verlauf von Eingangs- und Ausgangsfortschrittszahl

Die Abbildung zeigt den für Fortschrittszahlen typischen Treppenverlauf. Material-zugänge und -abgänge liegen in den Zeitpunkten vor, zu denen die Treppenkurven Sprünge aufweisen. Die Abbildung unterstellt dabei die folgenden Voraussetzungen:

- Eingangs- und Ausgangsfortschrittszahlen beziehen sich auf die gleiche Material-art.

- Eingangs- und Ausgangsfortschrittszahlen beziehen sich entweder auf die Soll-*oder* Ist-Fortschrittszahl[1].

Nur unter diesen Voraussetzungen läßt sich letztlich ein zweckmäßiger Vergleich der Fortschrittszahlen durchführen. Bei den in Abbildung 3-6 dargestellten Eingangs- und Ausgangsfortschrittszahlen soll es sich um Soll-Fortschrittszahlen handeln, d.h., sie sind aus den Sollterminen der Produktionsplanung für Start und Ende der Ausfüh-rung von Produktionsaufträgen abgeleitet. Die Abstände der in Abbildung 3-6 darge-stellten (Soll-)Eingangs- und Ausgangsfortschrittszahl geben folgende Informa-tionen:

---

1) Um eine störungsfreie Produktionssteuerung zu realisieren, muß die Soll-Eingangsfort-schrittszahl zu jedem Zeitpunkt oberhalb oder mindestens auf der Soll-Ausgangsfort-schrittszahl liegen, da sonst eine Fehlmenge gegeben ist.

- *Horizontaler Abstand*: Er visualisiert die voraussichtliche Reichweite des Lagerbestandes zu einem Zeitpunkt.

- *Vertikaler Abstand*: Er zeigt den voraussichtlichen Lagerbestand des Materials an, der sich zu einem bestimmten Zeitpunkt im Kontrollblock befindet.

Abbildung 3-6 läßt dann, unter der Voraussetzung, daß es sich um Soll-Fortschrittszahlen handelt, folgende Interpretation zu:

- Im dargestellten Steuerungszeitraum entstehen keine Fehlmengen, d.h., es wird zu jedem Zeitpunkt von der betrachteten Materialart ein positiver *Lagerbestand* vorgehalten.

- Die *Lagerreichweite* ist ein komplexeres Phänomen. Dies liegt darin begründet, daß sich in einem Zeitraum bei den Zugängen und den Abgängen Sprungstellen der Treppenkurven befinden. Beispielhaft wird der Lagerbestand herangezogen, der sich in t_2 im Kontrollblock befindet und sich wie folgt zusammensetzt:

-- Lagerbestand $x_2 - x_1$ in t_2, der sich zu diesem Zeitpunkt bereits im Kontrollblock befindet und aus dem

-- Materialeingang $x_6 - x_4$, der in t_2 hinzukommt. Die Reichweite des gesamten Lagerbestandes $x_6 - x_1$ in t_2 geht bis zum Zeitpunkt t_5, in dem der kumulierte Materialausgang x_5 erstmalig größer ist als der kumulierte Zugang x_4, der bis zum Erreichen des Lagerbestandes x_6 in t_2 eingetroffen ist. Damit ist die Lagerreichweite desjenigen Bestandes der in t_2 gegeben ist, so groß wie der Zeitraum $t_5 - t_2$.

Weitere Informationen liefert das Fortschrittszahlenkonzept, wenn Soll- und Ist-Fortschrittszahlen vergleichend gegenübergestellt werden. Während die *Ist-Fortschrittszahl* diejenige Menge eines Teils angibt, die bis zu einem bestimmten Zeitpunkt tatsächlich bereitgestellt oder produziert wurde (es liegt also bezogen auf einen Kontrollblock eine outputbezogene Betrachtung zugrunde), kennzeichnet die *Soll-Fortschrittszahl* die Menge eines Teils, die bis zu einem bestimmten Zeitpunkt bereitzustellen ist. Auf dieser Grundlage lassen sich Informationen über den Produktions*fortschritt* generieren. Werden, wie in Abbildung 3-7 dargestellt, Ist- und Soll-Fortschrittszahlen in einem Koordinatensystem gegenübergestellt, dann lassen sich die *zeitlichen* und *mengenmäßigen Puffer* oder *Rückstände* unmittelbar erkennen.

Aus dieser Gegenüberstellung lassen sich die folgenden Informationen gewinnen:

- Liegt die Ist-Fortschrittszahl unterhalb der Soll-Fortschrittszahl, dann liegt ein *Produktionsrückstand* vor, d.h., der tatsächliche Output des Kontrollblocks ist kleiner als die geplante Menge.

- Ein *Produktionsvorlauf* liegt hingegen dann vor, wenn die Ist-Fortschrittszahl oberhalb der Soll-Fortschrittszahl verläuft.

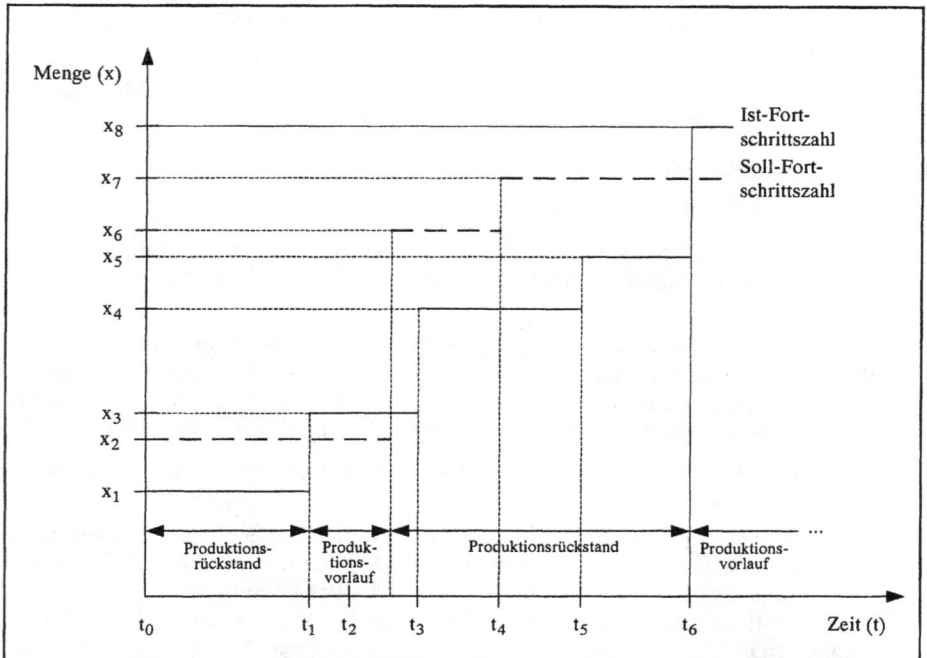

Abbildung 3-7:   Beispielhafter Verlauf von Ist- und Soll-Fortschrittszahlen

Um die Ist-Fortschrittszahlen zu erfassen, ist ein *Betriebsdatenerfassungssystem* eine unabdingbare Voraussetzung. Ferner sind für den erfolgreichen Einsatz dieses Konzeptes die folgenden *Voraussetzungen* zu beachten:

- Der Leistungsaustausch zwischen den Kontrollblöcken darf sich nur in eine Richtung vollziehen (linearer Produktionsprozeß), d.h., es liegt eine Fließproduktion vor.
- Die Kapazitäten müssen weitgehend harmonisiert sein.
- Das Produktspektrum muß durch Standardprodukte mit geringer Variantenvielfalt charakterisiert sein und pro Produktart oder Teil eine hohe Produktionsmenge aufweisen.

Wird das Konzept zur *unternehmungsübergreifenden Koordination* der Abnehmer-Zulieferer-Beziehung eingesetzt, dann müssen darüber hinaus die folgenden weiteren Voraussetzungen erfüllt sein:

- Zwischen Zulieferern und Abnehmern müssen Rahmenverträge abgeschlossen werden, und
- die Informationssysteme von Zulieferer und Abnehmer müssen aufeinander abgestimmt sein.

Abschließend sei noch einmal hervorgehoben, daß das Fortschrittszahlenkonzept keine Unterstützung zur Planung von Produktionsmengen und -zeiten bietet, sondern die Solltermine für die Produktionsmengen werden aus der übergeordneten Produktionsplanung übernommen.

3.1.4 Kanban

Kanban (jap. = Karte) wurde in den 1950er Jahren als ein Steuerungsverfahren für den Materialfluß maßgeblich von Taiicho Ohno bei der Toyota Motor Corporation entwickelt (vgl. Monden 1983 und 1994). *Ziel* des Kanban-Systems ist eine Produktion auf Abruf. Hierdurch sollen einerseits die Lagerbestände niedrig gehalten und damit die Kapitalkosten durch niedrige Umlaufvermögensbestände reduziert, anderseits die Einhaltung der Fertigstellungstermine gewährleistet werden (zu einer kritischen Diskussion der Ziele vgl. Koffler 1987, S. 195 ff.). Die *Grundidee* des Kanban-Systems ist darin zu sehen, daß eine Produktart (Einzelteile, Zwischen- oder Endprodukte) erst dann produziert wird, wenn der Bestand durch Verbrauch auf ein bestimmtes Niveau sinkt, d. h. die Produktion wird durch den tatsächlichen Verbrauch determiniert. Hieraus resultiert, daß eine Produktionsstelle immer dann einen Produktionsauftrag erhält, wenn die im Produktionsablauf nachgelagerte Stelle einen Bedarf signalisiert.

In der traditionellen Darstellungsweise wird das betreffende Produktionssystem in mehrere relativ unabhängige, möglichst in Reihe angeordnete, Regelkreise gegliedert. Ein Regelkreis setzt sich jeweils aus einer Senke (der Material verbrauchenden Produktionsstelle), einer Quelle (der Material bereitstellenden Produktionsstelle) sowie einem zwischen Quelle und Senke angeordneten Pufferlager zusammen (vgl. Abbildung 3-8). Dabei können sowohl Quelle als auch Senke aus einer oder mehreren Kapazitätseinheiten bestehen.

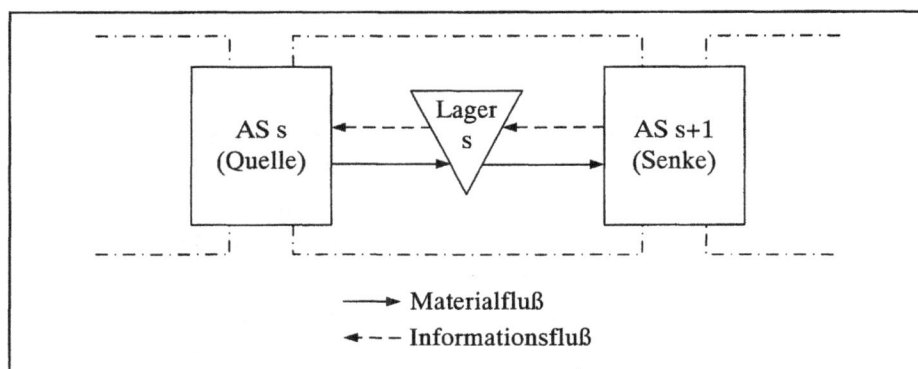

Abbildung 3-8:   Prinzipdarstellung eines Kanban-Regelkreises

Der Einsatz eines Kanban-Systems ist an die Einhaltung bestimmter Rahmenbedingungen gebunden (vgl. z.B. Adam 1998, S. 628 ff.; Glaser/Geiger/Rohde 1992, S. 268 ff.; Zäpfel/Piekarz 1996, S. 48 ff.):

- Die Produktionsstellen sind material- bzw. produktionsflußorientiert anzuordnen. Um einen regelmäßigen und störungsfreien Produktionsablauf sicherzustellen, dürfen nur gute Teile weitergeleitet werden. Im Rahmen einer Kanban-Steuerung erhalten Maßnahmen zur Qualitätssicherung folglich hohe Bedeutung, mit der Konsequenz, daß flexibel einsetzbare und hoch qualifizierte Mitarbeiter, die unterschiedliche Funktionen ausführen können, zum Einsatz gelangen.

- Die eingesetzten Betriebsmittel sind auf die erwartete (durchschnittliche) Nachfrage abzustimmen und in ihrer Kapazität zu harmonisieren, um eine gleichmäßige Produktion zu ermöglichen. Sie müssen darüber hinaus eine hohe Verfügbarkeit und Flexibilität aufweisen, um ein schnelles Umrüsten auf unterschiedliche Produktvarianten zu ermöglichen.

- Der durch das Kanban-System zu befriedigende Bedarf soll keinen größeren Schwankungen unterliegen und weitgehend standardisierte Produkte mit einem geringen Variantenspektrum umfassen. Ferner sind möglichst kleine Lose in konstanter Höhe zu produzieren, um eine hohe Umschlagshäufigkeit und hohe Reaktionsfähigkeit auf Bedarfsschwankungen zu gewährleisten. Eine niedrigere als die (durchschnittlich) prognostizierte Nachfrage führt zu einem Auffüllen der Pufferlager und in der Folge zum Stillstand der dem gefüllten Pufferlager (upstream) vorgelagerten Regelkreise. Ein höherer Bedarf führt im Gegensatz dazu zu leeren Pufferlagern und zum Stillstand der dem leeren Pufferlager (downstream) nachgeordneten Regelkreise sowie zur Überschreitung der angestrebten Auftragsdurchlaufzeiten.

Die hier umrissenen Rahmenbedingungen machen deutlich, daß ein Kanban-System zur Produktionssteuerung insbesondere dann geeignet ist, wenn eine hohe Wiederholhäufigkeit der herzustellenden Produkte bei hoher Verbrauchsstetigkeit gegeben ist.

Die Steuerung sämtlicher Transport- und Produktionsvorgänge erfolgt über die bereits erwähnten Kanban, die z.B. an den Behältern für Lagerung und Transport der betreffenden Teile befestigt sind oder, in einfachen Systemen, durch die Behälter selbst[1]. Um in komplexeren Produktionssystemen die Information über Produktions- und Transportvorgänge zu überwachen, werden die Karten gegebenenfalls in Produktions- und Transport-Kanban unterschieden (Zweikartensystem). Die Funktion eines solchen „klassischen" Kanban-Systems wird in der Darstellung nach Monden (1994, S. 21 ff.) in folgender Weise beschrieben (vgl. auch Abbildung 3-9):

1. Bei Bedarf der Produktionsstelle $s+1$ an Vorprodukten, ausgelöst durch einen Kunden- oder Produktionsauftrag, werden ein Transport-Kanban (TK) einer Transport-Kanban-Sammelbox (bzw. bei Einsatz eines rechnergestützten Systems der entsprechenden Datei) und ein leerer Standard-Behälter dem Transportpunkt

---

1) Darüber hinaus ist bei Verfügbarkeit entsprechender Systeme auch eine rechnergestützte beleglose Steuerung möglich.

der Produktionsstelle s + 1 entnommen. Der leere Behälter wird an einen definierten Transportpunkt der Produktionsstelle s zurück gebracht.

2. Dem Ausgangslager der Produktionsstelle s wird ein gefüllter Standardbehälter (bzw. je nach Bedarf mehrere Behälter) entnommen. Der an diesem Behälter befindliche Produktions-Kanban (PK) wird entfernt und in einer Produktions-Kanban-Sammelbox abgelegt. An dem vollen Behälter wird der Transport-Kanban befestigt und damit ein Transportauftrag von Lager s an die Produktionsstelle s + 1 ausgelöst.

3. Zu Beginn der Bearbeitung in Produktionsstelle s + 1 wird der Transport-Kanban von dem ankommenden Behälter entfernt und wieder in der Transport-Kanban-Sammelbox abgelegt. Der leere Standardbehälter wird am Transportpunkt der Produktionsstelle s + 1 abgestellt.

4. Der Produktions-Kanban-Sammelbox werden entsprechend der gewählten Steuerungspolitik periodisch oder bei Erreichen bestimmter Mengen die Produktions-Kanban entnommen und in einer Produktions-Auftragsbox hinterlegt. Dabei sollte die Reihenfolge First come first served (FCFS) eingehalten werden.

5. An Produktionsstelle s werden die Aufträge gemäß Reihenfolge der in der Produktions-Auftragsbox befindlichen Kanban ausgelöst.

6. Die zu erstellenden Teile (bzw. die Standardbehälter) und der betreffende Produktions-Kanban müssen jeweils als Einheit (Los) den Produktionsprozeß durchlaufen.

7. Nach Abschluß des Produktionsprozesses werden die Standardbehälter mit den bearbeiteten Teilen und den an den Behältern befestigten Produktions-Kanban an das Ausgangslager der Produktionsstelle s geliefert und stehen bei Bedarf der Produktionsstelle s + 1 wiederum zur Verfügung.

In mehrstufigen, gegebenenfalls auch verzweigten, Mehrproduktsystemen müssen die Kanban alle Informationen zu den verschiedenen Teilen, zum Bestimmungsort der Transportaufträge etc. enthalten.

Als Steuerungsparameter für das Kanban-Produktionssystem sind die Anzahl T_s^{Kan} der in einem Regelkreis befindlichen Kanban (entspricht der Anzahl der im Regelkreis befindlichen Standardbehälter bzw. der Summe der im betreffenden Arbeitssystem befindlichen Aufträge und dem Bestand im Pufferlager) sowie die Anzahl x^{Los} der Produkte je Standardbehälter zu bestimmen.

Die Anzahl der benötigten Kanban ist abhängig von der durchschnittlichen Ankunftsrate λ der Aufträge, der durchschnittlichen Wiederbeschaffungszeit t^{WB} der Produktionsmenge eines Standardbehälters sowie von der Anzahl der Produkte pro Behälter:

$$T^{Kan} = \lambda \cdot d^{DL} \cdot \frac{1 + x^{SI}}{x^{Los}}$$

mit:

T^{Kan} = Anzahl der Kanban (gleich Anzahl der Standardbehälter) eines Regel-
kreises

λ = Ankunftsrate der Aufträge

d^{DL} = Durchlaufzeit eines Behälters durch den Regelkreis

x^{SI} = Sicherheitszuschlag

x^{Los} = Inhalt eines Standardbehälters (Teileanzahl, Losgröße)

Der durchschnittliche Bedarf pro Periode ist durch die Produktionsprogrammplanung
zu definieren. Die Wiederbeschaffungszeit der Produktionsmenge eines Standardbehälters (Los) entspricht dessen (durchschnittlicher) Durchlaufzeit durch das Produktionssystem einer Quelle. Die Reaktionszeit des Gesamtsystems zur Auslieferung eines Auftrages an einen externen Kunden ist folglich mit der Durchlaufzeit durch die
letzte Senke (entspricht einer Quelle gegenüber dem externen Kunden) gleichzuset-
zen.

Für die Anzahl x^{Los} der Teile (Produkte) pro Standardbehälter gilt es abzuschätzen,
in welchen Größenordnungen sie sich bewegen sollte, um einen kontinuierlichen Materialfluß im Produktionssystem zu gewährleisten. Eine geringe Teileanzahl je Behälter hat eine Verstetigung des Materialflusses zur Folge, führt jedoch anderseits zu einem ständigen Transportbedarf mit erhöhten Transportkosten. Dagegen hat eine hohe
Teileanzahl je Behälter relativ hohe Wiederbeschaffungszeiten, hohe Lagerkosten
und möglicherweise Stillstandszeiten einzelner Produktionssegmente zur Folge. Zwischen beiden Extremen ist ein geeigneter Wert zu wählen. Als Orientierungsgröße
wird eine Teileanzahl pro Behälter in Höhe von 10 % des Tagesbedarfes genannt
(vgl. z.B. Adam 1998, S. 630).

Für den zweckmäßigen Einsatz eines Kanban-Systems sind einige Regeln einzuhalten (vgl. Monden 1994, S. 24 ff.):

- Durch die Senke sind die benötigten Vorprodukte nur in der Menge und zu der
  Zeit dem Pufferlager zu entnehmen, wenn sie tatsächlich benötigt werden.
- Die Quelle darf nur dann produzieren, wenn von der Senke Teile entnommen
  wurden und nur in der entnommenen Menge, wobei die Mindestmenge durch den
  Inhalt eines Standardbehälters repräsentiert wird.
- Fehlerhafte Produkte dürfen nicht in das Pufferlager und in die nächste Senke ge-
  langen.
- Die Anzahl der umlaufenden Kanban sollte minimiert werden, um den Bestand im
  System gering zu halten.

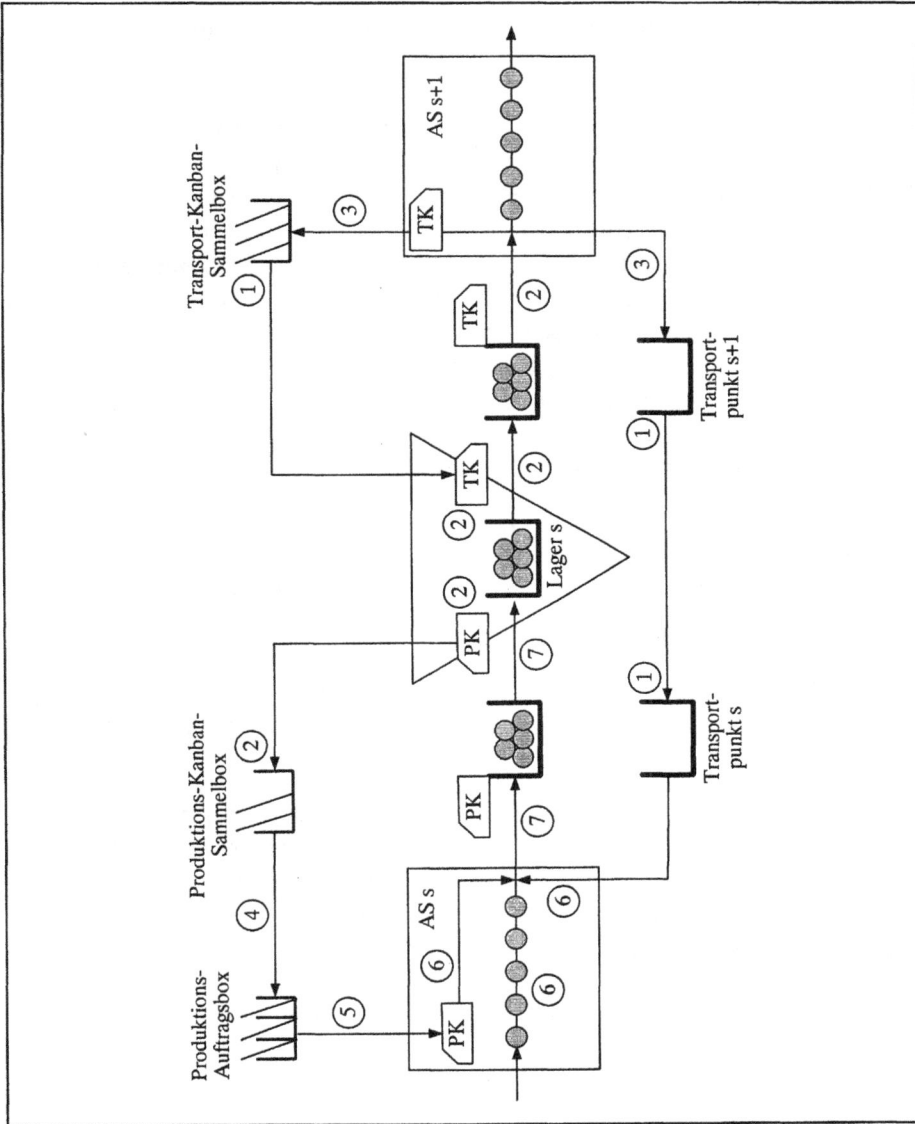

Abbildung 3-9:   Funktion eines Kanban-Systems (vgl. Monden 1994, S. 21)

Die Planung und Einführung eines Kanban-Systems erfordert einen größeren Aufwand zur Definition der Regelkreise, zur Dimensionierung und Harmonisierung der
Kapazitätseinheiten, zur Bestimmung der zweckmäßigen Anzahl benötigter Standardbehälter und zur Unterweisung der Mitarbeiter, die die Regeln des Systems dis-
zipliniert einhalten sollen. Im operativen Produktionsablauf ist dann jedoch nur ein
geringer Steuerungsaufwand nötig, sofern die o.g. Regeln beachtet werden.

3.2 Auftragsbestandsorientierte Konzepte

3.2.1 Make-to-order-System

Liegt eine kundenauftragorientierte Produktion vor, dann wird von einem Make-to-order-System gesprochen. Beispiele hierfür sind der Anlagenbau, Unternehmungen des Werkzeug- und Sondermaschinenbaus etc. In einem solchen System erfolgt die Produktionsaufnahme in der Regel nach dem Abschluß der Produktentwicklung und bei Verfügbarkeit der benötigten Rohmaterialien, Einzelteile und Zulieferkomponenten. Da der Zugang von Kundenaufträgen stochastisch ist, bilden sich vor den Produktionsanlagen mit begrenzter Kapazität häufig Stauungen im Materialfluß. Eine weitere Eigenschaft traditioneller Make-to-order-Systeme ist, daß Zwischenprodukte und Komponenten häufig schon fertiggestellt sind, bevor sie benötigt werden, da die Produktion beginnt, sobald Teile und Rohmaterialien vorhanden sind. Die Folge ist ein vorzeitiger Aufbau hoher Bestände unfertiger Erzeugnisse (WIP).

Höher entwickelte Make-to-order-Produktionssysteme nutzen, sofern die Anzahl an Aufträgen gering ist, den Ansatz der Netzplantechnik (vgl. z.B. Corsten/Corsten/ Gössinger 2008), um zu bestimmen, wann die Produktion von Zwischenprodukten oder Komponenten freigegeben werden muß, um den vorzeitigen Aufbau von Zwischenproduktbeständen zu verhindern. Befinden sich jedoch nicht nur einige wenige Aufträge im System, dann wird die Vorhersage der Durchlaufzeit für einen Vorgang schwierig (vgl. Abschnitt 2.1.3) und der Einsatz anderer Steuerungsverfahren (z.B. BOA; vgl. Abschnitt 3.2.3) zweckmäßig.

Abbildung 3-10 zeigt ein Make-to-order-System, bestehend aus einem Arbeitssystem, in dem ankommende Aufträge unverzüglich freigegeben werden, sofern alle benötigten Materialien vorhanden sind. Trifft der Informationsfluß auf den Materialfluß (Punkt a in Abbildung 3-10), dann löst der Informationsfluß (ein Kundenauftrag) die Weitergabe des Materials an das Arbeitssystem aus.

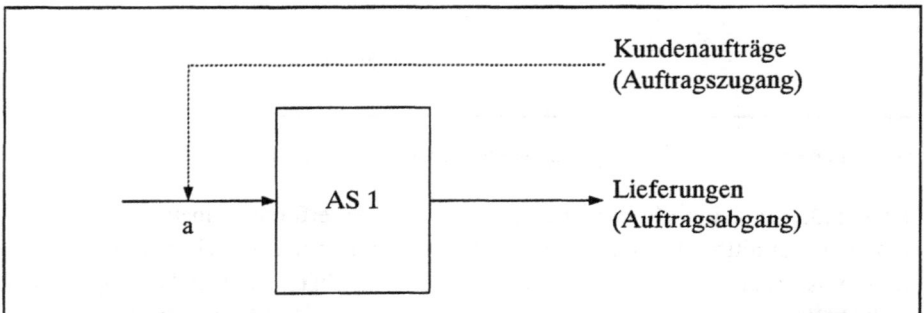

Abbildung 3-10:   Make-to-order-System mit einem Arbeitssystem

Der Weitergabe eines Auftrages von Punkt a erfolgt nur dann, wenn hinreichend Rohmaterial vorhanden ist und ein Kundenauftrag vorliegt. Im folgenden wird davon ausgegangen, daß stets ausreichend Rohmaterial verfügbar ist. Die Freigabe von Aufträgen an das Arbeitssystem erfolgt also unmittelbar mit dem Eingang eines Kundenauftrages und die Auslieferung an Kunden unverzüglich nach der Fertigstellung.

In einem Make-to-order-System mit mehreren Arbeitssystemen werden Aufträge am ersten Arbeitssystem freigegeben und laufen danach durch das Produktionssystem. Abbildung 3-11 zeigt ein Produktionssystem, in dem zwei Arbeitssysteme ein drittes mit Zwischenprodukten versorgen.

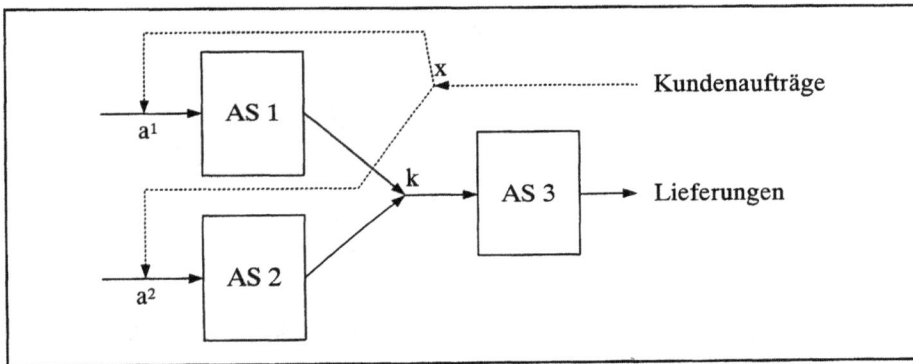

Abbildung 3-11:   Make-to-order-System mit drei Arbeitssystemen

In diesem System muß für jeden Auftrag jeweils eine Komponente in den Arbeitssystemen 1 und 2 produziert werden. Sobald beide Komponenten fertiggestellt sind, werden sie in Arbeitssystem 3 montiert. Ist die Komponente aus Arbeitssystem 1 fertiggestellt bevor die Komponente aus Arbeitssystem 2 vorhanden ist, dann muß die erste Komponente auf die zweite warten. Am Punkt x wird die Information über Kundenaufträge dupliziert und unverzüglich an die Arbeitssysteme 1 und 2 transportiert. Ist also $A^{ZU}(0,t)$ die Anzahl der eingegangenen Kundenaufträge im Intervall $(0,t)$, $A_1^{RL}(0,t)$ die Anzahl der Auftragsfreigaben an Arbeitssystem 1 und $A_2^{RL}(0,t)$ die der Freigaben an Arbeitssystem 2, dann folgt $A_1^{RL}(0,t)=A_2^{RL}(0,t)=A^{ZU}(0,t)$ für alle Zeitpunkte t. $A_1^{AB}(0,t)$ und $A_2^{AB}(0,t)$ sollen die Anzahl der jeweils von den Arbeitssystemen 1 und 2 im Intervall (0,1) fertig gestellte Aufträge und $A_3^{RL}(0,t)$ die Anzahl der an Arbeitssystem 3 freigegebenen Aufträge sein. Eine Freigabe an Arbeitssystem 3 erfolgt nur, wenn beide Arbeitssysteme 1 und 2 ihre Aufträge fertig gestellt haben. Hieraus folgt $A_3^{RL}(0,t)=\min\left\{A_1^{AB}(0,t),A_2^{AB}(0,t)\right\}$. Bevor die Montage in Arbeitssystem 3 stattfinden kann, müssen demnach die benötigten Teile den Punkt k, an dem die Komponentenpakete (kits) zusammengestellt werden, verlassen können.

Werden die ankommenden Kundenaufträge nach der Regel *First come first served* (FCFS) bedient, dann können sowohl die kumulierte Anzahl der erhaltenen als auch der ausgelieferten Aufträge im Zeitintervall $(0,t)$ verfolgt werden. In einer graphischen Darstellung von Auftragszugang $A^{ZU}(0,t)$ und Auftragsabgang $A^{AB}(0,t)$ als Funktion von t stellt der vertikale Abstand zwischen den beiden Kurven $x^{WIP}(t)$ die Zahl der im Arbeitssystem befindlichen Aufträge dar (vgl. Abbildung 3-12).

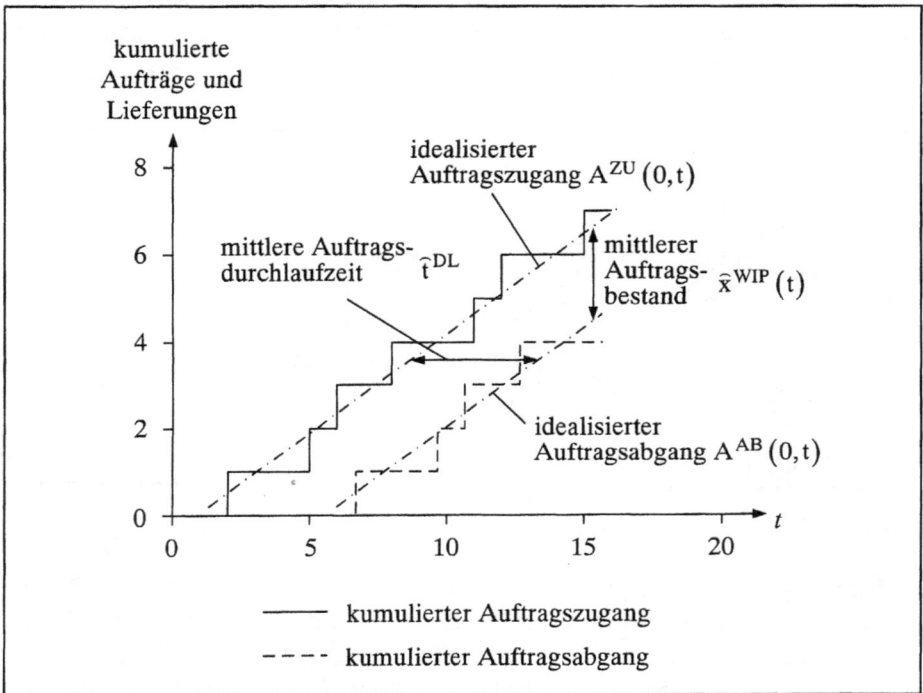

Abbildung 3-12:   Idealisierte Auftragszu- und -abgangsfunktion

In einem Make-to-order-System sind Werkstattbestand $x^{WIP}(t)$ und Lieferrückstände $x^{B}(t)$ über die Gleichung $x^{B}(t) = x^{WIP}(t)$ miteinander verknüpft. In Abbildung 3-12 stellt der horizontale Abstand zwischen den beiden Kurven einen Indikator für die Wartezeit der Kunden bis zur Auftragsauslieferung dar.

Für komplexere Make-to-order-Systeme mit mehreren Bearbeitungsstationen, die aufgrund unterschiedlicher Arbeitsgangfolgen auf interschiedlichen Wegen durchlaufen werden, stehen gemäß Little's Law (vgl. Abschnitt 3.2.3) die Leistung der Bearbeitungsstationen, der Umfang der auf Bearbeitung wartenden Werkstattbestände (WIP) und die Durchlaufzeit durch das Produktionssystem in engem Zusammenhang. Dies wird in den Kennlinien der Abbildung 3-13 deutlich.

gewichtete mittlere
Durchlaufzeit $\hat{t}^{DL}$

mittlere
Leistung $\bar{P}$

mittlere
Leistung $\bar{P}$

angestrebte
mittlere
Leistung $\hat{P}^{PL}$

angestrebte mittlere
Durchlaufzeit $\hat{t}^{DL.PL}$

theoretisches Minimum
der Durchlaufzeit

gewichtete mittlere
Durchlaufzeit $\hat{t}^{DL}$

angemessener
mittlerer Bestand

Bestand im
Produktions-
system

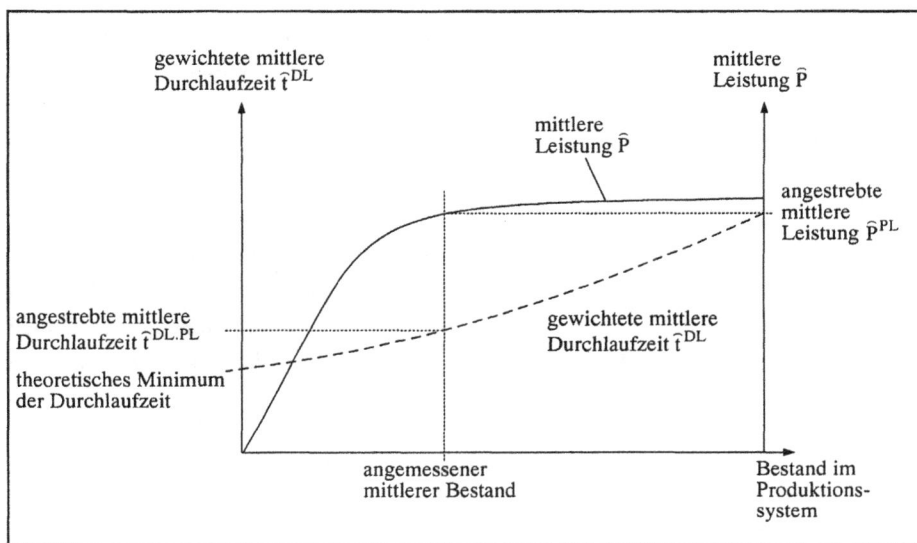

Abbildung 3-13: Prinzipieller Zusammenhang zwischen Durchlaufzeit, Leistung und
Bestand in der Produktion

Durch Variation der gesamten interdependenten Parameter kann unter Beachtung des
Zielsystems der Produktion - niedrige Bestände, kurze Durchlaufzeit, hohe Kapazitätsauslastung, Liefertermineinhaltung - ein geeigneter Arbeitspunkt des Produktionssystems eingestellt werden.

3.2.2 Verfügbarkeitsorientierte Auftragsfreigabe

Ziel dieser Steuerungsverfahren ist es, eine möglichst hohe und gleichmäßige Auslastung des Produktionssystems zu erreichen. Dazu wurden verschiedene Ansätze entwickelt, die entweder nur einzelne Arbeitssysteme (Engpässe; Local control) betreffen oder größere Bereiche des Produktionssystems (organisatorisch oder technologisch definierte Segmente; Integral Control) umfassen.

Beim *Local-Control-Verfahren* wird eine Ressource (Arbeitssystem, Maschine) dann
aktiviert, wenn die folgenden Bedingungen erfüllt sind:

- Das Arbeitssystem ist verfügbar und
- im vorgelagerten Lager sind Aufträge vorhanden.

In diesem Falle wird der Auftrag unmittelbar an das Arbeitssystem freigegeben. Bei
Fertigstellung des Auftrages wird

- der Auftrag in das nachgelagerte Lager transportiert, wenn dort ein freier Lagerplatz vorhanden ist, bzw.
- der Auftrag auf der Ressource angehalten, wenn im Ausgangslager kein Platz frei
ist.

Wird der Auftrag im Arbeitssystem angehalten, dann ist dieses blockiert und kann keinen weiteren Auftrag bearbeiten. Mit Local Control wird folglich der Materialfluß vom Zustand des Arbeitssystems selbst sowie vom Zustand der diesem unmittelbar vor- und nachgelagerten Lager bestimmt. Typischerweise wird Local Control zur Materialflußsteuerung zwischen Stationen in Fließ- und Transferlinien genutzt, also vor allem für mehrstufige automatisierte Produktionssysteme.

Ein Local-Control-System besteht aus Arbeitssystemen $s, s = 1, \ldots, S$. Jedem Arbeitssystem ist ein Lager s mit begrenzter Lagerkapazität nachgeordnet. Die einzelnen Arbeitssysteme können z.B. auch aus mehreren parallel arbeitenden Maschinen $\kappa, \kappa = 1, 2, \ldots, C$, bestehen. Die Freigabe von Aufträgen bzw. Produkten aus dem Lager $s-1$ an Arbeitssystem s erfolgt nur dann, wenn dort eine Ressource frei ist. Ebenso kann ein Auftrag nach seiner Fertigstellung das Arbeitssystem s nicht verlassen, bis ein Lagerplatz in Lager s verfügbar ist. Andernfalls verbleibt der Auftrag im Arbeitssystem s und blockiert dieses (bzw. eine der dort parallel vorhandenen Maschinen). Lager $s-1$ kann einen positiven Lagerbestand nur dann aufweisen, wenn alle Maschinen in Arbeitssystem s belegt oder blockiert sind, d.h. entweder gerade einen Auftrag bearbeiten oder durch vollständige Belegung des Lagers s einen fertiggestellten Auftrag nicht ausliefern können.

Die Produktnachfrage bleibt in einem Local-Control-System offensichtlich unbeachtet, da nur einzelne Arbeitssysteme betrachtet werden. Solange das Arbeitssystem und das diesem nachgeordnete Lager über freie Kapazität verfügen, wird gemäß o.g. Definition produziert. Um eine im Falle hoher (bzw. theoretisch unbegrenzter) Lagerkapazität ununterbrochene Produktion und den daraus resultierenden Aufbau großer Lagerbestände zu vermeiden, empfiehlt es sich, die Lagerkapazität den realen Bedarfen anzupassen und entsprechend zu begrenzen. Alternativ kann bei einem aus mehreren aufeinander folgenden Arbeitssystemen bestehenden Produktionssystem für die Freigabe an das erste Arbeitssystem ein anderer Ansatz zur Materialflußsteuerung genutzt und die folgenden Arbeitssysteme mit Hilfe von Local Control gesteuert werden.

Integral-Control-Systeme basieren dagegen auf der Betrachtung eines aus mehreren Arbeitssystemen oder Ressourcen bestehenden Segmentes eines Produktionssystems (nicht jedoch dem gesamten System) $s, s+1, s+2, \ldots, \vartheta$. Der gesamte Werkstattbestand wird über die Anzahl von Aufträgen oder Arbeitsstunden begrenzt. Die Auftragsfreigaben erfolgen so, daß der sich nach Auftragsfreigabe einstellende tatsächliche Werkstattbestand möglichst genau dem definierten Ziel- oder Höchstbestand $\overline{\overline{x}}^{e}_{s,\vartheta}$ entspricht, vorausgesetzt, in dem dem Segment vorgelagerten Lager sind hinreichend Aufträge vorhanden. Bezieht sich die Begrenzung auf die Anzahl der Aufträge und unterliegt die Losgröße keinen Beschränkungen, dann kann die tatsächlich freizugebende Auftragsmenge genau dem Höchstbestand entsprechen. Liegen Losgrößenbeschränkungen vor, dann sollte die Differenz zwischen tatsächlich freizugegebenen Aufträgen und dem Höchstbestand kleiner sein als die Losgröße, vorausgesetzt, es stehen hinreichend Aufträge zur Freigabe zur Verfügung[1].

3.2.3 Belastungsorientierte Auftragsfreigabe

Die *grundlegenden Arbeiten* für dieses bestandsorientierte Konzept wurden von Irastorza/Deane (1974), Belt (1976) und Wight (1970; 1974) vorgelegt[2]. Diese Arbeiten bildeten den Ausgangspunkt für die Arbeit von Jendralski (1978) und die Spezifikation durch Bechte (1980)[3]. Zielgrößen der belastungsorientierten Auftragsfreigabe (BOA) sind die Durchlaufzeit, die von zentraler Bedeutung ist, sowie der Bestand, die Auslastung und die Terminabweichung bzw. die Termintreue.

Die von Bechte (1980) beschriebene Vorgehensweise, das Arbeitssystem als *Trichter* aufzufassen, wurde bereits von Orlicky (1975) und Kivenko (1979) formuliert. Abbildung 3-14 gibt diese Idee wieder.

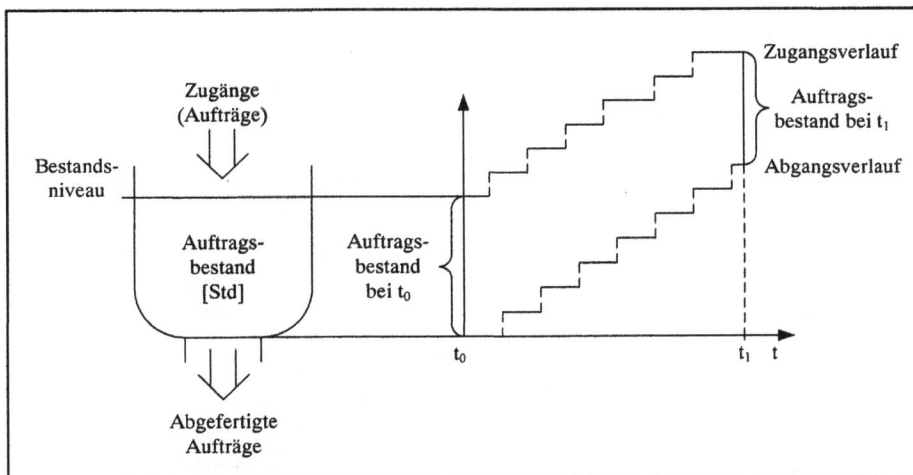

Zugänge
(Aufträge)

Zugangsverlauf

Auftragsbestand bei t_1

Bestandsniveau

Abgangsverlauf

Auftragsbestand [Std]

Auftragsbestand bei t_0

t_0

t_1 t

Abgefertigte Aufträge

Abbildung 3-14:   Trichtermodell

In der Regel sind die Zugangskurve und die Abgangskurve nicht deckungsgleich und die Auftragsbestände bei t_0 und t_1 nicht identisch:

1) Für eine exaktere mathematische Beschreibung dieses Steuerungsverfahrens vgl. Abschnitt 4.1.3.
2) Einen Überblick zu weiteren bestandsorientierten Produktionskonzepten geben Bergamashi et al. (1997).
3) Verfeinerungen finden sich bei Ritter (1982) und Buchmann (1983). Von den von Wiendahl zahlreich vorgelegten Zusammenfassungen der BOA vgl. z.B. Wiendahl (1987).

Auftragsbestand bei t_1 > Auftragsbestand bei t_0 $\Rightarrow$ Zugänge > Abgänge

Auftragsbestand bei t_1 < Auftragsbestand bei t_0 $\Rightarrow$ Zugänge < Abgänge

Eine zentrale Ursache hierfür ist in den streuenden Auftragszeiten zu sehen.

Aufbauend auf den Gedanken von Little (1961, S. 383 ff.), der die folgende Beziehung formulierte:

$$L = \lambda \cdot W$$

mit:

L   =   mittlerer Bestand im System (gemessen in Einheiten z.B. Stück)

W   =   mittlere Verweildauer einer Einheit im System

λ =   Ankunftsrate bzw. λ^{-1} = mittlere Zeitdauer zwischen der Ankunft zweier aufeinander folgender Einheiten im System

formulieren die Vertreter der BOA die folgende Beziehung

$$\tan \alpha = \widehat{P} = \frac{\widehat{A}^{WIP}}{\widehat{t}^{DL}}$$

die graphisch in Abbildung 3-15 dargestellt ist.

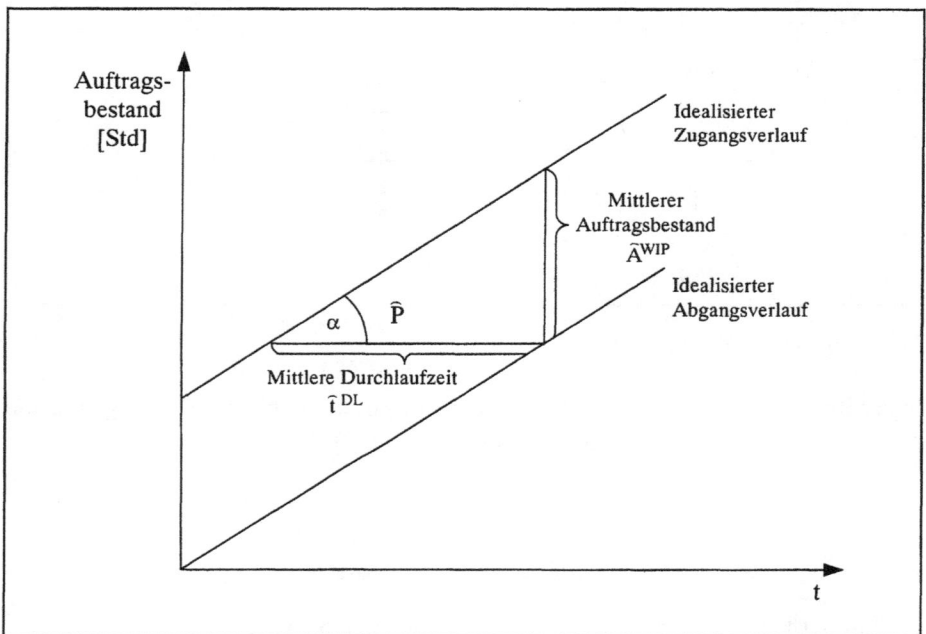

Abbildung 3-15:   Idealisierte Zugangs- und Abgangsverläufe

Die BOA geht dabei von gegebenen Kapazitäten und Produktionsaufträgen aus. Primäres Ziel ist es dabei, die Kapazität der einzelnen Werkstatt möglichst gut auszulasten und dabei die Durchlaufzeit in einer vertretbaren Größenordnung zu halten (vgl. Gutenberg 1983). Wie aus Abbildung 3-13 hervorgeht, ist die Höhe des Auftragsbestandes (Kapazitätsnachfrage) abhängig von

- der mittleren Leistung des Aggregates (Leistung gemessen als Abgang in Arbeitsstunden) und
- der mittleren Durchlaufzeit (sie entspricht der mit dem Auftragsinhalt in Stunden gewichteten Durchlaufzeit gemessen in Betriebskalendertagen).

Die zum Einsatz gelangende *Planungsheuristik* weist die drei folgenden Verfahrensschritte auf:

- Ermittlung dringlicher Aufträge,
- Abwertung von Auftragsstunden und
- Bestimmung einzulastender Aufträge.

Als Beurteilungsbasis für die *Ermittlung dringlicher Aufträge* werden die im Rahmen der Durchlaufterminierung ermittelten Auftragsstarttermine herangezogen. Steuerungsparameter ist dabei die *Terminschranke*, mit deren Hilfe die Anzahl der freizugebenden Produktionsaufträge beschränkt wird. Zur Operationalisierung dieser Beschränkung wird der sogenannte Vorgriffshorizont herangezogen. Dringlich sind dann die Aufträge, deren (Soll-)Starttermin in den *Vorgriffshorizont*, d.h. der Zeitspanne zwischen Terminschranke und Planungszeitpunkt (Gegenwart), fallen. Die Aufträge, die nicht in diese Zeitspanne fallen, werden als nicht dringlich eingestuft und zurück in den Auftragsbestand gegeben. Es erfolgt dann in der nächsten Planungsperiode eine Überprüfung, ob diese dann dringlich sind. Der Vorgriffshorizont ist somit ein zeitliches Kriterium zur Unterscheidung zwischen dringlichen und nicht dringlichen Aufträgen und soll zwei bis drei Planperioden umfassen. Die Terminschranke bildet den spätesten Startzeitpunkt, an dem ein Auftrag gerade noch dringlich ist.

Als weiterer Steuerungsparameter dient die *Belastungsschranke*. Hierunter ist die höchstmögliche Belastung eines Bearbeitungssystems zu verstehen, d.h., dieser Parameter bezieht sich nicht wie die Terminschranke auf das gesamte Produktionssystem, sondern auf eine einzelne Bearbeitungseinheit. Es wird letztlich vermieden, daß alle Aufträge, die der gleichen Dringlichkeitsstufe zugeordnet werden, gleichzeitig eingelastet werden. Konkretisiert wird die Belastungsschranke mit Hilfe des *Einlastungsprozentsatzes*. Beträgt dieser z.B. 200 %, dann wartet vor jeder Bearbeitungseinheit ein mittlerer Bestand pro Periode, der genauso groß ist wie die Kapazität. Die Wahrscheinlichkeit, daß ein Auftrag eine Bearbeitungseinheit belastet, ist aber nur 50 %, da im Durchschnitt jeder zweite Auftrag warten muß. Damit muß der Auftrag auch nicht zu 100 % eingelastet werden, sondern im vorliegenden Beispiel nur mit 50 % (erwartete Kapazitätsbelastung; vgl. Hansmann 2006, S. 345). Mit dem

Einlastungsprozentsatz werden die Bearbeitungseinheiten letztlich systematisch überbelastet. Grundlage für die Ermittlung der Auslastung ist das *Arbeitsvolumen* eines Produktionsauftrags an einer Bearbeitungseinheit (Ausführungsdauer der an dieser Einheit auszuführenden Arbeitsgänge multipliziert mit dem Produktionslos, das an dieser Einheit hergestellt werden soll). Das Arbeitsvolumen eines Arbeitsplatzes setzt sich dann aus der direkten und indirekten Belastung zusammen. Zur *direkten Belastung* zählen die Aufträge, die *un*mittelbar vor einer Bearbeitungseinheit auf ihre Bearbeitung warten. Dieses Arbeitsvolumen wird in voller Höhe eingelastet. Zur *indirekten Belastung* zählen die Aufträge, die sich noch *nicht un*mittelbar vor der betrachteten Bearbeitungseinheit befinden. Sie werden mit einem auftragsspezifischen Abwertungsfaktor „abgewertet" (Abwertung von Arbeitsstunden). Die *Abwertung der Belastung* eines Auftrags i für eine Bearbeitungsstation s wird mit Hilfe eines *Gewichtungsfaktors* (β_i) vollzogen, der sich, bei gegebenem Einlastungsprozentsatz (EPS) wie folgt ermitteln läßt:

$$\beta_{i.s} = \left(\frac{100}{EPS} \right)_{s'}$$

mit:

s'   =   Anzahl der Bearbeitungseinheiten, an denen der betrachtete Auftrag noch zu bearbeiten ist, bevor er die aktuelle Bearbeitungseinheit s erreicht.

Als Handlungsempfehlung wird in der Regel die Festlegung des Einlastungsprozentsatzes bei 200 % angeführt. Hierbei handelt es sich jedoch nur um Erfahrungswissen, das in praktischen Anwendungen gesammelt wurde. Die *Belastungsschranke* ist dann das Arbeitsvolumen, das für eine Bearbeitungseinheit in der nächsten Planperiode maximal bewältigt werden kann, multipliziert mit dem Einlastungsprozentsatz. Die Belastungsschranke ist letztlich so festzulegen, daß

- keine Bearbeitungseinheit leer steht und auf Produktionsaufträge warten muß und

- die tatsächliche Bearbeitung der freigegebenen Aufträge an den Bearbeitungseinheiten nicht mehr Kapazität erfordert als die Plankapazität der Bearbeitungseinheiten bietet.

Im letzten Schritt erfolgt die *Überprüfung der Auswirkungen* der möglichen Freigabe eines dringlichen Auftrages auf die Einhaltung der jeweils vorgegebenen Belastungsschranken für die relevanten Arbeitsplätze. Dabei ist nur ein erstmaliges Überschreiten der Belastungsschranke an einer Bearbeitungseinheit zulässig. Danach wird die Bearbeitungseinheit gesperrt.

Zur Festlegung des Parameters „Belastungsschranke" können heuristische Vorgehensweisen wie Simulationen oder Probierverfahren zum Einsatz gelangen oder es kann unter Rückgriff auf das bereits erwähnte Trichtermodell auf die folgende *Bestimmungsgleichung* zurückgegriffen werden:

$$A^{BS} = \widehat{P}^{PL} \cdot \left(\widehat{t}^{DL.PL} + \tau \right)$$

mit:

P^{PL}	=	Planleistung
$\widehat{t}^{DL.PL}$	=	Gewichtete mittlere Plandurchlaufzeit
τ	=	In Betriebskalendertagen gemessene Länge der Planperiode

Damit gilt:

$$\widehat{t}^{DL.PL} = \frac{\widehat{A}^{PL}}{\widehat{P}^{PL}}$$

Bei gegebener Planleistung P^{PL} und Planperiodenlänge τ hängt die Höhe der Belastungsschranke A^{BS} von der Plandurchlaufzeit $t^{DL.PL}$ ab.

In einer Simulationsstudie geht Sartor (2006) den folgenden Fragestellungen nach: Welche Auswirkungen haben Änderungen

- der Belastungsschranke (Einlastungsprozentsatz),
- des Vorgriffshorizontes,
- der verwendeten Prioritätsregeln und
- des Glättungsparameters

auf die Leistung des Produktionssystems, wobei die Leistung an den Kenngrößen

- Liefertermintreue und
- Durchlaufzeit

der Aufträge gemessen wird. Die Analyse gelangt dabei zu den folgenden Ergebnissen:

- *Belastungsschranke*: Es wurden Einlastungsprozentsätze zwischen 100 und 400 % und ∞, d.h. sofortige Auftragsfreigabe, wenn der Starttermin im Vorgriffshorizont liegt, untersucht. Dabei zeigt sich, daß der Einlastungsprozentsatz nur eine geringe Auswirkung auf die Liefertermintreue hat.
- *Vorgriffshorizont und Planperiode*: Eine Erhöhung des Vorgriffshorizontes hat zur Folge, daß die Aufträge früher dringlich werden und somit deren Freigabe früher überprüft wird und die Anzahl der Aufträge, über deren Freigabe zu entscheiden ist, zunimmt. Es zeigt sich, daß eine Änderung des Vorgriffshorizonts keine Änderung in der Reihenfolge der Freigabeprüfung der vorliegenden Aufträge zur Folge hat.
- *Prioritätsregeln*: Dabei zeigen liefertermorientierte Regeln wie die Schlupfzeitregel und die alternative Kombination der Schlupfzeitregel mit der KOZ- (kürzeste Operationszeit-)Regel die besten Ergebnisse, während die produktionssystemorientierte Regel WINQ (Least Work in Next Queue Regel) mit den schlechtesten Ergebnissen einhergeht.

- *Glättungsparameter*: Der Glättungsparameter eröffnet die Möglichkeit, den Einfluß vergangener Perioden auf die Prognose zu bestimmen. Während ein hoher Glättungsparameter eine starke Beeinflussung des Prognosewertes durch die jüngere Vergangenheit bewirkt, wird durch einen niedrigen Glättungsparameter eine stärkere Beeinflussung durch weiter zurückliegende Werte erreicht. Die Simulationen zeigen jedoch nur einen geringen Einfluß des Glättungsparameters.

Insgesamt zeigt die Studie, daß mit Hilfe der zur Verfügung stehenden Parameter nur in sehr beschränkter Weise auf die Leistung eines Produktionssystems Einfluß genommen werden kann. Damit bietet BOA - zumindest in dem getesteten Produktionssystem - keine Möglichkeiten, in gezielter Weise auf die Schwankungen der Liefertermintreue in positiver Weise einzuwirken.

Zentrale Schwachstelle der Belastungsorientierten Auftragsfreigabe ist letztlich die Festlegung geeigneter Werte für die Terminschranke und die Belastungsschranke. Wird etwa die Terminschranke zu gering gewählt, dann ist die Wahrscheinlichkeit dafür, daß die Belastungsschranke nicht erreicht wird, hoch. Ist sie zu groß, dann erhöht sich hingegen die Zahl der dringlichen Aufträge und die Belastungsschranke macht die Terminschranke überflüssig. Letztlich bleibt dem Anwender nur die Möglichkeit des „Probierens" übrig. Adam (1987a, S. 3) betont in diesem Zusammenhang, daß es selbst mit aufwendigen Simulationsstudien schwierig sei, zweckmäßige Konstellationen der Parameter zu bestimmen.

3.2.4 CONWIP-System

In einem CONWIP-System (vgl. Spearman/Woodruff/Hopp 1990, S. 883 ff.) erfolgt die Steuerung des Materialflusses eines mehrstufigen Produktionssystems auf der Grundlage eines kartenbasierten Informationsflusses. Das *Produktionssystem* besteht aus mehreren Arbeitsstationen, die über Puffer miteinander verbunden sind. CONWIP setzt voraus, daß sich die Anordnung der Arbeitsstationen am Prozeßfolgeprinzip orientiert, läßt jedoch in begrenztem Maße Abweichungen vom Produktionsfluß zu, wie sie etwa bei der Variantenproduktion auftreten. Der *Materialfluß* ist dadurch gekennzeichnet, daß die zu bearbeitenden Werkstücke zwischen den Arbeitsstationen losweise in Standardbehältern weitergegeben werden. Die Lose umfassen einen konstanten Arbeitsinhalt, der sich auf die Bearbeitungszeit an der Arbeitsstation bezieht, die den Engpaß im Produktionssystem bildet[1]. Bei Mehrproduktproduktion kann sich folglich die Werkstückanzahl in den einzelnen Standardbehältern unterscheiden. Die Basis des *Informationsflusses* bilden die Überhang-Liste (Backlog) und die CONWIP-Karten (C-Karten). In der *Überhang-Liste* werden die durch das Produktionssystem zu erfüllenden Aufträge in der Reihenfolge ihres Eintreffens registriert. Die Aufträge werden von der dem CONWIP-System übergeordneten Planungsebene

---

1)   Treten wechselnde Engpässe auf (z.B. bei Variantenproduktion), wird der Arbeitsinhalt durch die Summe der Bearbeitungszeiten des Auftrags an den einzelnen Arbeitsstationen ermittelt.

aus dem marktorientierten Produktionsprogramm und/oder aus den eingehenden Kundenaufträgen abgeleitet. Der Umfang eines Auftrages entspricht dabei dem konstanten Arbeitsinhalt eines Standardbehälters. In einem CONWIP-System zirkuliert eine konstante Anzahl an *C-Karten*, die zu einem Zeitpunkt entweder den Status „zugeordnet" oder „frei" haben können. In Abhängigkeit von ihrem Status tragen sie unterschiedliche Informationen:

- Eine *freie C-Karte* signalisiert, daß im Produktionssystem freie Kapazität zur Ausführung eines in der Überhang-Liste enthaltenen Auftrags vorhanden ist.

- Eine bei der Auftragsfreigabe einem Standardbehälter *zugeordnete C-Karte* enthält Informationen über den zu erfüllenden Auftrag (z.B. Position in der Überhang-Liste, Freigabezeitpunkt, Produktart) und produktionstechnische Einzelheiten der Werkstückbearbeitung (z.B. Materialbedarf, Arbeitsgangfolge, Bearbeitungsstand). Die Summe der zugeordneten C-Karten spiegelt den im Produktionssystem befindlichen Arbeitsinhalt (Work in process) wider.

Abbildung 3-16 gibt die Grundstruktur des Zusammenwirkens der Elemente eines CONWIP-Systems wieder.

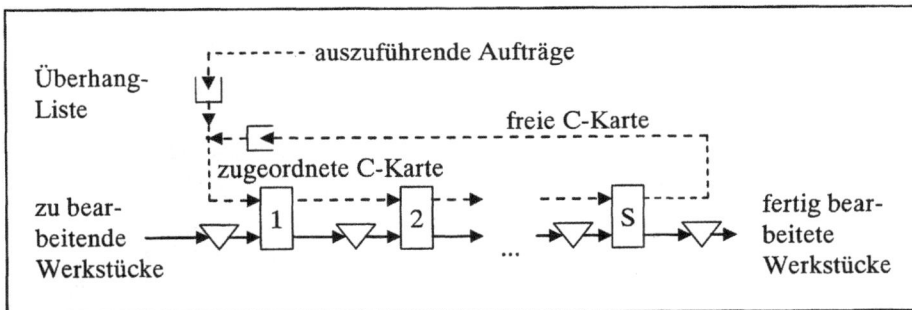

Abbildung 3-16:   Grundstruktur eines CONWIP-Systems

Die Ausführung eines Auftrags verläuft dann in den folgenden Schritten:

- Der Auftrag wird durch die Zuordnung einer freien C-Karte zu einem Standardbehälter mit zu bearbeitenden Werkstücken an der ersten Arbeitsstation freigegeben und in deren Warteschlange eingereiht.

- Ist die Werkstückbearbeitung an der aktuellen Station abgeschlossen, werden Standardbehälter und C-Karte der Warteschlange der nächsten Arbeitsstation hinzugefügt.

- Sobald die Werkstücke an der letzten Arbeitsstation bearbeitet wurden, wird die Zuordnung von C-Karte und Standardbehälter aufgehoben. Die fertig bearbeiteten Werkstücke werden dem Produktionssystem entnommen, und die freie C-Karte wird wieder an den Ausgangspunkt zurückgeführt.

Ein CONWIP-System ist somit im Gegensatz zu anderen Steuerungsverfahren durch einen *Kartenregelkreis* gekennzeichnet, der alle Arbeitsstationen des Produktionssystems umfaßt. Innerhalb des Kartenregelkreises erfolgt die Steuerung nach dem

Push-Prinzip, während der Zugang von Aufträgen zur Überhang-Liste nach dem Push- und/oder Pull-Prinzip gesteuert werden kann.

Um einen gleichmäßigen Materialfluß zu erreichen, erfolgt die Auftragsfreigabe so, daß der Arbeitsinhalt im Produktionssystem nahezu konstant ist (Constant work in process). Hierzu wird im Grundmodell (vgl. Spearman/Woodruff/Hopp 1990, S. 883 ff.) eine Steuerung nach den folgenden Regeln vorgenommen:

- Ausführbare Aufträge[1] werden bei der Freigabe in der Reihenfolge ihres Eintreffens berücksichtigt.

- Die Freigabe des nächsten ausführbaren Auftrags erfolgt, sobald eine freie C-Karte vorliegt, indem diese dem Standardbehälter zugeordnet wird.

- An den einzelnen Arbeitsstationen werden die freigegebenen Aufträge in der Reihenfolge ihrer Freigabe ausgeführt.

- Liegt in einer Planperiode eine Überschreitung der maximalen Vorausarbeit vor, wird die Produktion angehalten und erst in der nächsten Periode fortgesetzt.

- Wird in einer Planperiode der maximale Rückstand erreicht, werden Kapazitätsanpassungsmaßnahmen ergriffen (z.B. Überstunden), um den Rückstand aufzuholen.

Die *Anzahl der C-Karten* ist der zentrale Parameter des CONWIP-Systems (vgl. Framinan/Gonzalez/Ruiz-Usano 2003, S. 257), weil durch sie der maximale und damit auch der mittlere Arbeitsinhalt im Produktionssystem sowie die mittlere Auslastung der Arbeitsstationen und die mittlere Durchlaufzeit der Aufträge determiniert werden. Mit zunehmender Kartenanzahl steigen der mittlere Arbeitsinhalt proportional, die Auslastung der Arbeitsstationen unterproportional und die mittlere Durchlaufzeit der Aufträge überproportional an. Da diese Kenngrößen weder berechnet noch durch eine Bewertung zu einer monetären Zielgröße zusammengefaßt werden, ist eine optimale Parameterfestlegung nicht exakt möglich (vgl. Kistner/Steven 2001, S. 312). Es werden jedoch unterschiedliche heuristische Vorgehensweisen vorgeschlagen (vgl. Framinan/Gonzales/Ruiz-Usano 2003, S. 257 ff.):

- Abbildung des CONWIP-Systems in einem Warteschlangenmodell und analytische Bestimmung einer günstigen Kartenanzahl mit Hilfe geeigneter Approximationsformeln, die das Verhalten der Kenngrößen beschreiben (vgl. z.B. Gstettner/Kuhn 1996; Ryan/Baynat/Choobineh 2000),

- Vorgabe eines Intervalls zulässiger Kenngrößen und entsprechende Anpassung der Kartenanzahl, sobald die Kenngröße außerhalb des Intervalls liegt (vgl. z.B. Hopp/Roof 1998; Tardif/Maaseidvaag 2001),

- Simulation des CONWIP-Systems mit systematischer Variation der Kartenanzahl und Festlegung der Anzahl, bei der die Kenngrößen die günstigste Wertekombination aufweisen (vgl. z.B. Bonvik/Couch/Gershwin 1997; Spearman/Woodruff/ Hopp 1990).

---

1) Ein Auftrag ist ausführbar, wenn die erforderlichen Materialien und Werkzeuge bereitgestellt sind.

Als *weitere Parameter* des CONWIP-Systems sind zu nennen:

- Produktionsrate: Soll-Produktionsmenge pro Periode.
- Maximale Vorausarbeit: Gerade noch zulässige, über die Soll-Menge hinausgehende Produktionsmenge.
- Maximaler Rückstand: Gerade noch zulässige, hinter der Soll-Menge zurückbleibende Produktionsmenge.

Die Festlegung dieser Parameter ist dann erforderlich, wenn CONWIP im Rahmen eines hierarchischen Planungssystems zur Anwendung gelangt, um sicherzustellen, daß die auf einer übergeordneten Planungsebene festgelegten Mengen erfüllt werden. In der Literatur werden jedoch nur wenige Vorschläge unterbreitet, wie deren Festlegung erfolgen soll. In der Regel handelt es sich dabei um einfache Probierverfahren (vgl. Kistner/Steven 2001, S. 312).

3.2.5 Input/Output Control

Input/Output Control wurde in der Literatur (vgl. Belt 1976; Wight 1970) zunächst als ein Verfahren zur Ermittlung der Konsequenzen von Auftragsfreigabe und Kapazitätsanpassung für den in einem Produktionssystem befindlichen Arbeitsinhalt, die Kapazitätsauslastung und die Durchlaufzeit der Aufträge vorgestellt. Auf der Grundlage dieser Informationen ist es möglich, Maßnahmen zum Kapazitätsabgleich zu veranlassen (vgl. Abschnitt 2.1.3), um die Durchlaufzeit der Aufträge zu stabilisieren und die Terminplanung zu verbessern (vgl. Kistner/Steven 2001, S. 285).

Für die Arbeitsstationen eines Produktionssystems werden jeweils ein *Soll-Bestand* des Arbeitsinhaltes $\overline{\overline{c}}$ (Work in process = Summe der Bearbeitungszeiten von Aufträgen, die vor der Arbeitsstation auf Bearbeitung warten oder von dieser gerade bearbeitet werden) oder eine *Soll-Durchlaufzeit* $\overline{\overline{d}}^{DL}$ sowie entsprechende Ober- und Untergrenzen ($c^{max}, c^{min}, d^{DL.max}, d^{DL.min}$) festgelegt. Eine Über- bzw. Unterschreitung der Grenzen signalisiert, daß Korrekturmaßnahmen erforderlich sind. Des weiteren liegen aus der übergeordneten Produktionsplanung Informationen über die in den einzelnen Perioden an den jeweiligen Arbeitsstationen zu erfüllenden Aufträge vor, aus denen der *geplante Input* des Arbeitsinhaltes $\hat{c}_t^{ZU}$ berechnet wird. Die planmäßig verfügbare Kapazität einer Arbeitsstation in den einzelnen Perioden bildet den *geplanten Output* des Arbeitsinhaltes ($\hat{c}_t^{AB} = \hat{C}$). Der *geplante Bestand* des Arbeitsinhaltes $\hat{c}_t$ in einer Periode ergibt sich dann aus dem geplanten Bestand der Vorperiode zuzüglich des geplanten Input der Periode und abzüglich des geplanten Output der Periode. Da Leerkapazität nicht gespeichert werden kann, sind für den geplanten Bestand negative Werte unzulässig. Somit gilt (vgl. Zäpfel 2000a, S. 221):

$$\hat{c}_t = \max\left(\hat{c}_{t-1} + \hat{c}_t^{ZU} - \hat{c}_t^{AB}; 0\right)$$

Die *geplante Durchlaufzeit* (gemessen in Perioden) beträgt damit:

$$\hat{d}_t^{DL} = \frac{\hat{c}_t}{\hat{C}}$$

Durch Vergleich dieser Plan-Größen mit den entsprechenden Soll-Grenzwerten ist es möglich, Anpassungsbedarfe zu identifizieren, die sich aus Inkonsistenzen bei der Festlegung von geplantem Input und Output ergeben. Sollen im Rahmen der Steuerung Anpassungsbedarfe angezeigt werden, die sich aus Abweichungen zwischen Plan und Ausführung ergeben, dann ist es erforderlich, zusätzlich zu den geplanten Inputs und Outputs die realisierten Werte c_t^{ZU}, c_t^{AB}, c_t zu erfassen. Um die Abweichungen von den Soll-Größen differenzierter analysieren zu können, werden die kumulierten Abweichungen zwischen geplanten und realisierten Inputs bzw. Outputs ermittelt (vgl. Fogarty/Blackstone/Hoffmann 1991, S. 466 ff.):

$$\Delta c_t^{ZU} = \Delta c_{t-1}^{ZU} - \hat{c}_t^{ZU} + c_t^{ZU}$$
$$\Delta c_t^{AB} = \Delta c_{t-1}^{AB} - \hat{c}_t^{AB} + c_t^{AB}$$

Abbildung 3-17 gibt einen erweiterten Input/Output-Plan für eine Arbeitsstation wieder.

t	Startwerte 0	zu berechnende zukünftige Werte						
		1	2	3	4	5	6	7
$\hat{c}_t^{ZU}$	-	90	110	120	80	120	130	130
c_t^{ZU}	-	77	134	137	55	129	111	115
Δc_t^{ZU}	0	-13	11	28	3	12	-7	-22
$\hat{c}_t^{AB}$	-	100	100	150	150	100	100	100
c_t^{AB}	-	106	94	140	131	112	106	112
Δc_t^{AB}	0	6	0	-10	-29	-17	-11	1
$\hat{c}_t$	60	50	60	30	0	20	50	80
c_t	60	31	71	68	0	17	22	25
$\hat{d}_t^{DL}$	-	0,5	0,6	0,2	0	0,2	0,5	0,8
d_t^{DL}	-	0,3	0,8	0,5	0	0,2	0,2	0,2

Abbildung 3-17:   Erweiterter Input/Output-Plan für eine Arbeitsstation (Beispiel)

Wäre im Beispiel ein Soll-Bestand von 50 ± 20 vorgegeben, würden in den Perioden 4 und 5 aufgrund von zu niedrig und in der Periode 7 aufgrund von zu hoch geplantem Bestand *Planinkonsistenzen* signalisiert. *Realisationsprobleme* werden in der Periode 2 aufgrund von zu hohem und in den Perioden 4, 5, 6 und 7 aufgrund von zu niedrigem realisierten Bestand angezeigt. Die kumulierten Abweichungen der Inputs und Outputs verdeutlichen dabei, daß der zu hohe realisierte Bestand in Periode 2 durch die Freigabe zu vieler Aufträge verursacht wurde, das Ausmaß des Planungsfehlers in den Perioden 4 und 5 durch die Realisation eines niedrigeren Output und eines höheren Input reduziert werden konnte und die zu niedrigen realisierten Bestände in den Perioden 6 und 7 auf die Freigabe zu weniger Aufträge zurückzuführen sind.

In der beschriebenen Form stellt Input/Output Control ein Instrument zur Visualisierung von Konsequenzen der Auftragsfreigabe und Kapazitätsanpassung dar, das für mehrstufige Produktionssysteme mit Fließ- oder Werkstattproduktion zur Anwendung gelangen kann. Die Zuverlässigkeit des Signalisierens kritischer Inkonsistenzen und Abweichungen ist von der Festlegung der Parameter $\bar{\bar{c}}, c^{max}, c^{min}$ bzw. $\bar{\bar{d}}^{DL}, d^{DL.max}, d^{DL.min}$ abhängig. Die Empfehlung von Fogarty/Blackstone/Hoffmann (1991, S. 467), für die Soll-Größe das 3- bis 4-fache der in der Vergangenheit beobachteten Standardabweichung der realisierten Größe und für die Bemessung des Akzeptanzbereiches ungefähr das Doppelte der Standardabweichung zugrunde zu legen, kann zwar als eine grobe Orientierung angesehen werden, entbehrt jedoch einer ökonomischen Begründung. Zu bemängeln ist weiterhin, daß Input/Output Control über die Informationsfunktion hinaus keine Planungsunterstützung zu bieten vermag, weil sie keine Regeln zur

- Auftragsfreigabe,
- Reihenfolgeplanung der Aufträge und
- Auswahl von Anpassungsmaßnahmen

enthält (vgl. Kistner/Steven 2001, S. 288).

Mit *Weiterentwicklungen der Input/Output Control* wird versucht, die Planungsunterstützung so zu erweitern, daß durch das Verfahren Entscheidungen zur Auftragsfreigabe und Kapazitätsanpassung getroffen werden, die die entscheidungsrelevanten Kosten minimieren (vgl. Karni 1981a, S. 597 ff.; Karni 1981b, S. 334 ff.; Zäpfel/Missbauer 1987, S. 41 ff.). In Anlehnung an Karni läßt sich unter Zugrundelegung der folgenden Annahmen ein gemischt-ganzzahliges Entscheidungsmodell formulieren:

- Es wird eine Arbeitsstation mit einer Normalkapazität C geplant.
- Der Planungszeitraum ist in T Perioden unterteilt.
- Die Kapazität der Anlage kann durch die Maßnahmen i (i=1,...I) temporär um ΔC_{it} erweitert werden.
- Eine Kapazitätsanpassungsmaßnahme geht mit Kosten in Abhängigkeit vom Ausmaß der Anpassung einher.
- Durch eine Kapazitätsanpassungsmaßnahme wird der Produktionskostensatz erhöht.
- Die Arbeitsinhalte werden von der übergeordneten Planungsebene in grobterminierter Form mit Angabe von frühester und spätester Startperiode vorgegeben.

- Aufgrund des in den Werkstücken gebundenen Kapitals und der zur Werkstück-
  aufbewahrung zu nutzenden Lagereinrichtungen werden Kosten induziert, die von
  der Höhe des Bestandes der Arbeitsinhalte abhängig sind.

Das *Entscheidungsmodell* weist die folgende Struktur auf:

- Ziel ist es, die Summe aus Kapazitätsanpassungs-, Auftragsbearbeitungs- und Ar-
  beitsinhaltbestandskosten der Teilperioden des Planungsproblems zu minimieren:

$$K = \sum_{t=1}^{T} \left(\sum_{i=1}^{I} \left(k_i^{ANP} \cdot \Delta C_{it} \right) + \Delta k^{PR} \cdot \hat{c}_t^{AB} + k^{WIP} \cdot \hat{c}_t \right) \rightarrow Min!$$

- Dabei sind die folgenden Nebenbedingungen zu berücksichtigen:

-- Der geplante Bestand des Arbeitsinhaltes wird wie bei der ursprünglichen In-
   put/Output Control über die Teilperioden fortgeschrieben:

$$\hat{c}_t = \hat{c}_{t-1} + \hat{c}_t^{ZU} - c_t^{AB} \qquad \forall t$$

-- Der geplante Bestand des Arbeitsinhaltes darf wie bei der ursprünglichen In-
   put/Output Control die Bestandsgrenzen nicht über- bzw. unterschreiten:

$$\hat{c}_t \leq \hat{c}_t^{max} \qquad \forall t$$

$$\hat{c}_t \geq \hat{c}_t^{min} \qquad \forall t$$

-- Die verfügbare Kapazität darf in keiner Periode überschritten werden:

$$\hat{c}_t^{AB} \leq C + \sum_{i=1}^{I} \Delta C_{it} \qquad \forall t$$

-- Die Kapazitätserweiterung durch eine Anpassungsmaßnahme i ist in der Periode t in einem beschränkten Umfang möglich:

$$\Delta C_{it} \leq \Delta C_i^{max} \qquad \forall i, t$$

-- Wird in einer Periode t eine Kapazitätserweiterung durch eine Maßnahme i
   vorgenommen $(\omega_{it} = 1)$, dann erhöhen sich die Produktionskosten in Abhängigkeit von der ergriffenen Anpassungsmaßnahme:

$$\Delta k_t^{PR} = \sum_{i=1}^{I} \Delta k_i^{PR} \cdot \omega_{it} \qquad \forall t$$

$$\Delta C_{it} \leq \omega_{it} \cdot \Omega \quad \left(\text{mit } \Omega = \text{sehr große Zahl} \right) \qquad \forall i, t$$

-- Die von der übergeordneten Planungsebene vorgegebenen grobterminierten Arbeitsinhalte können in dem durch ihren frühestmöglichen und spätestmöglichen Starttermin bestimmten Zeitraum eingeplant werden:

$$\sum_{t'=1}^{t} \hat{c}_{t'}^{ZU} = \sum_{t'=1}^{t} \hat{c}_{t'}^{RE} \qquad \forall t$$

$$\sum_{t'=1}^{t} \hat{c}_{t'}^{ZU} \leq \sum_{t'=1}^{t} \hat{c}_{t'}^{RE} \qquad \forall t$$

-- Für die Entscheidungsvariablen gelten folgende Wertebereiche:

$$\hat{c}_{t}^{ZU}, \hat{c}_{t}^{AB} \geq 0 \qquad \forall t$$

$$\Delta C_{it} \geq 0 \qquad \forall i, t$$

$$\omega_{it} \in \{0;1\} \qquad \forall i, t$$

3.3 Engpaßorientierte Konzepte

In Produktionsbereichen, die Aufträge mit wechselnden Bearbeitungsfolgen und unterschiedlichen Arbeitsinhalten zu bedienen haben und die folglich in der Regel nach dem Werkstattprinzip organisiert sind, bilden sich häufig Kapazitätsengpässe heraus, die bei annähernd konstantem Produktionssortiment über längere Zeiträume erhalten bleiben. Das Ziel der Produktionssteuerung wird in diesem Falle nicht eine möglichst gute Auslastung aller Kapazitätseinheiten sein, die nur mit hohen Pufferbeständen in der Produktion (WIP) und langen Durchlaufzeiten erreicht werden könnte. In solchen Bereichen ist der Fokus auf die (optimale) Auslastung der Engpaßkapazitätseinheiten zu richten, um auf diese Weise eine Harmonisierung und Verstetigung des Materialflusses im Produktionssystem zu erzielen.

Eine engpaßorientierte Produktionssteuerung geht von der Beobachtung aus, daß sich vor den Engpaßkapazitäten längere Warteschlangen bilden, da in das Produktionssystem zu viele Aufträge mit einem insgesamt für den Engpaß zu großen Arbeitsinhalt eingesteuert werden. Dadurch verlängern sich die Durchlaufzeiten, es erhöhen sich die Bestände im Gesamtsystem, dessen Ausstoß letztlich durch die Engpaßkapazität determiniert wird. Erfolgt dagegen eine optimale Auslastung der Engpaßkapazität, sollte sich im Gesamtsystem der Durchsatz erhöhen und die Durchlaufzeit für alle Aufträge und damit der Bestand im System reduzieren lassen. Die „optimale Auslastung" zielt dabei nicht allein auf eine maximale Kapazitätsauslastung, sondern zugleich auf optimale Auftragsgrößen und -reihenfolgen, also auch auf eine Optimierung der Bearbeitungslosgrößen, der Auftragsreihenfolge und damit der Rüstfolge unter den besonderen Bedingungen des Engpasses.

3.3.1 Optimized Production Technology

Für die engpaßorientierte Produktionssteuerung wurden verschiedene Ansätze entwickelt (vgl. Weidner 1992; Lödding 2005, S. 339 ff.). Der prominenteste Vertreter dürfte das *Optimized Production Technology (OPT)*[1] genannte Verfahren sein, das auf der zu Beginn der 1980er Jahre entwickelten *Theory of Constraints (TOC)* von Goldratt beruht (vgl. Goldratt 1990; Goldratt/Cox 1992)[2].

Die der Produktionssteuerung durch OPT zugrundeliegende Philosophie der TOC wird durch die folgenden neun Regeln zum Ausdruck gebracht[3]:

- „Do not balance capacity - balance the flow": In einem Werkstattsystem mit wechselnder Bearbeitungsfolge und variablen Arbeitsinhalten ist eine gleichmäßige Kapazitätsauslastung aller Bearbeitungsstationen zu allen Zeitpunkten eine unlösbare Aufgabe. Entscheidend für eine möglichst gute Erfüllung der Zielgrößen der Produktion ist jedoch ein stetiger Materialfluß.

- „The level of utilization of a non-bottleneck resource is determined not by its own potential but by some other constraints in the system": Die Auslastung einer Nicht-Engpaßeinheit wird determiniert durch die im System vorhandenen Engpaßeinheiten sowie durch weitere Einflußfaktoren wie Auftragsreihenfolgen, Auftragsgrößen, logistische Bedingungen etc.

- „Bottlenecks govern both throughput and inventory in the system": Im Zentrum des Verfahrens stehen die Engpaßressourcen. Sie bestimmen den Materialfluß durch das gesamte System. Arbeitssysteme, die sich vor einem Engpaß befinden, können zwar ihrer Kapazität entsprechend produzieren, verursachen dadurch jedoch u.U. ein Ansteigen der WIP-Bestände vor der Engpaßeinheit. Dies führt zu verlängerten Durchlaufzeiten der Aufträge sowie erhöhten Lager- und Kapitalbindungskosten (vgl. Goldratt 1988, S. 450 ff.). Alle nach der Engpaßeinheit angeordneten Kapazitätseinheiten sind direkt von dieser abhängig, da sie nur Aufträge weiterbearbeiten können, die die Engpaßeinheit bereits durchlaufen haben. Der downstream gerichtete (zum Endprodukt hin verlaufende) Materialfluß wird also unmittelbar von der Engpaßeinheit bestimmt.

- „Activating a resource (making it work) is not synonymous with utilizing a resource": Die Inbetriebnahme freier Maschinen - *Activation* - bringt keinen tatsächlichen Nutzen, wenn der erzeugte Output aufgrund eines nachfolgenden Engpasses nicht weiterbearbeitet werden kann und dadurch lediglich die Bestände im Produktionssystem erhöht werden. Mit *Utilizing* wird dagegen die Nutzung einer Maschine unter Beachtung der durch das gesamte Produktionssystem gesetzten Bedingungen bezeichnet. Nur Output, der in der Folge auch weiterbearbeitet werden kann, dient dem Erreichen der gesetzten unternehmerischen Ziele.

---

1) OPT wurde in einer kommerziellen Software der *Creative Output Inc., Milford/Connecticut, USA* implementiert, deren Algorithmen nicht veröffentlicht sind. Der grundlegende Denkansatz von OPT, ist jedoch prinzipiell auf andere Planungs- und Steuerungsansätze übertragbar.

2) Die Anwendung der TOC für Produktionssysteme wird auch im Rahmen des sogenannten *Drum-Buffer-Rope-Konzeptes* verfolgt.

3) Die englischsprachigen Regeln wurden in der von Green benutzten Diktion übernommen (vgl. Green et al. 1997, S. 13.7).

- „An hour lost at a bottleneck is an hour lost for the entire system": Nicht genutzte Kapazität an Engpaßeinheiten und dadurch verlängerte Durchlaufzeit können durch das Gesamtsystem nicht kompensiert werden.

- „An hour saved at a nonbottleneck is a mirage": Alle auf Nicht-Engpaßarbeitsstationen (Non-bottlenecks) gerichteten Anstrengungen wirken sich nicht auf eine Verbesserung der Effizienz des gesamten Produktionssystems aus, da diese durch die Engpässe bestimmt wird. Auch wenn sich diese Feststellung im wesentlichen auf die Betrachtung von Maschinenkapazität bezieht, können Engpässe auch material- und personalbedingt sein.

- „The transfer batch may not and many times should not be equal to the process batch": Es wird zwischen Transport- und Bearbeitungslosen unterschieden. Transportlose müssen nicht mit Bearbeitungslosen übereinstimmen. Sie können sowohl kleiner sein, um eine nachfolgende Bearbeitungsstation früher ansteuern zu können, als auch größer, wenn dies durch die logistischen Bedingungen (z.B. Behältergrößen) erzwungen wird, da andernfalls zusätzliche Kosten entstehen würden.

- „The process batch should be variable both along its route and in time": Die Bestimmung der richtigen Bearbeitungslosgröße stellt ein zentrales Problem innerhalb von OPT dar. Um einen relativ gleichmäßigen Fluß durch das Produktionssystem zu gewährleisten, müssen sowohl Transportlose als auch Bearbeitungslose im Zeitablauf sowie in Abhängigkeit von den Ressourcen variabel sein. Für die Bestimmung der Bearbeitungslose sollte dabei nicht das zu bearbeitende Teil, sondern vielmehr die zu belastende Ressource den Ausschlag geben. Sofern auf Engpaßeinheiten Rüstvorgänge einen größeren zeitlichen Umfang besitzen, sollten möglichst große Lose zur Vermeidung von Rüstzeiten produziert werden, da andernfalls die verfügbare produktive Zeit des Engpasses verringert würde (die effiziente Nutzung der Engpaßkapazität legt dann allerdings auch organisatorische und technische Maßnahmen zur Verringerung der Rüstzeiten nahe). Für Nicht-Engpaßeinheiten können dagegen kleinere Lose von Vorteil sein, da diese zu einer Glättung des Materialflusses im System führen (vgl. Goldratt 1988, S. 447 f.)[1].

- „Priorities can be set only by simultaneously examining all the systems' constraints. Lead time is a derivative of the schedule": Auftragsprioritäten können nur unter Beachtung aller Systemengpässe gesetzt werden. Die Auftragsdurchlaufzeiten sind dann keine vorgegebenen Parameter, sondern ergeben sich aus den Belegungsterminen der Kapazitätseinheiten. Für alle vor dem Engpaß liegenden Arbeitsstationen (upstream) werden diese durch Rückwärtsterminierung, für alle nach dem Engpaß liegenden Bearbeitungsstationen (downstream) durch Vorwärtsterminierung bestimmt.

Die Grundidee dieser neun Regeln läßt sich mit folgenden Prämissen umreißen (vgl. Goldratt 1984; Lödding 2005, S. 351; Corsten/Gössinger 2009, S. 590 ff.), die keine Schrittfolge im engeren Sinne, sondern eine grundlegende Herangehensweise an eine engpaßorientierte Systembetrachtung darstellen:

1. Identifikation der Engpässe eines Systems.

2. Maximale und effiziente Nutzung der Kapazität der Engpässe.

---

1) Dabei führen einstufige Modelle der Losgrößenrechnung nur zufällig zu optimalen Ergebnissen, da sie nur die einzelne Ressource, nicht aber die Auswirkungen des Loses für das gesamte System berücksichtigen (vgl. Green et al. 1997, S. 13.10).

3. Unterordnung aller Ressourcen und Prozesse des Systems unter die Erfordernisse der Engpässe.

4. Erweiterung der Kapazität der Engpässe durch geeignete (organisatorische) Maßnahmen.

5. Iteration, beginnend mit Schritt 1 und kontinuierliche Verbesserung des Systems.

Die Funktionalität von OPT umfaßt in der Terminologie von MRP II die Termin- und Kapazitätsplanung in fünf wesentlichen Schritten, die auch als *Drum-Buffer-Rope-Ansatz* (Engpaß-Puffer-Einlastung) bezeichnet werden[1]:

1. Erstellung eines auftragsbezogenen Produktnetzwerkes.

2. Ermittlung der Engpässe durch Rückwärtsterminierung.

3. Detaillierte Belegungsplanung der Engpässe durch Simulation.

4. Bestimmung der Fertigstellungstermine der Aufträge im kritischen Bereich.

5. Ermittlung der Starttermine im unkritischen Bereich.

Für alle sonstigen Funktionen des MRP II-Konzeptes, also insbesondere für die Primär- und Sekundärbedarfsplanung, muß auf ein konventionelles PPS-System zurückgegriffen werden (vgl. Abbildung 3-18).

---

1) Dabei bezeichnet *Drum* den Engpaß bzw. das schwächste Glied im Produktionsprozeß, das den Throughput des Systems bestimmt. *Buffer* ist verknüpft mit der Verweilzeit des Materials bzw. der (Vor-) Produkte in einem Pufferlager und *Rope* ist der Zeitpunkt der Materialfreigabe zur Bearbeitung (vgl. Goldratt 2003).

```
┌─────────────────────────────────────────────────────────────────────────┐
│                 ┌──────────────┐                                          │
│                 │ Primär-      │    ┌── OPT                               │
│                 │ bedarfs-     │                                          │
│                 │ planung      │                                          │
│  ┌───────────┐  ├──────────────┤                                          │
│  │Produktions│  │ Sekundär-    │                                          │
│  │ -planung  │  │ bedarfs-     │                                          │
│  │           │  │ planung      │    (1) Erstellung eines auftragsbezogenen│
│  └───────────┘  ├──────────────┤        Produktionsnetzwerks              │
│                 │ Termin- und  │    (2) Ermittlung der Engpässe durch     │
│                 │ Kapazitäts-  │        Rückwärtsterminierung             │
│                 │ planung      │                                          │
│                 │              │    (3) Detaillierte Belegungsplanung der │
│                 ├──────────────┤        Engpässe durch Simulation         │
│                 │ Auftrags-    │    (4) Bestimmung der Auftragsfertig-     │
│                 │ freigabe     │        stellungstermine durch Vorwärts-  │
│  ┌───────────┐  │              │        terminierung im kritischen Bereich│
│  │Produktions│  ├──────────────┤    (5) Rückwärtsterminierung im          │
│  │ -steuerung│  │ Auftrags-    │        unkritischen Bereich              │
│  │           │  │ durchführung │                                          │
│  └───────────┘  │ und -über-   │                                          │
│                 │ wachung      │                                          │
│                 └──────────────┘         Leitstand                        │
└─────────────────────────────────────────────────────────────────────────┘
```

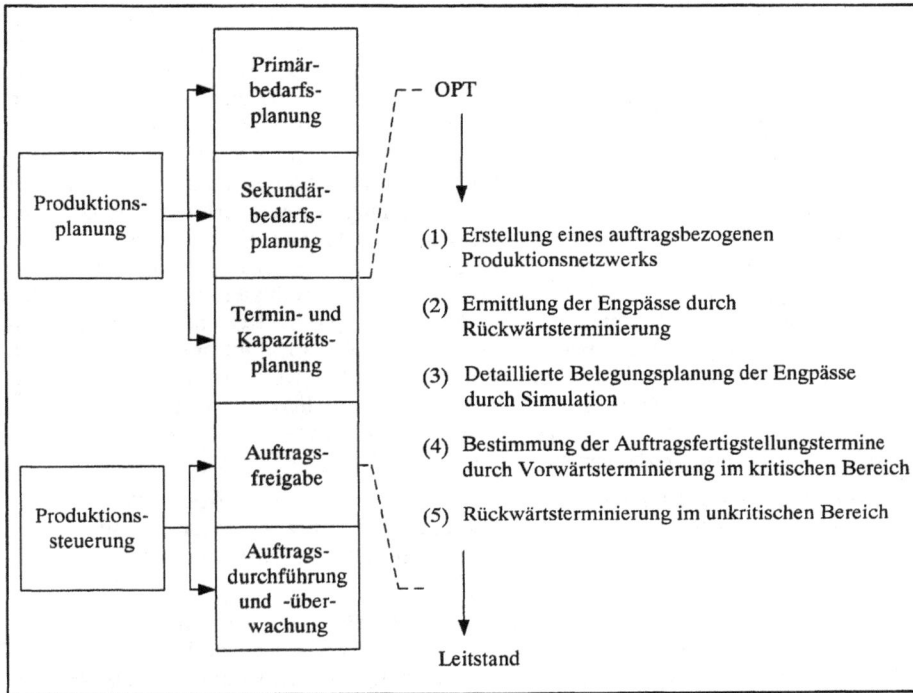

Abbildung 3-18:　　Funktionsumfang der OPT

Im folgenden wird die prinzipielle Logik der mit Hilfe von OPT vorgenommenen Termin- und Kapazitätsplanung beschrieben.

- *Erstellung eines auftragsbezogenen Produktnetzwerkes*: Zur Generierung eines auftragsbezogenen Produktnetzwerkes, sind die in jeweils gesonderten Datenstrukturen und Dateien vorhandenen Strukturstücklisten und Arbeitspläne (*Stammdaten - Master data*) mit den Auftragsdaten (*Bewegungsdaten - Transaction data*) der im Planungszeitraum zu disponierenden Aufträge zusammenzuführen. Es entstehen für jeden einzelnen Auftrag terminneutrale Produktnetzpläne.

- *Ermittlung der Engpaßbereiche durch Rückwärtsterminierung*: Zu jedem Planungslauf werden die auftragsbezogenen Produktnetzpläne ausgehend vom geplanten Fertigstellungstermin mit ihrem jeweiligen Kapazitätsbedarf in die vorhandenen Arbeitssysteme unter Berücksichtigung der aktuellen Belastungssituation eingelastet. Dabei sind erforderlichenfalls Übergangszeiten zwischen den einzelnen Arbeitssystemen, hervorgerufen durch Handhabungs- und Transportvorgänge, technologisch bedingte Wartezeiten etc. zu berücksichtigen. Gegebenenfalls kann in dieser Phase bereits geprüft werden, ob bei erkennbaren Engpässen alternative Maschinenbelegungsmöglichkeiten bestehen, die zu einer gleichmäßigeren Auslastung führen (vgl. Weidner 1992, S. 73). Im Ergebnis der Rückwärtsterminierung ergibt sich das Kapazitätsbelastungsprofil jedes Arbeitssystems im vorgesehenen Zeitraster der operativen Produktionssteuerung.

- *Detaillierte Belegungsplanung der Engpässe durch Simulation*: Da mit der Einlastung der zu disponierenden Aufträge häufig die Belastungsschranken einzelner Arbeitssysteme überschritten werden, ist zunächst für das am höchsten belastete

Arbeitssystem durch Herausnahme der dieses Arbeitssystem belastenden Aufträge mit der geringsten Priorität die Belastung auf die vorgegebene Belastungsschranke zu reduzieren. Aufgrund der unterschiedlichen Arbeitsgangfolgen der einzelnen Aufträge sind damit nicht notwendigerweise alle Kapazitätsengpässe beseitigt. Der Umfang der Engpässe hängt darüber hinaus auch vom gewählten Zeitraster für die Produktionssteuerung ab, da bei einem zu groben Zeitraster Ausgleichseffekte eintreten können, die für kürzere Zeitabschnitte dann doch zu einer Überlast führen. Das Verfahren ist folglich solange zu wiederholen, bis kein Arbeitssystem über seine vorgegebene Belastungsschranke hinaus belastet ist. Für die an ihrer Kapazitätsgrenze belasteten Arbeitssysteme (Engpässe) ist deren exakte Belegung nach Reihenfolge und Termin mit dem reduzierten Produktionsplan vorzunehmen und dabei auch die Losgrößenplanung einzubeziehen[1]. Bezogen auf die nunmehr gegebene Belastungssituation kann das Produktionssystem in einen kritischen und einen unkritischen Bereich gegliedert werden: Als *kritischer Bereich* werden die Teile des Produktionssystems bezeichnet, die von den Engpässen an *downstream* liegen; als *unkritischer Bereich* gelten die vom Engpaß aus *upstream* gelegenen Arbeitssysteme (vgl. Abbildung 3-19).

- *Bestimmung der Fertigstellungstermine der Aufträge im kritischen Bereich*: Die frühesten Fertigstellungstermine der einzelnen Aufträge können anschließend durch Vorwärtsterminierung *downstream* von den Engpässen aus bestimmt werden.

- *Ermittlung der Starttermine im unkritischen Bereich*: Die spätesten Starttermine der Aufträge werden dagegen von den Engpässen aus *upstream* durch Rückwärtsterminierung errechnet. Dabei empfiehlt es sich, vor den Engpässen zur Vermeidung von Produktionsstockungen und zur temporären Kompensation von Materialflußabrissen angemessene Puffer einzurichten, um die Engpässe jederzeit im geplanten Umfang auszulasten (*Starvation avoidance*; vgl. Lödding 2005, S. 342 ff.). Dazu kann es auch erforderlich sein, von den für die Engpässe ermittelten Losgrößen abzuweichen und für die Weitergabe der Aufträge zwischen upstream gelegenen Arbeitssystemen und den Engpässen kleinere Transportlose zu bilden.

---

1) Dies geschieht im OPT-Programm automatisch mit Hilfe der unveröffentlichten Algorithmen. Im Falle einer ohne Verfügbarkeit von OPT beabsichtigten Engpaßsteuerung kann durch Einsatz von Simulationstools und entsprechenden Heuristiken eine zulässige, häufig gute Belegung erzielt werden.

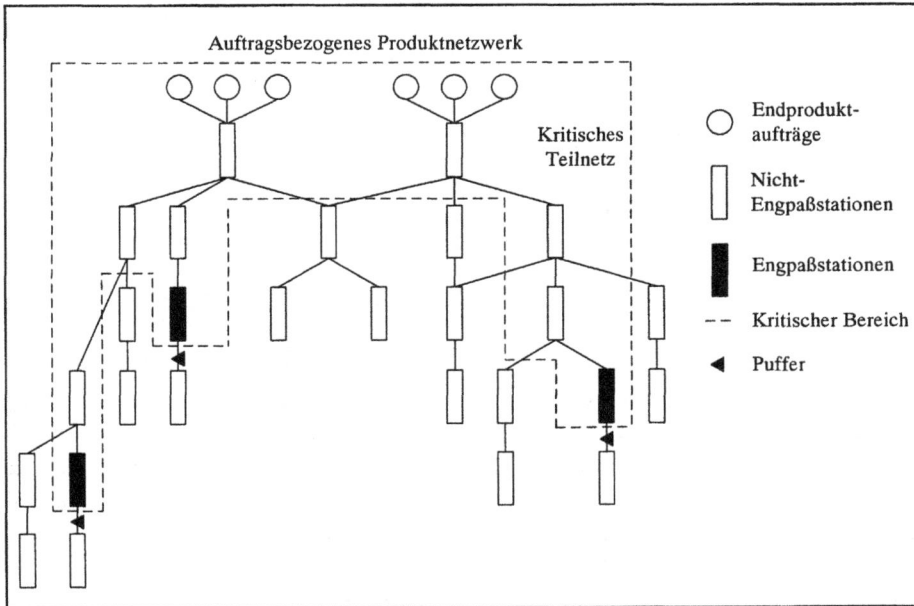

Abbildung 3-19:   Ermittlung der Engpässe und des kritischen Bereichs

Im Ergebnis der Auftragseinlastung mit Hilfe von OPT (oder einem alternativen engpaßorientierten Steuerungsverfahren) liegt für die Plan(teil-)periode eine betriebska-
lenderbezogene Belegungsplanung im definierten Zeitraster mit Bearbeitungsreihen-
folgen für alle Arbeitssysteme vor. Das Verfahren weist deutliche Unterschiede zur
üblichen Auftragseinlastung im Rahmen des MRP II-Konzeptes auf: Während bei
den konventionellen Terminierungsverfahren eine sukzessive Einplanung der Aufträge vom möglichen Starttermin und der in der Arbeitsgangfolge ersten Arbeitsstation
aus erfolgt, stehen bei einer engpaßorientierten Steuerung die Engpaßarbeitssysteme
im Mittelpunkt der Planung, um mit deren optimaler Kapazitätsnutzung eine Verkürzung der Durchlaufzeiten und Senkung der Bestände (WIP) sowie eine gleichmäßige-
re Auslastung des Gesamtsystems zu erzielen[1].

3.3.2 Retrograde Terminierung

Bei der Retrograden Terminierung (RT) handelt es sich um ein *heuristisches Grob-*
planungssystem zur Kapazitäts- und Terminplanung (vgl. Adam 1987a; 1987b). Der
Fokus liegt dabei auf der Durchlaufterminierung, dem Kapazitätsabgleich und der
Auftragsfreigabe. Darüber hinaus erlaubt das Konzept im Rahmen der Produktions-

---

1)   Zu einem Überblick über empirische Resultate der Verbesserung der Eigenschaften von
     Produktionssystemen vgl. Weidner (1992, S. 91).

steuerung eine Maschinenbelegungsplanung. Als konkrete Ansatzpunkte der RT sind die folgenden *Schwachstellen* klassischer PPS-Konzepte zu nennen:

- Der isolierten Terminierung der Aufträge liegen mittlere Durchlaufzeiten zugrunde (z.B. bei der BOA).
- Es wird ein zu hoher Detaillierungsgrad der Planung zugrunde gelegt (zum Teil minutengenaue Feinterminierung).
- Es handelt sich um einen rein zentralen Planungs- und Steuerungsansatz.
- Es liegt ein hierarchischer Planungsansatz mit unzureichender Rückkoppelung vor (vgl. auch das klassische Stufenkonzept der PPS).

Insbesondere bei der Werkstattproduktion ist eine *Terminierung mit mittleren Durchlaufzeiten* problematisch, weil die Durchlaufzeit der Aufträge starken Schwankungen unterliegt. Des weiteren ist es dabei aufgrund des vernetzten Materialflusses notwendig, zeitliche und kapazitätsbedingte Koppelungen zwischen den Aufträgen ex ante zu berücksichtigen. Grundlagen der Planung sind deshalb die reinen Bearbeitungszeiten der Arbeitsgänge eines Auftrags, die feste Übergangzeiten umfassen, und die zur Auftragsausführung vorgesehene Arbeitsgangfolge. Hierdurch bedingt sind die *Durchlaufzeiten* nicht mehr Eingabedaten für die Produktionsplanung und -steuerung, sondern vielmehr das *Ergebnis der Planung*.

Dem zu hohen *Detaillierungsgrad* der Planung wird durch die drei folgenden Vergröberungen entgegengewirkt (vgl. Adam/Sibbel 1999, S. 27f.):

- *Zeitliche Vergröberung*: Es wird ein grobes Zeitraster (z.B. Belegungsplanung von 1/4 h bis hin zu 1 Tag) zugrunde gelegt. Der Planungshorizont wird dabei durch den spätesten Liefertermin der vorliegenden Aufträge bestimmt. Die Liefertermine werden somit als bekannt vorausgesetzt; liegt eine Produktion für den anonymen Markt vor, dann werden Zieltermine festgelegt, die die Liefertermine ersetzen.
- *Kapazitative Vergröberung*: Es werden sogenannte Steuereinheiten (SE) gebildet, die durch die Zusammenfassung von gleichartigen Maschinen und Arbeitsplätzen sowie Maschinen- und Arbeitsfolgen entstehen. Sie sind so zu bilden, daß sie von den Aufträgen immer in der gleichen Weise durchlaufen werden (vgl. Abbildung 3-20).

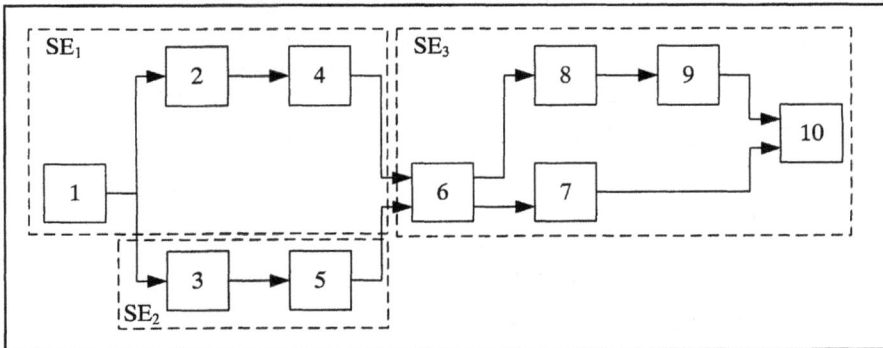

Abbildung 3-20:   Beispielhafte Bildung von Steuereinheiten

- *Inhaltliche Vergröberung*: Mehrere Arbeitsschritte einer Steuereinheit, die keine Interdependenzen zu Materialflüssen in anderen Steuereinheiten aufweisen, werden zu Arbeitsgängen (AG) zusammengefaßt (horizontale Segmentierung), so daß sich Grobarbeitspläne ergeben (vgl. Abbildung 3-21).

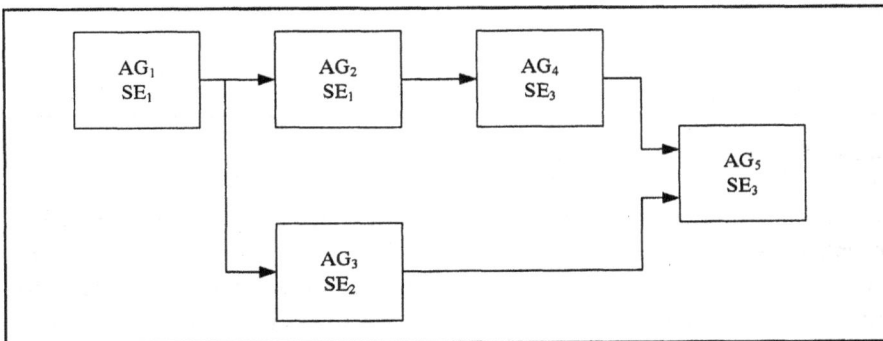

Abbildung 3-21:   Aufstellung von Grobarbeitsplänen

Generelle Prinzipien zur Bildung dieser Steuereinheiten fehlen jedoch, sie lassen sich folglich nur in Abhängigkeit vom betrachteten Produktionssystems bilden (zu einer kritischen Betrachtung vgl. Zelewski/Hohmann/Hügens 2008, S. 586). Die RT sieht dann für jede Steuereinheit eine entsprechende Produktionsplanung vor.

Zur Überwindung des rein *zentralen Planungs- und Steuerungsansatzes* erfolgt ein Übergang zu einer partiell zentralen Steuerung (vgl. Abbildung 3-22).

```
┌──────────────────────────────────────────────────────────────────────┐
│   ┌─────────────────┐          Planung innerhalb des Planungshorizonts │
│   │    Zentrale     │          (mehrere Planperioden)                  │
│   │  Grobplanung    │          -  Auftragsdaten (Freigabezeitpunkte,   │
│   └─────────────────┘             Ecktermine, vorgeschlagene Bear-     │
│                                   beitungsfolgen)                      │
│                                -  Kapazitätsdaten                      │
│                                → grobterminierter Rahmenplan           │
│    Vorgabe      Rückmeldung       (Vorgaben für die Steuereinheiten)   │
│   (Rahmenplan   (Ist-Daten der                                         │
│   für erste Plan- ersten Plan-                                         │
│   periode)      periode)                                               │
│                                                                        │
│   ┌─────────────────┐          Planung innerhalb einer Planperiode     │
│   │   Dezentrale    │          durch SE                                │
│   │  Feinplanung    │          -  Auftragsdaten (z.B. begründete       │
│   └─────────────────┘             Abweichungen von der Reihenfolge)    │
│                                -  Kapazitätsdaten (Verteilung von      │
│                                   Personalkapazität auf die Aufträge)  │
│                                → Konkretisierung des Rahmenplanes      │
│   ┌─────────────────┐                                                  │
│   │  Planumsetzung  │                                                  │
│   └─────────────────┘                                                  │
└──────────────────────────────────────────────────────────────────────┘
```

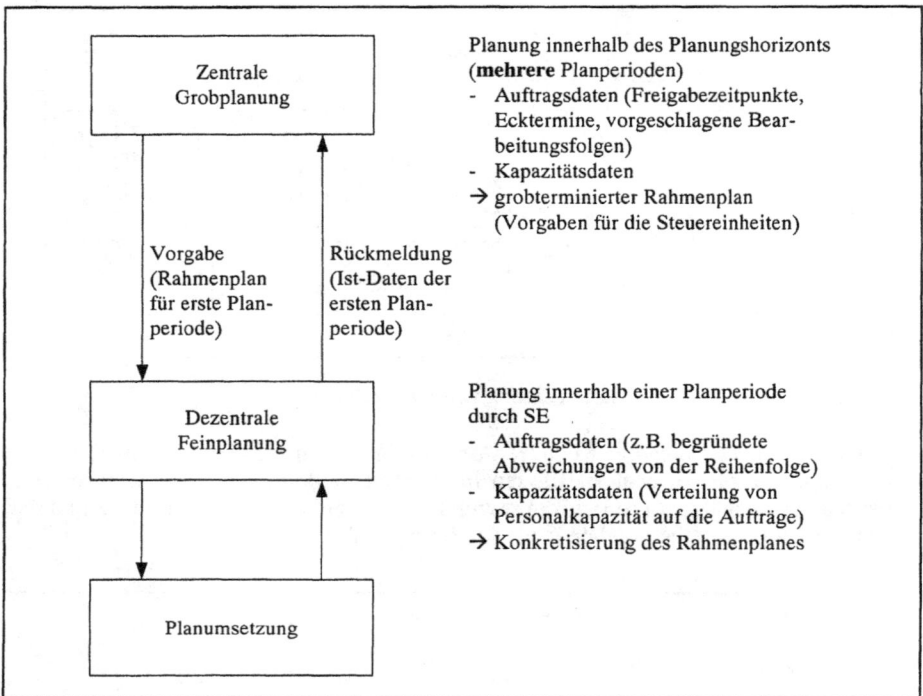

Abbildung 3-22:   Partiell zentrale Steuerung

Die *zentrale Grobplanung* umfaßt den gesamten Planungszeitraum und stellt Rahmenpläne auf. Die *dezentrale Feinplanung* obliegt den jeweiligen Steuereinheiten, die die zentralen Vorgaben konkretisieren. Innerhalb des Vorgabezeitraums erfolgen entsprechende Rückmeldungen über die Umsetzung der Vorgaben an die zentrale Planungsstelle.

Zur Überwindung der *unzureichenden Rückkoppelung* in der klassischen PPS geht die RT den folgenden Weg:

- Eine Rückkoppelung des Planungs- und Steuerungssystems mit Ist-Daten der Produktion erfolgt durch Anwendung der *rollierenden Planung* (vgl. Abschnitt 1.1.2).
- Durch den Einsatz einer speziellen *Planungsheuristik* erfolgt eine grobe Belegungsplanung der Steuereinheiten unter simultaner Berücksichtigung kapazitativer und Liefertermrestriktionen.

Die Planungsheuristik der RT umfaßt drei Planungsstufen, wobei die zweite und dritte Stufe mehrfach durchlaufen werden:

1. Die Initialisierung erfolgt durch eine *isolierte Rückwärtsterminierung* für jeden Auftrag (sog. Wunschterminierung). Dabei werden die Arbeitsgänge der Aufträge vom Liefertermin ausgehend (so spät wie möglich), mit dem letzten Arbeitsgang beginnend und unter Berücksichtigung der Vorrangbeziehungen zwischen den Arbeitsgängen, der Vorgabe- und Übergangszeiten sowie des Betriebskalenders eingeplant. Da diese Einplanung ohne Beachtung von Kapazitätsrestriktionen er-

folgt, liegt i.d.R. ein *nicht zulässiger Belegungsplan* vor. So wird häufig der rechtzeitige Starttermin für einen Auftrag zeitlich vor dem in diesem Schritt ermittelten Starttermin liegen. Der Plan dient letztlich dazu, um aus den spätesten Startterminen der Arbeitsgänge Prioritätszahlen für deren Einplanung abzuleiten, die auf der zweiten Stufe vorgenommen wird.

2. Im zweiten Schritt, der *Vorwärtsterminierung*, werden die einzelnen Arbeitsgänge unter Beachtung der auf der ersten Stufe ermittelten Arbeitsgangprioritäten, der verfügbaren Kapazität und der Vorrangbeziehungen so früh wie möglich eingeplant. Als Ergebnis liegt dann ein erster *zulässiger Belegungsplan* vor, der aber i.d.R. hohe Zwischen- und Endlagerzeiten aufweist, denen geringe Stillstandszeiten der Steuereinheiten und geringe Lieferterminüberschreitungen der Aufträge gegenüber stehen.

3. Eine *partielle Rückwärtsterminierung* zielt auf eine Entzerrung des auf der zweiten Stufe erstellten Belegungsplans ab. Im Zentrum steht die Einhaltung der Liefertermine auf der Grundlage einer Terminanpassungsplanung. Die Arbeitsgänge der pünktlichen oder verfrühten Aufträge werden in umgekehrter zeitlicher Reihenfolge ihrer Beendigung rückwärtsterminiert, und zwar unter Berücksichtigung der verfügbaren Kapazität, der Liefertermine und der Vorrangbeziehungen. Dabei sind folgende Schritte durchzuführen: Rückbuchung der für verspätete Aufträge verplanten Kapazität und Verschiebung der Arbeitsgänge aller pünktlichen oder verfrühten Aufträge in die Zukunft. Als Ergebnis liegt dann ein *verbesserter Belegungsplan* mit geringeren Zwischenlager- und Endlagerzeiten, aber höheren Stillstandszeiten vor.

Nach der erstmaligen Durchführung von Schritt 3 erfolgt ein Rücksprung auf die zweite Stufe, um Lücken im Belegungsplan, die nach der Entzerrung auf Stufe 3 entstehen, an bislang verspätete Aufträge neu zu verteilen. Simulationen zeigen, daß etwa zwei bis drei Iterationen ausreichend sind, um eine günstige Belegung der Steuerungseinheiten zu erreichen.

4 Weiterführende Konzepte der Produktions-
planung und -steuerung

4.1 Production Authorization Card (PAC)-System als hybrides Konzept zur Materialflußsteuerung in heterogenen Produktionsstrukturen

Produktionsbereiche und die Methoden ihrer Planung und Steuerung waren in der zweiten Hälfte des 20. Jahrhunderts grundlegenden Wandlungen unterworfen. Die spezifischen Bedingungen unterschiedlich organisierter Produktionsbereiche führten insbesondere in den 1980er und 1990er Jahren zur Entwicklung zahlreicher Feinplanungs- und Steuerungskonzepte, die die Funktionalität des MRP II-Konzeptes ergänzen oder zum Teil substituieren, um den Besonderheiten der jeweiligen Produktion gerecht zu werden (vgl. Kapitel 3)[1]. In diesen Konzepten lösen unterschiedlichste Ereignisse und Zustände Informationen aus. Die Auftragsfreigabe wird beispielsweise bei solchen Steuerungsverfahren wie der Belastungsorientierten Auftragsfreigabe oder dem Fortschrittszahlenkonzept durch jeweils völlig andere Informationen ausgelöst als im Falle von Kanban.

Dieser Sachverhalt wird dann zu einem Problem, wenn ein heterogenes Produktionssystem vorliegt, d.h., wenn das Produktionssystem aus mehreren Bereichen mit unterschiedlichen Organisationstypen und unterschiedlichen Ablaufstrukturen besteht. Derartige Systeme benötigen für eine adäquate Feinplanung und Steuerung unterschiedliche Ansätze, die in einem einheitlichen Produktionsplanungs- und -steuerungssystem integriert sind (vgl. Schneider 1996, S. 7 ff.). Heterogene Produktionssysteme erfordern daher *hybride Konzepte der Produktionsplanung und -steuerung* (vgl. Schneider 1996, S. 14 ff.), die die notwendigen zentralen (Grob-)Planungsaufgaben mit einer dezentralen Feinplanung und Steuerung verbinden (vgl. Abbildung 4-1). Aus der Diversifizierung der rechnergestützten Verfahren ergibt sich dabei die Notwendigkeit, die Kommunikationsfähigkeit der einzelnen Systeme untereinander zu gewährleisten. Eine Lösung dieses Problems besteht darin, daß gleiche Ereignisse durch die jeweils gleiche Art von Informationen abgebildet bzw. ausgelöst werden. Ein diese Schwierigkeiten überwindendes Planungs- und Steuerungssystem muß daher auf einem einheitlichen Daten- und Informationskonzept basieren.

---

1) Dabei kann nicht übersehen werden, daß die Auswahl eines auf einem bestimmten Konzept beruhenden Planungs- und Steuerungssystems für den spezifischen Einsatzfall häufig eher modischen Gesichtspunkten denn Zweckmäßigkeitserwägungen und Funktionsaspekten folgt.

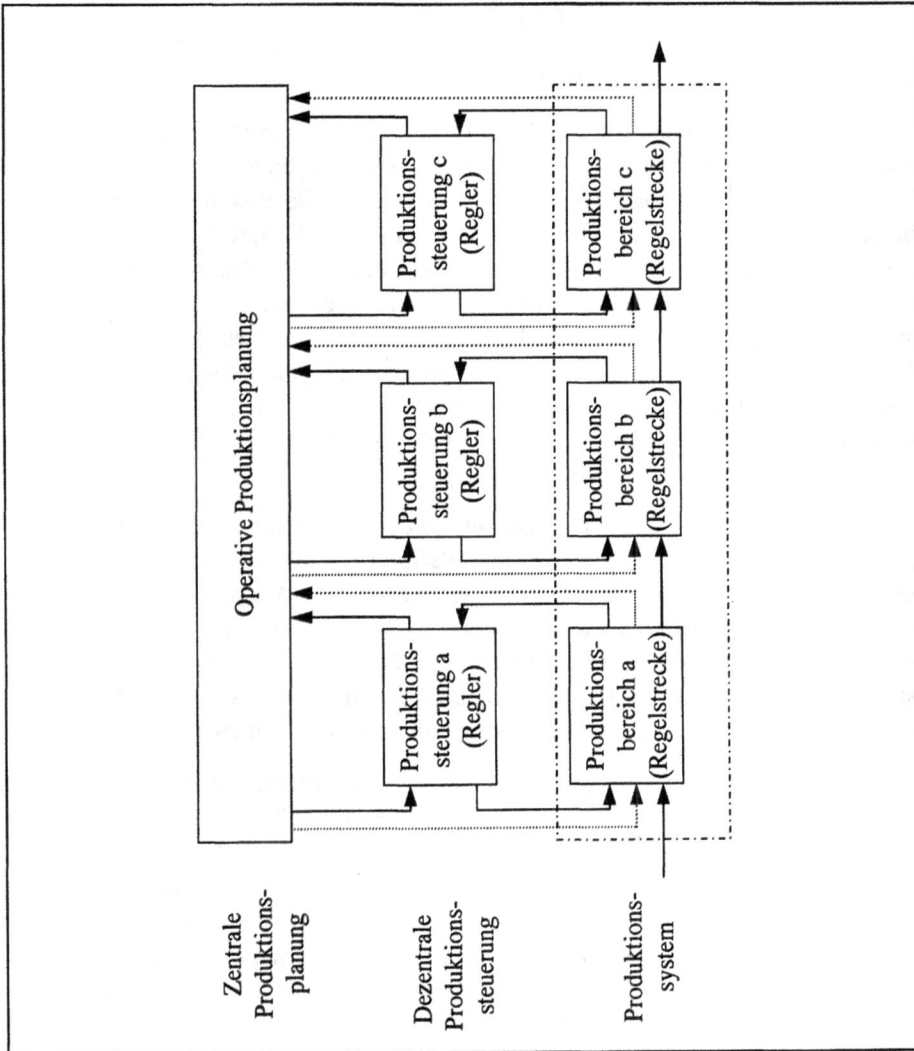

Abbildung 4-1: Grundstruktur einer hybriden Produktionsplanung und -steuerung (vgl. Schlüter/Schneider 2000, S. 256)

Eine aussichtsreiche Entwicklung in diesem Sinne ist das *Production Authorization Card (PAC)-System* nach Buzacott (vgl. Buzacott/Shanthikumar 1992, S. 34 ff.), das im folgenden näher beschrieben wird.

4.1.1 Grundlagen

4.1.1.1 Elemente des PAC-Systems

Das PAC-System bildet einen Rahmen zur Materialflußsteuerung, in dem sowohl der Fluß der physischen Produkte (Einzelteile, Baugruppen, Enderzeugnisse) durch das Produktionssystem als auch der Informationsfluß, der die Produktbewegungen und die Auftragsfreigaben an die Produktionsbereiche steuert, modelliert werden. Es ist geeignet, die meisten der in Kapitel 3 beschriebenen generischen Konzepte abzubilden und darüber hinaus durch entsprechende Parameterwahl beliebige Konstellationen der Materialflußsteuerung zu realisieren. Damit bildet dieses Konzept eine breite Basis zur Modellierung unterschiedlichster Ansätze der Materialflußsteuerung. In der freien Parameterwahl liegt ein weiterer Vorteil des PAC-Systems gegenüber den generischen Konzepten begründet, wie ausführliche Simulationsstudien belegen (vgl. Schneider/Buzacott/Rücker 2005, S. 159 ff.).

Da für die Ausführung aller Arbeitsschritte in der Produktion die Verfügbarkeit der Materialien, zugelieferten Komponenten, Werkzeuge sowie Informationen über Art und Zeitpunkt der Bearbeitungsvorgänge ebenso wie des Werkers als Ausführenden des Arbeitsschrittes erforderlich ist, sind sowohl der Informations- als auch der Materialfluß zu modellieren. Für die Planung und Steuerung eines Produktionssystems ist es daher notwendig, den Fluß von Material und Informationen durch das System sowie der durch Informationen ausgelösten Ereignisse zu definieren.

Der *Materialfluß* wird bestimmt durch die Struktur des Produktes, dokumentiert z.B. in Strukturstücklisten und Arbeitsplänen, sowie durch die Organisation des Produktionssystems bzw. der Wertschöpfungskette. Für die Implementierung eines PAC-Systems erweist sich eine Unterteilung des Produktionssystems in relativ abgeschlossene Teilbereiche oder *Arbeitssysteme*[1] als zweckmäßig, wobei ein Arbeitssystem ein kompletter Betrieb, eine Abteilung oder auch eine Gruppe von Maschinen und Mitarbeitern unter gemeinsamer Leitung darstellen kann. Diese Gliederung folgt in der Regel technologischen, logistischen oder organisatorischen Gesichtspunkten. Arbeitssysteme können verschiedene Hauptaufgaben ausführen, wie z.B. die maschinelle Bearbeitung, Montage, Kontrolle, Nachbearbeitung, Verpackung, Lagerung oder den Transport[2]. Produkte (Teile, Komponenten, Baugruppen und Endprodukte) werden in Arbeitssystemen erzeugt oder bearbeitet und nach ihrer Fertigstellung in Lagern aufbewahrt. Muß ein Produkt zum nächsten Bearbeitungsschritt transportiert werden, so kann dies als Bearbeitung durch ein *Transportsystem* angesehen werden,

---

1) In der englischsprachigen Literatur wird dafür meist der Terminus *Cell* benutzt (vgl. Buzacott/Shanthikumar 1992).

2) Im folgenden wird deshalb der Terminus *Arbeitssystem* auch als Synonym für die Begriffe *Montagesystem, Transportsystem* etc. benutzt und lediglich von dem Begriff *Produktionssystem* unterschieden, das eine abgegrenzte Menge von Arbeitssystemen umfaßt.

wobei das Produkt nach dem Transport am Eingang des nächsten Arbeitssystems gelagert wird. In der hier verwendeten Sicht des Produktionsprozesses fließen alle Materialen und Produkte von einem Lager zu einem Arbeitssystem und wieder zu einem Lager. Bei *Montagesystemen* werden die einzelnen Bestandteile des Produktes aus jeweils eigenen Lagern bezogen. Andere Arbeitssysteme wiederum produzieren unterschiedliche Produkte, wobei jedes Produkt von dem betreffenden Arbeitssystem aus zu einem eigenen Lager transportiert wird. Sowohl den Arbeitssystemen als auch den Lagern sind zudem dispositive Aufgaben zugeordnet.

Informationen müssen in einem PAC-System zu allen Arbeitssystemen und Lagern übermittelt werden. Einige Informationen bestimmen die Arbeitsschritte, die in den Arbeitssystemen ausgeführt werden (*Was* und *Wie*). Hier werden jedoch insbesondere die Informationen über die Zeitpunkte (*Wann*) von Teile- und Produktbewegungen von Lagern an Arbeitssysteme und von Arbeitssystemen an Lager betrachtet, d.h. die auf die Steuerung des Materialflusses durch das Produktionssystem bezogenen Informationen. Letztlich muß der Materialfluß durch die Nachfrage nach den Produkten des Produktionssystems bestimmt werden. Jede Beschreibung des Informationsflusses in bezug auf die Materialflußsteuerung muß folglich von einer Beschreibung des Nachfrageprozesses ausgehen. Gegebenenfalls ist auch von einer Beschreibung der für eine Vorhersage der Nachfrage verwendeten Methode auszugehen, da diese Prognose für weitergehende Aussagen über die Wahrscheinlichkeiten des Eintreffens von Kundenaufträgen herangezogen werden kann (vgl. dazu die Prognoseverfahren in Abschnitt 2.1.1.1). Wie in Kapitel 3 deutlich wurde, nutzen die meisten Ansätze zur Materialflußsteuerung ebenfalls Informationen über die Bestände in den Arbeitssystemen und Lagern. Die Beschreibung des Informationssystems muß daher auch die Art der Ermittlung und Anwendung dieser Bestandsinformationen einbeziehen.

Materialbewegungen sollten in einem realen Produktionssystem nicht ohne Freigabe durch das Informationssystem erfolgen, da andernfalls die Kongruenz zwischen realem Materialfluß und dem Informationsfluß verloren geht. Die Folge davon sind Fehl- und Überbestände in den Lagern, Lieferrückstände gegenüber Kunden, Fehler in der Kostenrechnung etc. Um diese Fehler zu vermeiden, ist eine *Koppelung von Material- und Informationsfluß* erforderlich. Bevor ein Produkt aus einem Eingangslager an ein Arbeitssystem transportiert werden kann, muß folglich neben dem physischen Produkt auch eine Information über die Freigabe des Produktes vorhanden sein. Diese Freigabeinformation basiert wiederum auf Informationen über eingegangene Kundenaufträge sowie Bestände, wobei die Bestandsinformation entweder auf einer direkten Zählung des Lagerbestandes zu einem Zeitpunkt t oder einer Berechnung aus Zu- und Abflüssen im Lager in einem Zeitintervall $(0,t)$ basieren kann. Zur Beschreibung der Materialflußsteuerung müssen die unterschiedlich verwendeten Informationstypen dargestellt werden. Für die folgenden Ausführungen ist es zweckmäßig, jede Information (zumindest gedanklich) mit einem physischen Dokument, einem *Tag* (Karte), zu verknüpfen. In einem PAC-System erfolgt die *Material-*

flußsteuerung mittels Tags[1]. In Abbildung 4-2 ist dieser Informationsfluß in Verbindung mit den unterschiedlichen Tags für ein Produktionssystem mit einem Arbeitssystem, einem Eingangs- und einem Ausgangslager dargestellt.

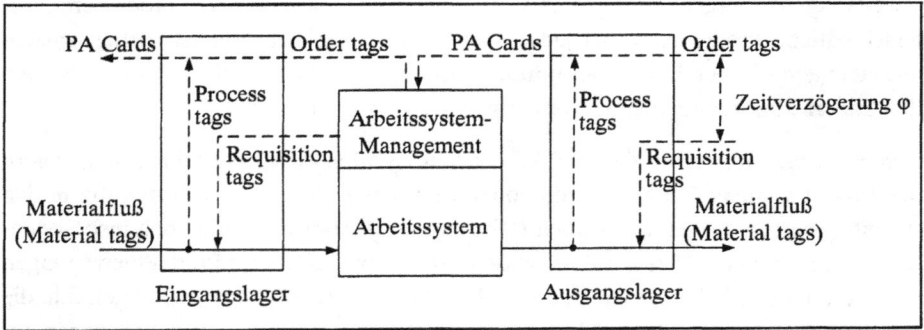

Abbildung 4-2:   Informations- und Materialfluß in einem PAC-System

Allen Produkten (also Teilen, Komponenten, Baugruppen und Endprodukten) ist jeweils ein Tag zugeordnet. Dieser Tag wird grundsätzlich mit den Produkten transportiert und als *Material tag - MT* (Materialbegleitkarte) bezeichnet. Der Material tag übermittelt die Information, daß an einem bestimmten Ort des Produktionssystems eine Einheit eines bestimmten Produktes vorhanden ist. Hat ein Lager beispielsweise einen Anfangsbestand von $\bar{x}$ Einheiten, dann sind auch $\bar{x} = \bar{T}^{MT}$ Material tags im Lager vorhanden.

Jeder gegenwärtige oder zukünftige Bedarf an Produkten wird mit einem *Order tag - OT* (Bestellkarte/-auftrag) angezeigt. Order tags werden von Kunden oder vom Arbeitssystem-Management generiert und dem kundenseitigen Auslieferungslager bzw. dem vom betreffenden Arbeitssystem upstream nächstgelegenen Lager zugeleitet. Der Order tag löst jedoch noch keine unmittelbare Lieferung aus. Dazu ist noch der Eingang eines *Requisition tag - RT* (Material- bzw. Produktanforderungskarte) am betreffenden Lager erforderlich. Wünscht ein Kunde die Auslieferung eines Produktes vom Ausgangslager bzw. das Management eines Arbeitssystems die Freigabe eines Produktes (z.B. eines Einzelteils) vom Eingangslager des betreffenden Arbeitssystems (= Ausgangslager des nächsten upstream gelegenen Arbeitssystems), dann übermittelt es dem Lager einen Requisition tag, der nunmehr die Lieferung einer Einheit des entsprechenden Produktes oder Einzelteils vom Lager an den Kunden bzw. an das downstream gelegene Arbeitssystem veranlaßt. Dieser Ablauf macht deutlich, daß zwischen den Eingängen eines Order tag und eines Requisition tag eine

---

1)   In einer papierlosen Produktionssteuerung werden Tags durch entsprechende rechnerinterne Steuerungsinformationen ersetzt.

Zeitverzögerung φ liegen kann[1]. Die Lieferung vom jeweiligen Lager an das down-stream gelegene Arbeitssystem oder an einen Kunden erfolgt nur dann, wenn sowohl ein Requisition tag als auch eine physische Einheit des Produktes, damit zugleich auch ein Material tag, im Lager vorhanden sind. Ein Arbeitssystem, welches einen Montageschritt ausführt, muß an jedes upstream gelegene Komponentenlager einen Requisition tag aussenden, damit jede für die Montage benötigte Komponente an das Montagesystem freigegeben werden kann.

Kunden werden im Rahmen der Informationsmodellierung äquivalent zu den Arbeitssystemen als (Teil-)Systeme betrachtet. Der dem kundenseitigen Ausgangslager des Produktionssystems übermittelte Order tag informiert zum Zeitpunkt t (Vorankündigung, Prognose) über den Bedarf an einer Einheit des Produktes (Kundenauftrag mit einem ggf. erwünschten späteren Liefertermin). Zum Zeitpunkt der erwünschten Lieferung $t + \varphi$ sendet der Kunde einen Requisition tag an das Ausgangslager und löst damit unmittelbar die Lieferung eines Produktes aus, sofern dessen Bestand im Ausgangslager positiv ist.

Um aufgrund der verfügbaren Kapazität eines Arbeitssystems die Menge der in Bearbeitung befindlichen und freizugebenden Aufträge zu steuern und zu begrenzen, finden Process tags Verwendung. Ein *Process tag - PT* (Kapazitätskarte) wird erzeugt, sobald ein Produkt von einem Arbeitssystem an ein nachgelagertes Ausgangslager ausgeliefert wird. Trifft in einem Lager ein Order tag ein und ist zugleich ein Process tag vorhanden, generiert das Management des Lagers eine *Production Authorization Card - PA card* (Produktionsauftragskarte) und übergibt sie dem Management des nächsten upstream gelegenen Arbeitssystems. Andernfalls wird die Erzeugung der PA card verzögert, bis ein Process tag verfügbar ist und auf diese Weise vermieden, daß das Arbeitssystem mit nicht bearbeitbaren Aufträgen blockiert wird. Damit im Produktionssystem überhaupt produziert werden kann, muß ein anfänglicher Bestand, $\overline{T}^{PT} > 0$, an Process tags im Lager vorhanden sein.

Mit dem Empfang einer PA card ist das Arbeitssystem zur Herstellung/Bearbeitung des betreffenden Produktes autorisiert und veranlaßt zugleich die Bestellung der Vorprodukte. Dazu führt es ggf. eine einstufige Stücklistenauflösung durch und stellt die entsprechenden Order tags und, wiederum ggf. verzögert um eine Zeitspanne φ_s, mit $\varphi_s \geq 0$, die Requisition tags aus, die an das/die upstream gelegene(n) Lager übermittelt werden. Das Arbeitssystem-Management ist also nicht gezwungen, bei Empfang der PA card sofort einen Requisition tag zu erzeugen. Es kann die Erstellung des Requisition tag beispielsweise um eine feste Zeit φ_s verzögern oder abwarten, bis eine vorgegebene Anzahl x^{Los} der PA cards vorhanden ist und anschließend eine Anzahl Requisition tags im Umfang von x^{Los} gleichzeitig an das Eingangslager übermitteln. Um den Informationsfluß zu vervollständigen, muß das Arbeitssystem-

---

1) In Abschnitt 4.1.2 wird gezeigt, daß mit dieser Zeitverzögerung unterschiedliches Prognoseverhalten berücksichtigt werden kann.

Management dennoch die ihm vorgelagerten Lager mittels Order tag über den Empfang einer PA card informieren und damit den künftigen Bedarf signalisieren. Abbildung 4-3 zeigt die einzelnen Tags in einer Übersicht.

Bezeichnung	Funktion	Absender - Empfänger
Material tag - MT (Materialbegleitkarte)	begleitet jede Einheit eines physischen Produktes (Material, Einzelteil, Zwischen- und Endprodukt)	Arbeitssysteme und Lager
Order tag - OT (Bestellkarte/-auftrag)	Bedarfsinformation eines Kunden oder eines Arbeitssystems an das nächste upstream gelegene Lager; die Auslieferung erfolgt erst bei Empfang eines RT	von Kunden oder vom Arbeitssystem an das Auslieferungs- bzw. an das nächste upstream gelegene Lager
Requisition tag - RT (Produktanforderungskarte)	Anforderung zur unverzüglichen Lieferung eines physischen Produktes von einem Lager zum nächsten Arbeitssystem oder Kunden; ggf. mit Zeitverzögerung φ gegenüber dem Eingang eines OT	von Kunden oder vom Arbeitssystem an das Auslieferungs- bzw. an das nächste upstream gelegene Lager
Production Authorization Card - PA Card (Produktionsauftragskarte)	autorisiert das Arbeitssystem-Management zur Herstellung/Bearbeitung eines Produktes bei Eingang eines RT und gleichzeitigem Vorliegen eines PT	vom Arbeitssystem an das nächste upstream gelegene Lager
Process tag - PT (Kapazitätskarte)	informiert über freie Kapazität eines Arbeitssystems, sobald ein Produkt an ein downstream gelegenes Lager ausgeliefert wurde; begrenzt die Anzahl der in Bearbeitung befindlichen Aufträge (WIP)	vom Arbeitssystem an das nächste downstream gelegene Lager
Cancellation tag - CT (Auftragsstornierungskarte)	dient der Stornierung von früher erhaltenen OT und den zugehörigen RT im Falle eines entgangenen oder stornierten Kundenauftrages	kundenseitiges Ausgangslager

Abbildung 4-3:   Tags als Informationsträger in einem PAC-System

4.1.1.2 PAC-Steuerung

Im folgenden wird die Funktionsweise eines Produktionssystems, bestehend aus *einem Arbeitssystem*, das eine Produktart herstellt, *einem Eingangs- und einem Ausgangslager,* betrachtet. Kundenaufträge werden aus dem Ausgangslager bedient. Sendet ein Kunde einen Order tag an das Ausgangslager, wird daraufhin durch dieses eine PA card generiert, sofern zugleich ein Process tag im Lager vorhanden ist. Diese PA card wird an das Management des Arbeitssystems übermittelt. Da das betrachtete Produktionssystem nur über ein Arbeitssystem verfügt, wird es, evtl. mit einem Zeitverzug φ_0, einen (Arbeitssystem-)Requisition tag an das Eingangslager des Produktionssystems übermitteln. Dieser Requisition tag löst die unverzügliche Freigabe eines Teils (z.B. einer Einheit eines bestimmten Materials oder Vorproduktes) aus dem Lager an das Arbeitssystem aus. Sobald die Bearbeitung dieses Teils durch das Arbeitssystem abgeschlossen ist, erfolgt die Lieferung an das Ausgangslager. Mit der Ankunft des Produktes im Ausgangslager wird ein Process tag erstellt und im Lager aufbewahrt, bis er benötigt wird. Sendet nunmehr ein Kunde mit der Zeitverzögerung von φ_1 nach Übermittlung des Order tag einen (Kunden-)Requisition tag an das Ausgangslager, wird die sofortige Auslieferung eines Produktes an den Kunden veranlaßt, sofern ein positiver Lagerbestand vorliegt. Andernfalls wartet der Requisition tag, bis ein Produkt aus dem Arbeitssystem das Ausgangslager erreicht.

Der anfängliche Bestand an (Fertig-)Produkten im Ausgangslager sei $\bar{x}_1$, die anfängliche Anzahl der Process tags im Ausgangslager $\bar{T}_1^{PT}$. Für das Eingangslager wird angenommen, daß ausreichend Teile zur Verfügung stehen und somit bei Eingang von Requisition tags aus dem Arbeitssystem sofort die Freigabe von Teilen an das Arbeitssystem erfolgen kann.

Zur präzisen Beschreibung und Analyse dieses Systems werden im folgenden die Ereignisse im Intervall $(0,t)$ und die entstehenden Warteschlagen zum Zeitpunkt t betrachtet. Damit soll gezeigt werden, wie das Verhalten des Produktionssystems durch die Wahl der Parameter $\bar{x}$, $\bar{T}^{PT}$ und φ determiniert wird. Weiterhin können mit Hilfe der Analyse exakte Gleichungen entwickelt werden, die aufzeigen, wie viele Aufträge zum Zeitpunkt t an das Arbeitssystem ausgelöst werden sollten. Üblicherweise erfolgt in einem realen Produktionssystem die Auftragsfreigabe an die einzelnen Arbeitssysteme periodisch - häufig wöchentlich, täglich oder auch schichtweise. Mit Einführung des rechnergestützten Produktionsmanagements können die Aufträge sogar in so kurzen Intervallen freigegeben werden, daß dies als eine quasi kontinuierliche Einlastung erscheint, wann immer bestimmte Bedingungen gegeben sind bzw. Ereignisse eintreten[1].

---

1) Dies löst z.B. das Problem des Fortschrittszahlenkonzeptes (vgl. Abschnitt 3.1.3) zur Bestimmung der zu einem definierten Zeitpunkt zu erreichenden Fortschrittszahl.

Für die *Analyse des Produktionssystems* seien folgende Größen definiert:

$T^{OT(K)}(0,t)$ = Anzahl der im Intervall $(0,t)$ im Ausgangslager eingegangenen Kundenaufträge (Kunden-OT)

$T_s^{OT}(0,t)$ = Anzahl der im Intervall $(0,t)$ im Lager s eingegangenen Order tags

$T^{RT(K)}(0,t)$ = Anzahl der im Intervall $(0,t)$ im Ausgangslager eingegangenen Kundenabrufe (Kunden-RT)

$T_s^{RT}(0,t)$ = Anzahl der im Intervall $(0,t)$ im Lager s eingegangenen Requisition tags

$T_s^{PAC}(0,t)$ = Anzahl der im Intervall $(0,t)$ vom Lager s an das Arbeitssystem s gesendeten PA cards

$T_s^{RT(FE)}(t)$ = Anzahl der zum Zeitpunkt t im Lager s befindlichen unbedienten Requisition tags (Lieferrückstand, Backlog)

$T_s^{PT(LA)}(t)$ = Anzahl der zum Zeitpunkt t im Lager s wartenden Process tags (freie Bearbeitungskapazität)

$T_s^{OT(FE:PT)}(t)$ = Anzahl der zum Zeitpunkt t im Lager s wartenden Order tags, für die keine Process tags vorliegen

$T_s^{PAC(FE:RT)}(t)$ = Anzahl der zum Zeitpunkt t dem Management des Arbeitssystems s vorliegenden wartenden PA cards, für die noch keine Requisition tags übermittelt wurden

$T^{OT(FE:RT)}(t)$ = Anzahl Order tags im (kundenseitigen) Ausgangslager, für die zum Zeitpunkt t noch keine Requsition tags eingetroffen sind

$x_s^{AL(AS)}(0,t)$ = Menge des im Intervall $(0,t)$ an das Arbeitssystem s freigegebenen Materials (freigegebene Aufträge und das Produkt begleitende MT)

$x^{AL(K)}(0,t)$ = Anzahl der im Intervall $(0,t)$ erfolgten Lieferungen vom Ausgangslager an Kunden

$x_s^{AL(LA)}(0,t)$ = Anzahl der im Intervall $(0,t)$ von Arbeitssystem s an Lager s ausgelieferten Aufträge

$x_s^{LA}(t)$ = Bestand an fertiggestellten Produkten im Lager s zum Zeitpunkt t

$x_s^{WIP}(t)$ = Anzahl der zum Zeitpunkt t im Arbeitssystem s in Bearbeitung befindlichen, noch nicht fertiggestellten Aufträge (WIP)

x_s^{Los} = Losgröße für Produkt x in Arbeitssystem s

x_s^{RE} = Freigabemenge für Produkt x an Arbeitssystem s

$\bar{x}$ = Anfangsbestand von Produkt x an einem zu definierenden Ort des Systems

$\bar{\bar{x}}$ = Sollbestand von Produkt x an einem zu definierenden Ort des Systems

Abbildung 4-4 zeigt die Ereignisse sowie die Warteschlangen in einem Arbeitssystem für ein Produkt.

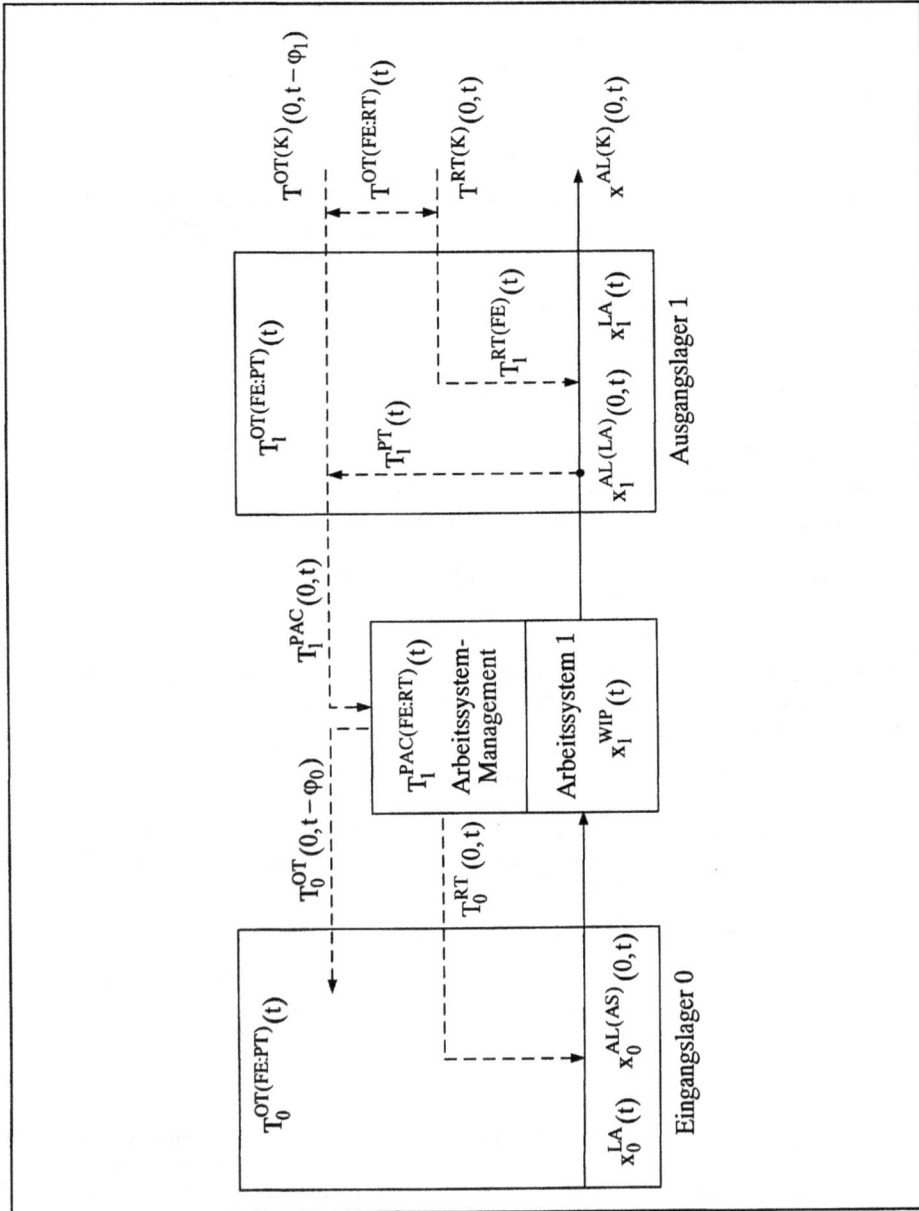

Abbildung 4-4: Ereignisse und Bestände (Warteschlangen) in einem Einprodukt-Arbeitssystem

Aus den definierten Größen und den in Abbildung 4-4 dargestellten Beziehungen werden folgende *Zusammenhänge in einem PAC-System* deutlich:

- Die Anzahl der zum Zeitpunkt t *im Ausgangslager wartenden Order tags* entspricht der Differenz zwischen den im Intervall $(0,t)$ insgesamt im Ausgangslager eingegangenen Order tags und den im gleichen Intervall eingegangenen (Kunden-)Requisition tags:

$$T^{OT(FE:RT)}(t) = T^{OT(K)}(0,t) - T^{RT(K)}(0,t) \qquad (1)$$

Da die Anzahl der im Intervall $(0,t)$ eingegangenen (Kunden-)Requisition tags gleich der Anzahl der im Intervall $(0, t - \varphi_1)$ eingegangenen Kundenabrufe ist, d.h.

$$T^{RT(K)}(0,t) = T^{OT(K)}(0, t - \varphi_1),$$

gilt auch

$$T^{OT(FE:RT)}(t) = T^{OT(K)}(0,t) - T^{OT(K)}(0, t - \varphi_1)$$

- Die Anzahl der zum Zeitpunkt t *dem Management des Arbeitssystems 1 vorliegenden wartenden PA cards*, für die noch keine Requisition tags ausgestellt wurden, da sie noch nicht die zeitliche Verzögerung von φ_0 erreicht haben, entspricht der Differenz zwischen insgesamt im Intervall $(0,t)$ an das Arbeitssystem übermittelten PA cards und den im gleichen Intervall freigegebenen Requisition tags:

$$T_1^{PAC(FE:RT)}(t) = T_1^{PAC}(0,t) - T_0^{RT}(0,t) = T_1^{PAC}(0,t) - T_1^{PAC}(0, t - \varphi_0) \qquad (2)$$

- Die Anzahl der zum Zeitpunkt t *im Arbeitssystem s in Bearbeitung befindlichen Aufträge (WIP)* ist gleich der Differenz aus freigegebenen Requisition tags und fertiggestellten Aufträgen:

$$x_1^{WIP}(t) = T_0^{RT}(0,t) - x_1^{AL(LA)}(0,t) \qquad (3)$$

- Der *Bestand an fertiggestellten Produkten im Ausgangslager* zum Zeitpunkt t ergibt sich aus dem Anfangsbestand dieses Lagers zuzüglich der fertiggestellten und abzüglich der ausgelieferten Aufträge:

$$x_1^{LA}(t) = \bar{x}_1^{LA} + x_1^{AL(LA)}(0,t) - x^{AL(K)}(0,t) \qquad (4)$$

- Der *Lieferrückstand des Systems* zum Zeitpunkt t ist gleich der Anzahl der (Kunden-)Requisition tags abzüglich der ausgelieferten Aufträge, jeweils im Intervall $(0,t)$:

$$T_1^{RT(FE)}(t) = T^{RT(K)}(0,t) - x^{AL(K)}(0,t) \qquad (5)$$

- Die Anzahl der *freien Process tags im Ausgangslager* zum Zeitpunkt t ergibt sich aus dem Anfangsbestand an Process tags zuzüglich der im Intervall $(0,t)$ fertiggestellten Aufträge abzüglich der im gleichen Zeitraum an das Arbeitssystem übermittelten PA cards:

$$T_1^{PT}(t) = \bar{T}_1^{PT} + x_1^{AL(LA)}(0,t) - T_1^{PAC}(0,t) \qquad (6)$$

- Die *Anzahl der Process tags in einem Produktionssystem insgesamt* ist gleich der Summe aus im Arbeitssystem wartenden PA cards, in Bearbeitung befindlichen Aufträgen und freien Process tags im Ausgangslager:

$$T_1^{PAC(FE:RT)}(t) + x_1^{WIP}(t) + T_1^{PT(LA)}(t) = \overline{T}_1^{PT} \tag{7}$$

- Die Anzahl der im Produktionssystem befindlichen Material tags abzüglich der Anzahl der nicht bedienten Kunden-Requisition tags in einem Produktionssystem ist gleich dem Anfangsbestand an Material tags zuzüglich der Differenz zwischen der Anzahl der an das Arbeitssystem freigegebenen PA cards und der Anzahl der (Kunden-) Requisition tags:

$$
\begin{aligned}
x_1^{WIP}(t) + x_1^{LA}(t) - T_1^{RT(FE)}(t) &= \overline{x}_1^{LA} + T_0^{RT}(0,t) - T^{RT(K)}(0,t) \\
&= \overline{x}_1^{LA} + T_1^{PAC}(0, t - \varphi_0) - T^{OT(K)}(0, t - \varphi_1)
\end{aligned}
\tag{8}
$$

Ausgehend von diesen Definitionen können *Systemeigenschaften* im Hinblick auf den Bestand und die Kapazitätsnutzung aufgezeigt werden.

Der Bestand im Arbeitssystem kann $\overline{T}_1^{PT}$ nicht übersteigen: Aus Gleichung (7) folgt unmittelbar, daß die in Bearbeitung befindliche Anzahl der Aufträge höchsten der Anzahl der Process tags im betrachteten Arbeitssystem insgesamt entsprechen kann, also $x_1^{WIP}(t) \leq \overline{T}_1^{PT}$, und damit Parameter $\overline{T}_s^{PT}$ der Begrenzung der Anzahl der zur Bearbeitung im betreffenden Arbeitssystem s befindlichen Aufträge dient.

- Ist $\varphi_0 \geq \varphi_1 \geq 0$, so kann der Bestand in Lager 1 den Wert von $\overline{T}_1^{PT}$ nicht übersteigen. In diesem Falle gilt

$$T_1^{PAC}(0, t - \varphi_0) \leq T^{OT(K)}(0, t - \varphi_0) \leq T^{OT(K)}(0, t - \varphi_1) \tag{9}$$

und da gemäß Definition kein Lieferrückstand entstehen kann, wenn ein Bestand an Fertigerzeugnissen im Ausgangslager vorhanden ist, also $T_1^{RT(FE)}(t) = 0$ und $x_1^{LA}(t) > 0$, folgt aus Gleichung (8) $x_1^{LA}(t) \leq \overline{x}_1^{LA}$, d.h., der Bestand an Fertigerzeugnissen im Ausgangslager wird geringer sein als der Anfangsbestand in diesem Lager.

- Ist jedoch $\varphi_1 \geq \varphi_0 \geq 0$, dann gilt, daß $T^{OT(K)}(0, t - \varphi_0) \geq T^{OT(K)}(0, t - \varphi_1)$ und der Lagerbestand kann größer werden als $\overline{x}_1^{LA}$.

Hinsichtlich der *Kapazitätsnutzung* ergibt sich ein typisches Verhalten des PAC-Systems für *charakteristische Parametereinstellungen*:

- $\varphi_0 = \varphi_1 = 0$ und $\overline{T}_1^{PT(LA)} \to \infty$: Für alle eingehenden Aufträge (Order tags) werden in einem solchen System ohne Zeitverzug sofort Requisition tags ausgestellt und zudem wird gemäß $\overline{T}_1^{PT(LA)} \to \infty$ keine Kapazitätsbeschränkung angenommen. Damit ist $T_1^{OT(FE:RT)}(t) = 0$ und $T_1^{PAC(FE:RT)}(t) = 0$, d.h., es gibt im gesamten System weder wartende Order tags noch wartende PA cards. Das System verhält sich also wie ein einfaches Make-to-stock-System mit einem Sollbestand $\overline{x}_1^{LA}$ (vgl. Abschnitt 3.1.1).

- $\varphi_0 = \varphi_1 = 0$ und $\overline{T}_1^{PT(LA)}$ endlich: Aufgrund der beschränkten Anzahl an Process tags (Kapazitätsbeschränkung des Arbeitssystems) werden PA cards nicht zwangsläufig bei Eintreffen eines Order tag ausgestellt. Für endliches $\overline{T}_1^{PT(LA)}$ wird die Anzahl der im Intervall $(0,t)$ an das Arbeitssystem freigegebenen Aufträge mit kleiner werdendem $\overline{T}_1^{PT(LA)}$ sinken. Es wäre also zu erwarten, daß das System eine geringere Leistungsfähigkeit aufweist. In einem Produktionssystem mit nur einem Arbeitssystem ist dies jedoch nicht notwendigerweise richtig.

Besteht ein Arbeitssystem aus κ_1 parallel angeordneten Maschinen, dann ist die Leistungsfähigkeit des Systems für $T_1^{PT(LA)} \geq \kappa_1$ nicht von der tatsächlichen Anzahl $\overline{T}_1^{PT(LA)}$ Process tags abhängig. Das System würde wegen des endlichen $\overline{T}_1^{PT(LA)}$ Produktionsausfälle nur dann erleiden, wenn eine Maschine frei und unbeschäftigt ist und Order tags im Ausgangslager auf Process tags warten, d.h. wenn $x_1^{WIP}(t) < \kappa_1$ und $T_1^{OT(FE:RT)}(t) > 0$ ist. Diese Bedingung kann jedoch nicht eintreten, wenn $\overline{T}_1^{PT(LA)} \geq \kappa_1$, denn wenn die Anzahl der zum Zeitpunkt t in Bearbeitung befindlichen Aufträge kleiner ist als die Anzahl der verfügbaren Maschinen, also $x_1^{WIP}(t) < \kappa_1$, folgt für die Anzahl der Process tags im Ausgangslager

$$T_1^{PT(LA)}(t) = \overline{T}_1^{PT(LA)} - x_1^{WIP}(t) > \overline{T}_1^{PT(LA)} - \kappa_1 > 0 \tag{10}$$

und es ergibt sich $T_1^{OT(LA)}(t) = 0$, d.h., es warten keine Order tags im Ausgangslager.

Ist dagegen die Anzahl der Process tags geringer als die verfügbare Anzahl der Maschinen, d.h. $T_1^{PT(LA)} < \kappa_1$, dann kann $T_1^{OT(FE:RT)}(t) > 0$ werden, sofern $x_1^{WIP}(t) < \kappa_1$ ist. In diesem Falle sind wegen des endlichen Wertes von $\overline{T}_1^{PT(LA)}$ Produktionsausfälle möglich. Für $T_1^{PT(LA)} < \kappa_1$ wird die Einlastung und somit die Fertigstellung verzögert, wodurch die Lieferrückstände mit einem sinkenden Anfangsbestand $\overline{T}_1^{PT(LA)}$ wachsen. Der Bestand der in Bearbeitung befindlichen Aufträge wird jedoch ebenso wie der Bestand im Ausgangslager sinken.

- $\varphi_1 > \varphi_0 \geq 0$ und $\overline{T}_1^{PT(LA)} \to \infty$: In diesem Falle wird die Zeitverzögerung zwischen eingehenden Kundenaufträgen (Order tags) und darauf folgenden (Kunden)Requisition tags größer angenommen, als die Zeitverzögerung zwischen Übergabe der PA card und den folgenden Anforderungen von Teilelieferungen aus dem Eingangslager an das Arbeitssystem (Requisition tags) und es soll keine Kapazitätsbeschränkungen geben. Mit Gleichung (8) ergibt sich für den Fall, daß $T_1^{RT(FE)}(t) > 0$ ist:

$$T_1^{RT(FE)}(t) = x_1^{WIP}(t) - \overline{x}_1^{LA} - T^{OT(K)}(0, t - \varphi_0) + T^{OT(K)}(0, t - \varphi_1)$$

$$= x_1^{WIP}(t) - \overline{x}_1^{LA} - x_1^{AL(AS)}(0,t) + x_1^{AL(AS)}(0, t - \varphi_1 + \varphi_0)$$

$$= -\overline{x}_1^{LA} - x_1^{AL(LA)}(0,t) + x_1^{AL(AS)}(0, t - \varphi_1 + \varphi_0) \qquad (11)$$

$$= x_1^{WIP}(t - \varphi_1 + \varphi_0) - \overline{x}_1^{LA} - x_1^{AL(LA)}(t - \varphi_1 + \varphi_0, t)$$

Die Lieferrückstände (Backlog) können logischerweise verringert werden, entweder durch eine Erhöhung des Anfangsbestandes $\overline{x}_1^{LA}$ im Ausgangslager oder durch Erhöhung der Differenz der beiden Zeitverzögerungen $\varphi_1 - \varphi_0$, in diesem Falle natürlich durch eine geringere Zeitverzögerung φ_0 bzw. durch eine erhöhte Reaktionsgeschwindigkeit bei der Absicherung der Produktionsbereitschaft im Arbeitssystem. Der Ausdruck $\varphi_1 - \varphi_0$ ist die *Durchlaufzeit* in einem prognosegesteuerten MRP-System. Gleichung (11) zeigt, daß dieser Ausdruck auch als *„Sicherheitszeit"* angesehen werden kann. $\overline{x}_1^{LA}$ ist gleichbedeutend mit dem *Sicherheitsbestand* x_1^{SI} in einem MRP-System.

Gehen Kundenaufträge verloren (*lost sales*), wenn bei ihrem Eingang das Ausgangslager leer ist (im Gegensatz zur bisherigen Annahme, daß alle Kundenaufträge bedient werden müssen), dann muß das System entsprechend modifiziert werden. Ist $\varphi_1 > 0$, dann gehen Requisition tags nach den zugehörigen Order tags in das System ein. Um unter dieser Bedingung, d.h. dem Verlust von Kundenaufträgen im Falle der Lieferunfähigkeit, eine PAC-basierte Steuerung zu verwenden, muß ein weiterer Tag eingeführt werden, der sogenannte *Cancellation tag - CT* (Auftragsstornierungskarte). Geht ein Requisition tag ein und ist das Ausgangslager leer, dann wird der Requisition tag automatisch in einen Cancellation tag umgewandelt, sofern die Annahme zutrifft, daß der Kundenauftrag dann verloren geht (storniert wird). Der Cancellation tag wartet anschließend im Ausgangslager auf den nächsten eingehenden Order tag. Bei Eintreffen des nächsten Order tag im Ausgangslager trifft dieser auf den Cancellation tag und er wird nicht weitergeleitet, sondern eliminiert. Der Order tag wird also nicht mit einem Process tag zusammengeführt, wenn er auf einen Cancellation tag trifft.

Ist keine Verzögerung im System vorhanden ($\varphi_1 = 0$), dann muß folglich ein Order tag gleichzeitig mit dem Requisition tag eingegangen sein. Wird nun der Requisition tag in einen Cancellation tag umgewandelt, dann wird der ihm zugeordnete Order tag eliminiert. Erreicht also der Bestand der in Bearbeitung befindlichen Aufträge im Arbeitssystem die Größe $\overline{\overline{x}}_1$, dann gehen alle weiteren eingehenden Kundenaufträge verloren. Der Bestand der in Bearbeitung befindlichen Aufträge hat folglich die gleiche Verteilung wie die Warteschlangenlänge in einem Bediensystem, bei dem mit Erreichen der Warteschlangenlänge $\overline{\overline{x}}_1$ alle weiter eingehenden Aufträge verloren gehen.

Cancellation tags werden außer bei entgangenen Aufträgen auch in anderen Fällen verwendet. Storniert beispielsweise ein Kunde einen Auftrag, folgt also dem Order tag kein Requisition tag an das Ausgangslager, dann sollte ein Cancellation tag erstellt und der nächste eingehende Order tag eliminiert werden, bevor er eine PA Card generiert. Werden keine Cancellation tags erstellt, dann steigt der Lagerbestand im System; ein Order tag ohne einen zugeordneten Requisition tag führt also zu einem Effekt, der der Erhöhung des anfänglichen Bestandes im Ausgangslager von $\bar{\bar{x}}_1$ auf $\bar{\bar{x}}_1 + 1$ entspricht.

Die bisherige Analyse ging davon aus, daß im System keine Lose gebildet werden. *Losbildung* ist in realen Systemen jedoch oft ökonomisch vorteilhaft (vgl. Abschnitt 2.1.2.3). Dies kann insbesondere aus drei Gründen der Fall sein:

- Die technologischen Gegebenheiten des Prozesses machen die Produktion in Losen vorteilhaft (z.B. in der Halbleiterproduktion).

- Die Rüstkosten sind gegenüber den bei losweiser Produktion anfallenden Lagerhaltungskosten verhältnismäßig hoch, so daß es kostengünstiger ist, einmal zu rüsten und im Anschluß daran eine größere Stückzahl eines Produktes und ggf. mehrere Aufträge für ein Produkt ohne weitere Unterbrechung nacheinander zu produzieren.

- Die Rüstzeiten sind so groß, daß ein Rüstvorgang vor der Bearbeitung eines jeden Auftrages zu einem unzumutbaren Kapazitätsverlust führen würde.

Ist eine Losbildung notwendig, dann ergeben sich zwei Fragestellungen:

- Welcher Ansatz der Losbildung ist geeignet? Darauf wurde in Abschnitt 2.1.2.3 bereits näher eingegangen.
- Wo soll in einem PAC-System die Losbildung erfolgen?

Es gibt drei mögliche Orte, an denen Lose für ein Arbeitssystem s gebildet werden können. Nutzt das Arbeitssystem fixe Losgrößen x_s^{Los}, so sind dies:

- *Lager* s *bei Erzeugung der PA card:* Ein Process tag kann in diesem Falle keine PA card generieren, bevor x_s^{Los} Order tags eingegangen sind. Ein Process tag repräsentiert dann anstatt eines einzelnen Produktes das Los x_s^{Los}.

- *Arbeitssystem* s *bei Freigabe des Requisition tag:* Das Management von Arbeitssystem s gibt nicht jeden einzelnen Requisition tag mit einem Zeitverzug φ_s nach Empfang eines Order tag frei, sondern wartet mit der Freigabe, bis sich Requisition tags im Umfang von x_s^{Los} (mit einem Zeitverzug von jeweils φ_s nach Eingang der zugehörigen Order tags) angesammelt haben.

- *Eingang von Arbeitssystem* s: Die einzelnen Requisition tags werden sofort an Arbeitssystem s übermittelt; die Losbildung erfolgt erst nach dem Empfang der von Lager $s-1$ gelieferten Teile im Arbeitssystem s.

Der entscheidende Nachteil des ersten Ansatzes ist die Verzögerung der Informationsübermittlung über Auftragseingänge an die vorgelagerten Arbeitssysteme. Diese Verzögerung tritt auf, weil die PA cards erst bei Erreichen der vollständigen Losgröße generiert werden. Die beiden anderen Ansätze unterscheiden sich nicht wesentlich. Der größte Unterschied liegt in der eindeutigen Zuständigkeit des Managements des Arbeitssystems für die Wahl der Losgrößen und die Steuerung der Lose beim zweiten Ansatz. Beim dritten Ansatz ist es für die Mitarbeiter im Arbeitssystem leichter möglich, Entscheidungen über die Veränderung von Losgrößen zu treffen; insbesondere können sie die Bearbeitung eines Loses einleiten, obwohl noch nicht alle Material tags des Loses eingegangen sind.

Besteht das Produktionssystem in Erweiterung des bisher dargestellten Konzeptes aus *mehreren in Reihe angeordneten Arbeitssystemen* s *und Lagern* s $(s = 1,...,S)$, dann kann das beschriebene Steuerungssystem auf jedes einzelne Arbeitssystem übertragen werden, wobei für die einzelnen Arbeitssysteme jeweils unterschiedliche Steuerungspolitiken zum Einsatz gelangen können (vgl. Abschnitt 4.1.2). Das Ausgangslager für Arbeitssystem s $(s = 1,...,S-1)$ ist gleichzeitig das Eingangslager für Arbeitssystem $s+1$, so daß die Order tags aus Arbeitssystem $s+1$ im Ausgangslager von Arbeitssystem s eingehen und dort PA cards für Arbeitssystem s generieren. Requisition tags werden von Arbeitssystem $s+1$ an das Ausgangslager des Arbeitssystems s gesendet. Abbildung 4-5 stellt den Material- und Informationsfluß allgemein dar.

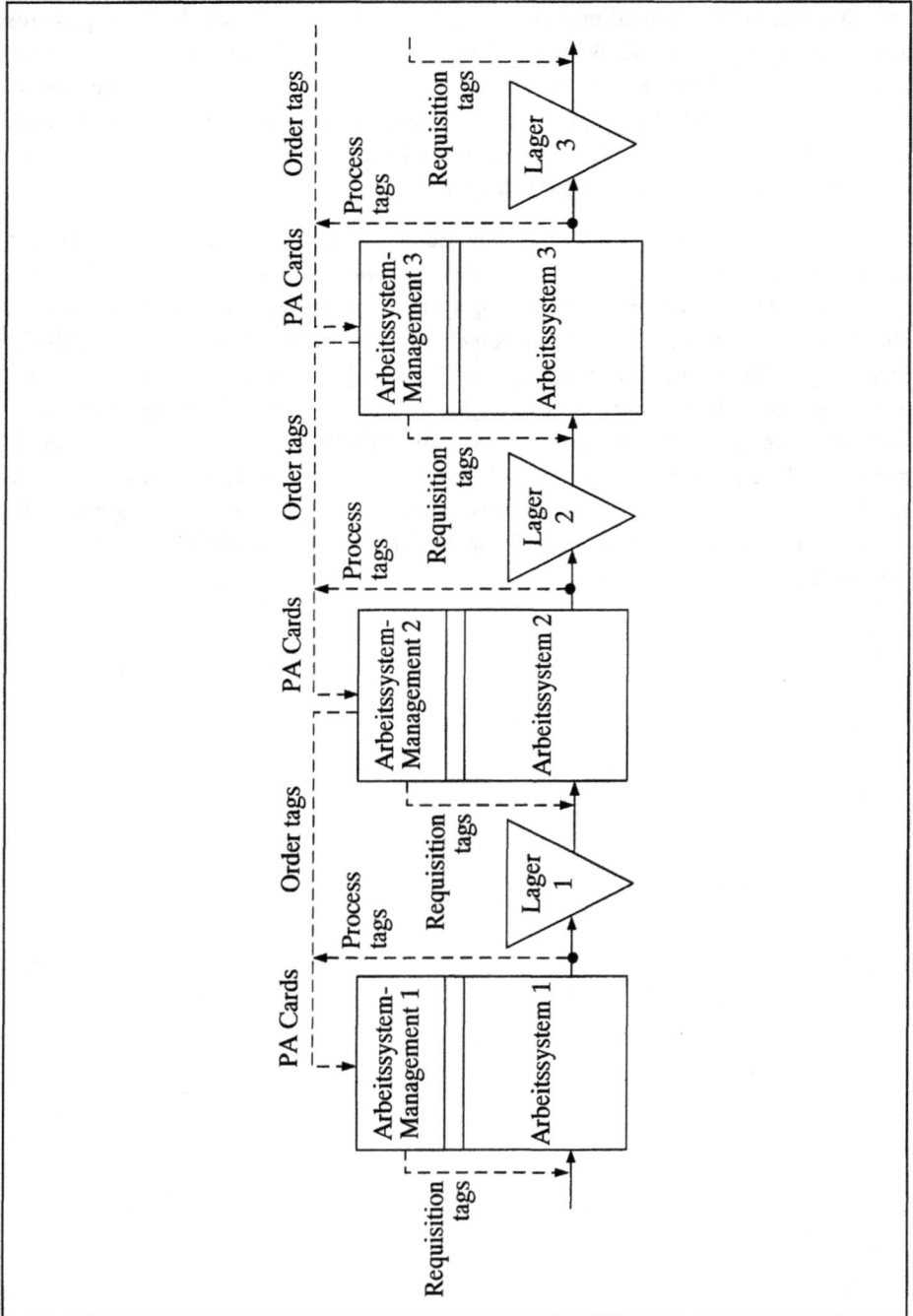

Abbildung 4-5:   PAC-gesteuertes Produktionssystem mit mehreren Arbeitssystemen

Abbildung 4-6 vermittelt ein genaueres Bild des Informationsflusses, bezogen auf die einzelnen Tag-Typen als Grundlage für eine mathematische Beschreibung des Systemverhaltens, wenn das Produktionssytem neben dem Arbeitssystem s aus weiteren Arbeitssystemen $s-1$ und $s+1$ besteht (vgl. Schneider/Buzacott/Rücker 2005, S. 139 ff.).

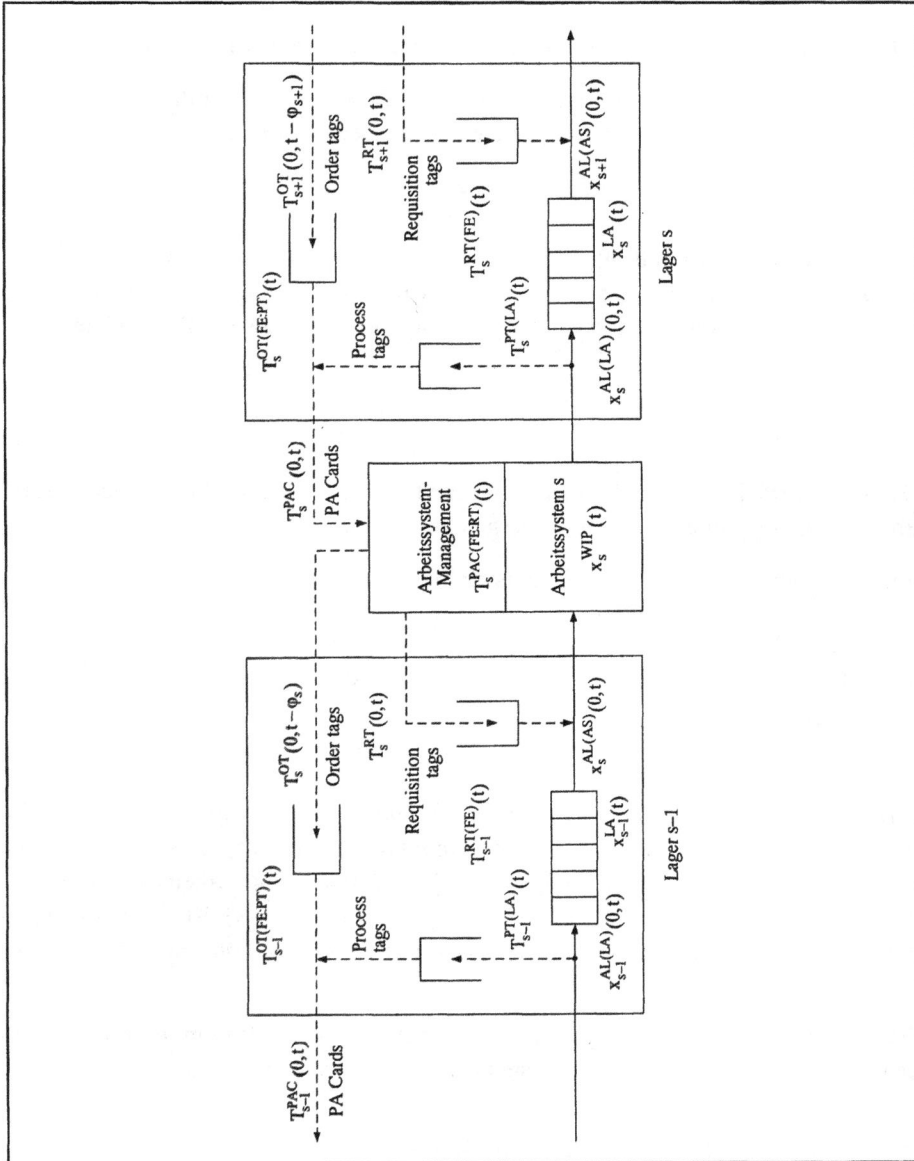

Abbildung 4-6:   Informationsfluß von Arbeitssystem s zu weiteren Arbeitssystemen in einem PAC-gesteuerten Produktionssystem

4.1.2 Einstellung der Steuerungsparameter des PAC-Systems

Wie bereits erwähnt, können die Einstellungen der vier PAC-Parameter $\bar{x}_s^{LA}$, $\bar{T}_s^{PT}$, φ_s und x^{Los} so gewählt werden, daß sie generische PPS-Konzepte (vgl. Kapitel 3) nachbilden. Dies soll im folgenden an einigen dieser Konzepte für ein lineares Produktionssystem mit einem Endprodukt, S Arbeitssystemen und S Lagern (vgl. Abbildungen 4-5 und 4-6) demonstriert werden.

4.1.2.1 Äquivalenz zu ausgewählten materialbestandsorientierten Konzepten

In einem *Base-stock-System* (vgl. Abschnitt 3.1.2) werden die Auftragsfreigaben so gesteuert, daß die angestrebte Freigabemenge gegeben ist durch:

$$\bar{\bar{x}}_{s-1}^{RE}(t) = \max\left\{\bar{\bar{x}}_s^e + x_S^{FE}(t) - x_s^e(t), 0\right\} \qquad \forall s$$

Diese Anforderung kann erfüllt werden, wenn ein Auftrag für jedes Arbeitssystem s $(s = 1,...,S)$ ausgelöst wird, sobald ein Requisition tag in Lager $s-1$ eintrifft. Die einzige Parameterkonstellation eines PAC-Systems, in der dies erfüllt ist, lautet:

$$\varphi_s = 0 \qquad\qquad\qquad \forall s = 1,...,S+1$$

$$\bar{T}_s^{PT} \to \infty \qquad\qquad\qquad \forall s$$

Demnach wird jeder vom Kunden eingehende Order tag unmittelbar nach seinem Empfang an alle Arbeitssysteme weitergeleitet.

Ein PAC-System mit der Parametereinstellung

$$\bar{x}_s^{LA} \geq 0 \qquad\qquad\qquad \forall s$$

$$\bar{T}_s^{PT} \to \infty \qquad\qquad\qquad \forall s$$

$$\varphi_{S+1} > \varphi_S > ... > \varphi_1 = 0$$

$$x_s^{Los} \geq 1 \qquad\qquad\qquad \forall s$$

verhält sich wie ein *Material-Requirements-Planning-(MRP)-System*. Während die Freigabezeitpunkte der PA cards für jede Produktionsstufe identisch sind, werden die Requisition tags um einen Zeitbetrag verzögert, der sich von Arbeitssystem zu Arbeitssystem vergrößert. Die Zeitdifferenz $\varphi_{s+1} - \varphi_s$ $(s = 1,...,S)$ ist gleichbedeutend mit der Durchlaufzeit durch das Arbeitssystem in einem konventionellen MRP-System.

Das Produktionssystem verhält sich also wie ein Base-stock-System mit einem gegebenen Sollbestand für alle Arbeitssysteme und Zwischenlager $(s,...,S)$ von

$$\bar{\bar{x}}_s^e(t) = \sum_{j=s}^{S} \bar{x}_j^{LA} + T^{OT(K)}(t - \varphi_{S+1}, t - \varphi_s)$$

Dies ist identisch mit einem MRP-System (vgl. Lambrecht/Muckstadt/Luyten 1984). Der Anfangsbestand $\overline{x}_s^{LA} \geq 0$ im Lager s $(s = 1,...,S)$ ist äquivalent zum Sicherheitsbestand in einem konventionellen MRP-System.

In konventionellen *Kanban-Systemen* gilt:

$$\overline{x}_s^{LA} > 0 \qquad\qquad \forall s$$
$$\overline{T}_s^{PT} = \overline{x}_s \qquad\qquad \forall s$$
$$\varphi_s = 0 \qquad\qquad \forall s$$
$$x_s^{Los} \geq 1 \qquad\qquad \forall s$$

Kanban begrenzt demnach den Bestand in den Arbeitssystemen, verzögert aber auch den Informationstransport durch das System.

4.1.2.2 Äquivalenz zu ausgewählten auftragsbestandsorientierten Konzepten

In einem *Make-to-order-System* (vgl. Abschnitt 3.2.1) erfolgt eine Produktion grundsätzlich erst nach Eingang des Kundenauftrages. Im allgemeinen wird nicht versucht, die Anzahl der in Bearbeitung befindlichen Aufträge zu steuern. Sobald ein Auftrag eine Bearbeitungsstufe abgeschlossen hat, wird er umgehend an die nachfolgende Stufe freigegeben. Ein solches System ist äquivalent zu einem PAC-System mit den folgenden Parametern:

$$\overline{x}_s^{LA} = 0 \qquad\qquad \forall s$$
$$\overline{T}_s^{PT} \to \infty \qquad\qquad \forall s$$
$$\varphi_s = 0 \qquad\qquad \forall s$$
$$x_s^{Los} = 1 \qquad\qquad \forall s$$

Local control bezeichnet eine Steuerungspolitik, in der ein Arbeitssystem ein Produkt immer dann produziert, wenn

- Teile verfügbar sind,
- maschinelle und menschliche Arbeitsleistung zur Verfügung stehen und
- das Ausgangslager nicht voll ist,

wobei „voll" sich auf einen vorgegebenen Maximalbestand bezieht. Zur Darstellung der zweiten Bedingung wird davon ausgegangen, daß das Arbeitssystem s aus κ_s parallel angeordneten Bedienstellen (z.B. Maschinen) besteht.

Mit der Parameterkombination

$$\overline{x}_s^{LA} > \overline{T}_s^{PT} \qquad\qquad \forall s$$
$$\overline{T}_s^{PT} = \kappa_s \qquad\qquad \forall s$$
$$\varphi_s = 0 \qquad\qquad \forall s$$

gleicht dieses System einem Arbeitssystem mit κ_s parallelen Maschinen/Arbeitsplätzen, gefolgt von einem Lager mit der Kapazität $\overline{x}_s^{LA} - \kappa_s$. Sobald ein Auftrag auf einer Maschine fertig bearbeitet worden ist, wird er an das downstream gelegene Lager geliefert, sofern dort ein Lagerplatz frei ist. Andernfalls wartet er bis zur Verfügbarkeit eines Lagerplatzes und blockiert damit die Freigabe eines weiteren Auftrages für diese Maschine. Aufträge werden also nur dann freigegeben, wenn sowohl Teile (Material) und eine freie Maschine (Arbeitsplatz) verfügbar sind.

Integral control bezeichnet Freigaberegeln, bei denen die Freigabeentscheidung aufgrund des gesamten Bestandes zwischen dem Ort der Freigabe und einem definierten nachgelagerten Ort ϑ im System erfolgt. Beispielsweise erfolge eine Freigabe an Arbeitssystem s aufgrund des Bestandes in den Arbeitssystemen und Lagern $s,...,\vartheta$. Ist dieser gesamte Bestand kleiner als ein Zielbestand $\overline{\overline{x}}_{s,\vartheta}^e$, dann erfolgt eine Auftragsfreigabe.

In einem PAC-System wird ein solches Verhalten durch Wahl der Parameter

$$\overline{x}_u^{LA} = 0 \qquad\qquad\qquad \forall u = s,...,\vartheta - 1$$
$$\overline{x}_\vartheta^{LA} > 0$$
$$\overline{T}_u^{PT} = \overline{x}_\vartheta^{LA} = \overline{\overline{x}}_{s,\vartheta}^e \qquad\qquad \forall u = s,...,\vartheta$$
$$\varphi_s = 0 \qquad\qquad\qquad \forall s$$
$$x_s^{Los} = 1 \qquad\qquad\qquad \forall s$$

erreicht.

Die Anzahl der Process tags in Lager s' ($s' = s,...,\vartheta$) verringert sich, sobald ein Order tag ankommt und erhöht sich, sobald ein Auftrag in Arbeitssystem s' fertig bearbeitet worden ist. Die Anzahl der Requisition tags erhöht sich in Lager s' ($s' = s,...,\vartheta - 1$), wenn ein Requisition tag ankommt (zugleich mit einem Order tag) und verringert sich, wenn ein Auftrag in Arbeitssystem s' fertig bearbeitet worden ist. Daraus folgt, daß in Lager s' ($s' = s,...,\vartheta - 1$) die Anzahl der wartenden Requisition tags immer gleich der Anzahl der fehlenden Process tags in diesem Lager sein wird, also

$$T_{s'}^{RT(FE)}(t) = \overline{T}_{s'}^{PT} - T_{s'}^{PT(LA)}(t)$$

Im Lager ϑ verringert sich der Bestand, sobald ein Order tag ankommt und erhöht sich, sobald die Bearbeitung eines Auftrages in Arbeitssystem ϑ abgeschlossen wurde, also

$$T_\vartheta^{PT(LA)}(t) = x_\vartheta^{LA}(t)$$

Für Arbeitssystem s' ($s' = s,...,S$) ist dann

$$\overline{T}_{s'}^{PT} - T_{s'}^{PT(LA)}(t) = T_{s'-1}^{RT(FE)}(t) + x_{s'}^{WIP}(t)$$

und es ergibt sich für die Lager s' (s' = s,...,9 − 1) die Beziehung

$$T_{s'}^{RT(FE)}(t) = T_{s'-1}^{RT(FE)}(t) + x_{s'}^{WIP}(t) = T_{s-1}^{RT(FE)}(t) + \sum_{u=s}^{s'} x_u^{WIP}(t)$$

sowie für das Ausgangslager des Integral-control-Systems 9

$$\overline{x}_9^{LA} - x_9^{LA}(t) = \overline{T}_9^{PT} - T_9^{PT(LA)}(t) = T_{s-1}^{RT(FE)}(t) + \sum_{u=s}^{9} x_u^{WIP}(t)$$

Daraus läßt sich schließlich ableiten:

$$T_{s-1}^{RT(FE)}(t) + \sum_{u=s}^{9} x_u^{WIP}(t) + x_9^{LA}(t) = \overline{x}_9^{LA} = \overline{\overline{x}}_{s,9}^{e}$$

Mit dieser Einstellung der PAC-Steuerungsparameter wird stets die Bedingung erfüllt sein, daß die Summe der in Bearbeitung befindlichen Aufträge und der Bestände im Ausgangslager möglichst nahe am Zielbestand $\overline{\overline{x}}_{s,9}^{e}$ für das mittels Integral control gesteuerte Produktionssegment s, 9 gehalten wird. Jeder Rückstand wird durch die unbedienten Requisition tags im Lager s − 1, repräsentiert, also durch gewünschte Freigaben an das Arbeitssystem s, für die zum betreffenden Zeitpunkt kein Bestand im Lager s − 1 vorhanden ist. Damit verhält sich das definierte Segment des Produktionssystems mit den Arbeitssystemen und Lagern s,...,9 als Integral-control-System.

Das *CONWIP-System* kann als ein Spezialfall von Integral control aufgefaßt werden. Bei CONWIP basiert die Freigabeentscheidung in Arbeitssystem 1 auf dem gesamten Bestand in den Arbeitssystemen s und Lagern s (s=1,..,S). Wird für das gesamte System ein maximaler Gesamtbestand von $\overline{\overline{x}}$ definiert, dann führt dies zur Wahl der folgenden Parameterkombination:

$$\begin{aligned}
\overline{x}_s^{LA} &= 0 && \forall s = 1,...,S-1 \\
\overline{x}_S^{LA} &= \overline{\overline{x}} \\
\overline{T}_s^{PT} &= \overline{\overline{x}} && \forall s \\
\varphi_s &= 0 && \forall s \\
x_s^{Los} &= 1 && \forall s
\end{aligned}$$

Verläßt ein Endprodukt das System, dann wird auch eine PA card im Lager S generiert. Gleichzeitig führt die Erzeugung der PA card in Lager S zur Weiterleitung eines Requisition tag an Lager 0 (das Rohmateriallager) und somit zur unverzüglichen Freigabe von Rohmaterial an das System.

Die gesamte Zahl aller Aufträge im System liegt stets konstant bei $\bar{\bar{x}}$. Das System ist also äquivalent zum CONWIP-System nach Hopp und Spearman (2001, S. 349 ff.).

4.1.3 Erweiterungen des PAC-Systems

4.1.3.1 PAC-Steuerung von Montagesystemen

In diesem Abschnitt wird die Anpassung des PAC-Systems für die Steuerung von Montagesystemen betrachtet. Dazu soll die grundlegende Idee anhand eines einfachen Systems demonstriert werden, in dem ein einzelnes Endprodukt aus zwei Komponenten montiert wird.

Jede Montage kann als aus zwei Vorgängen bestehend angesehen werden: Der erste Vorgang ist die Zusammenstellung eines Bausatzes, die *logische Montage (kitting, Kommissionierung),* der aus allen zum Aufbau des Endproduktes benötigten Komponenten besteht. Der zweite Vorgang ist die Umwandlung des Bausatzes in das fertige Endprodukt; er beinhaltet alle realen Füge- und Montagevorgänge, also die *physische Montage.* Typischerweise erfordert die Zusammenstellung des Bausatzes, die Kommissionierung, nur eine vernachlässigbar kurze Zeit, sofern alle benötigten Bauteile verfügbar sind. Dabei wird angenommen, daß für die Zusammenstellung keine Zeit benötigt wird. Die Umwandlung des Bausatzes in das Endprodukt, die physische Montage, kann dagegen einen signifikanten Zeitbedarf haben und den Rückgriff auf knappe Produktionsressourcen erfordern.

Statt den gesamten Montagevorgang in einem Arbeitssystem anzuordnen, wird für die Modellierung des Produktionssystems die Montage als in zwei getrennten Arbeitssystemen stattfindend betrachtet, also eine *Trennung von logischer und physischer Montage* vorgenommen. Zuerst werden in der logischen Montage die für die Montage benötigten Komponenten zu Bausätzen zusammengestellt. Der komplette Bausatz wird als *ein Materialabgang* anschließend an das Montagesystem weitergegeben, das mit diesem *einen Materialzugang* die Montage durchführt und als einzigen Abgang das fertig montierte Endprodukt an das Fertiglager weitergibt. Es ist offensichtlich, daß sich damit das physische Montagesystem prinzipiell nicht von den anderen, bisher betrachteten Arbeitssystemen unterscheidet. Die logische Montage dagegen hat mehrere Eingänge und einen einzigen Ausgang. Sie ist daher anders aufgebaut als normale Arbeitssysteme. Ihre Funktionsweise und Steuerung werden deshalb im folgenden näher betrachtet.

Die logische Montage habe ein Ausgangslager KIT mit einem Anfangsbestand von $\bar{x}^{KIT}$ Bausätzen und mit $\overline{T}^{PT:KIT}$ Process tags. Wird vom Ausgangslager eine PA card generiert, dann wird diese an das Management der logischen Montage übermittelt, das daraufhin unmittelbar einen Order tag für jedes Vorprodukt, das für den Bausatz benötigt wird, erstellt. Die Order tags werden an die entsprechenden Arbeitssysteme, die die Komponenten herstellen, übermittelt. Nach einer Zeitverzögerung, die je nach Komponente unterschiedlich sein kann, sendet das Management der logischen Montage Requisition tags an die Komponentenlager und fordert damit die unverzügliche Auslieferung der Komponenten an die logische Montage an. Selbstverständlich können einige der Komponentenlager leer sein, so daß die logische Montage einen Bestand an Komponenten hat, die noch nicht zu einem Bausatz zusammengestellt werden können, da einige der benötigten Komponenten fehlen. Die vorhandenen Komponenten warten also gegebenenfalls, bis ein vollständiger Bausatz zusammengestellt und an das Ausgangslager der logischen Montage übertragen werden kann.

Da die Zusammenstellung der Bausätze keine Zeit erfordern soll, gibt es offensichtlich keinen Grund, mehr als einen Process tag für die logische Montage zu verwenden. Das Produkt soll aus m' Komponenten, $1, ..., m'$, montiert werden. Die Komponenten werden in den Lagern s' $(s' = 1, ..., S')$, die den Arbeitssystemen s' $(s' = 1, ..., S')$ nachgelagert sind, aufbewahrt. Es wird jedoch nicht allgemein vorausgesetzt, daß jede Komponente in einem einzelnen Arbeitssystem produziert wird, sondern es können auch mehrere Komponenten im gleichen Arbeitssystem hergestellt oder bearbeitet werden. Die logische Montage sei KIT (kitting) und das Arbeitssystem der Montagedurchführung ASS (assembly). Der logischen Montage sei das Lager KIT und der Montagedurchführung das Lager ASS nachgelagert. Die Parameter des Systems sind die Anfangsbestände $\overline{x}_{s'}^{KIT}$ in den Lagern s' $(s' = 1, ..., m, KIT, ASS)$ sowie die Anzahl der Process tags $T_{s'}^{PT:KIT}$ in den Lagern s' $(s' = 1, ..., m, KIT, ASS)$. Das Montagesystem ASS kann Requisition tags an das Ausgangslager der logischen Montage KIT mit einer Zeitverzögerung φ^{ASS} senden. Ebenso ist vorstellbar, daß die logische Montage unterschiedliche Zeitverzögerungen für verschiedene Produkte verwendet. Dann ist $\varphi_{s'}^{KIT}$ $(s' = 1, ..., S')$ die Zeitverzögerung, mit der die logische Montage einen Requisition tag an das Komponentenlager s' aussendet. Schließlich sei φ^K die Zeitverzögerung zwischen dem Empfang von Order tags und Requisition tags von Kunden. Abbildung 4-7 zeigt die Struktur des PAC-gesteuerten Montagesystems (aus Gründen der Übersichtlichkeit der Darstellung sind die Zeitverzögerungen nicht in die Abbildung eingetragen).

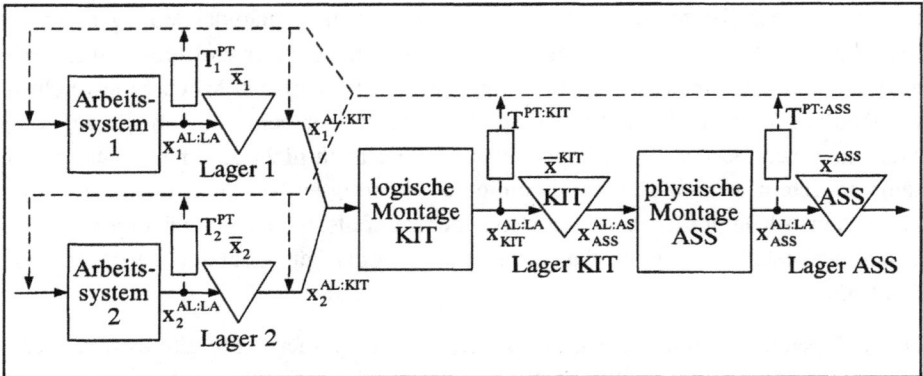

Abbildung 4-7:   PAC-gesteuertes Montagesystem

4.1.3.2 PAC-Steuerung von Produktionssystemen für mehrere Produkte

Bisher wurden Produktionssysteme analysiert, in denen ein Produkt hergestellt wird. Im folgenden wird ein Produktionssystem mit einem Arbeitssystem dargestellt, das mehrere Produkte auf gemeinsam genutzten Anlagen produziert (vgl. Baynat/Buzacott/Dallery 2002, S. 4225 ff.). Jedes fertiggestellte Produkt wird in einem ihm zugeordneten Lager aufbewahrt; der anfängliche Lagerbestand für Produkt n $(n = 1,2)$ beträgt $\overline{x}_{s,n}$. Die Produkte werden aus den gleichen Rohmaterialen erstellt, die stets in ausreichender Menge zur Verfügung stehen. Für den Aufbau einer PAC-Steuerung ist zu unterscheiden, ob für die unterschiedlichen Produkte produktspezifische oder gemeinsame Process tags eingesetzt werden sollen.

Die Verwendung *produktspezifischer Process tags* (vgl. Abbildung 4-8) bedeutet, daß $\overline{T}_{s,n}^{PT}$ $(n = 1,2)$ Process tags dem Produkt n zugeordnet werden. Folglich können sich niemals mehr als $\overline{T}_{s,n}^{PT}$ Einheiten des Produktes *n* gleichzeitig in einem Arbeitssystem *s* in Bearbeitung befinden. Ist $\overline{T}_{s,1}^{PT} = \overline{T}_{s,2}^{PT} = 1$, so ergibt sich bei produktspezifischen Process tags und einem Arbeitssystem *s* mit einer einzelnen Bedienstelle eine ausgeprägte Tendenz, die beiden Auftragstypen in abwechselnder Reihenfolge zu bearbeiten. Wird also gerade Produkt 1 bearbeitet, dann kann ausschließlich ein Auftrag für Produkt 2 warten, da der einzige Process tag für Produkt 1 besetzt ist. Dies geschieht auch, wenn Order tags für Produkt 1 auf die Zusammenführung mit Process tags warten und diese vor dem Order tag des Typs 2, das den Order tag des Typs 2 freigegeben hat, im Lager eingetroffen sind.

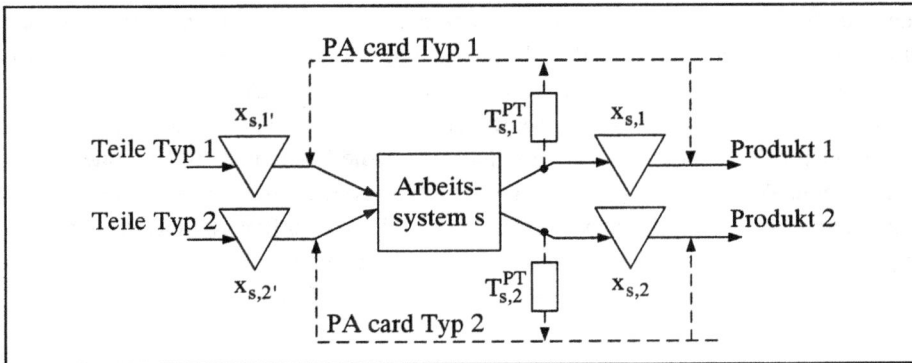

Abbildung 4-8:   PAC-Steuerung eines Mehrproduktsystems mit produktspezifischen
Process tags

Die Verwendung *gemeinsamer Process tags* (vgl. Abbildung 4-9) bedeutet dagegen, daß dem Arbeitssystem $\overline{T}_s^{PT}$ Process Tags zugeordnet sind. Diese Process tags repräsentieren anfänglich keinen Produkttyp. Wird einer dieser einheitlichen Process tags mit einem Order tag des Typs n zu einer PA card zusammengeführt, dann wird der generierten PA card der Typ n zugeordnet. Diese PA card löst die Erstellung eines Requisition tag des Typs n im Management des Arbeitssystems s sowie die Produktion eines Produktes n in diesem Arbeitssystem aus. Ist die Bearbeitung des Produktes vom Typ n im Arbeitssystem s abgeschlossen und wird das Produkt zum nachgeordneten Lager des Typs s transportiert, dann wird ein Process tag generiert, der jedoch wiederum keinem Produkttyp zugeordnet ist.

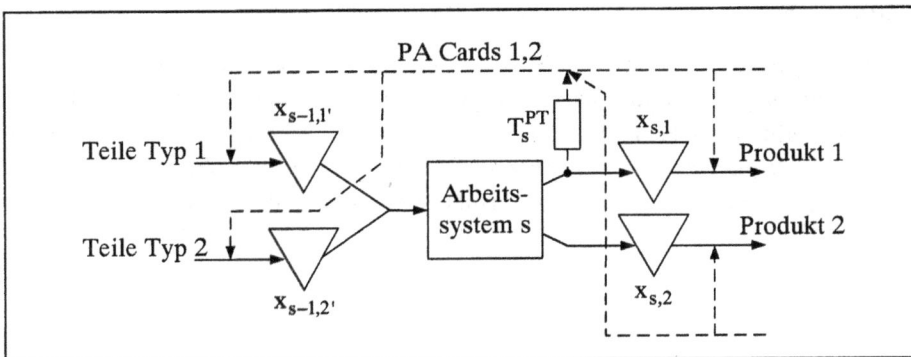

Abbildung 4-9:   PAC-Steuerung eines Mehrproduktsystems mit gemeinsamen Process
tags

Besteht das Arbeitssystem aus κ parallel angeordneten Bedienstellen, dann bringt es bei Verwendung *gemeinsamer* Process tags keinen Vorteil, wenn mehr als κ gemeinsame (einheitliche) Process tags vorhanden sind. Einheitliche Process tags bieten den Vorteil, daß die Bearbeitungsreihenfolge der Produkte in einem Arbeitssystem durch die Reihenfolge, in der die Order tags der unterschiedlichen Produkttypen mit Process tags zusammentreffen, bestimmt wird. Werden beispielsweise die Process tags nach der Prioritätsregel First come first served (FCFS) abgearbeitet, dann wird auch die Bearbeitungsreihenfolge der Aufträge im jeweiligen Arbeitssystem FCFS entsprechen. Dies ist dann vorteilhaft, wenn die Leistungsfähigkeit eines durch gemeinsame Process tags gesteuerten Produktionssystems mit einem Arbeitssystem abgeschätzt werden soll, insbesondere wenn die Ankunftsverteilungen der Auftragseingänge und der Bedienprozesse einem gebräuchlichen Warteschlangensystem entsprechen (vgl. Schneider/Buzacott/Rücker 2005, S. 153 f. und S. 177 ff.).

4.1.3.3 PAC-Steuerung heterogener Produktionssysteme

Das Grundproblem einer *hybriden Produktionsplanung und -steuerung für heterogene Produktionssysteme* wurde weiter oben bereits erläutert. Die im Prinzip beliebige Wahl von PAC-Parametern erlaubt einerseits die Nachbildung generischer Steuerungskonzepte (vgl. Kapitel 3), anderseits auch eine freie Parameterkonstellation, deren Zweckmäßigkeit allerdings durch Simulation oder geeignete Versuche nachzuweisen ist. Darüber hinaus können unterschiedliche Steuerungsverfahren für die verschiedenen Produkte eines Produktionssystems ebenso wie für dessen verschiedene Produktionsbereiche eingesetzt werden, so daß komplexe hybride Steuerungskonzepte für heterogene Produktionssysteme realisierbar sind.

Soll das PAC-Konzept in die Planungshierarchie des taktischen und operativen Produktionsmanagements eingeordnet werden, bedarf es einer Adaptation an das klassische MRP II-Konzept, die im folgenden kurz umrissen werden soll (vgl. Abbildung 4-10 sowie Rücker/Buzacott 2004, S. 125 ff.).

In einem hybriden Planungs- und Steuerungskonzept sind die Funktionen der *aggregierten Planung* einer *zentralen Planungsinstanz* zugeordnet. Ihr obliegt ausgehend von einer mittelfristigen Bedarfsprognose insbesondere die aggregierte Programm- und Kapazitätsplanung und folglich auch die *Dimensionierung der PAC-Parameter* sowie eine unternehmensweite mittelfristige Abstimmung der relevanten Funktionsbereiche.

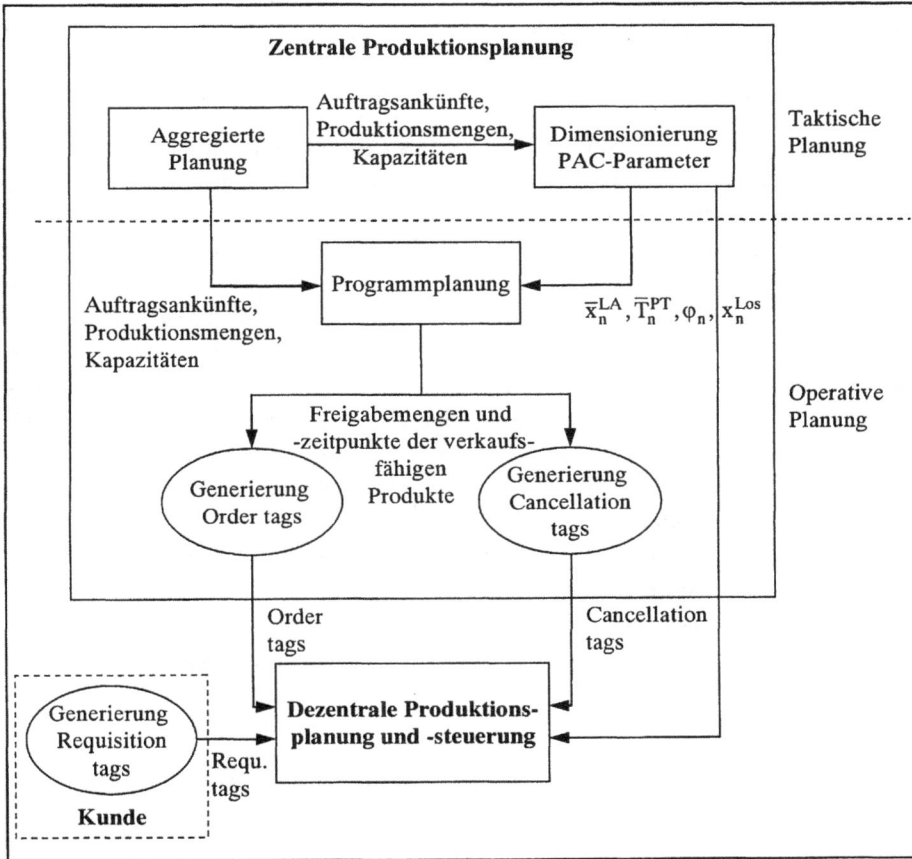

Abbildung 4-10:   Konzept eines hybriden Produktionsplanungs- und -steuerungssystems bei Anwendung einer PAC-Steuerung

Zur Dimensionierung der PAC-Parameter sind zwei Schritte notwendig:

- Bestimmung des zur Materialflußsteuerung jeder Komponente einzusetzenden und durch PAC abzubildenden Steuerungsverfahrens (vgl. Akin 1999, S. 65 ff.) sowie Festlegung der Bevorratungsebene als taktische Entscheidung (vgl. Corsten 2007, S. 236).

- Operative Dimensionierung der PAC-Parameter zur Wahl der Produktionsplanungs- und Lagerhaltungsparameter entsprechend der aktuellen Kapazitäts- und Nachfragesituation.

Auch die operative Produktionsprogrammplanung unter Berücksichtigung kapazitativer Restriktionen als Detaillierung der Rahmenvorgaben der aggregierten Planung zählt zu den zentralen Planungsaufgaben (vgl. Schlüter/Schneider 2000, S. 236 ff.). Dazu werden auf Grundlage kurzfristiger Bedarfsprognosen (marktorientierte Programmbildung) und Kundenanfragen (kundenorientierte Programmbildung) die Freigabemengen und -zeitpunkte der Produktionsaufträge für verkaufsfähigen Produkte

(Endprodukte und Zusatzbedarfe) bestimmt sowie ggf. über die Zurückweisung von Kundenaufträgen und die Stornierung von Produktionsaufträgen im Falle von zu optimistischen Absatzprognosen bei marktorientierter Programmbildung entschieden.

Auf Basis des geplanten Produktionsprogramms (Master Production Schedule) wird zu jedem vorgesehenen Freigabezeitpunkt eine der Freigabemenge entsprechende Anzahl von Order tags bzw. eine der zu stornierenden Menge entsprechende Anzahl Cancellation tags generiert und in das für die Produktion der bestellten Komponente vorgesehene Produktionssystem eingesteuert. Damit wird zugleich der Übergang von der zentralen Produktionsplanung zur *dezentralen Produktionsplanung und -steuerung* vollzogen. Die klassischen Planungsaufgaben Mengenplanung sowie Termin- und Kapazitätsplanung werden durch die oben beschriebene Logik der Stücklistenauflösung, Losbildung und Terminierung der einzelnen Aufträge durch das PAC-System übernommen und laufen automatisiert auf Basis der beschriebenen PAC-Logik ab. Die Produktionspläne für die einzelnen Produkte sind durch die im Produktionssystem eingehenden Order tags sowie die festgelegten PAC-Parameter vollständig determiniert und es bestehen in dieser Hinsicht keinerlei dezentrale Entscheidungsspielräume. Allerdings erhält das dezentrale Arbeitssystem-Management der einzelnen Produktionssegmente Planungs- und Steuerungskompetenz im Hinblick auf die Konkretisierung von Auftragsreihenfolgen, Maschinenbelegungsplänen und Montageplänen.

4.2 Opportunistische Koordinierung als flexibilitätsorientiertes Konzept

4.2.1 Grundprinzipien

Produktionsplanung und -steuerung ist in der Regel ein Problem mit *zeitlich offenem Entscheidungsfeld* (vgl. Adam 1996, S. 16 ff.; Schlüchtermann 1996, S. 2 ff.): Der Wirkungszusammenhang zwischen den Handlungsalternativen und deren Konsequenzen für das zu planende System verändert sich im Zeitablauf, und die Informationen hierüber (insbesondere über die Nachfrage nach Produkten und die Verfügbarkeit der Ressourcen) sind zum Planungszeitpunkt unvollständig. Das Planungsproblem weist somit einen spezifischen *Wirkungsdefekt* auf. Zur Lösung von Problemen bei zeitlich offenen Entscheidungsfeldern werden zwei unterschiedliche Vorgehensweisen vorgeschlagen (vgl. Schlüchtermann 1996, S. 15):

- Es wird ein geschlossenes Entscheidungsfeld durch Festlegung eines Planungshorizontes, der zu berücksichtigenden Handlungsalternativen und Daten definiert und innerhalb dieses Rahmens optimal geplant. Dies ist dann unproblematisch, wenn bekannt ist, daß das Planungsergebnis unabhängig von Informationen und Handlungsalternativen außerhalb des Rahmens ist.

- Die Offenheit des Entscheidungsfeldes wird beibehalten, und es wird versucht, Fehlentscheidungen zu verhindern, die zukünftig möglicherweise relevante vorteilhafte Handlungsalternativen, die zum Planungszeitpunkt unbekannt sind oder als unvorteilhaft erscheinen, ausschließen. Grundsätzliche Möglichkeiten hierfür bestehen in der alternativenbezogenen Festlegung von Mindesterfolgsgrößen oder Höchstwerten für die Ressourceninanspruchnahme sowie in der Freihaltung von Kapazität für zukünftige Chancen. Ziel ist es folglich, durch Aufbau, Aufrechterhaltung und Nutzung von Flexibilität (vgl. Pauli 1987, S. 12) negative Wirkungen unvollständiger Informationen über die Veränderung des Entscheidungsfeldes zu kompensieren. Damit wird die Flexibilität zu einem Zielkriterium im Rahmen der Auswahl von Handlungsalternativen.

Unabhängig von der gewählten Vorgehensweise ist es bei zeitlich offenen Entscheidungsfeldern aufgrund der unzureichenden Informationssituation nicht möglich, Pläne zu entwickeln, die in der Ex-post-Betrachtung optimal sind (vgl. Adam 1996, S. 25).

Ist ein Produktionssystem zu planen, das umfangreiche Freiheitsgrade zur Anpassung an unerwartete Produktionssituationen bietet, dann erscheint im vorliegenden Kontext die Beibehaltung der Offenheit des Entscheidungsfeldes bei gleichzeitiger Aufrechterhaltung und Nutzung der Flexibilität als vorteilhaft. An diesen Gedanken knüpft auch das Konzept der *opportunistischen Koordinierung* (vgl. Fox/Kempf 1985, S. 487 ff.; Zelewski 1995, S. 296) an, das auf zwei *Grundprinzipien* aufbaut (vgl. Fox 1987, S. 232 ff.):

- *Prinzip der größtmöglichen Auswahlfreiheit* (Principle of opportunism): Bei Entscheidungen sollen alle zum Entscheidungszeitpunkt offenstehenden Freiheitsgrade berücksichtigt werden. Der identifizierte Handlungsrahmen soll maximal sein, d.h. dem aktuell bestehenden Handlungsrahmen entsprechen.

- *Prinzip der kleinstmöglichen Bindung* (Principle of least commitment): Durch eine Entscheidung soll der Handlungsrahmen für zukünftige Entscheidungen geringstmöglich eingeschränkt werden. Die mit einer Entscheidung einhergehenden Einschränkungen der Handlungsspielräume zeitlich nachgelagerter Entscheidungen sollen minimal sein.

Beiden Prinzipien liegt die Annahme zugrunde, daß negative Wirkungen zukünftig eintretender überraschender Ereignisse um so besser kompensiert werden können, je größer der Umfang des vom Entscheidungsträger erkannten Handlungsspielraumes ist. Der Umfang des in einer Entscheidungssituation maximal erkennbaren Handlungsspielraumes wird durch die Flexibilität des Produktionssystems und ihre Berücksichtigung in den Entscheidungen vorgelagerter Situationen determiniert. Damit werden zwei Aspekte einer Flexibilitätsorientierung angesprochen: einerseits die Nutzung der dem Produktionssystem immanenten Flexibilität und anderseits die Flexibilität des Koordinierungssystems.

Aufgrund der prinzipienbasierten Formulierung handelt es sich bei der opportunistischen Koordinierung um ein *Metakonzept*, das alle Koordinierungskonzepte umfaßt, die den beiden angeführten Grundprinzipien Rechnung tragen (vgl. Zelewski 1995,

S. 302 f.). Für eine operationale Anwendung auf die Teilprobleme der Produktionsplanung und -steuerung ist bedingt durch die rein verbale Prinzipienformulierung eine problemspezifische Konkretisierung der Grundprinzipien erforderlich.

Im Hinblick auf das Prinzip der *größtmöglichen Auswahlfreiheit* sind die für die Teilplanungen jeweils relevanten *Handlungsrahmen*, die sich aus dem Zusammenspiel von Kapazitätsangebot und -nachfrage ergeben, und die aufgrund der Wechselwirkungen zwischen den Teilplanungen relevanten Einflüsse auf die Handlungsrahmen in Abhängigkeit von den jeweiligen Planungsergebnissen zu ermitteln. Im operativen Rahmen der Produktionsplanung und -steuerung wird von einem in qualitativer und quantitativer Hinsicht gegebenen *Kapazitätsangebot* ausgegangen, dessen Nutzbarkeit durch technologische und marktliche Restriktionen zusätzlich eingeschränkt sein kann. Eine wesentliche *technologische Restriktion* ist dabei der durch den Arbeitsplan beschriebene zur Herstellung eines Produktes erforderliche Produktionsablauf, der in Abhängigkeit vom Produktionssystem unterschiedliche Spielräume aufweisen kann (vgl. Zelewski 1995, S. 246 f.)[1]:

- *Ordinierungsspielraum*: Die Ausführung der Arbeitsgänge ist nicht an eine eindeutige Sequenz gebunden, sondern es sind unterschiedliche Reihenfolgen und Parallelausführungen möglich.

- *Verfahrensspielraum*: Es kann zwischen Alternativarbeitsgängen oder -arbeitsgangfolgen gewählt werden, so daß nicht alle im Arbeitsplan enthaltenen Arbeitsgänge auszuführen sind.

- *Terminierungsspielraum*: Für die Ausführung der Arbeitsgänge sind keine Zeitpunkte fixiert, sondern es ist ein zeitlicher Rahmen mit frühestem Start- und spätestem Endtermin gegeben.

- *Lokalisierungsspielraum*: Es bestehen mehrere Möglichkeiten der Zuordnung von Arbeitsgängen zu Bearbeitungseinheiten.

Marktliche Restriktionen sind zu berücksichtigen, weil Produktionsaufträge i.d.R. aus Aufträgen von Kunden hervorgehen, die die Leistung der Unternehmung im Kontext eines marktwirtschaftlichen Umfeldes beurteilen und für die Auftragsausführung zeitliche und monetäre Budgets festlegen. Im Unterschied zu den technologischen Restriktionen werden marktliche Restriktionen teilweise in Abhängigkeit von der Produktionssituation und der marktlichen Situation bei der Annahme von Kundenaufträgen festgelegt.

Die *Kapazitätsnachfrage* ergibt sich aus der Summe der von der Unternehmung erwarteten Nachfrage nach Produkten und der angenommenen Kundenaufträge, wobei die folgenden Aspekte relevant sind:

- Produktart und -menge,

- Kapazitätsbedarf pro Produkteinheit,

---

1) Ist einer dieser Spielräume vorhanden, dann liegt ein nonlinearer Arbeitsplan vor (vgl. Sacerdoti 1975, S. 206 f.).

- Zeitraum der Nachfrageerfüllung und

- monetäre Erfolgswirkungen der korrekten bzw. der abweichenden Nachfrageerfüllung.

Neben diesen zeitraumbezogenen Beschränkungen des Handlungsrahmens können in Abhängigkeit vom Detaillierungsgrad der Planungsaufgabe *zeitpunktbezogene Beschränkungen* (vgl. Zelewski 1995, S. 305) relevant sein, die sich aus der aktuellen Ressourcenverfügbarkeit oder dem aktuellen Ausführungsstand der Aufträge ergeben. Letztlich kann in einer Produktionssituation nur über die Handlungsalternativen entschieden werden, die der Entscheidungsträger erkannt hat, d.h., zusätzlich zu den bisher thematisierten elementaren Beschränkungen können *dispositive Beschränkungen* (vgl. Buzacott/Mandelbaum 2008, S. 13; Georgi 1995, S. 49, der von informellen Beschränkungen spricht) auftreten. Unter diesen Gegebenheiten ist das Prinzip der größtmöglichen Auswahlfreiheit dann erfüllt, wenn der vom Entscheidungsträger identifizierte Handlungsrahmen dem durch elementare Beschränkungen determinierten Handlungsrahmen entspricht.

Eine Konkretisierung des Prinzips der *kleinstmöglichen Bindung* kann durch die Formulierung von Regeln vorgenommen werden, mit deren Hilfe den Wirkungen von Produktionsentscheidungen auf die zukünftige Flexibilität bei der Entscheidungsfindung Rechnung getragen wird. Dabei ist zu berücksichtigen, daß die *zukünftig nutzbare Flexibilität* einerseits durch die Wahl des Entscheidungszeitpunktes (zeitliche Dimension) und andererseits durch das Selektionskriterium für Handlungsalternativen (inhaltliche Dimension) beeinflußt wird.

In der *zeitlichen Dimension* sind Zeitpunkte zu identifizieren, zu denen das Fällen von Produktionsentscheidungen mit geringstmöglichen Flexibilitätsminderungen einhergeht. Dabei sind zwei Effekte der Variation des Entscheidungszeitpunktes zu beachten:

- Durch das Hinauszögern von Entscheidungen können einerseits zusätzlich sukzessive eintreffende Informationen (vgl. Hart 1940, S. 55 ff.; Marschak/Nelson 1962, S. 45 ff.; Wittmann 1959, S. 187 ff.) über das zukünftig verfügbare Kapazitätsangebot und die zu erfüllende Kapazitätsnachfrage berücksichtigt werden, so daß der Handlungsrahmen erweitert wird. Andererseits kann in der zusätzlich verfügbaren Zeit die Entscheidungsfindung in differenzierter Form vorgenommen und damit die Entscheidungsqualität verbessert werden (vgl. Zelewski 1998, S. 240 ff.).

- Sind durch die Produktion Terminvorgaben einzuhalten, dann sind die Handlungsalternativen teilweise an bestimmte Zeiträume gebunden, so daß ab dem Erreichen des frühesten Realisationszeitpunktes der frühestmöglichen Handlungsalternative mit zunehmender Entscheidungsverzögerung zukünftige Handlungsspielräume immer weiter eingeschränkt werden (vgl. Zelewski 1995, S. 262).

Wird davon ausgegangen, daß der Spielraum bei der Wahl des Entscheidungszeitpunktes durch einen frühestmöglichen (Bekanntwerden der Entscheidungsnotwendigkeit) und einen spätestmöglichen Entscheidungszeitpunkt (ökonomisch gerade noch vertretbare Verzögerung) begrenzt ist (vgl. Zelewski 1998, S. 240 ff.), dann ist es innerhalb dieses Spielraumes rational, die Entscheidung zumindest bis zum frühesten Realisationszeitpunkt der frühestmöglichen Handlungsalternative flexibilitätsneutral hinauszuzögern (vgl. Corsten/Gössinger/Schneiker 2001, S. 317). Eine radikale Umsetzung dieser Überlegung zur Entscheidungsverzögerung geht mit einer ausschließlich sukzessiven, produktionsprozeßbegleitenden Koordination einher. Diese Vorgehensweise erscheint vor allem dann als vorteilhaft, wenn eine extrem schwache Informationsbasis vorliegt, die für keine der identifizierten Handlungsalternativen Wahrscheinlichkeitsaussagen zuläßt. Bei operativen Produktionsplanungsproblemen ist jedoch zu erwarten, daß die einzelnen identifizierten Handlungsalternativen unterschiedlich stark informatorisch fundiert sind (z.B. aufgrund ihres unterschiedlich weit in der Zukunft liegenden Realisationszeitraumes) und deshalb bei der Koordinierung unterschiedlich berücksichtigt werden können. So ist es bei voneinander unabhängigen Handlungsalternativen zum frühestmöglichen Entscheidungszeitpunkt möglich, abschließend-unbedingt über die sicheren, abschließend-bedingt über die risikobehafteten sowie vorläufig-bedingt über die ungewissen Handlungsalternativen zu entscheiden und die abschließende Entscheidung über ungewisse Handlungsalternativen bei Erreichen der flexibilitätsneutralen Verzögerung zu treffen (vgl. Gössinger/Lehner 2008, S. 30 f.).

Eine gemischt prozeßvorgelagerte und prozeßbegleitende Koordination ist aber nicht nur durch die unterschiedliche informatorische Fundierung der Handlungsalternativen bedingt möglich, sondern auch durch die begrenzte Informationsverarbeitungskapazität der Entscheidungsträger notwendig, damit der Produktionsprozeß nicht durch eine zu große Dauer des Entscheidungsprozesses negativ beeinflußt wird. Aus diesen Gründen wird bei der opportunistischen Koordinierung zwischen Offline- und Online-Ebene unterschieden (vgl. Fox/Kempf 1985, S. 489 f.):

- Auf der *Offline-Ebene* wird vor dem Start von Produktionsprozessen der aufgrund zeitraumbezogener Beschränkungen bestehende Handlungsrahmen ermittelt und über die Handlungsalternativen entsprechend der Informationssituation abschließend-unbedingt, abschließend-bedingt oder vorläufig-bedingt entschieden. Damit wird, ohne durch vorzeitige Entscheidungen unnötige Festlegungen zu treffen, eine Voraussetzung dafür geschaffen, in allen Entscheidungssituationen auf der Online-Ebene den aktuell verfügbaren Handlungsspielraum in kurzer Zeit ermitteln zu können.

- Auf der *Online-Ebene* werden die auf der Offline-Ebene gewonnenen Informationen mit den Informationen über die zeitpunktbezogenen Beschränkungen verknüpft, um die Produktion prozeßbegleitend durch sukzessive Entscheidungen, bei denen die Handlungsalternativen nach ihrer Wirkung auf die zukünftige Flexibilität beurteilt werden, zu steuern.

Die *inhaltliche Dimension* des Prinzips der kleinstmöglichen Bindung bezieht sich auf die flexibilitätsorientierte Auswahl von Handlungsalternativen in den einzelnen Produktionssituationen. Es sind Entscheidungskriterien abzuleiten, deren Anwendung in den einzelnen Teilaufgaben der Produktionsplanung und -steuerung die in zukünftigen Produktionssituationen nutzbare Flexibilität so wenig wie möglich einschränkt. Damit stellt sich die Frage, wie die Einschränkung welcher Flexibilitätsart gemessen werden kann. Da in der operativen Produktionsplanung und -steuerung von einem gegebenen Produktionssystem ausgegangen wird, steht die *Bestandsflexibilität* (vgl. Jacob 1974, S. 322 f.) als die bei gegebener Ausstattung des Produktionssystems bestehende Fähigkeit zur Anpassung an variierende Produktionssituationen[1], und zwar sowohl in qualitativer (Art und Güte der Leistungen) als auch in quantitativer Hinsicht (Menge der Leistungen) im Zentrum des Interesses. Grundlage eines Flexibilitätsmaßes bildet dann die Überlegung, daß Entscheidungen innerhalb des durch die Bestandsflexibilität gegebenen Rahmens mit temporären Bindungen einhergehen (vgl. Riebel 1954, S. 99 f.), d.h., nach einer Entscheidung stehen bestimmte Handlungsalternativen über einen bestimmten Zeitraum nicht mehr zur Verfügung. Diese Bindungen ergeben sich aus den in zeitlicher, quantitativer und qualitativer Hinsicht im Produktionsplan vorgesehenen Zuordnungen von Kapazitätsbedarf der zu erfüllenden Nachfrage und Kapazitätsangebot des Produktionssystems und besitzen eine um so größere flexibilitätsmindernde Wirkung, je knapper die im relevanten Zeitraum verfügbare Kapazität ist. Durch Produktionsplanungsentscheidungen wird folglich nicht die Bestandsflexibilität eines Produktionssystems, sondern das Ausmaß der zur Befriedigung von zukünftigen Anpassungsbedarfen nutzbaren Bestandsflexibilität verändert (vgl. Mandelbaum/Buzacott 1986, S. 126 ff.; Marschak/Nelson 1962, S. 45 ff.). Zur Bestimmung dieses Ausmaßes werden in der Literatur unterschiedliche Flexibilitätsmaße vorgeschlagen (zu einem Überblick vgl. z.B. Meier-Barthold 1999, S. 25 ff.), wobei grob zwischen Wirkungsmaßen und Indikatormaßen unterschieden wird (vgl. Jacob 1989, S. 25 f.):

- Mit *Indikatormaßen* wird versucht, aus der qualitativen Erfassung bestimmter Eigenschaften einer Handlungsalternative, ohne Bezug zu einem konkreten Flexibilitätsbedarf tendenzielle Aussagen über die nutzbare Flexibilität abzuleiten. Sie besitzen folglich nur eine heuristische Aussagekraft (vgl. Schlüchtermann 1996, S. 122 f.) und stellen damit Ersatzgrößen dar. Ein relativ häufig verwendetes Maß ist dabei die Anzahl der Handlungsalternativen, die nach der getroffenen Entscheidung verbleiben (vgl. z.B. Lasserre/Roubellat 1985, S. 449; Reese 1991, S. 373 ff.).

- *Wirkungsmaße* basieren hingegen auf einer Bewertung der Eigenschaften einer Handlungsalternative in Abhängigkeit vom Flexibilitätsbedarf. In der allgemeinen Formulierung eines Wirkungsmaßes werden Informationen über die Menge der Handlungsalternativen, die möglichen Umweltveränderungen und deren Eintrittswahrscheinlichkeiten sowie die Bewertung der Abweichungen von der Idealentscheidung zu einer Kennzahl verknüpft (vgl. z.B. Kühn 1989, S. 77 ff.; Schneeweiß/Kühn 1990, S. 382 ff.).

---

1) Im Gegensatz hierzu erfaßt die Entwicklungsflexibilität die Fähigkeit, die Ausstattung des Produktionssystems an variierende Produktionssituationen anzupassen (vgl. Jacob 1974, S. 323). Zu einem Überblick über weitere Systematisierungsmöglichkeiten der Flexibilität vgl. z.B. Buzacott/Mandelbaum (2008, S. 3 ff.); Mahlmann (1976, S. 104 ff.); Maier (1982, S. 84 ff.); Meffert (1968, S. 254 ff.); Riebel (1954, S. 105 ff.); Sethi/Sethi (1990, S. 298 ff.).

Für die Produktionsplanung und -steuerung ist hervorzuheben, daß Wirkungsmaße aufgrund ihrer informatorischen Anforderungen der zeitlichen Offenheit von Entscheidungsfeldern nicht Rechnung zu tragen vermögen, während Indikatormaße unabhängig von der Offenheit des Entscheidungsfeldes herangezogen werden können. Da diese Ersatzgrößen nicht die monetären Wirkungen einer Entscheidung erfassen, können sie bei der Lösung ökonomischer Planungsprobleme nur dann angewendet werden, wenn zusätzlich ökonomische Erfolgsgrößen berücksichtigt werden (vgl. Lasserre/Roubellat 1985, S. 447; Mandelbaum/Buzacott 1990, S. 18 und S. 20; Mellwig 1972, S. 724 ff.). Kompatibel zum Prinzip der kleinstmöglichen Bindung ist dabei die alternativenbezogene Festlegung von Mindesterfolgsgrößen, so daß für die opportunistische Koordinierung allgemein das *Entscheidungskriterium* „Wähle aus der Menge der Handlungsalternativen, die ein vorgegebenes monetäres Mindesterfolgsniveau aufweisen, diejenige Alternative mit dem höchsten Wert des Flexibilitätsindikators aus" gilt.

4.2.2 Strukturelle Konsequenzen

Bedingt durch die zwischen den Teilaufgaben der Produktionsplanung und -steuerung bestehenden Beziehungen, sind die Prinzipien der opportunistischen Koordinierung bei einer konsequenten Umsetzung nicht nur innerhalb der einzelnen Teilaufgaben zu berücksichtigen, sondern auch auf die Gestaltung des Planungssystems anzuwenden. Die klassische *Strukturierung der Produktionsplanung und -steuerung* ist folglich im Hinblick auf ihre Flexibilitätswirkungen zu hinterfragen.

Aufgrund der Strukturierung ist ein vorgelagertes Planungsproblem einem nachgelagerten Problem hierarchisch übergeordnet und bestimmt dessen Handlungsrahmen in der aktuellen und in den zukünftigen Produktionssituationen. Bei der Entscheidung für eine Handlungsalternative eines vorgelagerten Problems müssen die daraus resultierenden Flexibilitätswirkungen für die nachgelagerten Problemstufen berücksichtigt werden. Da das Planungsproblem hierarchisch strukturiert ist, bietet es sich hierfür an, den Planungsprozeß nach dem Gegenstromprinzip (vgl. Wild 1974, S. 196 ff.) zu organisieren und dabei die folgende Vorgehensweise anzuwenden: Das vorgelagerte Problem wird zunächst vorläufig gelöst, indem anstelle des Extremierungszieles für die Flexibilität ein Satisfizierungsziel (vgl. Zelewski/Hohmann/Hügens 2008, S. 288 ff.) angewendet wird, um eine Menge flexibler und ökonomisch akzeptabler Handlungsalternativen zu bestimmen. Für jede dieser Handlungsalternativen wird dann das nachgelagerte Problem zunächst vorläufig gelöst, falls ein weiteres nachgelagertes Problem existiert, so daß sukzessive ein Entscheidungsbaum entsteht. Liegt eine Problemstufe vor, für die kein nachgelagertes Problem existiert, dann sind die Blätter des Entscheidungsbaums erreicht, und es kann gemäß dem Roll-back-Verfahren (vgl. Magee 1964, S. 132) für jedes aus den vorgelagerten Handlungsalternativen resultierende Problem jeweils die abschließende Lösung bestimmt werden (flexibelste der ökonomisch akzeptablen Handlungsalternativen). Die Lösungen wer-

den dann mit den entsprechenden Flexibilitäts- und Erfolgsinformationen an die vorgelagerte Stufe kommuniziert, auf der dann unter Berücksichtigung dieser Informationen die abschließenden Lösungen zu den vorliegenden Problemen ermittelt werden. Der Prozeß wird solange fortgesetzt, bis die Problemstufe an der Wurzel des
Entscheidungsbaumes erreicht ist und dort eine abschließende Lösung gefunden
wurde. Diese Lösung wird dann als Vorgabe für die nachgelagerten Problemstufen
formuliert, die darauf aufbauend die entsprechende Lösung selektieren und die alternativen Lösungen verwerfen.

In der klassischen Produktionsplanung und -steuerung wird die Termin- und Kapazitätsplanung bei der Grobterminierung im Rahmen des Moduls der Kapazitätsterminierung und bei der Feinterminierung im Modul der Auftragsdurchführung und
-überwachung berücksichtigt. Dies steht einerseits im Widerspruch zum Prinzip der
kleinstmöglichen Bindung, mit dem gefordert wird, Entscheidungen nicht vorzeitig
zu treffen. Strukturgleiche Pläne sollten also nicht auf unterschiedlichen Problemebe-
nen erstellt werden, sondern auf der hierarchisch niedrigstmöglichen Problemebene.
Aus diesem Grunde wird die Aufgabe der Ablaufplanung, die Bestandteil der Ter-
min- und Kapazitätsplanung in der klassischen Produktionsplanung und -steuerung
ist, nun produktionsprozeßbegleitend im Rahmen der Auftragsdurchführung und
-überwachung vorgenommen. Anderseits sind im Kontext der opportunistischen Koordinierung auf jeder Planungsstufe Kapazitätsnachfrage und -angebot auf dem entsprechenden Aggregationsgrad einander gegenüberzustellen, so daß auf jeder Stufe
der flexibilitätsorientierten Strukturierung ein Kapazitätsabgleich (vgl. Drexl et al.
1994, S. 1030 ff., im Rahmen einer kapazitätsorientierten Produktionsplanung und
-steuerung) und ein Terminabgleich erfolgt. Hieraus ergibt sich eine modifizierte
Aufgabenstrukturierung, wie sie in Abbildung 4-11 dargestellt ist.

Die Berücksichtigung der Prinzipien der opportunistischen Koordinierung geht mit
*strukturellen Modifikationen der den einzelnen Teilplanungen zugrundeliegenden
Modelle* einher: Es ist eine flexibilitätsorientierte Zielfunktion zu formulieren, und
die alternativenbezogene Festlegung von Mindesterfolgsgrößen erfordert die Formulierung von Erfolgsrestriktionen (z.B. Kostenbudget, Mindestrentabilität).

Durch den Wechsel der klassischen erfolgsorientierten zu einer flexibilitätsorientierten Betrachtung sind in der Zielfunktion anstelle von monetären Erfolgsgrößen
die problemspezifischen Flexibilitätsindikatoren zu berücksichtigen, die i.d.R. in unterschiedlichen Dimensionen gemessen werden. Damit ergibt sich ein Problem der
Vektoroptimierung, für das angegeben werden muß, wann der Vektor der Flexibilitätsindikatoren ein Optimum darstellt. Einen adäquaten Ansatz hierfür stellt das
Kompromißmodell auf der Grundlage von Abstandsfunktionen dar[1], bei dem die zulässigen Lösungen ausgewählt werden, die einen minimalen gewichteten Abstand zu

---

1) Zu einem Überblick über weitere relevante Ansätze vgl. z.B. Dinkelbach/Kleine (1996,
    S. 33 ff. und S. 130 ff.); Eisenführ/Weber (1999, S. 115 ff. und S. 257 ff.).

einem vorgegebenen Idealzielpunkt aufweisen (vgl. z.B. Dinkelbach/Kleine 1996, S. 52 ff.). Durch den Entscheidungsträger sind dabei der Idealzielpunkt, die Gewichtungen der Dimensionen und das Abstandsmaß festzulegen:

- Für den Idealzielpunkt können die Werte der Flexibilitätsindikatoren gewählt werden, die in der jeweiligen Dimension die höchste Flexibilität anzeigen.

- Da mit Flexibilitätsindikatoren nicht die ökonomischen Wirkungen der Alternativenwahl erfaßt werden, ist es nicht möglich, eine begründete Gewichtung der Indikatoren anzugeben. Nach dem Prinzip des unzureichenden Grundes werden die Flexibilitätsindikatoren auf einen einheitlichen Wertebereich normiert und dann mit gleichem Gewicht berücksichtigt.

- Bedingt durch die Annahme zeitlich offener Entscheidungsfelder weist die opportunistische Koordinierung ein im Hinblick auf zukünftige Entwicklungen pessimistisches Entscheidungsverhalten auf. Diesem Sachverhalt wird durch das Abstandsmaß „maximale gewichtete Abweichung der Zieldimensionen einer zulässigen Lösung vom Idealzielpunkt" (Minimax-Regel) Rechnung getragen.

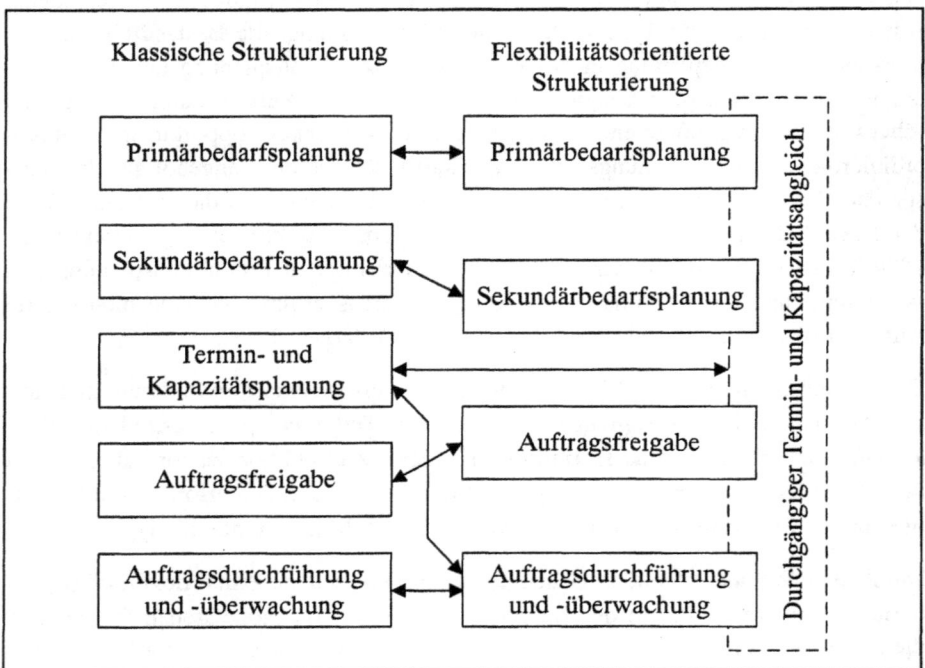

Abbildung 4-11:   Alternative Strukturierung der Produktionsplanung und -steuerung

Neben der zusätzlichen Berücksichtigung des Mindesterfolgs, ist es bei hierarchisch abhängigen Teilplanungen erforderlich, die Kapazitätsrestriktionen so zu formulieren, daß Handlungsalternativen nicht vorzeitig aus der Betrachtung ausgeschlossen werden. Für die einzelnen Teilplanungen ist die Kapazität folglich unterschiedlich aggregiert zu modellieren, wobei jeweils die aufgabenspezifischen Handlungsalterna-

tiven explizit zu erfassen sind und untergeordnete Teilpläne einen höheren Detaillierungsgrad als übergeordnete Teilpläne aufweisen. Abbildung 4-12 gibt den Modifikationsbedarf bei der Formulierung flexibilitätsorientierter Planungsmodelle in allgemeiner Form wieder.

Modellformulierung	Erfolgsorientiert	Flexibilitätsorientiert
Zielfunktion	Maximiere den monetären Erfolg!	Maximiere den Wert des Vektors der Flexibilitäts-indikatoren!
Nebenbedingungen	- Problemspezifische Restriktionen - Kapazitätsrestriktionen i.d.R. unter selektiver Einbeziehung von Handlungsalternativen	- Problemspezifische Restriktionen - Kapazitätsrestriktionen unter Einbeziehung aller relevanten Hand-lungsalternativen - Mindesterfolgs-restriktion

Abbildung 4-12:   Modifikationsbedarf der Modellformulierungen

4.2.3 Teilaufgabenbezogene Betrachtung

4.2.3.1 Primärbedarfsplanung

Um die Grundprinzipien der opportunistischen Koordinierung im Rahmen der *auftragsorientierten Programmplanung* anwenden zu können, ist zu analysieren, welche
Unsicherheiten bestehen, welche Entscheidungsspielräume in der Programmplanung
offenstehen und welche Entscheidungsregeln herangezogen werden können, um zukünftige Entscheidungsspielräume nur geringstmöglich einzuschränken (vgl. Cor-
sten/Gössinger/Schneiker 2001, S. 307 ff.). Zusätzlich zur Unsicherheit über die Verfügbarkeit von Ressourcen besteht bei auftragsorientierter Produktion Unsicherheit
über das Eintreffen (Ankunftszeitpunkt) und die Konditionen von Kundenaufträgen
(Produktart und -menge, gewünschter Liefertermin), wobei häufig keine Wahrschein-
lichkeitsangaben vorliegen (vgl. z.B. Arzi/Roll 1993, S. 2195 f.; Heisig 2002, S. 13
f.; Jahnke 1995, S. 36 ff.). Es ist von einem unregelmäßigen Nachfrageverlauf auszugehen, der in bezug auf ein einzelnes Produkt durch hohe Variabilität gekennzeichnet
ist oder auch eine sporadische Charakteristik aufweist. Von besonderer Relevanz für
die opportunistische Koordinierung ist diesbezüglich der Sachverhalt, daß sich der
Informationsstand des Entscheidungsträgers nach dem Entscheidungszeitpunkt erhöhen kann, weil zum Planungszeitpunkt nur Informationen über eine begrenzte Anzahl

von Aufträgen vorliegen und erst während der Planrealisation weitere Informationen über neue Kundenaufträge hinzukommen.

Aus der Perspektive des *Prinzips der größtmöglichen Auswahlfreiheit* ist zu berücksichtigen, daß bei auftragsorientierter Produktion das Produktionsprogramm mit den im Planungszeitraum angenommenen Kundenaufträgen übereinstimmt. Der *Entscheidungsspielraum* besteht also grundsätzlich aus den Alternativen Annahme oder Ablehnung der vorliegenden Kundenaufträge. Technische Voraussetzungen für die Auftragsannahme sind dabei insbesondere die Verfügbarkeit des zur Auftragsausführung benötigten Materials und freie Produktionskapazität innerhalb des entsprechenden Zeitraumes. Während die materialbezogene Verfügbarkeitsprüfung durch Standardverfahren klassischer PPS-Systeme in ausreichendem Maße unterstützt wird, ist dies aufgrund der hohen Flexibilität einer Werkstattproduktion bei der Bestimmung der freien Produktionskapazität nicht gegeben.

Zur *Prüfung der Kapazitätsverfügbarkeit* ist bezogen auf die für die Auftragserfüllung auszuführenden Arbeitsgänge das Kapazitätsangebot der Kapazitätsnachfrage gegenüberzustellen. In einem ersten Schritt wird dabei ohne Berücksichtigung von Reihenfolgebeziehungen zwischen den Arbeitsgängen grob geprüft, ob die Kapazitätsnachfrage der bereits angenommenen Aufträge zuzüglich der zur Disposition stehenden Aufträge das maximale Kapazitätsangebot übersteigt. Ist dies der Fall, dann können die neuen Produktionsaufträge in der Summe nicht angenommen werden. Im umgekehrten Fall ist eine detaillierte Prüfung der Zulässigkeit der Auftragsannahme unter Berücksichtigung der Reihenfolgebeziehungen erforderlich. Dabei wird testweise eine Zuordnung der auszuführenden Arbeitsgänge zu den Bearbeitungseinheiten auf der Grundlage von Zuordnungsregeln der Ablaufplanung vorgenommen, die dem Prinzip der kleinstmöglichen Bindung Rechnung tragen (vgl. Gössinger 2000, S. 75 ff.). Ist es möglich, alle Arbeitsgänge zuzuordnen, ohne die Kapazitätsrestriktionen der Bearbeitungseinheiten zu verletzen, dann ist die Auftragsannahme zulässig. Das Prinzip der größtmöglichen Auswahlfreiheit ist dann erfüllt, wenn alle Kombinationen aus den zur Disposition stehenden Aufträgen ermittelt wurden, die zu einem realisierbaren Produktionsprogramm führen.

Im Hinblick auf das *Prinzip der kleinstmöglichen Bindung* ist die inhaltliche Dimension zu konkretisieren. Da mit der Annahme eines Auftrags Reservierungen von Material und Bearbeitungskapazität vorgenommen werden, erfolgt eine Einengung zukünftiger Entscheidungsspielräume derart, daß in der Zukunft eintreffende lukrative Aufträge ggf. aufgrund von Nichtverfügbarkeiten abgelehnt werden müssen. Die Beurteilung eines Auftrags hinsichtlich seiner Bindungswirkungen ist von auftrags- und ressourcenseitigen Einflußgrößen abhängig:

- Wesentliche *auftragsseitige Einflußgrößen* sind der Liefertermin, der Bedarf an Bearbeitungskapazität und der Materialbedarf des betrachteten Auftrags sowie die entsprechenden Erwartungswerte der im Zeitabschnitt zwischen Annahmeentscheidung und Liefertermin des Auftrags erwarteten zukünftigen Aufträge.

- Die *ressourcenseitigen Betrachtungen* lassen sich auf die im Zeitabschnitt zwischen Annahmentscheidung und Liefertermin des Auftrags vorhandene Bearbeitungskapazität, den Materialbestand sowie die jeweilige Reservierungssituation fokussieren.

Ein *Flexibilitätsindikator* für die *auftragsorientierte Programmplanung* sollte die folgenden Aspekte berücksichtigen:

- In einer isolierten Betrachtung des Auftrags führen ein kurzfristiger Liefertermin und ein hoher Kapazitätsbedarf sowie eine geringe Bearbeitungskapazität oder Materialverfügbarkeit und eine hohe Kapazitätsauslastung tendenziell zu einer größeren Einengung des Entscheidungsspielraumes als bei umgekehrten Ausprägungen.
- Zwischen gegensätzlich wirkenden Ausprägungen von auftrags- und ressourcenseitigen Einflußgrößen treten kompensierende Wirkungen auf.
- Substitutionen zwischen Bearbeitungskapazität und Materialverfügbarkeit sind nicht möglich.

Eine Möglichkeit der Formulierung des *Flexibilitätsindikators* besteht dann darin, den Kapazitätsbedarf (den Materialbedarf) der noch nicht durch angenommene Aufträge reservierten Bearbeitungskapazität (Materialverfügbarkeit) quotial gegenüberzustellen und die Kapazitätsrelationen (Materialverfügbarkeitsrelationen) zwischen realisierbaren erwarteten und insgesamt erwarteten Aufträgen bei Annahme und bei Ablehnung des aktuellen Auftrags miteinander zu vergleichen. Bezogen auf die Bearbeitungskapazität gilt:

$$\Phi_j^{PR} = \left(1 - \frac{c_j^{PR}}{C^{PR} - \bar{c}^{PR}} \right)$$

Symbole:

$\bar{c}^{PR}$ = Bearbeitungskapazitätsbedarf der bereits angenommenen Aufträge

C^{PR} = Bearbeitungskapazität im Zeitraum zwischen Annahmeentscheidung und Liefertermin des Auftrags j

c_j^{PR} = Bearbeitungskapazitätsbedarf des Auftrags j

Φ_j^{PR} = auf die Bearbeitungskapazität bezogener Flexibilitätsindikator für Auftrag j

Wurde in der Realisierbarkeitsprüfung festgestellt, daß bei Annahme des betrachteten Auftrags ein zulässiges Produktionsprogramm vorliegt, dann ist $[0;1)$ der Wertebereich des Indikators. Der Wert ist um so größer, je kleiner der Kapazitätsbedarf des betrachteten Auftrags und je größer die noch verfügbare Kapazität ist. Der materialbezogene Flexibilitätsindikator Φ_j^{BE} kann in analoger Weise formuliert werden.

Die Aggregation der Indikatoren mit Hilfe des Kompromißmodells auf der Grundlage von Abstandsfunktionen ergibt dann den folgenden *Flexibilitätsindikator für die Auftragsannahmeentscheidung*:

$$\Phi_j = \min\left(\Phi_j^{PR}; \Phi_j^{BE}\right)$$

Um die Konkretisierungen der Prinzipien der opportunistischen Koordinierung in ein Entscheidungsmodell zu integrieren, kann auf den Grundgedanken aus dem *Ansatz von Jacob* (1971, S. 495 ff.) zurückgegriffen werden[1], daß durch die Annahme eines Auftrags die Annahme eines zukünftigen lukrativeren Auftrags aufgrund unzureichender Kapazität verhindert werden kann. Deshalb erfolgt eine Aufteilung der verfügbaren Kapazität in *freie Kapazität*, auf die alle Aufträge zugreifen können, und *reservierte Kapazität*, auf die nur lukrative Aufträge zugreifen können. Der Zugriff auf die reservierte Kapazität wird über *Quasikosten* geregelt, die als Opportunitätskosten für entgangene zusätzliche Deckungsbeiträge zukünftiger Aufträge interpretiert werden können.

Um dem *Prinzip der größtmöglichen Auswahlfreiheit* zu entsprechen, werden an diesem Grundmodell die folgenden *Modifikationen* vorgenommen:

- Es werden nicht nur Aufträge berücksichtigt, deren Erteilung unmittelbar bevorsteht, sondern auch Erwartungen über Aufträge, die sich noch nicht im fortgeschrittenen Verhandlungsstadium befinden.

- Anstelle einer Planung der übernächsten Periode wird ein Planungszeitraum gewählt, der sich an der Relevanz für die aktuelle Entscheidung orientiert und sich bis zum spätesten Liefertermin der relevanten Aufträge erstreckt (vgl. z.B. Adam 1992, S. 248 f.). Relevant sind dabei diejenigen zukünftigen Aufträge, deren Erteilung bis zum Liefertermin des aktuellen Auftrags erwartet wird.

Modifikationen, die im Hinblick auf das *Prinzip der kleinstmöglichen Bindung* vorgenommen werden, sind:

- Es erfolgt kein „Einfrieren" des Produktionsprogramms für die aktuelle Periode und periodenbezogenes Planen der übernächsten Periode, sondern die Programmplanung ist eine Sequenz von Einzelentscheidungen, die durch das Eintreffen eines neuen Auftrages ausgelöst werden. Damit liegt eine rollierende Planung mit situationsspezifischem Planungshorizont vor.

- Als Ziel wird nicht mehr die Maximierung des Deckungsbeitrages, sondern die Maximierung des Flexibilitätsindikatorwertes formuliert. Dies führt dazu, daß Kapazität für zukünftige lukrative Aufträge freigehalten wird, ohne dafür explizit einen Kapazitätsanteil als reservierte Kapazität zu definieren. Aus ökonomischen Gründen ist dabei das Erreichen eines Mindesterfolgs als Restriktion zu berücksichtigen, der die gleiche Funktion wie die Quasikosten erfüllt, sich aber nicht auf einen definierten Kapazitätsanteil bezieht.

---

1) Bei den Planungsmodellen zur auftragsorientierten Produktionsprogrammplanung wird zwischen zeitpunktbezogenen und periodenbezogenen Modellen unterschieden. Zu zeitpunktbezogenen Modellen vgl. z.B. Friedman (1956), Goodman/Baurmeister (1976), Kayser (1978); zu zeitraumbezogenen Modellen vgl. z.B. Adam (1969), Czeranowsky (1974), Hilke (1978), Jacob (1971), Pressmar (1974).

Ein Auftrag j ($j = 1,...,J$) umfaßt Informationen über den Auftragseingangstermin t_j^{ZU}, den gewünschten Liefertermin t_j^{AL}, den Bedarf an Bearbeitungskapazität c_j^{PR}, den Materialbedarf c_j^{BE} und den Deckungsbeitrag m_j. Sobald ein Auftrag ($j = 1$) erteilt wurde, werden die in der Annahmeentscheidung zu berücksichtigenden zukünftig erwarteten Aufträge ermittelt. In der Menge relevanter Aufträge JM_1 sind also neben dem aktuell betrachteten Auftrag alle diejenigen erwarteten Aufträge j enthalten, für die $t_1^{ZU} \leq t_j^{ZU} \leq t_1^{AL}$ gilt. Die Obergrenze J des Auftragsindex entspricht damit der Mächtigkeit der Menge relevanter Aufträge JM_1. Der Planungszeitraum wird durch den frühesten Eingangstermin und den spätesten Liefertermin der relevanten Aufträge definiert:

$$t^{ZU} = t_1^{ZU}$$

$$t^{AL} = \max_{j \in JM_1} (t_j^{AL})$$

Für das *Entscheidungsmodell* ergibt sich dann die folgende Struktur:

- Ziel ist die Maximierung des Flexibilitätsindikatorwertes durch abschließende Annahme oder Ablehnung des aktuellen Auftrags und vorläufige Annahme oder Ablehnung relevanter zukünftiger Aufträge:

$$\Phi = \min \left(1 - \frac{\sum_{j=1}^{J} c_j^{PR} \cdot \omega_j}{C^{PR} - \overline{c}^{PR}} ; 1 - \frac{\sum_{j=1}^{J} c_j^{BE} \cdot \omega_j}{C^{BE} - \overline{c}^{BE}} \right) \rightarrow \max!$$

- Nebenbedingungen:

-- Durch die Auftragsannahmeentscheidung wird innerhalb des Planungshorizonts eine Mindestrentabilität pro Zeiteinheit erreicht:

$$pr^{PR.min} \geq \frac{\sum_{j=1}^{J} m_j \cdot \omega_j}{\sum_{j=1}^{J} c_j^{PR} \cdot \omega_j} \cdot \frac{1}{t^{AL} - t^{ZU}}$$

$$pr^{BE.min} \geq \frac{\sum_{j=1}^{J} m_j \cdot \omega_j}{\sum_{j=1}^{J} c_j^{BE} \cdot \omega_j} \cdot \frac{1}{t^{AL} - t^{ZU}}$$

-- Die verfügbare Kapazität wird nicht überschritten:

$$\sum_{j=1}^{J} c_j^{PR} \cdot \omega_j \leq C^{PR} - \tilde{c}^{PR}$$

$$\sum_{j=1}^{J} c_j^{BE} \cdot \omega_j \leq C^{BE} - \tilde{c}^{BE}$$

-- Die Entscheidungsvariablen sind binär:

$$\omega_j \in \{0;1\}$$

Symbole:

c_j^{BE}	=	Materialbedarf des Auftrags j
$\tilde{c}^{BE}$	=	Materialbedarf bereits eingeplanter Aufträge
c_j^{PR}	=	Bearbeitungskapazitätsbedarf des Auftrags j
$\tilde{c}^{PR}$	=	Bearbeitungskapazitätsbedarf bereits eingeplanter Aufträge
C^{BE}	=	Materialverfügbarkeit im Planungszeitraum
C^{PR}	=	Bearbeitungskapazität im Planungszeitraum
j	=	Index der relevanten Aufträge $(j = 1,...,J)$
m_j	=	erwarteter Deckungsbeitrag des Auftrags j
$pr^{BE.min}$	=	Mindestrentabilität der Nutzung von Material pro Zeiteinheit
$pr^{PR.min}$	=	Mindestrentabilität der Nutzung von Bearbeitungskapazität pro Zeiteinheit
t^{AL}	=	Ende des Planungszeitraumes
t^{ZU}	=	Anfang des Planungszeitraums
Φ	=	Flexibilitätsindikator
ω_j	=	Auftragsannahmeentscheidungsvariablen für Auftrag j (1: Annahme, 0: Ablehnung)

4.2.3.2 Losgrößenplanung

Durch die Losgrößenplanung werden für die Menge der in der Nettobedarfsrechnung ermittelten selbstzuerstellenden Einzelteile, Bauteile und Produkte günstige Lose festgelegt, die im Produktionsprozeß als unteilbare[1] Menge identischer Elemente betrachtet werden (vgl. z.B. Gutenberg 1983, S. 70 f.). Im Grundmodell der Losgrößenplanung (vgl. Abschnitt 2.1.2.3.1) wird gegeneinander abgewogen, daß mit zunehmender Losgröße

---

1) Zur nachträglichen Aufteilung von Losen vgl. z.B. Feldmann (2005, S. 57 ff.).

- die Anzahl der Rüstvorgänge und damit die mittelbaren Herstellkosten reduziert werden und

- der durchschnittliche Lagerbestand und damit die Lagerhaltungskosten zunehmen.

In der Literatur werden vereinzelt Vorschläge zur Flexibilisierung der Losgrößenplanung unterbreitet:

- Nutzung der Flexibilität des Produktionssystems: Schwerpunktmäßig werden Aspekte der Produktmengenflexibilität (Volume flexibility), der Produktartenflexibilität (Product variety) und der Prozeßflexibilität (Routing/Process flexibility) erfaßt, um der Nachfrageunsicherheit zu begegnen (vgl. z.B. Egbelu 1993, S. 362 ff.; de Groote 1994, S. 265 ff.). Die Unsicherheit über die Ressourcenverfügbarkeit wird hingegen nicht thematisiert.

- Flexibilisierung des Koordinationsprozesses: Eine Möglichkeit wird in der zusätzlichen Formulierung von Second-best-Alternativplänen gesehen (vgl. François 2000, S. 151 ff. und S. 284 f.). Des weiteren bietet die rollierende Planung (vgl. z.B. Stadtler 2000, S. 318 ff.) die Möglichkeit, bestehende Pläne periodisch an den aktuellen Informationsstand anzupassen.

Gemeinsamkeit dieser flexibilitätsorientierten Ansätze ist, daß sie zur Lösung des Planungsproblems ein geschlossenes Entscheidungsfeld konstruieren. Damit vermögen sie es im Rahmen zeitlich offener Entscheidungsfelder nicht, eine ausreichend flexible Planungsunterstützung zu bieten. Im folgenden wird deshalb eine Vorgehensweise für die Losgrößenplanung bei zeitlich offenen Entscheidungsfeldern aufgezeigt, die auf den Prinzipien der opportunistischen Koordinierung aufbaut. Dabei steht die Aufteilung (Zusammenfassung) der in Kundenaufträgen spezifizierten Produktmengen auf (zu) Produktionsaufträge(n) mit entsprechenden mengenmäßigen und zeitlichen Konditionen im Zentrum des Interesses.

Den weiteren Ausführungen liegt die Idee zugrunde, für eine allgemeine Analyse des Problems nicht die Kundenaufträge, sondern aus den Kundenaufträgen abgeleitete Loseinheiten, die nicht weiter aufgeteilt werden sollen, als Bezugspunkt zu wählen und diese dann nach flexibilitätsorientierten Kriterien zu Produktionsaufträgen zusammenzufassen. Eine Loseinheit stellt damit in der Planung die kleinste Einheit dar, um die die Losgröße eines Produktionsauftrags variiert werden kann[1] (vgl. Axsäter 1980, S. 395 ff.; Karni 1981, S. 92 ff.; Zhu/Heady/Lee 1994, S. 127 ff.).

Aus der Perspektive des *Prinzips der größtmöglichen Auswahlfreiheit* ergibt sich der Handlungsrahmen im vorliegenden operativen Kontext aus dem Zusammenspiel des Kapazitätsangebotes der Bearbeitungseinheiten und der durch die vorliegenden Kundenaufträge sowie die Losgrößenentscheidung determinierten Kapazitätsnachfrage: Das *Kapazitätsangebot* der Bearbeitungseinheiten umfaßt eine qualitative und eine quantitative Komponente (vgl. Gutenberg 1955, S. 56 ff.; Kern 1962, S. 135):

---

1) Zu einem Überblick über alternative Vorgehensweisen vgl. Recker (2000, S. 148).

- Bei der *qualitativen Kapazität* ist für die flexibilitätsorientierte Losgrößenplanung die Fähigkeit des Produktionssystems, unterschiedliche Leistungen zu erbringen (variationale Kapazität; vgl. Kern 1992, S. 21 ff.), relevant, weil damit ein Teil der Flexibilität des Produktionssystems erfaßt wird. Die binäre Matrix der potentiellen Bearbeitungsmöglichkeiten SO [S×O] gibt an, welcher Arbeitsgang prinzipiell mit welcher Bearbeitungseinheit ausgeführt werden kann.

- Können durch eine Bearbeitungseinheit unterschiedliche Leistungsarten erbracht werden, ist es nicht möglich, die quantitative Kapazität als Ausbringungsmenge pro Zeiteinheit zu ermitteln. Das Kapazitätsangebot wird deshalb mit Hilfe von *Zeitfonds* erfaßt, die die Zeiteinheiten der Verfügbarkeit der Bearbeitungseinheit pro Periode angeben. Der Vektor $C(S)$ [S×1] spiegelt das Kapazitätsangebot der S Bearbeitungseinheiten wider.

Um das Kapazitätsangebot der -nachfrage gegenüberstellen zu können, ist aus diesem ressourcenbezogenen Kapazitätsangebot das arbeitsgangbezogene Kapazitätsangebot abzuleiten. Hierfür wird mit der Matrix $C(S.O)$ [S×O] angegeben, wieviel Kapazität für die Ausführung eines Arbeitsgangtyps von welcher Bearbeitungseinheit unter Berücksichtigung der Kapazität der anderen Arbeitsgänge und Bearbeitungseinheiten verwendet werden kann. Durch Verknüpfung dieser Matrix mit der Matrix potentieller Bearbeitungsmöglichkeiten SO ergibt sich der Vektor des potentiellen arbeitsgangbezogenen Kapazitätsangebotes $C(O)$ [O×1]. Da zumindest ein Teil der Arbeitsgänge von mehreren Bearbeitungseinheiten ausgeführt werden kann, ist die sich aus den Substitutionsmöglichkeiten ergebende Mehrdeutigkeit des Kapazitätsangebotes durch das folgende Gleichungssystem zu berücksichtigen (vgl. Corsten/Gössinger/Großmann 2002, S. 8 f.):

$$C(O) = AZ(S) * (C(S.O) \otimes SO)$$
$$C(S) = (C(S.O) \otimes SO) * AS(O)$$

Symbole:

$AS(\circ)$ = Additionsspaltenvektor [○×1]

$AZ(\circ)$ = Additionszeilenvektor [1×○]

$C(O)$ = Vektor des arbeitsgangbezogenen Kapazitätsangebotes [O×1]

$C(S)$ = Vektor des Kapazitätsangebotes der Bearbeitungseinheiten [S×1]

$C(S.O)$ = Matrix des arbeitsgangbezogenen Kapazitätsangebotes der Bearbeitungseinheiten [S×O]

o = Index der Arbeitsgänge (o = 1,...,O)

s = Index der Bearbeitungseinheiten (s = 1,...,S)

SO = Matrix der potentiellen Bearbeitungsmöglichkeiten [S×O]

Die Kapazitätsnachfrage wird durch die akzeptierten Kundenaufträge generiert, die angeben, welche Produktart in welcher Menge bis zu welchem Termin zu liefern ist und mit welchen Kosten Abweichungen vom Liefertermin einhergehen. Unter der Voraussetzung, daß sich jeder Kundenauftrag auf genau eine Produktart bezieht, können die artenmäßige Nachfrage mit Hilfe der binären Kundenauftrag/Produktart-Matrix $\mathbf{CN}\,[C\times1]$ und die mengenmäßige Nachfrage mit Hilfe des Auftragsumfangvektors $\mathbf{x}(C)\,[C\times1]$ erfaßt werden. Im Liefertermvektor $\mathbf{t}^{AL}\,[C\times1]$ werden die Zeitpunkte angegeben, zu denen die Kundenaufträge ausgeführt sein sollten. Die Kosten der Abweichung vom Liefertermin pro Zeit- und Mengeneinheit werden in den Vektoren $\mathbf{k}^{\Delta AL+}$ und $\mathbf{k}^{\Delta AL-}\,[C\times1]$ erfaßt. Des weiteren ist für jeden Kundenauftrag ein Kostenbudget $\mathbf{BU}\,[C\times1]$ vorgegeben, das die entscheidungsrelevanten Kosten der Losgrößenplanung nicht überschreiten dürfen. Die Kundenaufträge sind in den beschriebenen Vektoren chronologisch nach dem Liefertermin sortiert. Der Liefertermin des letzten Auftrags in diesem Vektor definiert den Planungshorizont:

$$t^{AL} = t_C^{AL}$$

Die Verbindung zwischen den Kundenaufträgen und der arbeitsgangbezogenen Kapazitätsnachfrage ist durch die binäre Produktart/Arbeitsgang-Matrix $\mathbf{NO}\,[N\times O]$ gegeben, die für jede Produktart angibt, welche Arbeitsgänge auszuführen sind. Das Ausmaß der arbeitsgangbezogenen Kapazitätsnachfrage wird einerseits durch die Dauern der Ausführung von Arbeitsgängen an den Werkstücken auf einer Bearbeitungseinheit, die in der Matrix $\mathbf{d}^{PR}\,[S\times O]$ erfaßt werden, und anderseits durch die auf den unterschiedlichen Bearbeitungseinheiten erforderlichen Dauern zum reihenfolgeunabhängigen Rüsten für die einzelnen Arbeitsgänge, modelliert durch die Matrix $\mathbf{d}^R\,[S\times O]$ determiniert. Reihenfolgeabhängige Rüstvorgänge werden implizit und pauschal in den Verfügbarkeitszeiten der Bearbeitungseinheiten berücksichtigt, da Reihenfolgeentscheidungen erst auf den der Losgrößenplanung nachgelagerten Stufen getroffen werden[1]. Die erwartete arbeitsgangbezogene Kapazitätsnachfrage zur Arbeitsgangausführung $\mathbf{c}^{PR}\,[1\times O]$ ergibt sich dann aus:

$$\mathbf{c}^{PR} = AZ(C) * \left(\mathbf{x}(C) \otimes \mathbf{CN} * \mathbf{NO} \otimes \left(AZ(S) * \mathbf{d}^{PR} \div AZ(S) * \mathbf{SO} \right) \right)$$

Symbole:

$\mathbf{AZ}(\circ)$	=	Additionszeilenvektor $[1\times\circ]$
$\mathbf{C}^{PR}$	=	Vektor der arbeitsgangbezogenen Kapazitätsnachfrage zur Arbeitsgangausführung $[1\times O]$
$\mathbf{CN}$	=	Kundenauftrag/Produktart-Matrix $[C\times N]$
$\mathbf{d}^{PR}$	=	Matrix der Arbeitsgangausführungsdauern $[S\times O]$
$\mathbf{d}^R$	=	Matrix der Rüstdauern $[S\times O]$
$\mathbf{NO}$	=	Produktart/Arbeitsgang-Matrix $[N\times O]$
$\mathbf{SO}$	=	Matrix der potentiellen Bearbeitungsmöglichkeiten $[S\times O]$
$\mathbf{x}(C)$	=	Vektor der Kundenauftragsmengen $[C\times1]$

---

1) Zur simultanen Losgrößen- und Reihenfolgeplanung vgl. z.B. Dinkelbach (1964, S. 58 ff.); Fleischmann (1990, S. 383 ff.); Petersen (1998, S. 78 ff.).

Im Gegensatz hierzu ist die arbeitsgangbezogene Kapazitätsnachfrage zur Ausführung von Rüstvorgängen von der Losgrößenplanung abhängig, so daß die Entscheidungsvariablen zur Bildung von Loseinheiten aus Kundenaufträgen $\mathbf{CU}$ $[C \times U]$ und zur Bildung von Produktionsaufträgen aus Loseinheiten $\mathbf{UJ}$ $[U \times J]$ in die Berechnung einzubeziehen sind. Da jede Loseinheit genau einem Kundenauftrag zugeordnet ist und nur Loseinheiten zusammengefaßt werden, die sich auf dieselbe Produktart beziehen, ist es möglich, den erwarteten Kapazitätsbedarf für Rüstvorgänge ohne Losbildung $\mathbf{c}^R(U)$ $[1 \times O]$ und mit Losbildung $\mathbf{c}^R(J)$ $[1 \times O]$ auf folgendem Wege zu berechnen:

$$\mathbf{c}^R(U) = \mathbf{AZ}(U) * \left(\mathbf{UN} * \mathbf{NO} \otimes \left(\mathbf{AZ}(S) * \mathbf{d}^R \div \mathbf{AZ}(S) * \mathbf{SO} \right) \right)$$

$$\mathbf{c}^R(J) = \mathbf{AZ}(J) * \left(\mathbf{JN} * \mathbf{NO} \otimes \left(\mathbf{AZ}(S) * \mathbf{d}^R \div \mathbf{AZ}(S) * \mathbf{SO} \right) \right)$$

mit:

$$\mathbf{UN} = \mathbf{CU}^T * \mathbf{CN}$$

$$\mathbf{JN} = \begin{pmatrix} JN_{1.1} & \cdots & JN_{1.N} \\ \vdots & \ddots & \vdots \\ JN_{J.1} & \cdots & JN_{J.N} \end{pmatrix}$$

$$JN_{j.n} = \begin{cases} 1 & \text{,wenn } JN'_{j.n} > 0 \\ 0 & \text{,sonst} \end{cases}$$

$$\mathbf{JN'} = \mathbf{UJ}^T * \mathbf{UN}$$

Symbole:

$\mathbf{AZ}(\circ)$	=	Additionszeilenvektor $[1 \times \circ]$
$\mathbf{c}^R$	=	Vektor des erwarteten Kapazitätsbedarfs für Rüstvorgänge $[1 \times O]$
$\mathbf{CN}$	=	Kundenauftrag/Produktart-Matrix $[C \times N]$
$\mathbf{CU}$	=	Loseinheit/Kundenauftrag-Zuordnungsmatrix $[C \times U]$
$\mathbf{d}^R$	=	Vektor der Dauern der Rüstvorgänge $[S \times O]$
$\mathbf{JN}$	=	Produktionsauftrag/Produktart-Matrix $[J \times N]$
$\mathbf{NO}$	=	Produktart/Arbeitsgang-Matrix $[N \times O]$
$\mathbf{SO}$	=	Matrix der potentiellen Bearbeitungsmöglichkeiten $[S \times O]$
$\mathbf{UJ}$	=	Produktionsauftrag/Loseinheit-Zuordnungsmatrix $[U \times J]$

Zur monetären Beurteilung von Handlungsalternativen sind die Rüstkosten und die Terminabweichungskosten in Abhängigkeit von der Losgrößenplanung zu erfassen. Grundlegende Informationen sind dabei die arbeitsgang- und bearbeitungseinheitenbezogenen Rüstkostensätze $\mathbf{k}^R(S.O)$ $[S \times O]$ sowie die Kostensätze der kundenauftragsbezogenen Lieferterminabweichungen $k^{\Delta AL+}$ und $k^{\Delta AL-}$. Zur Schätzung der Lieferterminabweichungskosten sind eine Prognose der Fertigstellungstermine der Kundenaufträge in Abhängigkeit vom Umfang der gebildeten Lose und eine Bewertung der Differenzen zwischen Fertigstellungs- und Liefertermin vorzunehmen. Grundüberlegung bei der Prognose ist es, daß mit zunehmender Zusammenfassung von Loseinheiten zu Produktionsaufträgen einerseits die Anzahl der Möglichkeiten zur parallelen Bearbeitung von Loseinheiten auf unterschiedlichen Bearbeitungseinheiten reduziert und damit die Bearbeitungsdauer verlängert wird und andererseits die Anzahl der erforderlichen Rüstvorgänge und damit tendenziell die Summe der Rüstdauern reduziert wird. Aufgrund der Unzulässigkeit von vorzeitigen Festlegungen der Bearbeitungsabläufe kann jedoch nur eine grobe Prognose der Bearbeitungsdauern vorgenommen werden, auf deren Grundlage durch Rückwärtsrechnung spätestzulässige Starttermine der gebildeten Produktionsaufträge bestimmt und mit der aktuellen Systemzeit verglichen werden. Für Produktionsaufträge deren spätestzulässige Starttermine vor der Systemzeit liegen (potentielle Verspätung), erfolgt ein Vergleich der bis dahin erzeugten Menge mit der bis zu diesem Zeitpunkt aus Termineinhaltungsgründen erforderlichen Sollmenge und ferner eine Bewertung des mengenmäßigen Rückstandes mit den Verspätungskostensätzen $k^{\Delta AL+}$.

Zur Bestimmung des spätestzulässigen Starttermins $t_j^{ANF.max}$ eines Produktionsauftrags j kann auf das folgende lineare Programm zurückgegriffen werden, das die spätesten Anfangstermine der Loseinheiten des Produktionsauftrags ermittelt, wenn die Loseinheiten chronologisch indiziert sind[1]:

- Ziel: Wähle für die Loseinheiten des Produktionsauftrags j die spätesten Anfangstermine:

$$\left\{ t_u^{ANF} \mid UJ_{u.j} = 1 \right\} \rightarrow Max!$$

- Nebenbedingungen:

-- Die Liefertermine der Loseinheiten des Produktionsauftrags j werden eingehalten:

$$t_u^{END} \leq \left(\mathbf{CU}^T * \mathbf{t}^{AL} \right)_u \qquad \forall\, u \mid UJ_{u.j} = 1$$

-- Der Produktionsauftrag wird durchgängig bearbeitet:

$$t_u^{END} \leq t_{u'}^{ANF} \qquad \forall\, u,u' \mid UJ_{u.j} = 1 \wedge UJ_{u'.j} = 1 \wedge u < u'$$

$$t_u^{END} \geq t_u^{ANF} + d_u^{PR} \qquad \forall\, u \mid UJ_{u.j} = 1$$

mit:

$$d_u^{PR} = \left(\left(\mathbf{x}(U) \otimes \mathbf{UN} * \mathbf{NO} \otimes \left(\mathbf{AZ}(S) * \mathbf{d}^{PR} \div \mathbf{AZ}(S) * \mathbf{SO} \right) \right) * \mathbf{AS}(O) \right)_u$$

---

1) Damit gilt: $u < u' \Rightarrow (\mathbf{CU}^T * \mathbf{t}^{AL})_u \leq (\mathbf{CU}^T * \mathbf{t}^{AL})_{u'}$.

-- Die Entscheidungsvariablen sind nicht negativ:

$$t_u^{END}, t_u^{ANF} \geq 0 \qquad \forall\, u \,|\, UJ_{u.j} = 1$$

Symbole:

$\mathbf{AS}(\circ)$ = Additionsspaltenvektor $[\circ \times 1]$

$\mathbf{AZ}(\circ)$ = Additionszeilenvektor $[1 \times \circ]$

c = Index der Kundenaufträge $(c = 1, ..., C)$

$\mathbf{d}^{PR}$ = Matrix der Arbeitsgangausführungsdauern $[S \times O]$

d_u^{PR} = Bearbeitungsdauer der Loseinheit u

j = Index der Produktionsaufträge $(j = 1, ..., J)$

n = Index der Produktarten $(n = 1, ..., N)$

$\mathbf{NO}$ = Produktart/Arbeitsgang-Matrix $[N \times O]$

o = Index der Arbeitsgänge $(o = 1, ..., O)$

s = Index der Bearbeitungseinheiten $(s = 1, ..., S)$

$\mathbf{SO}$ = Matrix der potentiellen Bearbeitungsmöglichkeiten $[S \times O]$

$\mathbf{t}^{AL}$ = Vektor der Liefertermine $[C \times 1]$

t_u^{ANF} = Startzeitpunkt der Bearbeitung von Loseinheit u

t_u^{END} = Abschlußzeitpunkt der Bearbeitung von Loseinheit u

u, u' = Index der Loseinheiten $(u, u' = 1, ..., U)$

$UJ_{u.j}$ = Zuordnung der Loseinheit u zum Produktionsauftrag j

$\mathbf{UN}$ = Loseinheit/Produktart-Matrix $[U \times N]$

$\mathbf{x}(U)$ = Vektor der Loseinheitenmengen $[U \times 1]$

Der späteste Starttermin des Produktionsauftrags j ergibt sich dann aus dem ermittelten Anfangstermin seiner niedrigstindizierten Loseinheit:

$$t_j^{ANF.max} = \left(t_u^{ANF} \,|\, u = \min\{u' | UJ_{u'.j} = 1\} \right)$$

Analog gilt für den spätesten Abschlußtermin des Produktionsauftrags j:

$$t_j^{END.max} = \left(t_u^{END} \,|\, u = \max\{u' | UJ_{u'.j} = 1\} \right)$$

Des weiteren läßt sich aus der für das Modell ermittelten Lösung die zu einem gegebenen Zeitpunkt aus Termineinhaltungsgründen erforderliche Sollmenge bestimmen. Werden nur Loseinheiten zu einem Produktionsauftrag zusammengefaßt, die sich auf dieselbe Produktart beziehen, dann ist die Bearbeitungsdauer pro Mengeneinheit für alle Loseinheiten gleich. Für die Sollmengen können folglich im Zeitraum der Auftragsausführung konstante Zuwächse angenommen werden, so daß auf einen Zeitpunkt bezogen gilt:

$$\overline{\overline{x}}(t) = \begin{cases} 0 & \text{, wenn } t \leq t_j^{ANF.max} \\[2mm] \dfrac{t - t_j^{ANF.max}}{t_j^{END.max} - t_j^{ANF.max}} \cdot x_j & \text{, wenn } t_j^{ANF.max} < t < t_j^{END.max} \\[2mm] x_j & \text{, wenn } t \geq t_j^{END.max} \end{cases}$$

Liegt die zu einem Zeitpunkt produzierte Menge $\overline{x}_j(t)$ eines Produktionsauftrags unterhalb der Sollmenge, dann ist für die Fehlmenge eine verspätete Auftragsfertigstellung zu erwarten, die mit den Liefertermninüberschreitungskostensätzen bewertet wird. Aufgrund der Zeitstruktur der in einem Produktionsauftrag zusammengefaßten Loseinheiten geht nicht jede prognostizierte Auftragsverspätung mit einer Verspätung aller Teillose einher, so daß die Bewertung der Verspätung an den im Produktionsauftrag j zusammengefaßten Teillosen u, u' $\left(UJ_{u.j} = 1, UJ_{u'.j} = 1\right)$ ansetzt:

$$K_u^{\Delta AL+}(t) = \left(\min\left(0; \overbrace{\min\left(0; t - \overline{t}_j\right)}^{\substack{\text{Auftrags-}\\\text{verspätung}}} - \overbrace{\left(t_u^{AL} - t_u^{END}\right)}^{\substack{\text{Zeitpuffer}\\\text{für Loseinheit u}}} \right) \cdot \right.$$

$$\left. \min\left(0; \overbrace{\min\left(0; \overline{\overline{x}}_j(t) - \overline{x}_j(t)\right)}^{\substack{\text{Auftrags-}\\\text{fehlmenge}}} - \overbrace{\left(\overline{\overline{x}}_j\left(t_u^{AL}\right) - \sum_{u' \leq u} x_{u'} \right)}^{\substack{\text{Mengenpuffer}\\\text{für Loseinheit u}}} \right) \cdot \frac{1}{2} \cdot k_u^{\Delta AL+} \right)$$

mit: $\overline{t}_j = \left\{ t \mid \overline{\overline{x}}_j(t) = \overline{x}_j(t) \right\}$

Eine vorzeitige Auftragsfertigstellung ist zu erwarten, wenn die Menge $\overline{x}_j(t)$ oberhalb der Sollmenge liegt. Die Bewertung mit Liefertermninunterschreitungskosten setzt aus den obengenannten Gründen an den im Produktionsauftrag zusammengefaßten Teillosen an:

$$K_u^{\Delta AL-}(t) = \left(\min\left(0; \overbrace{\min\left(0; \overline{t}_j - t\right)}^{\substack{\text{vorzeitige}\\\text{Auftragserfüllung}}} + \overbrace{\left(t_u^{AL} - t_u^{END}\right)}^{\substack{\text{Zeitpuffer}\\\text{für Loseinheit u}}} \right) \cdot \right.$$

$$\left. \min\left(\overbrace{\min\left(0; \overline{x}_j(t) - \overline{\overline{x}}_j(t)\right)}^{\substack{\text{Auftrags-}\\\text{überschußmenge}}} + \overbrace{\left(\overline{\overline{x}}_j\left(t_u^{AL}\right) - \sum_{u' \leq u} x_{u'} \right)}^{\substack{\text{Mengenpuffer}\\\text{für Loseinheit u}}} \right) \cdot \frac{1}{2} \cdot k_u^{\Delta AL-} \right)$$

Werden die prognostizierten Beträge der Lieferterminüberschreitungskosten und Lieferterminunterschreitungskosten aller Teillose zum Entscheidungszeitpunkt in Vektoren $\mathbf{K}^{\Delta AL+}$ $[U \times 1]$ und $\mathbf{K}^{\Delta AL-}$ $[U \times 1]$ erfaßt, dann ergeben sich die Terminabweichungskosten zu:

$$K^{\Delta AL} = \mathbf{AZ}(U) * \left(\mathbf{K}^{\Delta AL+} + \mathbf{K}^{\Delta AL-} \right)$$

Die mit der Losgrößenentscheidung einhergehenden erwarteten Rüstkosten können analog zur Kapazitätsbedarfsermittlung bestimmt werden, indem die pro Auftrag auszuführenden Rüstvorgänge (pro Arbeitsgang ein Rüstvorgang) mit den durchschnittlichen arbeitsgangbezogenen Kosten pro Rüstvorgang bewertet und die einzelnen Kostenpositionen summiert werden:

$$K^R = \mathbf{AZ}(J) * \left(\mathbf{JN} * \mathbf{NO} \otimes \left(\mathbf{AZ}(S) * \mathbf{k}^R(SO) \div \mathbf{AZ}(S) * \mathbf{SO} \right) \right) * \mathbf{AZ}(O)$$

Zur Erfüllung des Prinzips der kleinstmöglichen Bindung sind die Losgrößenalternativen im Hinblick auf ihre Flexibilitätswirkungen bei der Auftragserfüllung zu beurteilen. Aus dem Blickwinkel der Gesamtheit der Kundenaufträge lassen sich die folgenden Flexibilitätswirkungen feststellen:

1. Eine Zusammenfassung von Loseinheiten zu Produktionsaufträgen geht mit einer Verringerung der *Anzahl realisierbarer paralleler Bearbeitungsmöglichkeiten* der betrachteten Werkstückmenge einher, wenn die Anzahl der dabei gebildeten Produktionsaufträge geringer ist als die maximale Anzahl paralleler Bearbeitungsmöglichkeiten. Durch den Wegfall von Parallelbearbeitungsmöglichkeiten wird mit fortschreitender Loszusammenführung der Lokalisierungsspielraum in der Ablaufplanung zunehmend eingeschränkt.

2. Durch eine Zusammenfassung von Loseinheiten ergibt sich eine Erhöhung der Anzahl der Werkstücke mit durchgängiger Bearbeitung. Dies ist mit längeren durchgängigen *Belegungsdauern der Bearbeitungseinheiten durch den Produktionsauftrag* verbunden, so daß die Kapazität der Bearbeitungseinheiten für einen längeren Zeitraum nicht für die Ausführung anderer Produktionsaufträge zur Verfügung steht (vgl. Calabrese/Hausman 1991, S. 1044). Für diese nimmt somit mit fortschreitender Loszusammenführung der Umfang des Lokalisierungsspielraums tendenziell ab.

3. Während die Kapazitätsnachfrage der Bearbeitungsvorgänge in ihrer Summe nicht durch Losgrößenentscheidungen beeinflußt wird, nimmt die Summe der Kapazitätsnachfrage der Rüstvorgänge mit zunehmender Loszusammenfassung zu. Unter der Annahme, daß bei einem gegebenen Produktionssystem eine positive Korrelation zwischen dem Umfang der Handlungsspielräume und der freien Kapazität besteht, ist es möglich die Flexibilitätswirkung einer Losgrößenentscheidung mit Hilfe der Veränderung des *Auslastungsgrades der arbeitsgangbezogenen Kapazität* zu bestimmen. Der Umfang der Handlungsspielräume ist dabei um so größer, je geringer die Kapazität ausgelastet ist, d.h. je mehr Loseinheiten zu Produktionsaufträgen zusammengefaßt werden.

Zur Operationalisierung dieser Wirkungen sind normierte *Flexibilitätsindikatoren* zu formulieren und in die Zielfunktion des Losgrößenmodells zu integrieren. Im Flexibilitätsindikator Φ_1 wird die Anzahl der aufgrund der Losgrößenplanung realisierbaren parallelen Bearbeitungsmöglichkeiten NP^{Los} der Anzahl der maximal möglichen parallelen Bearbeitungsmöglichkeiten NP^{max} gegenübergestellt:

$$\Phi_1 = \frac{NP^{Los}}{NP^{max}}$$

Wird die Anzahl der Parallelbearbeitungsmöglichkeiten nicht eingeschränkt, dann besitzt Φ_1 einen Wert von eins (hohe Flexibilität). Je stärker die Einschränkung der Möglichkeiten ist, um so mehr nähert sich Φ_1 einem Wert von null (niedrige Flexibilität). Bei der Berechnung von NP^{Los} und NP^{max} ist zu berücksichtigen, daß die maximale Anzahl durch die Anzahlen $NP(S)$ $[N \times 1]$ der Bearbeitungseinheiten, die für die Produktion der einzelnen Produktarten genutzt werden können, und die Anzahl der Loseinheiten $NP(U)$ $[N \times 1]$ bzw. Produktionsaufträge $NP(J)$ $[N \times 1]$ beschränkt ist:

$$NP^{Los} = AZ(N) * min(NP(S); NP(J))$$
$$NP^{max} = AZ(N) * min(NP(S); NP(U))$$

Der Vektor der produktbezogenen Anzahlen maximal parallel nutzbarer Bearbeitungseinheiten $NP(S)$ ergibt sich durch Verknüpfung der Produktart/Arbeitsgang-Matrix NO mit der Matrix der potentiellen Bearbeitungsmöglichkeiten SO:

$$NP(S) = SN^T * AS(S)$$

mit:

$$SN_{s.n} = \begin{cases} 1 & , \text{wenn } SN'_{s.n} > 0 \\ 0 & , \text{sonst.} \end{cases}$$
$$SN' = SO * NO^T$$

Die auf die Produktionsaufträge oder Loseinheiten bezogenen Anzahl-Vektoren $NP(J)$ und $NP(U)$ ergeben sich durch Verknüpfung der Kundenauftrag/Loseinheit-Zuordnungsmatrix CU und der Loseinheit/Produktionsauftrag-Zuordnungsmatrix UJ:

$$NP(U) = \left(CU^T * CN\right)^T * AS(U)$$
$$NP(J) = JN^T * AS(J)$$

mit:

$$JN_{j.n} = \begin{cases} 1 & , \text{wenn } JN'_{j.n} > 0 \\ 0 & , \text{sonst} \end{cases}$$
$$JN' = UJ^T * CU^T * CN$$

Für den Flexibilitätsindikator Φ_2 werden die arbeitsgangbezogenen Kapazitätsnachfragen (Bearbeiten und Rüsten) bei minimaler Größe der Produktionsaufträge den durchschnittlichen arbeitsgangbezogenen Kapazitätsnachfragen bei geplanter Größe der Produktionsaufträge gegenübergestellt. Dabei bestimmt der Arbeitsgang mit der ungünstigsten Flexibilitätswirkung der Wert des Indikators:

$$\Phi_2 = \min\left(\frac{\hat{c}(U)}{\hat{c}(J)}\right)$$

Umfaßt jeder Produktionsauftrag genau eine Loseinheit, dann weist der Flexibilitätsindikator Φ_2 den Wert eins auf. Je mehr Loseinheiten zu einem Produktionsauftrag zusammengefaßt werden, um so mehr nähert sich der Flexibilitätsindikator dem Wert null.

Für die durchschnittlichen arbeitsgangbezogenen Kapazitätsnachfragen ohne Losbildung $\hat{c}(U)$ $[1 \times O]$ bzw. mit Losbildung $\hat{c}(J)$ $[1 \times O]$ gilt:

$$\hat{c}(U) = \frac{c^{PR} + c^R(U)}{AZ(U) * UN * NO}$$

$$\hat{c}(J) = \frac{c^{PR} + c^R(J)}{AZ(J) * JN * NO}$$

Der Flexibilitätsindikator Φ_3 bezieht sich auf die Veränderung der Kapazitätsauslastung durch die Bildung von Produktionsaufträgen. Der Kapazitätsauslastungsgrad wird dabei als Mittelwert der Quotienten von arbeitsgangbezogener Kapazitätsnachfrage und arbeitsgangbezogenen Kapazitätsangebot ermittelt. Den Referenzpunkt bildet der Kapazitätsauslastungsgrad für den Fall, daß ein Produktionsauftrag genau eine Loseinheit umfaßt:

$$\Phi_3 = 1 - \frac{\left(\left(c^{PR} + c^R(J)\right) \div C(O)\right) \div \left(\left(c^{PR} + c^R(U)\right) \div C(O)\right) * AS(O)}{O}$$

Durch Kürzen ergibt sich:

$$\Phi_3 = 1 - \frac{\left(\left(c^{PR} + c^R(J)\right) \div \left(c^{PR} + c^R(U)\right)\right) * AS(O)}{O}$$

Der Flexibilitätsindikator nimmt somit einen Wert von null an (niedrige Flexibilität), wenn die Produktionsaufträge jeweils genau eine Loseinheit umfassen und nähert sich um so mehr dem Wert von eins an (hohe Flexibilität), je mehr Loseinheiten in den Produktionsaufträgen zusammengefaßt werden.

Die unterschiedlichen Flexibilitätsindikatoren lassen sich auf der Grundlage des Kompromißmodells zu einem aggregierten Flexibilitätsindikator zusammenfassen:

$$\Phi = \min(\Phi_1, \Phi_2, \Phi_3)$$

Um die Maximierung des Flexibilitätsindikators als Ziel in ein ökonomisches Entscheidungsmodell mit zeitlich offenem Entscheidungsfeld aufnehmen zu können, muß gewährleistet werden, daß die entscheidungsrelevanten Kosten ein vorgegebenes Budget nicht übersteigen. Für das vorliegende Losgrößenplanungsproblem kann eine kundenauftragsbezogene Gegenüberstellung von Kosten und Budgets jedoch nicht vorgenommen werden, weil die entscheidungsrelevanten Kosten nur in den Fällen Einzelkosten eines Kundenauftrags sind, in denen dieser genau einem Produktionsauftrag entspricht oder in mehrere Produktionsaufträge aufgeteilt wird. Sobald Teile unterschiedlicher Kundenaufträge zu einem Produktionsauftrag zusammengefaßt werden, stellen die Kosten der Losgrößenentscheidung nur in bezug auf die verbundenen Kundenaufträge Einzelkosten dar. Folglich sind in Abhängigkeit von der Losgrößenentscheidung die Budgets der miteinander verbundenen Kundenaufträge als Pool einem entsprechenden Kostenpool gegenüberzustellen (vgl. Corsten/Gössinger/Großmann 2002, S. 33). Da theoretisch durch die Losgrößenentscheidung alle Kundenaufträge miteinander verbunden sein können, besteht zur Vereinfachung die Möglichkeit, die Summe der Budgets aller Kundenaufträge der Summe der Kosten aller Produktionsaufträge gegenüberzustellen.

Aufbauend auf diesen Überlegungen läßt sich dann ein *Entscheidungsmodell* für die flexibilitätsorientierte Losgrößenplanung formulieren:

- Ziel ist es, den Wert des Flexibilitätsindikators durch die Zuordnung von Loseinheiten zu Produktionsaufträgen zu maximieren:

$$\Phi = \min(\Phi_1; \Phi_2; \Phi_3) \to \text{Max!}$$

- Dabei sind folgende Nebenbedingungen zu berücksichtigen:

-- Die entscheidungsrelevanten Kosten übersteigen die für die Losgrößenplanung definierten Budgets nicht:

$$K^{\Delta AL} + K^R \leq AZ(C) * BU$$

-- Jede Loseinheit ist genau einem Produktionsauftrag zugeordnet:

$$UJ * AS(J) = AS(U)$$

-- Die mit der Losgrößenentscheidung einhergehende Kapazitätsnachfrage für Bearbeitungs- und Rüstvorgänge übersteigt das Kapazitätsangebot nicht:

$$c^{PR} + c^R(J) \leq C(O)$$

-- Die Entscheidungsvariablen sind binär:

$$UJ_{u.j} \in \{0;1\} \qquad\qquad \forall u, j$$

Ergebnis der Optimierung dieses gemischt-ganzzahligen nichtlinearen Modells ist eine Menge von J Produktionsaufträgen, für die analog zu den Kundenaufträgen entsprechende Konditionen (z.B. Produktart, Losgröße, spätestzulässiger Fertigstellungstermin) abgeleitet werden.

4.2.3.3 Auftragsfreigabe

Die Auftragsfreigabe bildet in der Produktionsplanung und -steuerung den Übergang zwischen planenden Aktivitäten, die dem Produktionsprozeß vorgelagert sind, und produktionsprozeßbegleitenden steuernden und regelnden Aktivitäten (vgl. Melnyk/Ragatz 1989, S. 1082; Zäpfel/Missbauer 1993, S. 299). *Aufgabe* ist es, die durch übergeordnete Teilplanungen gebildeten Aufträge unter Beachtung der gegebenen Produktionssituation in den Produktionsprozeß einzuschleusen, d.h., die Reihenfolge der auszuführenden Aufträge (Auftragspriorisierung) und die Zeitpunkte der Übergabe von Aufträgen an das Produktionssystem (Auftragstriggerung) sind festzulegen (vgl. Park/Bobrowski 1989, S. 233 ff.; Philipoom/Fry 1992, S. 2559 f.). Die Ablehnung der geplanten Aufträge durch die Auftragsfreigabe wird i.d.R. nicht als zulässige Handlungsoption angesehen (vgl. Bergamashi et al. 1997, S. 401).

Bei *Werkstattproduktion*, die den Ausgangspunkt der folgenden Überlegungen bildet, ergibt sich aus den Besonderheiten der eingesetzten Potentialfaktoren und der auszuführenden Aufträge eine relativ hohe *Flexibilität*:

- Der Arbeitsplan eines *Auftrags* kann nonlinear sein (z.B. zyklische Struktur, alternative Bearbeitungspfade, in der Reihenfolge vertauschbare Arbeitsgänge), und die Auftragskonditionen können weiche Restriktionen darstellen.

- Ein *Potentialfaktor* (z.B. menschliche Arbeitsleistung, maschinelle Arbeitsleistung der Bearbeitungseinheiten und Werkzeuge) kann alternativ zur Ausführung mehrerer unterschiedlicher Arbeitsgänge eingesetzt werden, und innerhalb einer Potentialfaktorart können Redundanzen im Hinblick auf die ausführbaren Arbeitsgänge bestehen.

- Die *Kombination der Potentialfaktoren* ist nicht starr, sondern es ist möglich, erst dann, wenn Aufträge vorliegen, einzelne Potentialfaktoren, die in bezug auf die Kapazitätsnachfrage der Aufträge in einer limitationalen Beziehung zueinander stehen, temporär miteinander zu kombinieren, um ein entsprechendes Kapazitätsangebot zu erhalten (zur Kombination von Bearbeitungseinheiten und Werkzeugen vgl. z.B. Jaikumar/Wassenhove 1989, S. 62 ff.; Shanker/Tzen 1985, S. 581 ff.; Vidyarthi/Tiwari 2001, S. 958 ff.; zur Kombination von menschlicher und maschineller Arbeitsleistung vgl. Park/Bobrowski 1989, S. 233 ff.).

Unter diesen Voraussetzungen stellen die Änderung und die Aufrechterhaltung der Faktorkombination neben der Wahl der Reihenfolge und des Zeitpunktes der Freigabe von Aufträgen eine relevante Handlungsoption der Auftragsfreigabe dar (vgl. Corsten/Gössinger/Wolf 2003a, S. 1302). Das ökonomische Problem ergibt sich aus dem Sachverhalt, daß zwischen den Erfolgswirkungen der Handlungsoptionen gegenläufige Beziehungen bestehen können, mit dem Erfordernis, eine günstige Kombination der Handlungsoptionen zu wählen.

Zur Konkretisierung des Prinzips der *größtmöglichen Auswahlfreiheit* ist der Handlungsrahmen der Auftragsfreigabe so abzustecken, daß alle Handlungsoptionen erfaßt sind. Die Menge der Handlungsoptionen ergibt sich dabei aus dem Zusammentreffen des durch Kombination von Potentialfaktoren zu schaffenden Kapazitätsangebots und der Kapazitätsnachfrage der freizugebenden Aufträge.

Aus Gründen der Übersichtlichkeit wird im Hinblick auf das *Kapazitätsangebot* von zwei Potentialfaktorarten, Bearbeitungseinheiten s $(s = 1,...,S)$ und Werkzeuge w $(w = 1,...,W)$, ausgegangen, deren zugehörige Einheiten aufgrund ihrer limitationalen Beziehung zur jeweils anderen Potentialfaktorart in Abhängigkeit von der Kapazitätsnachfrage der Aufträge miteinander zu kombinieren sind, um eine Auftragsausführung zu ermöglichen. Beide Potentialfaktorarten können jeweils die Ausführung von unterschiedlichen Arbeitsgängen o $(o = 1,...,O)$ ermöglichen. Die *potentiellen Bearbeitungsmöglichkeiten* werden mit Hilfe der binären Matrizen **SO** $[S \times O]$ bzw. **WO** $[W \times O]$ erfaßt, die jeweils angeben, welcher Arbeitsgang von welcher Einheit der Potentialfaktorart ausgeführt werden kann, wenn diese Einheit mit einer im Hinblick auf das Arbeitsgangspektrum korrespondierenden Einheit der anderen Potentialfaktorart kombiniert wird. Die *Kombinationszustände* der Einheiten beider Potentialfaktorarten werden durch binäre Matrizen abgebildet, die sich auf unterschiedliche Aspekte beziehen:

- Potentielle Kombinationszustände **WS** $[W \times S]$: Welche Kombinationen können aufgrund der jeweiligen Bearbeitungsmöglichkeiten gebildet werden?

$$\mathbf{WS} = \begin{pmatrix} WS_{1.1} & \cdots & WS_{1.S} \\ \vdots & \ddots & \vdots \\ WS_{W.1} & \cdots & WS_{W.S} \end{pmatrix} \quad \text{mit: } WS_{w.s} = \begin{cases} 1 & \text{, wenn } WS'_{w.s} > 0 \\ 0 & \text{, sonst.} \end{cases}$$

$$\mathbf{WS}' = \mathbf{WO} * \mathbf{SO}^T$$

- Aktueller Kombinationszustand $\overline{\mathbf{WS}}$ $[W \times S]$ $\left(\overline{\mathbf{WS}} \leq \mathbf{WS} \right)$: Welche Kombination besteht zum Entscheidungszeitpunkt aufgrund zeitlich vorgelagerter Auftragsfreigabeentscheidungen?
- Geplanter Kombinationszustand $\overline{\overline{\mathbf{WS}}}$ $[W \times S]$ $\left(\overline{\overline{\mathbf{WS}}} \leq \mathbf{WS} \right)$: Welche Kombination soll zum Entscheidungszeitpunkt aufgrund der Freigabesituation gebildet werden? Diese Matrix erfaßt einen Teil der *Entscheidungsvariablen* des Planungsproblems.

Die Anzahl der Kombinationsmöglichkeiten ist durch technologische Restriktionen beschränkt. Das *Kombinationskapazitätsangebot* $C^K(S)$ $[S \times 1]$ bzw. $C^K(W)$ $[W \times 1]$ gibt an, wie viele Kapazitätseinheiten maximal zur Kombination genutzt werden können (z.B. Anzahl der Werkzeugmagazinsteckplätze einer Bearbeitungseinheit). Die Anzahl der zur Kombination benötigten Kapazitätseinheiten werden durch die *Kombinationskapazitätsnachfrage* $c^K(S)$ $[S \times 1]$ bzw. $c^K(W)$ $[W \times 1]$ erfaßt (z.B. Anzahl der von einem Werkzeug an einer Bearbeitungseinheit belegten Werkzeugmagazinsteckplätze). Der aktuelle und der geplante Kombinationszustand müssen deshalb die Bedingung erfüllen, daß die Kombinationskapazitätsnachfrage das -angebot nicht übersteigt:

$$c^K(W) \leq \overline{\overline{WS}} * C^K(S)$$

$$c^K(S) \leq \overline{\overline{WS}}^T * C^K(W)$$

Von den potentiellen Bearbeitungsmöglichkeiten **SO** und **WO** sind die aufgrund der geplanten Kombination *bestehenden Bearbeitungsmöglichkeiten* $\overline{\overline{SO}}$ und $\overline{\overline{WO}}$ zu unterscheiden, wobei gilt:

$$\overline{\overline{WO}} = \overline{\overline{WS}} * SO$$

$$\overline{\overline{SO}} = \overline{\overline{WS}}^T * WO$$

Da die Bearbeitungseinheiten und Werkzeuge teilweise zur Ausführung mehrerer unterschiedlicher Arbeitsgänge genutzt werden können, wird deren *Bearbeitungskapazität* $C^{PR}(S)$ $[S \times 1]$ bzw. $C^{PR}(W)$ $[W \times 1]$ in Zeiteinheiten der Verfügbarkeit pro Teilperiode angegeben. Zur Bestimmung der potentiellen und geplanten maximalen *arbeitsgangbezogenen Bearbeitungskapazität* $C^{PR}(O)$ $[1 \times O]$ und $\overline{\overline{C}}^{PR}(O)$ $[1 \times O]$ der Potentialfaktorkombinationen, sind die entsprechenden Kombinationszustände und Bearbeitungskapazitäten so zu berücksichtigen, daß den limitationalen Beziehungen zwischen den kombinierten Potentialfaktoren Rechnung getragen wird:

$$C^{PR}(O) = \left(\min\left(C^{PR}(WO)_1 ; C^{PR}(SO)_1\right), ..., \min\left(C^{PR}(WO)_O ; C^{PR}(SO)_O\right) \right)$$

$$C^{PR}(WO) = AZ(W) * \left(WO \otimes C^{PR}(W)\right) \qquad [1 \times O]$$

$$C^{PR}(SO) = AZ(S) * \left(SO \otimes C^{PR}(S)\right) \qquad [1 \times O]$$

Die Berechnung von $\overline{\overline{C}}^{PR}(O)$ erfolgt analog unter Berücksichtigung von $\overline{\overline{WO}}$ und $\overline{\overline{SO}}$.

Die *Kapazitätsnachfrage* wird durch sukzessive eintreffende Produktionsaufträge j $(j = 1, ..., J)$ induziert, zu denen Informationen über die Losgröße **x** $[J \times 1]$, die auszuführenden Arbeitsgänge **JO** $[J \times O]$, das zur Ausführung verfügbare Kostenbudget **BU** $[J \times 1]$, den frühesten Anfangstermin $t^{ANF.min}$ $[J \times 1]$, den spätesten Endtermin $t^{END.max}$ $[J \times 1]$ sowie die Kostensätze der Abweichung vom spätesten Endtermin $k^{\Delta AL+}$ (Verspätung) und $k^{\Delta AL-}$ (vorzeitige Fertigstellung) $[J \times 1]$ vorliegen. Der Status der Aufträge wird durch folgende Variablen erfaßt:

- Freigebbar ST^{RP} $[J \times 1]$: Aufträge, deren frühester Anfangstermin dem Entscheidungszeitpunkt nicht nachgelagert ist, können freigegeben werden $\left(ST_j^{RP} = 1\right)$; andernfalls ist keine Freigabe möglich $\left(ST_j^{RP} = 0\right)$.

- Freigegeben ST^{RA} $[J \times 1]$: Aufträge, die vor dem Entscheidungszeitpunkt eingelastet wurden, gelten als freigegeben $\left(ST_j^{RD} = 1\right)$ und andernfalls als nicht freigegeben $\left(ST_j^{RD} = 0\right)$. Der Ausführungsstand der freigegebenen Aufträge wird in der

Bearbeitungsstatusmatrix $c^{AB}(O)$ $[J \times O]$ als erfüllte Kapazitätsnachfrage vermerkt.

- Freizugeben ST^{RE} $[J \times 1]$: Aufträge, die zum Entscheidungszeitpunkt freigegeben werden, besitzen den Status freizugeben $\left(ST_j^{RE} = 1 \right)$ und andernfalls nicht $\left(ST_j^{RE} = 0 \right)$. Dieser Vektor erfaßt einen Teil der *Entscheidungsvariablen* des Planungsproblems.

Die *arbeitsgangbezogene Kapazitätsnachfrage* $c(O)$ $[J \times O]$ der vorliegenden Aufträge läßt sich unter der Annahme, daß die Arbeitsgangausführung unabhängig von der dafür vorgesehenen Bearbeitungseinheit und unabhängig von der Anzahl der zu bearbeitenden Werkstücke mit der gleichen Bearbeitungsdauer pro Werkstück $d^{PR}(O)$ $[1 \times O]$ einhergeht, in folgender Weise als Referenzwert berechnen:

$$c^{REF}(O) = JO \otimes x \otimes d^{PR}(O) - c^{AB}(O)$$

Kann ein Arbeitsgang eines Auftrags mit Hilfe mehrerer alternativer Potentialfaktorkombinationen ausgeführt werden, dann bezieht sich diese Kapazitätsnachfrage auf alle relevanten Kombinationen, da im Rahmen der Auftragsfreigabe nicht vorzeitig über die Belegung der Potentialfaktorkombinationen mit Aufträgen entschieden wird. Zur Berücksichtigung dieses Sachverhaltes wird davon ausgegangen, daß die für den betrachteten Auftrag alternativ nutzbaren Potentialfaktorkombinationen mit gleicher Wahrscheinlichkeit zum Zuge kommen. Die Kapazitätsnachfrage ist deshalb gleichmäßig auf die Ausführungsalternativen zu verteilen. Welche Ausführungsalternativen bestehen, ist dabei vom Kombinationszustand der Potentialfaktoren abhängig. Unter Berücksichtigung der potentiellen Kombinationszustände gilt für die *Kapazitätsnachfrage eines Auftrags* j:

$$c(O)_j = zmax \begin{pmatrix} c^{REF}(O)_j \\ zmin \begin{pmatrix} AZ(S) * \left(\left(\left(c^{REF}(O)_j \div NP(S) \right) \otimes SO \right) * AS(O) \otimes SO \right) \\ AZ(W) * \left(\left(\left(c^{REF}(O)_j \div NP(W) \right) \otimes WO \right) * AS(O) \otimes WO \right) \end{pmatrix} \end{pmatrix}$$

mit:

$$NP(S) = zmax \begin{pmatrix} AZ(S) * SO \\ (\varepsilon \quad \dots \quad \varepsilon) \end{pmatrix}$$

Für geplante Kombinationszustände erfolgt die Berechnung analog unter Verwendung von $\overline{SO}$ und $\overline{WO}$.

Die Kapazitätsnachfrage der bereits freigegebenen, der freizugebenden und der noch nicht freizugebenden Aufträge kann durch Verknüpfung der Kapazitätsnachfragematrix $c(J.O)$ bzw. $\overline{c}(J.O)$ $[J \times O]$ mit den entsprechenden Auftragsstatusvariablen ermittelt werden. Für die potentielle Kapazitätsnachfrage gilt:

$$c^{RA}(O) = AZ(J) * \left(c(J.O) \otimes ST^{RA} \right)$$

$$c^{RE}(O) = AZ(J) * \left(c(J.O) \otimes ST^{RE} \right)$$

$$c^{RD}(O) = AZ(J) * \left(c(J.O) \otimes \left(ST^{RP} - ST^{RE} - ST^{RA} \right) \right)$$

Die Werte der geplanten Kapazitätsnachfrage $\overline{\overline{c}}^{RA}(O)$, $\overline{\overline{c}}^{RE}(O)$ und $\overline{\overline{c}}^{RD}(O)$ werden analog unter Berücksichtigung von $\overline{\overline{c}}(J.O)$ berechnet.

Eine Grundlage für die Ermittlung von Kosten- und Flexibilitätskonsequenzen der einzelnen Handlungsalternativen bilden Informationen über die Fertigstellungstermine der Aufträge, die sich ausgehend von den vorgegebenen spätesten Endterminen $t^{END.max}$ $[J \times 1]$, dem aktuellen Entscheidungszeitpunkt t und der vorliegenden Kapazitätsangebote und -nachfragen prognostizieren lassen. Die *frühesten Fertigstellungstermine* $t^{END.min}$ $[J \times 1]$ werden dann realisiert, wenn die maximal verfügbare Kapazität $C(O)$ $[1 \times O]$ ausschließlich zur Erfüllung der Kapazitätsnachfrage $c(O)_j$ $[1 \times O]$ genutzt wird und alle Arbeitsgänge weitestgehend parallel ausgeführt werden:

$$t_j^{END.min} = \max_o \left(t * AZ(O) + c(O)_j \div C(O) \right) \cdot ST_j^{RP}$$

Die *geplanten Fertigstellungstermine* $\overline{\overline{t}}^{END}$ $[J \times 1]$ entsprechen entweder den spätesten Endterminen $t^{END.max}$ oder, wenn diese nicht eingehalten werden können, den frühesten Fertigstellungsterminen $t^{END.min}$.

$$\overline{\overline{t}}^{END} = zmax \left(t^{END.max}; t^{END.min} \right) \otimes ST^{RP}$$

Die grobe Abschätzung der *erwarteten Fertigstellungstermine* $\hat{t}^{END}$ bzw. $\hat{\hat{t}}^{END}$ kann für die unterschiedlichen Auftragsklassen auf iterativem Wege erfolgen[1]. In jedem Iterationsschritt, der sich jeweils auf eine Teilperiode bezieht, werden dabei die folgenden Berechnungen durchgeführt (zu Details vgl. Corsten/Gössinger/Wolf 2003b, S. 23 ff.):

- Berechnung des für jeden Auftrag in der nachfolgenden Teilperiode nutzbaren Kapazitätsanteils,
- Berücksichtigung des nicht genutzten Kapazitätsanteils von Arbeitsgängen der Aufträge, die in der nachfolgenden Teilperiode fertiggestellt werden,
- Berechnung der Kapazitätsnachfrage in der nächsten Teilperiode,
- Aktualisieren der erwarteten Fertigstellungstermine,

---

[1]   Zur Bestimmung von Durchlaufzeiten in Abhängigkeit von der Auslastungssituation im Kontext der Auftragsfreigabe vgl. Kuhn (1990, S. 121 ff.); Missbauer (1998, S. 87 ff.).

- Prüfen, ob alle Aufträge vollständig ausgeführt wurden und ggf. Ermittlung der erwarteten Fertigstellungstermine bzw. andernfalls Initialisierung der nächsten Iteration.

Um ein ökonomisches Entscheidungsmodell formulieren zu können, ist es erforderlich, die Kostenkonsequenzen der aufgrund von Kapazitätsnachfrage und -angebot zulässigen Handlungsalternativen zu bestimmen. Als entscheidungsrelevant sind für das vorliegende Problem die Kosten der Wahl von Auftragsfreigabezeitpunkten sowie die Kosten der Aufrechterhaltung bzw. Änderung der Potentialfaktorkombinationen zu identifizieren. Mit den geplanten *Kosten der Wahl von Freigabezeitpunkten* für die Aufträge wird berücksichtigt, daß die Nichteinhaltung von Auftragskonditionen mit monetären Konsequenzen einhergehen kann. Im Rahmen der Auftragsfreigabe sind insbesondere zeitliche Konditionen, wie etwa späteste Fertigstellungstermine, relevant, wobei Abweichungen direkt (z.B. Konventionalstrafen, Lagerhaltungskosten) oder indirekt (z.B. Goodwill-Verluste) Kosten induzieren, die zu einem Teil der Auftragsfreigabe zurechenbar sind (vgl. Homem-de-Mello/Shapiro/Spearman 1999, S. 89 f.; Philipoom/Malhotra/Jensen 1993, S. 1119). Zur Erfassung dieses Teils der Kosten werden auf der Grundlage der Kostensätze für verspätete und vorzeitige Auftragsfertigstellung die erwarteten Kosten berechnet. Eine weitere Grundlage bilden die erwarteten geplanten Fertigstellungstermine, die für die freigegebenen und freizugebenden Aufträge bei geplanter Kapazitätssituation und für die noch nicht freizugebenden Aufträge bei potentieller Kapazitätssituation (keine vorzeitige Festlegung der Potentialfaktorkombination) bestimmt werden:

$$\hat{\bar{t}}^{END} = z \max\left(\hat{\bar{t}}^{END} \otimes \left(ST^{RA} + ST^{RE} \right); \hat{\bar{t}}^{END} \otimes \left(ST^{RP} - ST^{RA} - ST^{RE} \right) \right)$$

Die Terminabweichungskosten ergeben sich für einen Auftrag j damit zu:

$$K_j^{\Delta AL} = \begin{pmatrix} \max\left(0; \hat{\bar{t}}_j^{END} - t_j^{END.max} \right) \cdot k_j^{\Delta AL+} \\ + \max\left(0; t_j^{END.max} - \hat{\bar{t}}_j^{END} \right) \cdot k_j^{\Delta AL-} \end{pmatrix} \cdot ST_j^{RP}$$

Kosten der Aufrechterhaltung von Potentialfaktorkombinationen sind relevant, weil für den Zeitraum der Kombinationsbeibehaltung alternative Verwendungsmöglichkeiten ausgeschlossen werden. Sie stellen inputbezogene Opportunitätskosten dar (vgl. Münstermann 1969, S. 52 ff.), deren Höhe situationsspezifisch zu bestimmen ist. Aufgrund von Operationalisierungsproblemen wird im folgenden vereinfachend davon ausgegangen, daß sich dieser Sachverhalt durch konstante Kostensätze $k^{KB}(S)$ $[S \times 1]$ und $k^{KB}(W)$ $[W \times 1]$ pro Zeiteinheit der Kombination erfassen läßt. Als Aufrechterhaltungsdauer d_t^{KB} wird die Zeitspanne vom aktuellen Entscheidungszeitpunkt t bis zum nächsten erwarteten Zeitpunkt $\hat{t}$, an dem wieder über die Freigabe eines Auftrags und die Kombinationssituation zu entscheiden ist. Für die geplanten Kombinationsaufrechterhaltungskosten gilt damit:

$$K_t^{KB} = \left(\begin{array}{l} AZ(S) * \left(zmin\left(AZ(S); \left(AZ(W) * \overline{\overline{WS}}_t \right)^T \right) \otimes k^{KB}(S) \right) \\ + AZ(W) * \left(zmin\left(AZ(W); \left(\overline{\overline{WS}}_t * AS(S) \right) \right) \otimes k^{KB}(W) \right) \end{array} \right) \cdot d_t^{KB}$$

Geplante *Kombinationsänderungskosten* basieren auf den mit der Bildung oder Aufhebung von Potentialfaktorkombinationen einhergehenden Produktionsfaktorverbräuchen. Kombinationsänderungen zeigen sich in Unterschieden zwischen aktuellem $\left(\overline{\overline{WS}} \right)$ und geplantem $\left(\overline{\overline{WS}} \right)$ Kombinationszustand. Wird davon ausgegangen, daß jeder Potentialfaktor einzeln kombiniert werden kann, dann können der Kostenermittlung kombinationsspezifische Kostensätze $k^{KA}(W.S)$ $[W \times S]$ zugrunde gelegt werden. Für die Kombinationsänderungskosten zu einem Entscheidungszeitpunkt gilt:

$$K_t^{KA} = AZ(W) * \left(\left| \overline{\overline{WM}}_t - \overline{\overline{WM}}_t \right| \otimes k^{KA}(W.S) \right) * AS(S)$$

Die Berechnung der Faktorkombinationskosten bezog sich bisher auf einen Entscheidungszeitpunkt t. Um im Entscheidungsmodell die Einhaltung eines Kostenbudgets zu gewährleisten, ist es erforderlich, die in vorhergehenden Entscheidungszeitpunkten verursachten Faktorkombinationskosten zu kumulieren:

$$K_t^{K.KUM} = \sum_{t'=1}^{t} \left(K_{t'}^{KB} + K_{t'}^{KA} \right)$$

Die auf diese Weise ermittelten Kosten dürfen bei flexibilitätsorientierter Zielsetzung in zeitlich offenen Entscheidungsfeldern, das für die Produktionsaufträge zur Auftragsfreigabe vorgesehene Budget nicht übersteigen. Für die Gegenüberstellung mit den Kosten zu den einzelnen Entscheidungszeitpunkten ist dabei der Budgetanteil zugrunde zu legen, der bis zum Zeitpunkt der nächsten erwarteten Entscheidung $\hat{t}$ verwendet werden kann:

$$BU\left(\hat{t} \right) = ST^{RP} * zmin\left(\left(\hat{t} * AS(J) \div \overline{\overline{t}}^{END} \right) \otimes BU; BU \right)$$

Um die Wirkung der Auftragsfreigabeentscheidung auf den nutzbaren Teil der Bestandsflexibilität zu messen, sollen *Flexibilitätsindikatoren* so gestaltet werden, daß sie dessen Veränderung in Abhängigkeit von der Wahl der Handlungsalternative anzeigen. Im Rahmen einer kontinuierlichen Auftragsfreigabe werden zwei Auftragsteilmengen betrachtet:

- die Menge freizugebender und bereits freigegebener Aufträge $\left(JM^{REA} = JM^{RE} \cup JM^{RA} \right)$ und

- die Menge noch nicht freizugebender Aufträge $\left(JM^{RD} \right)$.

Da jeder vorliegende Auftrag zunächst der Teilmenge JM^{RD} angehört und erst durch die Auftragsfreigabe in die Teilmenge JM^{REA} übernommen wird, muß es ein Ziel der flexibilitätsorientierten Auftragsfreigabe sein, beide Teilmengen durch die Zuordnung von Aufträgen so zu gestalten, daß die Flexibilität nur geringstmöglich eingeschränkt wird. Aus diesem Grunde wird zu jedem Entscheidungszeitpunkt für jeden noch nicht freigegebenen Auftrag die Veränderung der Flexibilität in beiden Teilmengen gemessen, die durch die Freigabe des Auftrags unter der Voraussetzung konstanter Teilmengenzuordnung der anderen Aufträge hervorgerufen würde. Es sind dann die Aufträge bevorzugt freizugeben, die die günstigste Kombination von Flexibilitätsindikatoren aufweisen. Damit stellt sich die Frage, wie die Flexibilitätsmessung der beiden Teilmengen erfolgen soll.

In den Flexibilitätsindikatoren sollten die Aspekte Berücksichtigung finden, von denen die Flexibilitätswirkungen der Entscheidungen abhängig sind. Im Rahmen der Auftragsfreigabe erscheinen folgende Aspekte als relevant:

- Bei der durch den spätesten Fertigstellungstermin determinierten *verbleibenden Ausführungszeit* der einzelnen Aufträge sind zwei gegenläufige Tendenzen zu berücksichtigen:
  -- Je kürzer die verbleibende Ausführungszeit für einen Auftrag ist, um so weniger Anpassungsmöglichkeiten bestehen für seine Ausführung.
  -- Wird ein Auftrag früher als nötig freigegeben, dann bindet er Kapazität, die für einen eventuell dringenderen Auftrag genutzt werden könnte.
- Die *Ausführungsdauer der Aufträge* ist von der Kompatibilität der Kapazitätsnachfrage der Auftragsteilmengen mit dem Kapazitätsangebot des Produktionssystems in quantitativer und qualitativer Hinsicht abhängig. Die Einlastung eines Auftrags geht mit Mindestanforderungen an die Potentialfaktorkombination einher, die einen Teil anderer möglicher Potentialfaktorkombinationen und damit häufig die gleichzeitige Einlastung anderer Aufträge ausschließt, obwohl die Potentialfaktoren in ausreichendem Maße zeitlich verfügbar wären.

Bei der Auswahl des nächsten freizugebenden Auftrags ist deshalb derjenige Auftrag vorzuziehen, der in der Teilmenge JM^{REA} am wenigsten zur Engpaßbildung und in der Teilmenge JM^{RD} am meisten zur Verbesserung der Engpaßsituation beiträgt (zu ähnlichen Überlegungen vgl. Philipoom/Fry 1992, S. 564 f.; Wein/Chevalier 1992, S. 1020). Da im Rahmen der operativen Planung die Bestandsflexibilität auf freier Kapazität beruht, kann die Messung der Flexibilitätswirkungen an der Beziehung zwischen Kapazitätsnachfrage und freier Kapazität, differenziert nach Arbeitsgängen, ansetzen. Eine Möglichkeit ist dabei die Bildung von Quotienten aus arbeitsgangbezogener Kapazitätsnachfrage und arbeitsgangbezogener freier Kapazität.

Der Flexibilitätsindikator $\Phi_{1.j}$ zur Messung der durch Freigabe eines Auftrags j bewirkten Flexibilitätsänderung für die Auftragsmenge JM^{REA} bezieht sich auf die Kapazitätssituation zwischen dem aktuellen Entscheidungszeitpunkt und dem spätesten der geplanten Fertigstellungstermine der bereits freigegebenen $\overline{t}^{END.RA}$ bzw. bereits freigegebenen Aufträge zuzüglich des freizugebenden Auftrags $\overline{t}^{END.REA}$.

Die Kapazitätssituation ergibt sich aus dem Zusammentreffen von geplantem Kapazitätsangebot der Potentialfaktorkombinationen $\overline{\overline{\mathbf{C}}}^{RA}$ $[1 \times O]$ und der geplanten Kapazitätsnachfrage freigegebener Aufträge $\overline{\overline{\mathbf{c}}}^{RA}$ $[1 \times O]$ bzw. von geplantem Kapazitätsangebot der Potentialfaktorkombinationen $\overline{\overline{\mathbf{C}}}^{REA}$ $[1 \times O]$ und der geplanten Kapazitätsnachfrage der freigegebenen Aufträge zuzüglich des betrachteten, ggf. freizugebenden Auftrags $\overline{\overline{\mathbf{c}}}^{REA}$ $[1 \times O]$. Da von Engpässen auszugehen ist, die in Abhängigkeit vom Umfang und der Zusammensetzung des Produktionsprogramms wechseln, kann zur Identifikation des jeweils stärksten Engpasses der Maximumoperator herangezogen werden (zu einer ähnlichen, aber maschinenfolgebezogenen Vorgehensweise bei linearen Arbeitsplänen vgl. Philipoom/Malhotra/Jensen 1993, S. 1116). Der Indikator wird deshalb in folgender Weise berechnet:

$$\Phi_1 = \max_o \left(\left(\overline{\overline{\mathbf{c}}}^{RA} \div \overline{\overline{\mathbf{C}}}^{RA} \cdot \left(\overline{\overline{\mathbf{t}}}^{END.RA} - t \right) \right) \div \left(\overline{\overline{\mathbf{c}}}^{REA} \div \overline{\overline{\mathbf{C}}}^{REA} \cdot \left(\overline{\overline{\mathbf{t}}}^{END.REA} - t \right) \right) \right)$$

mit:

$$\overline{\overline{\mathbf{c}}}^{RA} = \mathbf{AZ}(J) * \left(\overline{\overline{\mathbf{c}}}(J.O) \left(\overline{\overline{\overline{\mathbf{WO}}}}^{RA}, \overline{\overline{\mathbf{SO}}}^{RA} \right) \otimes \mathbf{ST}^{RA} \right)$$

$$\overline{\overline{\mathbf{c}}}^{REA} = \mathbf{AZ}(J) * \left(\overline{\overline{\mathbf{c}}}(J.O) \left(\overline{\overline{\overline{\mathbf{WO}}}}^{REA}, \overline{\overline{\mathbf{SO}}}^{REA} \right) \otimes \left(\mathbf{ST}^{RA} + \mathbf{ST}^{RE} \right) \right)$$

$$\overline{\overline{\mathbf{C}}}^{RA} = \mathbf{zmin} \left(\overline{\overline{\mathbf{C}}}^{RP}(W.O) \left(\overline{\overline{\overline{\mathbf{WO}}}}^{RA} \right); \overline{\overline{\mathbf{C}}}^{RP}(S.O) \left(\overline{\overline{\mathbf{SO}}}^{RA} \right) \right)$$

$$\overline{\overline{\mathbf{C}}}^{REA} = \mathbf{zmin} \left(\overline{\overline{\mathbf{C}}}^{RP}(W.O) \left(\overline{\overline{\overline{\mathbf{WO}}}}^{REA} \right); \overline{\overline{\mathbf{C}}}^{RP}(S.O) \left(\overline{\overline{\mathbf{SO}}}^{REA} \right) \right)$$

$$\overline{\overline{\mathbf{t}}}^{END.RA} = \max_j \left(\overline{\overline{\mathbf{t}}}^{END} \otimes \mathbf{ST}^{RA} \right)$$

$$\overline{\overline{\mathbf{t}}}^{END.REA} = \max_j \left(\overline{\hat{\overline{\mathbf{t}}}}^{END} \otimes \left(\mathbf{ST}^{RA} + \mathbf{ST}^{RE} \right) \right)$$

Bezugspunkt für den Flexibilitätsindikator Φ_2 zur Messung der durch Freigabe eines Auftrags j bewirkten Flexibilitätsänderung für die Auftragsmenge JM^{RD} bildet die Kapazitätssituation zwischen dem aktuellen Entscheidungszeitpunkt und dem spätesten der geplanten Fertigstellungstermine der noch nicht freizugebenden Aufträge $\overline{\overline{\mathbf{t}}}^{END.RD}$ bzw. der noch nicht freizugebenden Aufträge zuzüglich des betrachteten, ggf. freizugebenden Auftrags $\overline{\overline{\mathbf{t}}}^{END.RDE}$. Da für die noch nicht freizugebenden Aufträge noch keine Potentialfaktorkombination geplant wurde, wird vom potentiellen Kapazitätsangebot $\mathbf{C}^{PR}(O)$ $[1 \times O]$ der Kapazitätsnachfrage der noch nicht freizugebenden Aufträge $\mathbf{c}^{RD}$ $[1 \times O]$ und der Kapazitätsnachfrage der noch nicht freizugebenden Aufträge zuzüglich des betrachteten, ggf. freizugebenden Auftrags $\mathbf{c}^{RDE}$ $[1 \times O]$ bei potentiellem Kombinationszustand ausgegangen.

Für den Indikator gilt

$$\Phi_2 = 1 - \max_o \left(\left(\mathbf{c}^{RD} \div \mathbf{C}^{PR} \cdot \left(\overline{\overline{t}}^{END.RD} - t \right) \right) \div \left(\mathbf{c}^{RDE} \div \mathbf{C}^{PR} \cdot \left(\overline{\overline{t}}^{END.RDE} - t \right) \right) \right)$$

Durch Kürzen ergibt sich:

$$\Phi_2 = 1 - \max_o \left(\left(\mathbf{c}^{RD} \div \mathbf{c}^{RDE} \right) \div \left(\left(t^{RDE} - t \right) \div \left(t^{RD} - t \right) \right) \right)$$

mit:

$$\mathbf{c}^{RD} = \mathbf{AZ}(J) * \left(\mathbf{c}(J.O) \otimes \mathbf{ST}^{RD} \right)$$

$$\mathbf{c}^{RDE} = \mathbf{AZ}(J) * \left(\mathbf{c}(J.O) \otimes \left(\mathbf{ST}^{RD} + \mathbf{ST}^{RE} \right) \right)$$

$$\overline{\overline{t}}^{END.RD} = \max_j \left(\overline{\hat{\overline{t}}}^{END} \otimes \mathbf{ST}^{RD} \right)$$

$$\overline{\overline{t}}^{END.RDE} = \max_j \left(\overline{\hat{\overline{t}}}^{END} \otimes \left(\mathbf{ST}^{RD} + \mathbf{ST}^{RE} \right) \right)$$

Die Werte der Flexibilitätsindikatoren Φ_1 und Φ_2 nähern sich um so mehr dem Wert eins (null) je flexibler (weniger flexibel) die Freigabeentscheidung ist. Eine Zusammenfassung beider Werte zu einem aggregierten Flexibilitätsindikator kann wieder auf der Grundlage des Kompromißmodells erfolgen:

$$\Phi = \min \left(\Phi_1; \Phi_2 \right)$$

Die nachfolgende Modellierung des Entscheidungsmodells baut auf dem Modell für eine kontinuierliche Serienbildung bei flexiblen Fertigungssystemen von Stecke/Kim (1988, S. 10 ff.) auf. Modifikationen werden im Hinblick auf die Zielfunktion sowie die Kapazitätsrestriktionen vorgenommen, und die Nebenbedingungen werden um die Kostenbudgetrestriktion, partielle Kostenminimierungsbedingung und Freigabebedingungen erweitert:

- Ziel ist die Maximierung des Flexibilitätsindikators durch die Auftragsfreigabeentscheidung und die Potentialfaktorkombinationsentscheidung:

$$\Phi = \min \left(\Phi_1; \Phi_2 \right) \to \text{Max}!$$

- Nebenbedingungen:

-- Die entscheidungsrelevanten Kosten dürfen das vorgegebene Kostenbudget nicht übersteigen:

$$K_t^{K.KUM} + \mathbf{AZ}(J) * \mathbf{K}^{\Delta AL} \leq BU \left(\hat{\overline{t}} \right)$$

-- Bei Alternativen mit gleichem minimalen Zielfunktionswert wird die kosten-
günstigste gewählt:

$$
K_t^{K.KUM} = \left\{
\begin{array}{l}
\left| K_t^{K.KUM}\left(ST^{RE};\overline{\overline{WS}}\right)\right| \\[2ex]
\neg\exists \left(ST'^{RE};\overline{\overline{WS}}'\right) \left|
\begin{array}{l}
\left(ST'^{RE};\overline{\overline{WS}}'\right) \neq \left(ST^{RE};\overline{\overline{WS}}\right) \\[1ex]
\wedge\Phi\left(ST'^{RE};\overline{\overline{WS}}'\right) = \Phi\left(ST^{RE};\overline{\overline{WS}}\right) \\[1ex]
\wedge K_t^{K.KUM}\left(ST'^{RE};\overline{\overline{WS}}'\right) < \\[1ex]
K_t^{K.KUM}\left(ST^{RE};\overline{\overline{WS}}\right)
\end{array}
\right.
\end{array}
\right.
$$

-- Es dürfen nur die noch nicht freigegebenen Aufträge freigegeben werden:

$$ST^{RE} \leq ST^{RP} - ST^{RA}$$

-- Die arbeitsgangbezogene Kapazitätsnachfrage der freigegebenen und freizugebenden Aufträge darf das geplante Kapazitätsangebot der Potentialfaktorkombination nicht übersteigen:

$$\overline{\overline{c}}^{REA} \leq \overline{\overline{C}}^{REA}$$

-- Die Kombinationskapazitätsnachfrage der Potentialfaktoren darf das Kombinationskapazitätsangebot nicht übersteigen:

$$c^K(W) \leq \overline{\overline{WS}} * C^K(S)$$

$$c^K(S) \leq \overline{\overline{WS}}^T * C^K(W)$$

-- Die Entscheidungsvariablen sind binär:

$$ST_j^{RE} \in \{0;1\} \qquad\qquad \forall j$$

$$\overline{\overline{WS}}_{w.s} \in \{0;1\} \qquad\qquad \forall w,m$$

Um dem zeitlichen Aspekt des Prinzips der kleinstmöglichen Bindung Rechnung zu
tragen, erfolgt die Festlegung von Handlungsalternativen durch die Anwendung des
Entscheidungsmodells vorbehaltlich nur bis zum nächsten erwarteten Entscheidungszeitpunkt. Eine Aktualisierung des Planes wird vorgenommen, sobald eine Veränderung der Kapazitätssituation eingetreten oder der der letzten Entscheidung zugrunde
gelegte Zeitraum abgelaufen ist.

4.2.3.4 Auftragsdurchführung und -überwachung

Zentrale Aufgabe einer flexibilitätsorientierten Auftragsdurchführung und -über-
wachung ist die Koordination der für die Erfüllung freigegebener Aufträge erforderlichen Arbeitsgangausführungen in der in den Arbeitsplänen vorgegebenen Folge auf
den zur Ausführung geeigneten Bearbeitungseinheiten durch temporäre Zuordnung

von Aufträgen zu Bearbeitungseinheiten zur Arbeitsgangausführung nach Maßgabe des Flexibilitätsziels unter Berücksichtigung der Budgetrestriktion.

Die *Bearbeitungseinheiten* s $(s = 1,...,S)$ können jeweils mehrere unterschiedliche Arbeitsgänge o $(o = 1,...,O)$ ausführen. Welcher Arbeitsgang von welcher Bearbeitungseinheit ausgeführt werden kann, wird durch die binäre Matrix der potentiellen Bearbeitungsmöglichkeiten $\overline{SO}$ $[S \times O]$ beschrieben. Für jede Bearbeitungseinheit sind die auf ein Werkstück bezogenen Dauern und Kosten der ausführbaren Arbeitsgänge in den Matrizen $\mathbf{d}^{PR}(S.O)$ $[S \times O]$ bzw. $\mathbf{k}^{PR}(S.O)$ $[S \times O]$ erfaßt. Mit den Variablen $\mathbf{ST}^{PR}$ $[S \times 1]$ wird der aktuelle Belegbarkeitsstatus der Bearbeitungseinheiten wiedergegeben (belegbar: $ST_s^{PR} = 1$; nicht belegbar: $ST_s^{PR} = 0$).

Für die *Aufträge* j $(j = 1,...,J)$ werden die auszuführenden Arbeitsgänge und die zwischen den Arbeitsgängen bestehenden Anordnungsbeziehungen in Arbeitsplänen spezifiziert. Um die Freiheitsgrade der Auftragsausführung bei Werkstattproduktion zu berücksichtigen, gelangen nonlineare Arbeitspläne (vgl. Bell 1988, S. 135 ff.; Sacerdoti 1975, S. 206 ff.) zur Anwendung, bei denen alternative Arbeitsgangfolgen (Verfahrens- und Ordinierungsspielraum) angegeben und für die einzelnen Arbeitsgänge keine Festlegungen zu Start- und Endterminen (Terminierungsspielraum) sowie zur Zuordnung zu Bearbeitungseinheiten (Lokalisierungsspielraum) getroffen werden (vgl. Zelewski 1995, S. 246 ff.). Zur Modellierung kann auf die Graphical Evaluation und Review Technique (GERT) (vgl. Pritsker/Happ 1966, S. 267 ff.) zurückgegriffen werden, wobei i.d.R. der analytisch gut berechenbare GERT-Spezialfall STEOR (ausschließlich Knoten mit XOR-Eingang und stochastischem Ausgang) zur Anwendung gelangen kann. Auf dieser Grundlage ist es möglich, ausgehend von einem gegebenen Ausführungsstand für einen Auftrag zu ermitteln, welche Arbeitsgänge als nächste ausgeführt werden können. Die in einer Entscheidungssituation ausführbaren Arbeitsgänge werden durch die Matrix $\overline{JO}$ $[J \times O]$ wiedergegeben. Weitere koordinationsrelevante Informationen sind die Losgrößen $\mathbf{x}$ $[J \times 1]$, die spätesten Fertigstellungstermine $\overline{\mathbf{t}}^{END.max}$ $[J \times 1]$, die Kostensätze für die Abweichungen vom spätesten Fertigstellungstermin $\mathbf{k}^{\Delta AL+}$ $[J \times 1]$ und $\mathbf{k}^{\Delta AL-}$ $[J \times 1]$ sowie das zur Auftragsausführung verfügbare Budget $\mathbf{BU}$ $[J \times 1]$.

Die mit der Auftragsausführung einhergehenden *Bearbeitungsdauern und -kosten* lassen sich aufgrund der in den nonlinearen Arbeitsplänen enthaltenen Verfahrens- und Lokalisierungsspielräume als Erwartungswerte angeben, wenn Annahmen über die Wahrscheinlichkeit der Wahl alternativer Arbeitsgangfolgen und alternativ zur Arbeitsgangausführung nutzbarer Bearbeitungseinheiten getroffen werden. Da aus Flexibilitätsgründen ein vorzeitiges Ausschließen von Handlungsalternativen vermieden werden soll, wird gemäß dem Prinzip des unzureichenden Grundes davon ausgegangen, daß die Wahrscheinlichkeiten der Nutzung von Alternativen gleichgroß sind. Die erwarteten Dauern und Kosten der Ausführung eines Arbeitsganges an einem Werkstück können deshalb als Mittelwerte berechnet werden:

$$\hat{\mathbf{d}}^{PR} = \mathbf{AZ}(S) * \mathbf{d}^{PR}(S.O) \div \mathbf{AZ}(S) * \mathbf{SO} \qquad [1 \times O]$$

$$\hat{\mathbf{k}}^{PR} = \mathbf{AZ}(S) * \mathbf{k}^{PR}(S.O) \div \mathbf{AZ}(S) * \mathbf{SO} \qquad [1 \times O]$$

Werden im Arbeitsplan die Aktivierungswahrscheinlichkeiten der Vorgänge an Alternativverzweigungen in gleicher Höhe spezifiziert und die Erwartungswerte $\hat{\mathbf{d}}^{PR}$ und $\hat{\mathbf{k}}^{PR}$ als Vorgangsparameterwerte herangezogen, dann lassen sich die pro Werkstück erwarteten Arbeitsplan-Ausführungsdauern und -kosten $\hat{\mathbf{d}}^{PR}(J) [J \times 1]$ bzw. $\hat{\mathbf{k}}^{PR}(J) [J \times 1]$ durch Anwendung der entsprechenden GERT-Reduktionsschritte ermitteln. Die erwarteten *Bearbeitungskosten* betragen dann:

$$\hat{\mathbf{K}}^{PR}(J) = \hat{\mathbf{k}}^{PR}(J) \otimes \mathbf{x} \qquad [J \times 1]$$

Zur Bestimmung der von einem Entscheidungszeitpunkt und einem Ausführungsstand der Aufträge ausgehend zu erwartenden *Terminabweichungskosten* sind die Fertigstellungszeitpunkte der Aufträge $\overline{\mathbf{t}}^{END} [J \times 1]$ zu prognostizieren, wobei auf die in Abschnitt 4.2.3.3 vorgestellte Vorgehensweise zur groben Abschätzung zurückgegriffen werden kann. Die zu erwartenden Kosten ergeben sich für einen Auftrag j damit zu:

$$K_j^{\Delta AL} = \max\left(0; \hat{\overline{t}}_j^{End} - t_j^{END.max}\right) \cdot k_j^{\Delta AL+}$$
$$+ \max\left(0; t_j^{END.max} - \hat{\overline{t}}_j^{END}\right) \cdot k_j^{\Delta AL-}$$

In jedem Entscheidungszeitpunkt ist durch Spezifikation einer binären Matrix $\overline{\overline{\mathbf{SJ}}} [S \times J]$ festzulegen, welcher Auftrag welcher Bearbeitungseinheit zugeordnet wird, und durch Spezifikation der binären Matrix $\overline{\overline{\mathbf{JO}}} [J \times O]$ ist zu fixieren, welcher Arbeitsgang eines zugeordneten Auftrags auszuführen ist.

Dabei muß gelten, daß

- nur aktuell ausführbare Arbeitsgänge gewählt werden:

$$\overline{\overline{\mathbf{JO}}} \leq \overline{\mathbf{JO}}$$

- pro Auftrag höchstens ein Arbeitsgang gewählt wird:

$$\overline{\overline{\mathbf{JO}}} * \mathbf{AS}(O) \leq \mathbf{AS}(J)$$

- die gewählten Arbeitsgänge der zugeordneten Aufträge von den zugeordneten Bearbeitungseinheiten ausgeführt werden können:

$$\overline{\overline{\mathbf{SJ}}} * \overline{\overline{\mathbf{JO}}} \leq \overline{\overline{\mathbf{SO}}}$$

Die aus den mit der Spezifikation der Matrizen $\overline{\overline{\mathbf{SJ}}}$ und $\overline{\overline{\mathbf{JO}}}$ getroffenen Bearbeitungseinheit/Auftrags-, Zuordnungs- und Arbeitsgangauswahlentscheidungen gehen mit Wirkungen auf die terminliche Situation der Aufträge, die Kosten der Auftragsausführung und die Flexibilität des Auftragsausführungsprozesses einher, die im folgenden formal zu erfassen sind. Für die zugeordneten Aufträge liegen im Gegensatz zur Situation vor der Entscheidung der nächste auszuführende Arbeitsgang und die ausführende Bearbeitungseinheit fest, so daß für diesen Arbeitsgang anstelle der Erwartungswerte für Arbeitsgangausführungsdauer und -kosten die konkreten Werte in die Berechung einfließen können. Des weiteren können durch die Auswahl des nächsten Arbeitsgangs für den nachfolgenden Bearbeitungsprozeß alternative Arbeitsgangfolgen ausgeschlossen werden. Nach der Zuordnungsentscheidung sind folglich für die betrachteten Aufträge die erwarteten Ausführungsdauern und -kosten auf der Grundlage des aktuellen Ausführungsstandes zu aktualisieren. Die Differenzen $\left(\Delta \hat{d}_j^{PR} \text{ und } \Delta \hat{K}_j^{PR} \right)$ dieser Größen vor und nach der Zuordnungsentscheidung sind entscheidungsrelevant. Aus der veränderten Auftragsausführungsdauer resultiert ein veränderter erwarteter Fertigstellungstermin und damit veränderte Terminabweichungskosten, so daß die Kostendifferenz $\Delta \hat{K}_j^{\Delta AL}$ entscheidungsrelevant ist.

Für die nichtzugeordneten Aufträge ergibt sich eine Verzögerung der Auftragsausführung um den Abstand zwischen aktuellem Entscheidungszeitpunkt t und nächstem erwarteten Entscheidungszeitpunkt $\hat{t}$. Dies geht mit einer Veränderung des erwarteten Fertigstellungstermins und damit der Terminabweichungskosten einher, so daß die Differenz zwischen diesen Kosten vor und nach der Entscheidung $\Delta \hat{K}_j^{\Delta AL}$ entscheidungsrelevant ist. Für die Kosten, die das Auftragsausführungsbudget nicht übersteigen dürfen, gilt zum Entscheidungszeitpunkt:

$$\hat{\bar{\bar{K}}}_j := \hat{\bar{K}}_j^{PR} + \Delta \hat{K}_j^{PR} + \Delta \hat{K}_j^{\Delta AL}$$

Im Hinblick auf die *Flexibilitätswirkungen* ist durch Indikatoren zu messen, in welchem Umfang durch die Zuordnungsentscheidung die zukünftige Flexibilität eingeschränkt wird, die sich aus dem Zusammenspiel ausführbarer und auszuführender Arbeitsgänge ergibt. Eine Möglichkeit der Messung besteht in der Gegenüberstellung der Situation vor und nach der Entscheidung. Der Flexibilitätsindikator Φ_1 setzt dabei die Anzahl der verbleibenden auszuführenden Arbeitsgänge in Relation zur Anzahl der auszuführenden Arbeitsgänge vor der Zuordnungsentscheidung:

$$\Phi_1 = \frac{AZ(J) * \left(AZ(S) * \overline{\overline{SJ}} \otimes \overline{JO} \right) * AS(O)}{AZ(J) * \overline{JO} * AS(O)}$$

Durch den Flexibilitätsindikator Φ_2 wird die Relation zwischen der Anzahl der verbleibenden ausführbaren Arbeitsgänge und der Anzahl der ausführbaren Arbeitsgänge vor der Zuordnungsentscheidung erfaßt:

$$\Phi_2 = \frac{AZ(S) * \left(\overline{\overline{SJ}} * AS(J) \otimes \overline{SO} \right) * AS(O)}{AZ(S) * \overline{SO} * AS(O)}$$

Die Flexibilitätsindikatoren nehmen bei Nichteinschränkung der Anzahlen ausführbarer und auszuführender Arbeitsgänge einen Wert von eins (hohe Flexibilität) und bei vollständiger Einschränkung einen Wert von null an. Die Zusammenfassung zu einem aggregierten Flexibilitätsindikator kann wiederum auf der Grundlage einer Kompromißfunktion erfolgen:

$$\Phi = \min(\Phi_1; \Phi_2)$$

Das flexibilitätsorientierte Entscheidungsmodell zur Auftragsdurchführung und -überwachung lautet somit:

- Ziel ist die Maximierung der für zukünftige Zuordnungsentscheidungen verbleibenden Flexibilität durch die Zuordnung von Aufträgen zu Bearbeitungseinheiten und die Auswahl der auszuführenden Arbeitsgänge:

$$\Phi = \min(\Phi_1; \Phi_2) \to \text{Max}!$$

- Nebenbedingungen:

-- Die entscheidungsrelevanten Kosten dürfen das vorgegebene Kostenbudget nicht übersteigen:

$$\hat{\bar{\mathbf{K}}} \leq \mathbf{BU}$$

-- Es dürfen nur aktuell ausführbare Arbeitsgänge gewählt werden:

$$\overline{\overline{\text{JO}}} \leq \overline{\text{JO}}$$

-- Pro Auftrag darf höchstens ein Arbeitsgang gewählt werden:

$$\overline{\overline{\text{JO}}} * \text{AS}(\text{O}) \leq \text{AS}(\text{J})$$

-- Die gewählten Arbeitsgänge der zugeordneten Aufträge müssen von den zugeordneten Bearbeitungseinheiten ausgeführt werden können:

$$\overline{\overline{\text{SJ}}} * \overline{\overline{\text{JO}}} \leq \overline{\text{SO}}$$

-- Die Entscheidungsvariablen sind binär:

$$\overline{\overline{\text{SJ}}}_{s.j} \in \{0;1\} \qquad \forall s, j$$

$$\overline{\overline{\text{JO}}}_{j.o} \in \{0;1\} \qquad \forall j, o$$

Die Lösung des vorliegenden Modells kann durch den Einsatz eines Multiagentensystems erfolgen (vgl. Corsten/Gössinger 2004, S. 226 ff.). Bei der Anwendung dieses Lösungsansatzes ist es möglich, weitere Problemdetails (z.B. Anpassungsmöglichkeiten der Bearbeitungseinheiten) zu integrieren oder den Modellumfang auf die Koordination weiterer Vorgänge (z.B. Transport- und Lagerungsvorgänge) zu erweitern, ohne die Lösbarkeit des Modells maßgeblich zu beeinflussen. Liegen in einem Produktionssystem die beschriebenen Freiheitsgrade der Koordination vor und besteht eine hohe Unsicherheit über die Produktionsaufträge und ihre Konditionen sowie über die Verfügbarkeit der Ressourcen, dann erweist sich der Multiagenten-Lösungsansatz im Vergleich zur herkömmlichen Koordination mit Prioritätsregeln im Hinblick auf die Erreichung der relevanten produktionswirtschaftlichen Zielsetzungen als vorteilhaft (vgl. Gössinger 2000, S. 175 ff.).

4.3 Erweiterungen des Aufgabenbereichs

Die vorgestellten PPS-Konzepte decken nur einen Teil des skizzierten Aufgabenspektrums der Produktionsplanung und -steuerung ab und weisen folglich einen Partialcharakter auf. Eine erste Erweiterung des Aufgabenspektrums klassischer PPS-Konzepte zeigte sich bereits beim *MRP II-Konzept*, und zwar insbesondere durch die Einbeziehung der übergeordneten Ebene der Geschäftsplanung (Business Planning). Im folgenden sollen Erweiterungen des Aufgabenbereiches um

- zusätzliche Planungsaufgaben innerhalb einer Unternehmung und
- unternehmungsübergreifende Planungsaufgaben

thematisiert werden.

4.3.1 Enterprise Resource Planning

Enterprise-Resource-Planning-Systeme (ERP-Systeme) sind integrierte Standardsoftwaresysteme (vgl. Hansmann/Neumann 2002, S. 327 ff.), für deren Funktionalität der Anspruch erhoben wird, die Gesamtheit der Geschäftsprozesse einer Unternehmung zu planen, zu steuern und zu kontrollieren. Diese integrative Erweiterung des Aufgabenspektrums von MRP II knüpft an den *Interdependenzen* der Produktionsplanung und -steuerung zu anderen betrieblichen Planungsaufgaben an, wie sie etwa in der Anlagen-, Material- und Personalwirtschaft (Personaleinsatzplanung) sowie im Controlling, insbesondere dem Produktionscontrolling, zu erfüllen sind. Abbildung 4-13 gibt beispielhaft die Verknüpfung von Aufgaben in einem ERP-System wieder (vgl. Zelewski/Hohmann/Hügens 2008, S. 771).

Für ERP-Systeme existiert jedoch kein allgemein akzeptiertes Konzept (vgl. Jacobs/Bendoly 2003, S. 233 ff.). Einigkeit besteht lediglich dahingehend, daß ein solches Softwaresystem ein aus mehreren Komponenten bestehendes integratives Anwendungssystem ist, mit dem eine (umfassende) Unterstützung der unternehmungsinternen Funktionsbereiche möglich wird. Wesentliches Merkmal ist es dabei, daß die einzelnen Module auf einer einheitlichen gemeinsamen Datenbasis aufsetzen, d.h., komplementär zur *Aufgabenintegration* erfolgt eine *Datenintegration*, mit der Redundanzen und Inkonsistenzen der Daten unterschiedlicher Aufgabenbereiche vermieden werden können. Abbildung 4-14 gibt beispielhaft eine allgemeine Struktur von ERP-Systemen wieder.

Im Kontext der *Implementierung* von ERP-Systemen ergibt sich die Möglichkeit zu einer Abbildung funktionsübergreifender Geschäftsprozesse und einer damit verbundenen funktionalen Verbesserung von Geschäftsprozessen. Deshalb wird die Vorbereitung der Einführung eines ERP-Systems häufig auch als Anlaß zur Initiierung organisatorischer Veränderungen genutzt (vgl. z.B. Schwarz 2000, S. 54). Letztlich müssen jedoch die am Markt angebotenen ERP-Systeme an die jeweiligen Verhältnisse der Unternehmung angepaßt werden (Customizing). Ziel dabei ist die an den Bedürfnissen der einzelnen Anwender orientierte Nutzbarmachung einer Standardsoftware. Die *Anpassung* kann entweder durch Parametrisierung des Systems und Skalierung auf die Unternehmungsgröße, durch Eingriffe an definierten Schnittstellen oder in Ausnahmefällen auch durch eine Veränderung am Quellcode erfolgen.

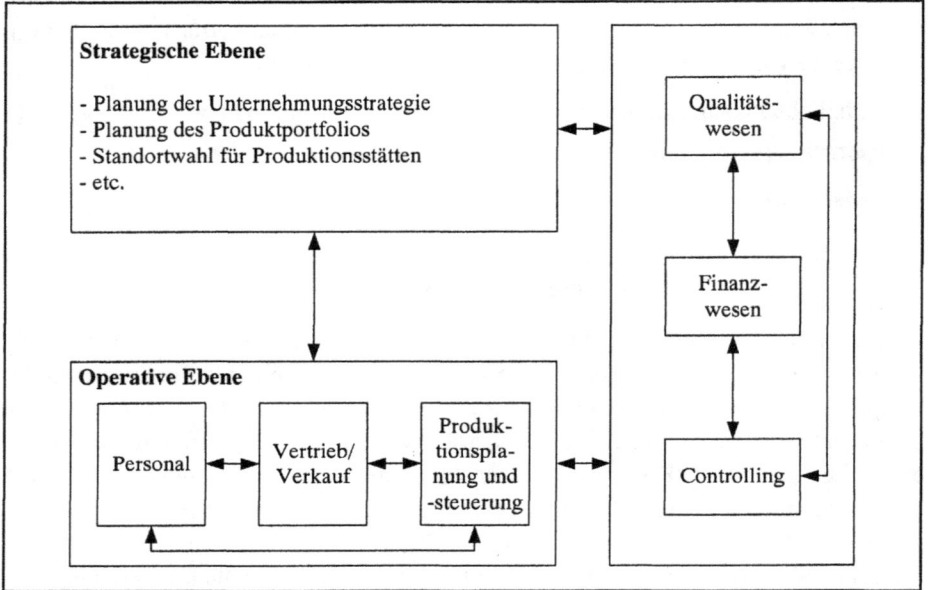

Abbildung 4-13:   Beispielhafte Darstellung der Aufgabenbereiche eines ERP-Konzeptes und deren Verflechtungen

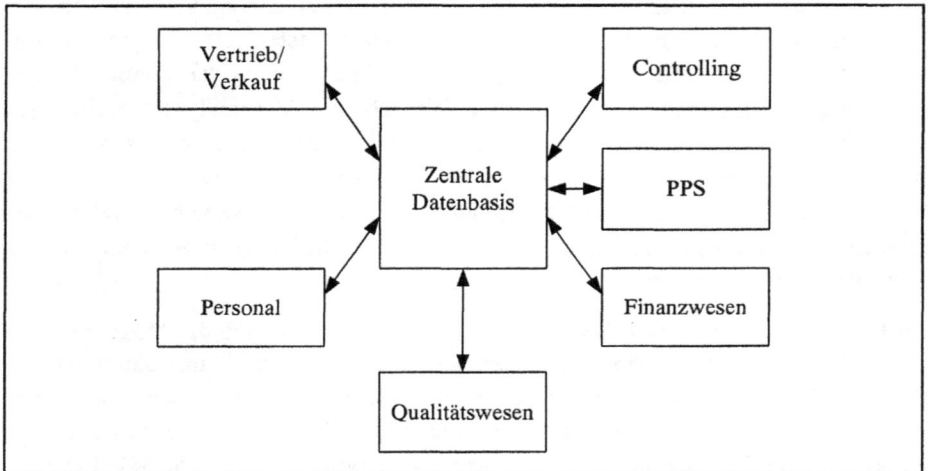

Abbildung 4-14:   Allgemeine Struktur eines ERP-Systems

Aufgrund der Integrativität weisen ERP-Systeme grundsätzlich ein Potential zur Verwirklichung einer überschneidungsfreien Einsatzplanung von Ressourcen einer Unternehmung auf. In der Literatur wird tendenziell davon ausgegangen, daß sich ERP-Systeme positiv auf die Prozeßeffizienz (z.B. Reduzierung der Durchlaufzeiten und Erhöhung der Liefertermintreue) und die Ressourceneffizienz (z.B. Reduzierung der Lagerbestände und Erhöhung der Kapazitätsauslastung) auswirken (vgl. Jacobs/Bendoly 2003, S. 233). Als generelle *Vorteile von ERP-Systemen* lassen sich nennen:

- Reduzierung bzw. Vermeidung von Informationsverlusten an den Schnittstellen der Aufgabenbereiche,
- Vermeidung von Zeitverlusten bei Informationsübermittlungen,
- Kostenreduktion und Fehlervermeidung durch lediglich einmalige Informationserfassung und -bearbeitung sowie
- permanente Verfügbarkeit der Informationen im jeweils aktuellen Änderungszustand.

4.3.2 Advanced Planning Systems

Eine *Supply Chain* (Versorgungskette), die eine spezifische Erscheinungsform eines Netzwerkes darstellt, besteht aus rechtlich und organisatorisch selbständigen Unternehmungen. Dabei sind die gesamten Güter- und die dazugehörigen Informationsflüsse zwischen den beteiligten Unternehmungen, z.B. vom Rohstofflieferanten zum Produzenten über Groß- und/oder Einzelhändler abzustimmen (vgl. Abbildung 4-15).

Allerdings ist zu beachten, daß „... die Summe lokaler Optima häufig kein globales Optimum ergibt ..." (Knolmayer/Mertens/Zeier 2000, S. 15) und bei ganzheitlicher Betrachtung einzelne Unternehmungen eventuell schlechter gestellt werden als dies bei Realisierung ihrer individuellen Optimallösung der Fall wäre. Eine Möglichkeit, diese Partner zu entschädigen, wären z.B. „Seitenzahlungen", d.h., es geht letztlich um die Aufteilung der durch eine Supply Chain realisierten Effizienzvorteile auf die Partner (zur Lösung solcher Aufteilungsprobleme unter Fairnessgesichtspunkten vgl. Zelewski 2009).

Bedingt durch die Überschreitung von Unternehmungsgrenzen entsteht ein unternehmungsübergreifender Koordinationsbedarf (dieser Aspekt wurde bereits bei der Darstellung des Fortschrittszahlenkonzeptes angesprochen; vgl. Abschnitt 3.1.3), der durch das *Supply Chain Management* zu erfüllen ist. Ihm obliegt die Aufgabe, die Geschäftsprozesse entlang der Wertschöpfungskette aufeinander abzustimmen. In der Literatur zum Supply Chain Management liegt eine Vielzahl von Definitionsvorschlägen vor. Bei allen Unterschieden im Detail lassen sich aber die folgenden *Kernelemente* herausstellen (vgl. z.B. Schönsleben 2007, S. 95 f.):

- Ausgangspunkt der Steuerung bildet der Bedarf der Endkunden, und zwar auf der Basis von Point-of-Sale-Daten.

- Supply Chain Management ist geschäftsprozeßorientiert und zielt auf die optimale Gestaltung der Geschäftsprozesse ab, und zwar unternehmungsübergreifend.
- Es liegt eine kooperative Zusammenarbeit der Teilnehmer vor.

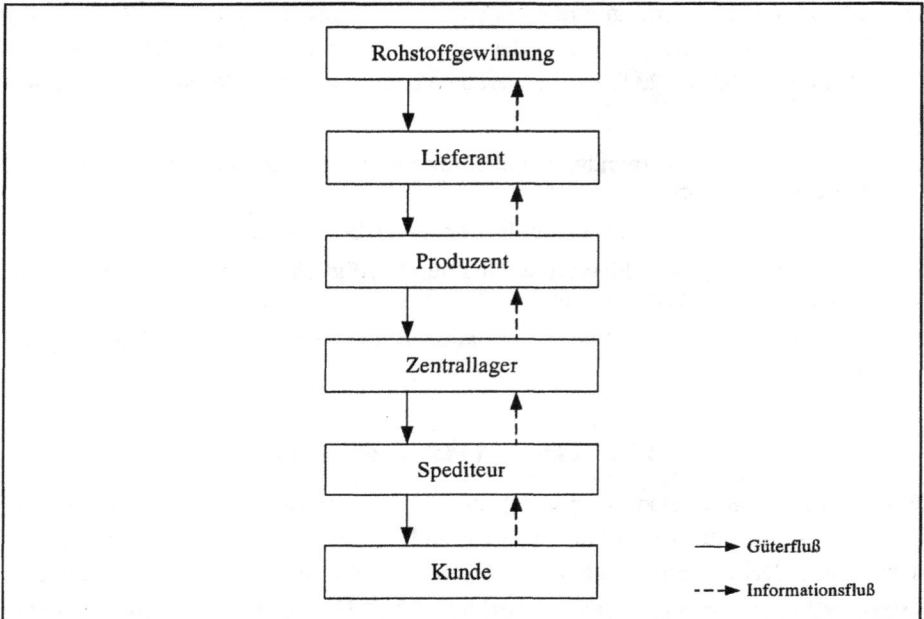

Abbildung 4-15:   Supply Chain (Beispiel)

Das *Aufgabenspektrum* des Supply Chain Management läßt sich in strategische, taktische und operative Aufgaben gliedern. Auf der *strategischen Ebene* stellt sich die Aufgabe der Gestaltung (Konfiguration) der Lieferkette (vgl. Chandra/Grabis 2007, S. 1 ff.), wobei diese Aufgabe in hohem Maße davon abhängig ist, ob es sich bei den nachgefragten Produkten um

- Standardprodukte (marktorientiertes Produktprogramm) oder um
- kundenspezifische Produkte (kundenorientiertes Produktprogramm)

handelt. Liegen *Standardprodukte* vor, die für den anonymen Markt erstellt werden, dann basiert die Lieferkette auf *Prognosedaten*, d.h., sie ist „prognosegetrieben". Handelt es sich hingegen um *kundenspezifische Produkte*, dann bilden konkrete *Kundenaufträge* den Ausgangspunkt und die Lieferkette ist als „kundenauftragsgetrieben" zu charakterisieren. In Abhängigkeit von den Anteilen der Lieferkette, die „kundenauftragsgetrieben" und „prognosegetrieben" sind, ergeben sich dann unterschiedliche Lieferkettenstrukturen. Der sogenannte „Decoupling point" (Kundenauftragsentkoppelungspunkt) bildet den Übergang zwischen diesen beiden Induktionsmechanismen. Abbildung 4-16 gibt unterschiedliche Möglichkeiten der Gestaltung von Lieferketten wieder (vgl. z.B. Christopher 2000, S. 41; Zijm 2000, S. 324 f.).

Fall-nummer	Lieferanten → Produzent → Händler → Kunde	Spezifikation
1	prognosegetrieben → Produkt → kundenauftrags-getrieben	Make to stock (end product) Standardprodukt
2	prognosegetrieben → Produkt → kundenauftragsgetrieben	Make to stock (generic product) Varianten eines Grundproduktes
3	prognosegetrieben → Produkt → kundenauftragsgetrieben	Assemble to order Kundenindividuelle Produkte mit standardisierten Komponenten
4	prognose-getrieben → Produkt → kundenauftragsgetrieben	Make to order Produkt wird nach Kunden-wunsch produziert
5	Produkt → kundenauftragsgetrieben	Purchase and make to order Umfassender Kundenbezug, d.h., die gesamte Wertschöpfungskette wird durch Kundenaufträge gesteuert

Abbildung 4-16: Alternative Lieferkettenstrukturen

Diese dargestellten Fälle lassen sich dann wie folgt konkretisieren:

1) Es handelt sich um ein Standardprodukt, das im Handel vorrätig ist und dessen Nachfrage sich gut prognostizieren läßt. In der Supply Chain geht es folglich primär um die effiziente Gestaltung der Abwicklung der Logistikprozesse.

2) Von einem Grundprodukt werden Varianten produziert, die bedingt durch die hohe Unsicherheit der Nachfrage nach den jeweiligen Varianten, erst dann zu einem Endprodukt komplettiert werden, wenn der Kundenauftrag vorliegt. Im Rahmen der Postponement Strategie wird die kundenindividuelle Ausprägung dann so spät wie möglich in der Lieferkette realisiert. Damit wird das Grundprodukt „prognosegetrieben" auf Lager und die kundenindividuellen Varianten „kundenauftragsgetrieben" produziert.

3) Es werden kundenindividuelle Produkte auf der Grundlage standardisierter Komponenten erstellt. Folglich wird die Montage beim Produzenten „kundenauftragsgetrieben" und die davorgelagerten Prozesse werden „prognosegetrieben" ausgelöst.

4) Produktion und Distribution werden durch den Kundenauftrag ausgelöst, d.h., das Produkt wird nach Kundenwunsch produziert. Nur die Beschaffung bei den Lieferanten basiert auf Prognosen.

5) Es liegt ein „umfassender Kundenbezug" vor, d.h., die gesamte Lieferkette wird durch Kundenaufträge gesteuert. Dies geht mit der Konsequenz einher, daß das Produkt nicht nur individuell produziert, sondern auch für den Kunden konstruiert wird.

Damit wird deutlich, daß in Abhängigkeit von der Lage des Kundenauftragsentkoppelungspunktes unterschiedliche Aspekte des Supply Chain Management betont werden und mit zunehmender Distanz dieses Punktes zum Kunden eine umfassendere Zusammenarbeit erforderlich ist (vgl. Schulteis 2000, S. 102 ff. und S. 194 ff.).

Auf der *taktischen Ebene* steht die Nachfrage- und Lieferkettenplanung im Zentrum des Interesses. Diese erfolgt z.B. auf der Basis von Daten prognostizierter Produktgruppen mit dem Ziel, die Material- und Warenflüsse so zu gestalten, daß eine Abstimmung von Angebot und Nachfrage der an der Lieferkette beteiligten Akteure erfolgt und die zum Einsatz gelangenden Ressourcen wirtschaftlich genutzt werden. Die in diesem Kontext geplanten Mengen für eine Abnehmer-Lieferantenbeziehung in der Kette bildet darüber hinaus die Grundlage für die zu gestaltenden Rahmenverträge, auf deren Basis die Akteure ihre Kapazitätsgestaltung vornehmen können. Die Prognostizierbarkeit des Bedarfs muß dabei auf der Ebene der Produktgruppen oder Hauptkomponenten der Produkte gegeben sein. Damit zeigt sich, daß neben dem Einsatz von Prognoseverfahren das Produktkonzept von grundlegender Bedeutung ist.

Der *operativen Ebene* obliegt dann die inhaltliche, mengenmäßige und zeitliche Abstimmung der Beschaffungs-, Produktions- und Distributionsmengen bezogen auf den einzelnen Akteur in der Lieferkette, wobei die Ergebnisse der taktischen Lieferkettenplanung, die tatsächlichen Kundenaufträge und die real verfügbaren Ressourcen die Grundlage bilden. Zur Kontrolle der Lieferkette kann ein sogenanntes Supply Chain Cockpit dienen, das letztlich ein Leitstand ist.

Diese Überlegungen zeigen, daß

- im „prognosegetriebenen" Teil der Lieferkette der Fokus auf der effizienten Abwicklung der Material- und Warenflüsse liegt und

- im „kundenauftragsgetriebenen" Teil die Abwicklung auf Flexibilität ausgerichtet ist, die es ermöglicht, auf veränderte Kundenbedürfnisse möglichst zeitnah zu reagieren.

Zur EDV-mäßigen integrativen Unterstützung der unternehmungsübergreifenden Planung und Steuerung gelangen sogenannte *Advanced Planning Systems* (APS) zum Einsatz, bei denen es sich um *modular strukturierte Softwaresysteme* handelt. Dabei benötigt jede Unternehmung, die an einer Supply Chain teilnimmt, trotz eines APS ein entsprechendes PPS-/ERP-System, mit dessen Hilfe die Stamm- und Auftragsdaten weiterhin verwaltet werden: „ERP-Software bildet weiterhin das Rückgrat aller Informationsverarbeitungen. Sie generiert, sammelt und speichert Daten und führt automatisch Transaktionen durch." (Schönsleben/Bärtschi/Hieber 2000, S. 9). Abbildung 4-17 gibt diesen Sachverhalt in anschaulicher Weise wieder.

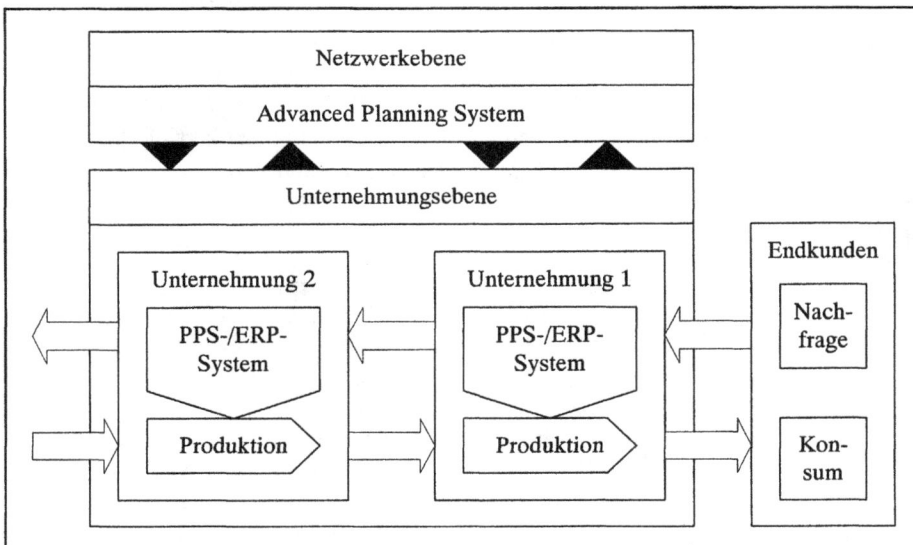

Abbildung 4-17:   Zusammenwirken von APS und PPS-/ERP-Systemen

Die APS-Module und ihr Zusammenwirken lassen sich mit der in Abbildung 4-18 dargestellten Planungsmatrix visualisieren (vgl. Rohde/Meyr/Wagner 2000, S. 10).

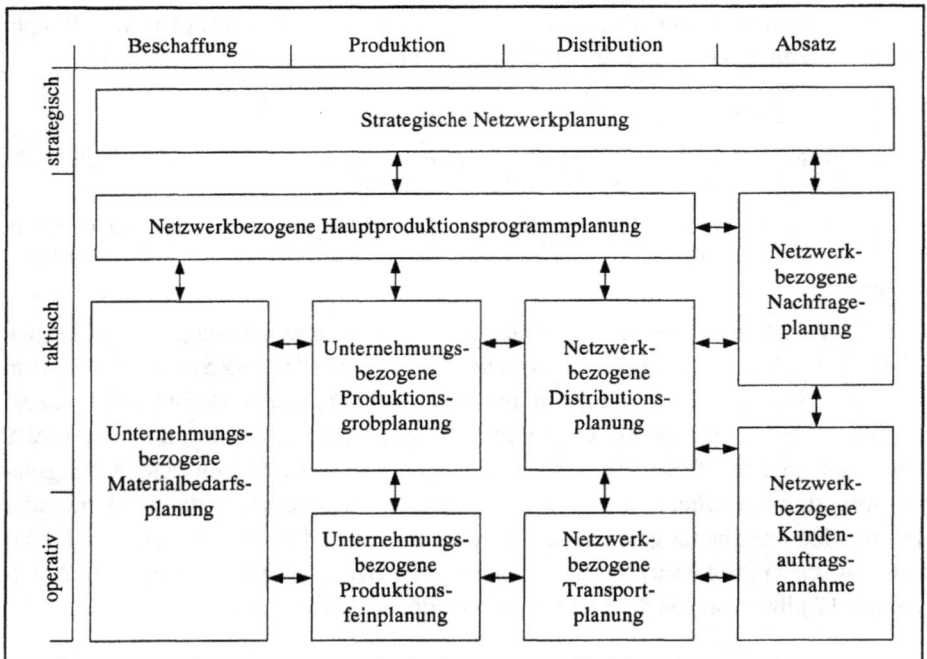

Abbildung 4-18:   Supply-Chain-Planungsmatrix

Mit den Modulen Nachfrageplanung, Produktionsgrobplanung, Materialbedarfsplanung und Produktionsfeinplanung werden Planungsaufgaben berücksichtigt, die auch von PPS-Systemen abgedeckt werden. Den Besonderheiten von Supply Chains wird mit den folgenden Modulen Rechnung getragen (vgl. Fandel/Giese/Raubenheimer 2009, S. 126 ff.):

- *Strategische Netzwerkplanung*: Unterstützung langfristig orientierter (Re-)Konfigurationsaufgaben (z.B. Standortplanung, Beschaffungs- und Distributionswegeplanung) durch Modellierungs-, Optimierungs- und Simulationsfunktionen.

- *Netzwerkbezogene Hauptproduktionsprogrammplanung*: Zur zentralen Koordination von Beschaffungs-, Produktions- und Distributionsaktivitäten unter Berücksichtigung von Kapazitätsnachfrage und -angebot in einem mittelfristigen Planungshorizont werden Modellierungs- und Optimierungsfunktionen bereitgestellt.

- *Netzwerkbezogene Distributionsplanung*: Die mittelfristige Bestands- und Transportplanung in der Supply Chain wird durch Modellierungs- und Optimierungstools unterstützt.

- *Netzwerkbezogene Transportplanung*: Modellierungs- und Optimierungsfunktionen zur kurzfristigen Planung der Transportmittelnutzung, Ladungszusammenstellung und Transportrouten.

- *Netzwerkbezogene Kundenauftragsannahme*: Die Verfügbarkeitsplanung (Available to promise, Capable to promise), Liefeterminprognose und Kontingentierung von Auslieferungsmengen kann mit Hilfe von Modellierungs-, Optimierungs- und Simulationstools ausgeführt werden.

Aus der Sicht der Planungstheorie gelangt dabei eine *hierarchische Planung mit Rückkoppelung* zum Einsatz. Die hierarchische Planung basiert auf einer Strukturierung des Gesamtproblems in Teilprobleme, zwischen denen Über-/Unterordnungsbeziehungen bestehen, und einer Segmentierung in gleichgeordnete Teilprobleme (vgl. Abschnitt 1.1.2). Die übergeordneten Teilpläne bilden den Rahmen der untergeordneten Teilpläne.

Bei den zum Einsatz gelangenden *Planungsinstrumenten* handelt es sich schwerpunktmäßig um Prognoseverfahren, Problemlösungsverfahren und Simulationen. Zur Nachfrageplanung werden die gängigen *Prognoseverfahren* wie z.B. gleitender Durchschnitt, Glättungsverfahren unterschiedlicher Ordnung, Zeitreihendekomposition und Regression eingesetzt (vgl. Abschnitt 2.1.1). Die zum Einsatz gelangende *Simulation* bietet einen äußerst eingeschränkten Funktionsumfang, der in der Regel darin besteht, die Leistungsfähigkeit bereits formulierter Pläne zu überprüfen. Dabei werden einzelne im Plan vorgesehene Entitäten (z.B. Aktionen, Ressourcen) oder dem Plan zugrundeliegende Daten (z.B. Nachfragedaten) variiert und die Auswirkungen auf das Planungsergebnis beobachtet (What-if-Analyse). Aus diesem Grunde ist es zutreffend, eher von „plan generation and testing facilities of alternative scenarios" (Stadtler 2005, S. 207) zu sprechen. Deutliche Verbesserungen im Vergleich zu klassischen PPS-Systemen zeigen sich im Bereich der Lösungsverfahren, wobei zunächst zwischen exakten und heuristischen Verfahren zu unterscheiden ist. Während *exakte Verfahren* (z.B. Simplex-Verfahren, Branch and Bound) sich dadurch auszeichnen, daß sie für ein Planungsproblem die beste Lösung ermitteln, wird mit *heuristischen Verfahren* in der Regel eine gute aber nicht zwingend eine optimale Lösung gefunden. Dieser Optimalitätsverzicht geht aber bei realistischen Problemen mit einer Verkürzung der Planungsdauer einher. Nach dem Umfang der Klasse der mit einem Verfahren lösbaren Probleme wird zwischen *problemneutralen* (z.B. Genetische Algorithmen, Constraint Programming, Tabu Search, Simulated Annealing, Neuronale Netze) und *problemspezifischen heuristischen Verfahren* (z.B. Silver/Meal-Verfahren, Methode von Groff) unterschieden. Abbildung 4-19 gibt einen Überblick über den Einsatz von Planungsinstrumenten zur Erfüllung der einzelnen APS-Planungsaufgaben (vgl. z.B. Knolmayer 2001, S. 145 ff.).

Planungsinstrumente / Planungsaufgaben	Prognoseverfahren	Exakte Verfahren	Heuristische Verfahren: Problemneutral	Heuristische Verfahren: Problembezogen	Simulation
Strategische Netzwerkplanung	-	x	x	x	x
Nachfrageplanung	x	-	-	-	x
Hauptproduktionsprogrammplanung	-	x	x	-	x
Materialbedarfsplanung	-	-	-	x	-
Produktionsgrobplanung	-	x	x	x	x
Produktionsfeinplanung	-	-	x	x	x
Distributionsplanung	-	x	x	-	-
Transportplanung	-	x	x	-	x
Kundenauftragsannahme	-	-	-	-	x

Abbildung 4-19: Planungsinstrumente in APS

Um die generelle Vorteilhaftigkeit der Planungslogik von APS zu betonen, wird teilweise in der Literatur hervorgehoben, daß die Planung automatisch, simultan und optimal erfolge, was jedoch zu hinterfragen ist:

- APS vollziehen keine *automatische Planung*, sondern haben lediglich einen unterstützenden Charakter, wobei der Schwerpunkt auf der Prognose und der Alternativenbewertung liegt. Aber auch in diesen beiden Planungsphasen decken APS nur quantitative Teilaspekte ab.

- Wird auf die Ausführungen in Abschnitt 1.1.2 zurückgegriffen, dann wird deutlich, daß es sich bei APS nicht, wie teilweise behauptet, um einen simultanen Planungsansatz handeln kann, weil

  -- zur Komplexitätsreduktion die Gesamtplanungsaufgabe in Teilaufgaben zerlegt wird, die zunächst weitgehend unabhängig voneinander ausgeführt werden, was dem Dekompositionsverzicht einer Simultanplanung widerspricht und

  -- zwischen den Teilplänen eine Abstimmung notwendig wird, d.h., es wird ein Koordinationsbedarf initiiert, der in einer Simultanplanung nicht notwendig wäre.

  Bedingt durch die Unmöglichkeit einer simultanen Totalplanung werden in der Literatur *simultane Partialplanungen* verfolgt (vgl. Bretzke 1980, S. 137; Heinhold 1989, S. 691). Diese Vorgehensweise zeichnet sich dadurch aus, daß sie

  -- entweder nicht sämtliche Funktionsbereiche einer Unternehmung, zwischen denen Interdependenzen bestehen und/oder

  -- nicht alle zukünftigen Planungsperioden

in die Modellierung aufnimmt. Damit kann es sich bei APS allenfalls um simultane Partialplanungen handeln.

- Tendenziell ist in der APS-Literatur ein relativ großzügiger Umgang mit dem Optimierungsbegriff zu konstatieren (vgl. z.B. Dinges 1998, S. 24; Kortmann/Lessing 2000, S. 9). Da APS auf dem hierarchischen Planungsansatz aufbauen, werden Interdependenzen zwischen Entscheidungsgrößen, die unterschiedlichen Partialplänen zugeordnet sind, zerschnitten. Somit ist die Optimalität des Gesamtplanes von der Koordination der Teilpläne abhängig, die durch Vorgabe eines Grobplanes erfolgt, der durch Lösung des übergeordneten aggregierten Planungsproblems generiert wird. Aufgrund des Aggregationsfehlers, der bei realen Problemen kaum auszuschließen ist, kann in diesem Kontext nicht von einer optimalen Koordination und damit auch nicht von einem optimalen Gesamtplan ausgegangen werden. Des weiteren lassen sich einzelne Partialpläne in angemessener Zeit nur durch die Anwendung von Heuristiken erstellen, so daß keine Optimalitätsgarantie besteht. Konsequenterweise sollte bei APS nur von durchführbaren Plänen, d.h. zulässigen Plänen ohne Optimalitätsanspruch gesprochen werden (vgl. Schönsleben/Bärtschi/ Hieber 2000, S. 10).

Zur Beurteilung des Potentials von APS seien die Kriterien „Qualität des Plans" und „Flexibilität der Planung" herangezogen, die im Rahmen der Diskussion von MRP II-Systemen zentrale Kritikpunkte darstellen:

- Mit der *Qualität des Planes* wird der Sachverhalt erfaßt, inwieweit mit dem Planungsergebnis den Gegebenheiten des Planungsobjektes Rechnung getragen wird (Realisierbarkeit des Planes) und in welchem Umfang produktionswirtschaftliche Ziele (z.B. niedrige Lagerbestände, hohe Auslastung der Potentialfaktoren, geringe Durchlaufzeit der Aufträge, hohe Termintreue, hohe Lieferbereitschaft) erreicht werden.

- Die *Flexibilität der Planung* bezieht sich auf die Möglichkeiten im Planungsprozeß, die genutzt werden können, um im Zeitablauf eintretende Veränderungen des Entscheidungsfeldes zu handhaben. Indikatoren sind hierbei etwa Planungsdauer, Dauer bis zur Verfügbarkeit planungsrelevanter Informationen, Reaktionszeit bei Änderungen der Planungssituation, Umfang alternativer Planungsinstrumente und Automatisierungsgrad repetitiver Planungstätigkeiten.

Daß die Entwicklungen entlang der Advancement-Dimensionen grundsätzlich geeignet sind, zu einer höheren Qualität des Plans und einer höheren Flexibilität der Planung beizutragen, zeigt sich in den folgenden Punkten:

- Die Planungsaufgaben werden um *unternehmungsübergreifende Aufgaben erweitert*. Eine höhere Qualität des Plans kann durch die höhere Transparenz in der Supply Chain bewirkt werden, da hierdurch eine Unsicherheitsreduktion möglich ist. Ferner ermöglicht die gemeinsame Planung eine Beschleunigung des Informationsflusses, woraus sich ebenfalls positive Wirkungen auf die Flexibilität der Planung ergeben können.

- Durch den Einsatz mathematisch fundierter *Planungsinstrumente* ist es möglich, gute Lösungen zu ermitteln und dadurch die Qualität des Plans zu erhöhen. Der Einsatz komplexer Heuristiken kann mit einem Beitrag zur Verkürzung der Lösungsdauer von Planungsproblemen einhergehen.

- Durch die Ausgestaltung des *Problemlösungsverfahrens* als hierarchische Planung mit Rückkoppelung werden Lösungen für umfangreichere Planungsprobleme ermöglicht und eine bessere Abstimmung von Teilproblemen unterstützt. Durch die in die hierarchische Planung eingebettete rollierende Planung können sich positive Effekte hinsichtlich der Flexibilität der Planung einstellen, weil hierdurch eine Reaktion auf Änderungen der Planungssituation möglich wird.

Dieses grundsätzliche Potential des APS-Einsatzes kann jedoch nur dann realisiert werden, wenn in den Advancement-Dimensionen entsprechende Voraussetzungen erfüllt sind:

- Die Supply-Chain-Partner müssen alle planungsrelevanten Informationen offenlegen und zentral erstellte Pläne akzeptieren.

- Der höhere Planungsaufwand bei der Anwendung komplexer heuristischer und exakter Planungsinstrumente muß in einer akzeptablen Relation zu den positiven Wirkungen auf die Lösungsqualität des Gesamtproblems stehen.

- Bei den Planungsträgern muß Transparenz darüber bestehen, welche Planungsinstrumente implementiert sind, unter welchen Bedingungen für welches Problem welches Instrument eingesetzt werden sollte und wie die Instrumente zu bedienen sind.

- Die Gestaltungsaufgaben der hierarchischen Planung (Dekomposition, Aggregation, Koordination) müssen in geeigneter Weise erfüllt werden.

Insgesamt ist der wesentliche Unterschied zu den PPS-Systemen in der unternehmungsübergreifenden Sicht der APS zu sehen. Unterschiede in den Planungskonzeptionen können nur dann festgestellt werden, wenn sich ein solcher Vergleich auf PPS-Systeme bezieht, die auf der MRP II-Logik basieren. Dabei wird allerdings außer acht gelassen, daß auch PPS-Systeme angeboten werden, die auf dem Konzept der hierarchischen Produktionsplanung basieren (vgl. Zijm 2000, S. 317 und S. 321 f.). Aus den gesamten Überlegungen resultiert damit im Vergleich zu der teilweise „marktschreierischen" Darstellung von APS eine eher ernüchternde und nicht zuletzt eine realistische Einschätzung von APS. In Anlehnung an Schönsleben/Hieber (2000, S. 24), läßt sich das *Verbesserungspotential* dann wie folgt konkretisieren:

- Sie erlauben eine verbesserte unternehmungsübergreifende Zusammenarbeit, indem sie es ermöglichen, daß

  -- die einzelnen Unternehmungen auf einen einheitlichen Datenbestand zugreifen können (Datenintegration) und

  -- eine grobe Abstimmung der dezentralen Teilpläne erfolgt.

- Sie erhöhen die Transparenz des Logistik- und Produktionsnetzwerkes und ermöglichen hierdurch, z.B. unnötige Sicherheitsbestände im gesamten Netzwerk zu identifizieren und abzubauen.

- Durch die Transparenz und die Arbeit der beteiligten Unternehmungen lassen sich die Datenflüsse und die Steuerung beschleunigen, so daß auch administrative Abläufe obsolet erscheinen.

Anhang

Hilfsvektoren

Additionsspaltenvektor:

$$\mathbf{AS(M)} = \begin{pmatrix} as_1 \\ \vdots \\ as_M \end{pmatrix} \text{ und } as_m = 1 \ \forall m$$

Additionszeilenvektor:

$$\mathbf{AZ(N)} = \begin{pmatrix} az_1 \ \dots \ az_N \end{pmatrix} \text{ und } az_n = 1 \ \forall n$$

Matrizenoperationen

Matrizenmultiplikation „$*$" von $\mathbf{A}$ [$M \times N$] und $\mathbf{G}$ [$N \times O$]:

$$\mathbf{A}*\mathbf{G} = \begin{pmatrix} a_{1.1} \cdot g_{1.1} + \dots + a_{1.N} \cdot g_{N.1} & \cdots & a_{1.1} \cdot g_{1.O} + \dots + a_{1.N} \cdot g_{N.O} \\ \vdots & \ddots & \vdots \\ a_{M.1} \cdot g_{1.1} + \dots + a_{M.N} \cdot g_{N.1} & \cdots & a_{M.1} \cdot g_{1.O} + \dots + a_{M.N} \cdot g_{N.O} \end{pmatrix}$$

$$[M \times O]$$

Multiplikation von Matrizenelementen „$\otimes$":

- Matrizen $\mathbf{A}$ [$M \times N$] und $\mathbf{B}$ [$M \times N$] mit gleichen Dimensionen (Hadamard Produkt):

$$\mathbf{A} \otimes \mathbf{B} = \begin{pmatrix} a_{1.1} \cdot b_{1.1} & \cdots & a_{1.N} \cdot b_{1.N} \\ \vdots & \ddots & \vdots \\ a_{M.1} \cdot b_{M.1} & \cdots & a_{M.N} \cdot b_{M.N} \end{pmatrix} [M \times N]$$

- Matrix $\mathbf{A}$ [$M \times N$] und Spaltenvektor $\mathbf{C}$ [$M \times 1$] mit gleicher Zeilendimension:

$$\mathbf{A} \otimes \mathbf{C} = \begin{pmatrix} a_{1.1} \cdot c_1 & \cdots & a_{1.N} \cdot c_1 \\ \vdots & \ddots & \vdots \\ a_{M.1} \cdot c_M & \cdots & a_{M.N} \cdot c_M \end{pmatrix} [M \times N]$$

- Matrix $\mathbf{A}$ [$M \times N$] und Zeilenvektor $\mathbf{D}$ [$1 \times N$] mit gleicher Spaltendimension:

$$\mathbf{A} \otimes \mathbf{D} = \begin{pmatrix} a_{1.1} \cdot d_1 & \cdots & a_{1.N} \cdot d_N \\ \vdots & \ddots & \vdots \\ a_{M.1} \cdot d_1 & \cdots & a_{M.N} \cdot d_N \end{pmatrix} [M \times N]$$

Division von Matrizenelementen „÷“:

- Matrizen $\mathbf{A}$ [$M \times N$] und $\mathbf{B}$ [$M \times N$] mit gleichen Dimensionen:

$$\mathbf{A} \div \mathbf{B} = \begin{pmatrix} a_{1.1} \cdot b_{1.1}^{-1} & \cdots & a_{1.N} \cdot b_{1.N}^{-1} \\ \vdots & \ddots & \vdots \\ a_{M.1} \cdot b_{M.1}^{-1} & \cdots & a_{M.N} \cdot b_{M.N}^{-1} \end{pmatrix} [M \times N]$$

- Matrix $\mathbf{A}$ [$M \times N$] und Spaltenvektor $\mathbf{C}$ [$M \times 1$] mit gleicher Zeilendimension:

$$\mathbf{A} \div \mathbf{C} = \begin{pmatrix} a_{1.1} \cdot c_{1}^{-1} & \cdots & a_{1.N} \cdot c_{1}^{-1} \\ \vdots & \ddots & \vdots \\ a_{M.1} \cdot c_{M}^{-1} & \cdots & a_{M.N} \cdot c_{M}^{-1} \end{pmatrix} [M \times N]$$

- Matrix $\mathbf{A}$ [$M \times N$] und Zeilenvektor $\mathbf{D}$ [$1 \times N$] mit gleicher Spaltendimension:

$$\mathbf{A} \div \mathbf{D} = \begin{pmatrix} a_{1.1} \cdot d_{1}^{-1} & \cdots & a_{1.N} \cdot d_{N}^{-1} \\ \vdots & \ddots & \vdots \\ a_{M.1} \cdot d_{1}^{-1} & \cdots & a_{M.N} \cdot d_{N}^{-1} \end{pmatrix} [M \times N]$$

Elementbezogene Extrema von Matrizen:

- Zellenweises Extremum der Spaltenvektoren $\mathbf{C}$ [$M \times 1$] und $\mathbf{C}'$ [$M \times 1$] mit gleichen Dimensionen:

$$zmax(\mathbf{C}; \mathbf{C}') = \begin{pmatrix} max(c_1; c_1') \\ \vdots \\ max(c_M; c_M') \end{pmatrix} \qquad [M \times 1]$$

Analog gilt dies für $zmin(\mathbf{C}; \mathbf{C}')$.

- Zellenweises Maximum der Zeilenvektoren $\mathbf{D}$ [$1 \times N$] und $\mathbf{D}'$ [$1 \times N$] mit gleichen Dimensionen:

$$zmax(\mathbf{D}; \mathbf{D}') = \begin{pmatrix} max(d_1; d_1') \\ \vdots \\ max(d_M; d_M') \end{pmatrix} \qquad [1 \times N]$$

Analog gilt dies für $zmin(\mathbf{D}; \mathbf{D}')$.

Relationen zwischen Matrizen

Matrizen $\mathbf{A}$ [$M \times N$] und $\mathbf{B}$ [$M \times N$] mit gleichen Dimensionen:

$\mathbf{A} < \mathbf{B} \mapsto a_{m.n} < b_{m.n} \, \forall m, n$

Analog gilt dies für die Relationen $\leq$, $\geq$ und $>$.

Spaltenvektoren $\mathbf{C}$ $[M \times 1]$ und $\mathbf{C}'$ $[M \times 1]$ sowie Zeilenvektoren $\mathbf{D}$ $[1 \times N]$ und $\mathbf{D}'$ $[1 \times N]$ mit gleichen Dimensionen:

$\mathbf{C} < \mathbf{C}' \mapsto c_m < c'_m \forall m$

$\mathbf{D} < \mathbf{D}' \mapsto d_n < d'_n \forall n$

Analog gilt dies für die Relationen $\leq$, $\geq$ und $>$.

Literaturverzeichnis

Adam, D.: Produktionsplanung bei Sortenfertigung. Ein Beitrag zur Theorie der Mehrproduktunternehmung, Wiesbaden 1969

Adam, D.: Koordinationsprobleme bei dezentralen Entscheidungen, in: Zeitschrift für Betriebswirtschaft, 39. Jg. (1969), S. 615-632

Adam, D.: Retrograde Terminierung, ein Ansatz zu verbesserter Fertigungssteuerung bei Werkstattfertigung. Nr. 22 der Veröffentlichungen des Instituts für Industriebetriebs- und Krankenhauslehre der Westfälischen Wilhelms Universität Münster, Münster 1987a

Adam, D.: Ansätze zu einem integrativen Konzept der Fertigungssteuerung bei Werkstattfertigung, in: Neuere Entwicklungen in der Produktions- und Investitionspolitik, hrsg. v. D. Adam, Wiesbaden 1987b, S. 17-52

Adam, D.: Retrograde Terminierung. Ein Verfahren zur Fertigungssteuerung bei diskontinuierlichem Materialfluß oder vernetzter Fertigung, in: Fertigungssteuerung II: Systeme zur Fertigungssteuerung, hrsg. v. D. Adam, Wiesbaden 1988, S. 89-106

Adam, D.: Retrograde Terminierung. Ein Verfahren zur Fertigungssteuerung bei diskontinuierlichem Materialfluß oder vernetzter Fertigung, in: Fertigungssteuerung. Grundlagen und Systeme, hrsg. v. D. Adam, Wiesbaden 1992, S. 245-262

Adam, D.: Planung und Entscheidung. Modelle - Ziele - Methoden. Mit Fallstudien und Lösungen, 4. Aufl., Wiesbaden 1996

Adam, A.: Produktions-Management, 9. Aufl., Wiesbaden 1998

Adam, D.; Sibbel, R.: Retrograde Terminierung. Ein integratives Konzept zur Fertigungssteuerung bei vernetzter Produktion und diskontinuierlichem Materialfluß, München 1999

Agthe, K.: Das Problem der unsicheren Erwartungen bei unternehmerischen Planungen und Entscheidungen, in: Unternehmensplanung, hrsg. v. K. Agthe und E. Schnaufer, Baden-Baden 1963, S. 83-120

Ahmed, I.; Fisher, W.W.: Due Date Assignment, Job Order Release, and Sequencing Interaction in Job Shop Scheduling, in: Decision Science, Vol. 23 (1992), pp. 633-647

Akin, B.: Festlegung der Bevorratungsebene in fertigungstechnischen Unternehmen, Wiesbaden 1999

Andler, K.: Rationalisierung der Fabrikation und optimale Losgröße, München 1929

Anthony, R.N.: Planning and Control Systems. A Framework for Analysis, Boston 1965

Arrow, K.J.; Harris, T.; Marschak, J.: Optimal Inventory Policy, in: Econometrica, Vol. 19 (1951), pp. 250-272

Arzi, Y.; Roll, Y.: Real-Time Production Control of an FMS in a Produce-To-Order Environment, in: International Journal of Production Research, Vol. 31 (1993), pp. 2195-2214

Axsäter, S.: Economic Lot Sizes and Vehicle Scheduling, in: European Journal of Operational Research, Vol. 4 (1980), pp. 395-398

Axsäter, S.; Rosling, K.: Multi-level Production-Inventory Control: Material Requirements Planning or Reorder Point Policies?, in: European Journal of Operational Research, Vol. 75 (1994), pp. 405-412

Axsäter, S.; Rosling, K.: Ranking of Generalised Multi-Stage Kanban Policies, in: European Journal of Operational Research, Vol. 113 (1999), pp. 560-567

Baynat, B.; Buzacott, J.A.; Dallery, Y.: Multi-Product, Kanban-Like Control Systems, in: International Journal of Production Research, Vol. 40 (2002), pp. 4225-4255

Bechte, W.: Steuerung der Durchlaufzeit durch belastungsorientierte Auftragsfreigabe bei Werkstattfertigung, Diss. Hannover 1980

Bell, C.E.: A Least Commitment Approach to Avoiding Protection Violations in Nonlinear Planning, in: Annals of Operations Research, Vol. 12 (1988), pp. 135-145

Belt, B.: Integrating Capacity Planning and Capacity Control, in: Production and Inventory Management, Vol. 17 (1976), pp. 9-25

Bergamashi, D. et al.: Order Review and Release Strategies in a Job Shop Environment. A Review and a Classification, in: International Journal of Production Research, Vol. 35 (1997), pp. 399-420

Bircher, B.: Planungssystem, in: Handwörterbuch der Planung, hrsg. v. N. Szyperski, Stuttgart 1989, Sp. 1503-1515

Bitran, G.R.; Hax, A.C.; Haas, E.A.: Hierarchical Production Planning. A Single Stage System, in: Operations Research, Vol. 29 (1981), pp. 717-743

Bormann, D.: Störungen von Fertigungsprozessen und die Abwehr von Störungen bei Ausfällen von Arbeitskräften durch Vorhaltung von Reservepersonal, Berlin 1978

Bonvik, A.M.; Couch, C.E.; Gershwin, S.B.: A Comparison of Production-Line Control Mechanisms, in: International Journal of Production Research, Vol. 35 (1997), pp. 789-804

Bretzke, W.-R.: Der Problembezug von Entscheidungsmodellen, Tübingen 1980

Buchmann, W.: Zeitlicher Abgleich von Belastungsschwankungen bei der belastungsorientierten Fertigungssteuerung, Düsseldorf 1983

Buzacott, J.A.; Shanthikumar, J.G.: A General Approach for Coordinating Production in Multiple-Cell Manufacturing Systems, in: Production and Operations Management, Vol. 1 (1992), No. 1, pp. 34-52

Buzacott, J.A.; Shanthikumar, J.G.: Stochastic Models of Manufacturing Systems, Englewood Cliffs 1993

Buzacott, J.A.; Shanthikumar, J.G.: Safety Stock versus Safety Time in MRP Controlled Production Systems, in: Management Science, Vol. 40 (1994), pp. 1678-1689

Calabrese, J.M.; Hansmann, W.H.: Simultaneous Determination of Lot Sizes and Routing Mix in Job Shops, in: Management Science, Vol. 37 (1991), pp. 1043-1057

Chandra, C.; Grabis, J.: Supply Chain Configuration. Concepts, Solutions, and Applications, Berlin et al. 2007

Christopher, M.: The Agile Supply Chain. Competing in Volatile Markets, in: Industrial Marketing Management, Vol. 29 (2000), pp. 37-44

Clark, A.J.; Scarf, H.: Optimal Policies for a Multi-Echelon Inventory Problem, in: Mangement Science, Vol. 6 (1960), pp. 475-490

Corsten, H.: Ansatzpunkte für die opportunistische Koordinierung in der auftragsorientierten Produktionsprogrammplanung, in: Innovatives Produktions- und Technologiemanagement, hrsg. v. H.-G. Gemünden und T. Blecker, Heidelberg 2001, S. 113-133

Corsten, H.: Beschaffung, in: Betriebswirtschaftslehre, Bd. 1, hrsg. v. H. Corsten und M. Reiß, 4. Aufl., München/Wien 2008, S. 347-441

Corsten, H.: Produktionswirtschaft. Einführung in das industrielle Produktionsmanagement, 11. Aufl., München/Wien 2007

Corsten, H.; Corsten, H.; Gössinger, R.: Projektmanagement. Einführung, 2. Aufl., München 2008

Corsten, H.; Corsten, H.; Sartor, C.: Operations Research. Eine problemorientierte Einführung, München 2005

Corsten, H.; Gössinger, R.: Multiagentensystemgestützte Störungsbehandlung auf der Grundlage der opportunistischen Koordinierung, Nr. 14 der Schriften zum Produktionsmanagement, Kaiserslautern 1997

Corsten, H.; Gössinger, R.: Opportunistische Koordinierung bei Werkstattfertigung - Ein multiagentensystemgestützter Lösungsansatz, in: Management und Zeit, hrsg. v. U. Götze, B. Mikus und J. Bloech, Heidelberg 2000, S. 493-540

Corsten, H.; Gössinger, R.: Flexibilitätsorientierte Produktionsplanung und -steuerung auf der Grundlage der opportunistischen Koordinierung. Entwurf eines Rahmenkonzeptes, in: Nachhaltige Unternehmensführung. Systemperspektiven, hrsg. v. R. Leisten und H.-C. Krcal, Wiesbaden 2003, S. 287-318

Corsten, H.; Gössinger, R.: Opportunistic Coordination of Operations in Job-Shop Production, in: Technovation, Vol. 24 (2004), pp. 219-234

Corsten, H.; Gössinger, R.: Flexibilitätsorientierte Losgrößenplanung auf der Grundlage der opportunistischen Koordinierung, in: Produktions- und Logistikmanagement. Festschrift für Günter Zäpfel zum 65. Geburtstag, hrsg. v. H. Corsten und H. Missbauer, München 2007, S. 259-286

Corsten, H.; Gössinger, R.: Einführung in das Supply Chain Management, 2. Aufl., München 2008

Corsten, H.; Gössinger, R.: Produktionswirtschaft. Einführung in das industrielle Produktionsmanagement, 12. Aufl., München/Wien 2009

Corsten, H.; Gössinger, R.; Großmann, B.: Entwurf eines Entscheidungsmodells für die flexibilitätsorientierte Losgrößenplanung auf der Grundlage der opportunistischen Koordinierung, Nr. 51 der Schriften zum Produktionsmanagement, Kaiserslautern 2002

Corsten, H.; Gössinger, R.; Schneider, H.: Grundlagen des Innovationsmanagements, München 2006

Corsten, H.; Gössinger, R.; Schneiker, K.: Auftragsorientierte Produktionsprogrammplanung auf der Grundlage der opportunistischen Koordinierung, in: Zeitschrift für Planung, 12. Jg. (2001), S. 307-328

Corsten, H.; Gössinger, R.; Wolf, N.: Flexibilitätsorientierte Auftragsfreigabe bei Werkstattproduktion, in: Zeitschrift für Betriebswirtschaft, 73. Jg. (2003a), S. 1301-1333

Corsten, H.; Gössinger, R.; Wolf, N.: Auftragsfreigabe bei Werkstattproduktion mit flexibel kombinierbaren Potentialfaktoren - Ein Ansatz auf der Grundlage der opportunistischen Koordinierung, Nr. 55 der Schriften zum Produktionsmanagement, Kaiserslautern 2003b

Corsten, H.; Gössinger, R.; Wolf, N.: Flexibility-driven Order Releases in Job-Shop Production, in: Technovation, Vol. 25 (2005), pp. 815-830

Corsten, H.; Peckedrath, P.: Konzeption und Überprüfung eines numerischen Prognoseverfahrens auf heuristischer Basis. Nr. 41 der Schriften zum Produktionsmanagement, hrsg. v. H. Corsten, Kaiserslautern 2001

Czeranowsky, G.: Programmplanung bei Auftragsfertigung unter besonderer Berücksichtigung des Terminwesens, Wiesbaden 1974

Davies, J.; Mabin, V.J.; Balderstone, S.J.: The Theory of Constraints. A Methodology Apart? - A Comparison with Selected ORIMS Methodologies, in: Omega, Vol. 33 (2005), pp. 506-524

Delfmann, W.: Pläne, Gestaltungsvarianten der, in: Handwörterbuch der Planung, hrsg. v. N. Szyperski, Stuttgart 1989, Sp. 1370-1380

Diks, E.B.; Kok, A.G. de; Lagodimos, A.G.: Multi-Echelon Systems. A Service Measure Perspective, in: European Journal of Operational Research, Vol. 95 (1996), pp. 241-263

Dinges, M.: Supply Chain Management. Logistikrevolution oder alter Wein in neuen Schläuchen?, in: Information Management & Consulting, 13. Jg. (1998), H. 3, pp. 22-27

Dinkelbach, W.: Zum Problem der Produktionsplanung in Ein- und Mehrproduktunternehmen, Würzburg/Wien 1964

Dinkelbach, W.; Kleine, A.: Elemente einer betriebswirtschaftlichen Entscheidungslehre, Berlin et al. 1996

Domschke, W; Scholl, A.; Voß, S.: Produktionsplanung. Ablauforganisatorische Aspekte, 2. Aufl., Berlin et al. 1997

de Groote, X.: Flexibility and Product Variety in Lot-sizing Models, in: European Journal of Operational Research, Vol. 75 (1994), pp. 264-274

Drexl, A. et al.: Konzeptionelle Grundlagen kapazitätsorientierter PPS-Systeme, in: Zeitschrift für betriebswirtschaftliche Forschung, 46. Jg. (1994), S. 1022-1045

Egbelu, P.J.: Establishment of Economic Production Rate, Production Batch Size and Production Sequence in Manufacturing Systems with Flexible Routing, in European Journal of Operational Research, Vol. 67 (1993), pp. 358-372

Eisenführ, F.; Weber, M.: Rationales Entscheiden, 3. Aufl., Berlin et al. 1999

Ellinger, T.: Ablaufplanung, Wiesbaden 1959

Ellinger, T.: Ablaufplanung, Grundfragen der Planung des zeitlichen Ablaufs der Fertigung im Rahmen der industriellen Produktionsplanung, Stuttgart 1959

Enns, S.T.: Job Shop Flowtime Prediction and Tardiness Control Using Queuing Analysis, in: International Journal of Production Research, Vol. 31 (1993), pp. 2045-2057

Evans, J.R.: Applied Production and Operations Management, 4ᵗʰ ed., St. Paul 1993

Fandel, G.: Begriff, Ausgestaltung und Instrumentarium der Unternehmensplanung, in: Zeitschrift für Betriebswirtschaft, 53. Jg. (1983), S. 479-508

Fandel, G.; Giese, A.; Raubenheimer, H.: Supply Chain Management. Strategien - Planungsansätze - Controlling, Berlin/Heidelberg 2009

Fandel, G.; Gubitz, K.-M.: ERP-Systeme für Industrie-, Handels- und Dienstleistungsunternehmen. Grundlagen, Methoden, Software, Marktanalyse, Hagen 2008

Feldmann, M.: Losüberlappung. Verfahren zur Effektivitätssteigerung in der operativen Produktionsplanung, Berlin 2005

Fischer, K.: Retrograde Terminierung. Werkstattsteuerung bei komplexen Fertigungsstrukturen, Wiesbaden 1990

Fleischmann, B.: The Discrete Lot-Sizing and Scheduling Problem, in: European Journal of Operational Research, Vol. 44 (1990), pp. 337-348

Fogarty, D.W.; Blackstone, J.H.; Hoffmann, T.R.: Production & Inventory Management, 2. Aufl., Cincinnati 1991

Fox, B.R.: The Implementation of Opportunistic Scheduling, in: Intelligent Autonomous Systems, An International Conference, Amsterdam, 8.-11.12.1986, ed. by L.O. Herzberger and F.C.A. Groen, Amsterdam et al. 1987, pp. 231-240

Fox, B.R.; Kempf, K.G.: Complexity, Uncertainty, and Opportunistic Scheduling, in: Proceedings of the Second Conference on Atificial Intelligence Applications. The Engineering of Knowledge-Based-Systems, Fontainebleau, 11.-13.12. 1985, ed. by C.R. Weisbin, Washington 1985, pp. 487-492

Framinan, J.M.; Gonzalez, P.L.; Ruiz-Usano, R.: The CONWIP Production Control System: Review and Research Issues, in: Production Planning & Control, Vol. 14 (2003), pp. 255-265

François, P.: Flexible Losgrößenplanung in Produktion und Beschaffung, Heidelberg 2000

Franken, M.: Produktionsplanung und -steuerung in strategischen Netzen. Ein logistikorientierter Koordinationsansatz, Wiesbaden 2004

Friedman, L.: A Competitive-Bidding Strategy, in: Operations Research, Vol. 4 (1956), pp. 104-112

Georgi, G.: Job Shop Scheduling in der Produktion. Einsatzorientierte Lösungen für ein Kernproblem der Produktionsplanung und -steuerung bei mittleren Auftragszahlen und variierenden Einsatzbedingungen, Heidelberg 1995

Glaser, H.: Zum betriebswirtschaftlichen Gehalt von PPS-Systemen, in: 10. Saarbrücker Arbeitstagung 1989: Rechnungswesen und EDV, hrsg. v. A.-W. Scheer, Heidelberg 1989

Glaser, H.; Geiger, W.; Rohde, V.: PPS. Produktionsplanung und -steuerung, 2. Aufl., Wiesbaden 1992

Goldratt, E.M.: Computerized Shop Floor Scheduling, in: International Journal of Production Research, Vol. 26 (1988), pp. 443-455

Goldratt, E.M.: Theory of Constraints, New York 1990

Goldratt, E.; Cox, J.: The Goal. A Process of Ongoing Improvement, Croton-on-Hudson 1984

Gössinger, R.: Opportunistische Koordinierung bei Werkstattfertigung. Ein Ansatz auf der Basis von Multiagentensystemen, Wiesbaden 2000

Gössinger, R.; Lehner, F.: Koordination von Produktionsanlaufprojekten. Eine flexibilitätsorientierte Analyse, Nr. 3 der Diskussionsbeiträge zum Produktions- und Logistikmanagement, Dortmund 2008

Goodman, D.; Baurmeister, H.: A Computational Algorithm for Multi-Contract Bidding under Constraints, in: Management Science, Vol. 22 (1976), pp. 788-798

Greene, T.J et al.: Scheduling Techniques, in: Production and Inventory Control Handbook, ed. by J.H. Greene et al., 3rd ed., New York et al. 1997, pp.13.1-13.51

Große-Oetringhaus, W.-F.: Fertigungstypologie unter dem Gesichtspunkt der Fertigungsablaufplanung, Berlin 1974

Gstettner, S.; Kuhn, H.: Analysis of Production Control Systems Kanban and Conwip, in: International Journal of Production Research, Vol. 34 (1996), pp. 3253-3274

Günther, H.-O.: The Design of an Hierarchical Model for Production Planning and Scheduling, in: Multi-Stage Production Planning and Inventory Control, ed. by S. Axsäter, C. Schneeweiß and E. Silver, Berlin et al. 1986, pp. 227-260

Günther, H.-O.; Tempelmeier, H.: Produktion und Logistik, 6. Aufl., Berlin et al. 2005

Gutenberg, E.: Grundlagen der Betriebswirtschaftslehre, Bd. 1: Die Produktion, 2. Aufl., Berlin/Göttingen/Heidelberg 1955

Gutenberg, E.: Grundlagen der Betriebswirtschaftslehre, Bd. 1: Die Produktion, 24. Aufl., Berlin/Heidelberg/New York 1983

Hadley, G.; Whitin, T.M.: Analysis of Inventory Systems, Englewood Cliffs 1963

Hahn, D.: Ziele des Produktionsmanagement, in: Handbuch Produktionsmanagement. Strategie - Führung - Technologie - Schnittstellen, hrsg. v. H. Corsten, Wiesbaden 1994, S. 23-49

Hahn, D.; Hungenberg, H.: PuK. Planung und Kontrolle, Planungs- und Kontrollsysteme, Planungs- und Kontrollrechnung. Wertorientierte Controllingkonzepte, 6. Aufl., Wiesbaden 2001

Hahn, D.; Laßmann, G.: Produktionswirtschaft. Controlling industrieller Produktion, Bd. 1 & Bd. 2: Grundlagen, Führung und Organisation, Produkte und Produkt-pro-gramm, Material und Dienstleistungen, Prozesse, 3. Aufl., Heidelberg 1999

Hansen, H.R.; Neumann, G.: Wirtschaftsinformatik I. Grundlagen betrieblicher Informationsverarbeitung, 8. Aufl., Stuttgart 2001

Hansmann, K.-W.: Kurzlehrbuch Prognoseverfahren. Mit Aufgaben und Lösungen, Wiesbaden 1983

Hansmann, K.-W.: Industrielles Management, 8. Aufl., München/Wien 2006

Hansmann, H.; Neumann, S.: Prozessorientierte Einführung von ERP-Systemen, in: Prozessmanagement. Ein Leitfaden zur prozessorientierten Organisationsgestaltung, hrsg. v. J. Becker, M. Kugeler und M. Rosemann, 3. Aufl., Berlin et al. 2002, S. 327-372

Harris, F.W.: How Many Parts to Make at Once, in: Factory. The Magazine of Management, Vol. 10 (1913), No. 2, pp. 135-136 and p. 152

Harris, F.W.: Operations and Costs, Chicago 1915

Hart, A.G.: Anticipations, Uncertainty, and Dynamic Planning, New York 1965 (first Copyright 1940)

Haupt, R.; Klee, H.W.: Grundlagen der Produktionsplanung, in: Das Wirtschaftsstudium, 15. Jg. (1986), S. 341-346

Hedrich, P.: Flexibilität in der Fertigungstechnik durch Computereinsatz, München 1983

Heinemeyer, W.: Die Planung und Steuerung des logistischen Prozesses mit Fortschrittszahlen, in: Fertigungssteuerung II: Systeme zur Fertigungssteuerung, hrsg. v. D. Adam, Wiesbaden 1988, S. 5-32

Heinemeyer, W.: Die Fortschrittszahlen als logistisches Konzept in der Automobilindustrie, in: Handbuch Produktionsmanagement, hrsg. v. H. Corsten, Wiesbaden 1994, S. 221-236

Heinhold, M.: Simultane Unternehmensplanungsmodelle. Ein Irrweg?, in: Die Betriebswirtschaft, 49. Jg. (1989), S. 689-708

Heisig, G.: Planning Stability in Material Requirements Planning Systems, Berlin et al. 2002

Hilke, W.: Zielorientierte Produktions- und Programmplanung, Neuwied 1978

Hoitsch, H.-J.: Produktionswirtschaft. Grundlagen einer industriellen Betriebswirtschaftslehre, 2. Aufl., München 1993

Holthaus, O.: Ablaufplanung bei Werkstattfertigung. Simulationsgestützte Analyse von Steuerungs- und Koordinationsregeln, Wiesbaden 1996

Homem-de-Mello, T.; Shapiro, A.; Spearman, M.L.: Finding Optimal Material Release Times Using Simulation-Based Optimization, in: Management Science, Vol. 45 (1999), pp. 86-102

Hopp, W.J.; Roof, M.L.: Setting WIP Levels with Statistical Throughput Control (STC) in CONWIP Production Lines, in: International Journal of Production Research, Vol. 36 (1998), pp. 867-882

Hopp, W.J.; Spearman, M.L.: Factory Physics. Foundations of Manufacturing Management, 2nd ed., Boston et al. 2001

Houtum, G.J. van; Inderfurth, K.; Zijm, W.H.M.: Materials Coordination in Stochastic Multi-Echelon Systems, in: European Journal of Operational Research, Vol. 95 (1996), pp. 1-23

Houtum, G.J. van; Zijm, W.H.M.: On the Relation between Cost and Service Models for General Inventory Systems, in: Statistica Neerlandica, Vol. 54 (2000), pp. 127-147

Inderfurth, K.: Zum Vergleich von Konzepten und Regeln zur Materialflußsteuerung in logistischen Ketten, in: Zeitschrift für Betriebswirtschaft, 68. Jg. (1998), S. 627-643

Irastorza, J.C.; Deane, R.H.: A Loading and Balancing Methodology for Job Shop Control, in: AIIE Transactions, Vol. 6 (1974), pp. 302-307

Jacob, H.: Zur optimalen Planung des Produktionsprogramms bei Einzelfertigung, in: Zeitschrift für Betriebswirtschaft, 41. Jg. (1971), S. 495-516

Jacob, H.: Unsicherheit und Flexibilität. Zur Theorie der Planung bei Unsicherheit, in: Zeitschrift für Betriebswirtschaft, 44. Jg. (1974), Erster Teil: S. 299-326, Zweiter Teil: S. 403-448, Dritter Teil: S. 505-526

Jacob, H.: Flexibilität und ihre Bedeutung für die Betriebspolitik, in: Integration und Flexibilität. Eine Herausforderung für die Allgemeine Betriebswirtschaftslehre, hrsg. v. D. Adam et al., Wiesbaden 1989, S. 15-60

Jacobs, F.R.: OPT Uncoverd. Many Production Planning and Scheduling Concepts can be Applied with or without Software, in: Industrial Engineering, Vol. 16 (1984), pp. 32-41

Jacobs, F.R.; Bendoly, E.: Enterprise Resource Planning. Developments and Directions for Operations Management Research, in: European Journal of Operational Research, Vol. 146 (2003), pp. 233-240

Jahnke, H.: Produktion bei Unsicherheit. Elemente einer betriebswirtschaftlichen Produktionslehre bei Unsicherheit, Heidelberg 1995

Jaikumar, R.; Wassenhove, L.N.v.: A Production Planning Framework for Flexible Manufacturing Systems, in: Journal of Manufacturing and Operations Management, Vol. 2 (1989), pp. 52-79

Jendralski, J.: Kapazitätsterminierung zur Bestandsregelung in der Werkstattfertigung, Diss. Hannover 1978

Kansky, D.; Weingarten, U.: Supply Chain. Fertigen, was der Kunde verlangt, in: Harvard Business Manager, 21. Jg. (1999), H. 4, pp. 87-95

Karaesman, F.; Buzacott, J.A.; Dallery, Y.: Integrating Advance Order Information in Make-to-Stock Production Systems, in: IIE Transactions, Vol. 34 (2002), pp. 649-662

Karmarkar, U.S.: Lot Sizes, Lead Times and In-Process Inventories, in: Management Science, Vol. 33 (1987), pp. 409-418

Karni, R.: Maximum Part-Period Gain (MPG). A Lot Sizing Procedure for Unconstrained and Constrained Requirements Planning Systems, in: Production and Inventory Management, Vol. 22 (1981a), No. 2, pp. 91-98

Karni, R.: Capacity Requirements Planning - Optimal Workstation Capacities, in: International Journal of Production Research, Vol. 19 (1981b), pp. 595-611

Karni, R.: Dynamic Algorithms for Input-Output Planning of Work-Station Loading, in: AIIE Transactions, Vol. 13 (1981c), pp. 333-342

Kayser, P.: EDV-gestützte Produktionsprogrammplanung bei Auftragsfertigung. Ein Systementwurf für die industrielle Praxis, Berlin 1978

Keller, S.: Die Reduzierung des Bullwhip-Effektes. Eine quantitative Analyse aus betriebswirtschaftlicher Perspektive, Wiesbaden 2004

Kern, W.: Die Messung industrieller Fertigungskapazitäten und ihrer Ausnutzung. Grundlagen und Verfahren, Köln/Opladen 1962

Kern, W.: Produktionswirtschaft, in: Handwörterbuch der Produktionswirtschaft, hrsg. v. W. Kern, 1. Aufl., Stuttgart 1979, Sp. 1647-1660

Kern, W.: Industrielle Produktionswirtschaft, 5. Aufl., Stuttgart 1992

Kimball, G.E.: General Principles of Inventory Control, in: Journal of Manufacturing and Operations Management, Vol. 1 (1988), pp. 119-130

Kistner, K.-P.: Koordinationsmechanismen in der hierarchischen Planung, in: Zeitschrift für Betriebswirtschaft, 62. Jg. (1992), S. 1125-1146

Kistner, K.-P.; Steven, M.: Produktionsplanung, 3. Aufl., Heidelberg 2001

Kivenko, K.: Managing Work-in-Process Inventory, New York et al. 1981

Klaus, G. (Hrsg.): Wörterbuch der Kybernetik, Bd. 2: Metasprache - zyklisch permutierter Code, 2. Aufl., Frankfurt a.M./Hamburg 1969

Klein, R.; Scholl, A.: Planung und Entscheidung. Konzepte, Modelle und Methoden einer modernen betriebswirtschaftlichen Entscheidungsanalyse, München 2004

Knolmayer, G.: Advanced Planning and Scheduling Systems. Optimierungsmethoden als Entscheidungskriterium für die Beschaffung von Software-Paketen?, in: Zum Erkenntnisstand der Betriebswirtschaftslehre am Beginn des 21. Jahrhunderts. Festschrift für Erich Loitlsberger zum 80. Geburtstag, hrsg. v. U. Wagner, Berlin 2001, S. 135-155

Knolmayer, G.; Mertens, P.; Zeier, A.: Supply Chain Management auf Basis von SAP-Systemen. Perspektiven der Auftragsabwicklung für Industriebetriebe, Berlin et al. 2000

Koch, H.: Die zentrale Grobplanung als Kernstück der integrierten Unternehmensplanung, in: Zeitschrift für betriebswirtschaftliche Forschung, 24. Jg. (1972), S. 222-252

Koch, H.: Integrierte Unternehmensplanung, Wiesbaden 1982

Koffler, J.R.: Neuere Systeme zur Produktionsplanung und -steuerung. Belastungsorientierte Auftragsfreigabe, Fortschrittszahlenkonzept, Kanban-Prinzipien, München 1987

Kolisch, R.: Project-Scheduling under Resource Constraints. Efficient Heuristics for Several Problem Classes, Heidelberg 1995

Kortmann, J.; Lessing, H.: Marktstudie. Standardsoftware für Supply Chain Management, Paderborn 2000

Kotschenreuther, W.: Unterstützung der Störungsbewältigung in der Produktion durch Verteilte Wissensbasierte Systeme, Diss. Erlangen-Nürnberg 1991

Kuhn, H.: Einlastungsplanung von flexiblen Fertigungssystemen, Heidelberg 1990

Kulow, B. et al.: Marktstudie Supply Chain Management Software. Planungssysteme im Überblick, Stuttgart/Dortmund 1999

Kurbel, K.: Produktionsplanung und -steuerung. Methodische Grundlagen von PPS-Systemen und Erweiterungen, 4. Aufl., München/Wien 1999

Kurbel, K.: Produktionsplanung und -steuerung. Methodische Grundlagen von PPS-Systemen und Erweiterungen, 5. Aufl., München/Wien 2003

Kurbel, K.: Produktionsplanung und -steuerung im Enterprise Resource Planning und Supply Chain Management, 6. Aufl., München/Wien 2005

Kühn, M.: Flexibilität in logistischen Systemen, Heidelberg 1989

Küpper, W.; Lüder, K.; Streitferdt, L.: Netzplantechnik, Würzburg/Wien 1975

Lambrecht, M.R.; Muckstadt, J.A.; Luyten, R.: Protective Stocks in Multi-Stage Production Systems, in: International Journal of Production Research, Vol. 22 (1984), pp. 1001-1025

Lasserre, J.B.; Roubellat, F.: Measuring Decision Flexibility in Production Planning, in: IEEE Transactions on Automatic Control, Vol. AC-30 (1985), pp. 447-452

Laux, H.: Auftragsselektion bei Unsicherheit, in: Zeitschrift für betriebswirtschaftliche Forschung, 23. Jg. (1971), S. 164-180

Little, J.D.C.: A Proof of the Queuing Formula: $L = \lambda W$, in: Operations Research, Vol. 9 (1961), pp. 383-387

Lödding, H.: Verfahren der Fertigungssteuerung. Grundlagen, Beschreibungen, Konfiguration, Berlin et al. 2005

Lührs, T.; Rock, B.: Supply Chain Management. Software-Auswahl, in: Diebold Management Report, o. Jg. (2000), H. 4/5, pp. 13-18

Mag, W.: Planung, in: Vahlens Kompendium der Betriebswirtschaftslehre, Bd. 2, hrsg. v. M. Bitz et al., 4. Aufl., München 1999, S. 1-63

Magee, J.F.: Decision Trees for Decision Making, in: Harvard Business Review, Vol. 42 (1964), pp. 126-138

Mahlmann, K.: Anpassung und Anpassungsfähigkeit der betrieblichen Planung, Diss. Göttingen 1976

Maier, K.: Die Flexibilität betrieblicher Leistungsprozesse. Methodische und theoretische Grundlegung der Problemlösung, Diss. Mannheim 1982

Mandelbaum, M.; Buzacott, J.A.: Flexibility and Its Use. A Formal Decision Process and Manufacturing View, in: Proceedings of the Second ORSA/TIMS Conference on Flexible Manufacturing Systems: Operations Research Models and Applications, ed. by K.E. Stecke and R. Suri, Amsterdam 1986, pp. 119-130

Marschak, T.; Nelson, R.: Flexibility, Uncertainty, and Economic Theory, in: Metroeconomica, Vol. 14 (1962), pp. 42-58

Meffert, H.: Die Flexibilität in betriebswirtschaftlichen Entscheidungen, Habilitationsschrift München (LMU) 1968

Meier-Barthold, D.: Flexibilität in der Material-Logistik, Wiesbaden 1999

Melnyk, S.A.; Ragatz, G.L.: Order Review/Release: Research Issues and Perspectives, in: International Journal of Production Research, Vol. 27 (1989), pp. 1081-1096

Mertens, P.: MRP II. Ein Beitrag zur Kapazitätswirtschaft im Industriebetrieb, in: Kapazitätsmessung, Kapazitätsgestaltung, Kapazitätsoptimierung eine betriebswirtschaftliche Kernfrage. Festschrift für Werner Kern zum 65. Geburtstag, hrsg. v. H. Corsten et al., Stuttgart 1992, S. 27-45

Missbauer, H.: Bestandsregelung als Basis für eine Neugestaltung von PPS-Systemen, Heidelberg 1998

Missbauer, H.: Durchlaufzeitmanagement in dezentralen PPS-Systemen. Gestaltungsmöglichkeiten und Forschungsperspektiven, in: Produktions- und Logistikmanagement. Festschrift für Günter Zäpfel zum 65. Geburtstag, hrsg. v. H. Corsten und H. Missbauer, München 2007, S. 237-258

Monden, Y.: Toyota Production System. Practical Approach to Production Management, Norcross 1983

Monden, Y.: Toyota Production System. An Integrated Approach to Just-In-Time, 2nd ed., London et al. 1994

Münstermann, H.: Unternehmensrechnung. Untersuchungen zur Bilanz, Kalkulation, Planung. Mit Einführungen in die Matrizenrechnung, Graphentheorie und Lineare Programmierung, Wiesbaden 1969

Naddor, E.: Lagerhaltungssysteme, Frankfurt a.M./Zürich 1971

Neumann, K.: Produktions- und Operations-Management, Berlin et al. 1996

Orlicky, J.: Material Requirements Planning: The New Way of Life in Production and Inventory Management, New York et al. 1975

Ossadnik, W.: Planung und Entscheidung, in: Betriebswirtschaftslehre, Bd. 2, hrsg. v. H. Corsten und M. Reiß, 4. Aufl., München/Wien 2008, S. 1-80

Park, P.S.; Bobrowski, P.M.: Job Release and Labor Flexibility in a Dual Resource Constrained Job Shop, in: Journal of Operations Management, Vol. 8 (1989), pp. 230-249

Pauli, J.: So wird Ihr Unternehmen flexibel. Leitlinien und Maßnahmen, Zürich 1987

Petersen, L.: Kapazitätsorientierte Auftragsplanung bei Serienfertigung, Wiesbaden 1998

Pfohl, H.-C.: Problemorientierte Entscheidungsfindung in Organisationen, Berlin/New York 1977

Pfohl, H.-C.; Stölzle, W.: Planung und Kontrolle, 2. Aufl., München 1997

Philipoom, P.R.; Fry, T.D.: Capacity-based Order Review/Release Strategies to Improve Manufacturing Performance, in: International Journal of Production Research, Vol. 30 (1992), pp. 2559-2572

Philipoom, P.R.; Malhotra, M.K.; Jensen, J.B.: An Evaluation of Capacity Sensitive Order Review and Release Procedures in Job Shops, in: Decision Sciences, Vol. 24 (1993), pp. 1109-1133

Philippson, C.; Treutlein, P.; Hillebrand, V.: Produktionsplanung und -steuerung 1999. Aktuelles Marktangebot und Entwicklungstendenzen bei Standard-PPS-Systemen, in: FB/IE Zeitschrift für Unternehmensentwicklung und Industrial Engineering, 48. Jg. (1999), H. 2, S. 52-65

Pillep, R.; Wrede, P.v.: Anspruch und Wirklichkeit. Nutzenpotentiale und Marktübersicht von SCM-Systemen, in: Industrie Management, 15. Jg. (1999), H. 5, S. 18-22

Pressmar, D.B.: Evolutorische und stationäre Modelle mit variablen Zeitintervallen zur simultanen Produktions- und Ablaufplanung, in: Proceedings in Operations Research 3, Vorträge der Jahrestagung 1973, hrsg. v. P. Gessner et al., Würzburg 1974, S. 462-471

Pritsker, A.A.B.; Happ, W.W.: GERT: Graphical Evuluation and Review Technique. Part I. Fundamentals, in: The Journal of Industrial Engineering, Vol. 17 (1966), pp. 267-274

Rautenstrauch, C.; Turowski, K.: Leitstände zur dezentralen Produktionsplanung und -steuerung, in: Dezentrale Produktionsplanungs- und -steuerungs-Systeme. Eine Einführung in zehn Lektionen, hrsg. v. H. Corsten und R. Gössinger, Stuttgart/Berlin/Köln 1998, S. 145-171

Recker, A.: Losgrößenplanung in PPS-Systemen. Optimierende versus heuristische Verfahren, Wiesbaden 2000

Reese, J.: Unternehmensflexibilität, in: Unternehmensdynamik. Horst Albach zum 60. Geburtstag, hrsg. v. K.-P. Kistner und R. Schmidt, Wiesbaden 1991, S. 361-387

Reichwald, R.; Behrbohm, P.: Flexibilität als Eigenschaft produktionswirtschaftlicher Systeme, in: Zeitschrift für Betriebswirtschaft, 53. Jg. (1983), S. 831-853

Reiß, M.: Prognose und Planung, in: Handwörterbuch der Planung, hrsg. v. N. Szyperski, Stuttgart 1989, Sp. 1627-1637

Riebel, P.: Die Elastizität des Betriebes. Eine produktions- und marktwirtschaftliche Untersuchung, Köln/Opladen 1954

Riebel, P.: Typen der Markt- und Kundenproduktion in produktions- und absatzwirtschaftlicher Sicht, in: Zeitschrift für handelswissenschaftliche Forschung (NF), 17. Jg. (1965), S. 663-685

Ritter, K.-H.: Belastungsorientierte Auftragsfreigabe, in: Angewandte Arbeitswissenschaft, o. Jg. (1983), H. 96, S. 34-47

Ritter von Escherich, P.: Lehrbuch des allgemeinen und des Staats-Rechnungswesens. Erster Band, Wien 1851

Rohde, J.; Meyr, H.; Wagner, M.: Die Supply Chain Planning Matrix, in: PPS Management, 5. Jg. (2000), H. 1, S. 10-15

Rose, H.: Computergestützte Störungsbewältigung beim Durchlauf von Produktionsaufträgen unter besonderer Berücksichtigung wissensbasierter Elemente, Diss. Erlangen-Nürnberg 1989

Rücker, T.: Optimale Materialflusssteuerung in heterogenen Produktionssystemen, Wiesbaden 2006

Rücker, T.; Buzacott, J.A.: Einsatz des Production-Authorization-Card-Konzeptes zur Realisierung einer hybriden Produktionsplanung und -steuerung für heterogene Produktionssysteme. Beschreibung und Modellierung der Planungsaufgaben bei der Anwendung des PAC-Konzeptes, in: Entwicklungen im Produktionsmanagement. Festschrift für Herfried Schneider zum 65. Geburtstag, hrsg. v. A. Braßler und H. Corsten, München 2004, S. 115-138

Rücker, T.; Schneider, H.: Das Production-Authorization-Card (PAC)-Konzept im simulationsbasierten Vergleich unterschiedlicher Konzepte zur Materialflusssteuerung, in: Produktions- und Logistikmanagement. Festschrift für Günter Zäpfel zum 65. Geburtstag, hrsg. v. H. Corsten und H. Missbauer, München 2007, S. 209-236

Ryan, M.; Baynat, B.; Choobineh, F.: Determining Inventory Levels in a CONWIP Controlled Job Shop, in: IIE Transactions, Vol. 32 (2000), pp. 105-114

Sacerdoti, E.D.: The Nonlinear Nature of Plans, in: Advance Papers of the Fourth International Joint Conference on Artificial Intelligence, Tbilisi, 03.-08.09.1975, Vol. 1. without ed., without place, 1975, pp. 206-214

Sartor, C.: Auslastungsabhängige Auftragsfreigabe bei Werkstattproduktion - Entwurf eines iterativen Verfahrens, Diss. Kaiserslautern 2006

Scheer, A.-W.: CIM - Computer Integrated Manufacturing: Der computergesteuerte Industriebetrieb, 4. Aufl., Berlin et al. 1990

Schlüter, F.; Schneider H.: Produktionsplanung und -steuerung, in: Produktionsmanagement in kleinen und mittleren Unternehmen, hrsg. v. H. Schneider, Stuttgart 2000, S. 225-286

Schlüchtermann, J.: Planung in zeitlich offenen Entscheidungsfeldern, Wiesbaden 1996

Schneeweiß, C.: Zur Bewältigung von Unsicherheiten in der Produktionsplanung und -steuerung, in: Betriebswirtschaftliche Steuerungs- und Kontrollprobleme, hrsg. v. W. Lücke, Wiesbaden 1988, S. 285-302

Schneeweiß, C.: Planung 1. Systemanalytische und entscheidungstheoretische Grundlage, Berlin et al. 1991

Schneeweiß, C.: Planung, Bd. 2. Konzepte der Prozeß- und Modellgestaltung, Berlin et al. 1992

Schneeweiß, C.; Kühn, M.: Zur Definition und gegenseitigen Abgrenzung der Begriffe Flexibilität, Elastizität und Robustheit, in: Zeitschrift für betriebswirtschaftliche Forschung, 42. Jg. (1990), S. 378-395

Schneider, D.: Allgemeine Betriebswirtschaftslehre, 2. Nachdruck der 3. Aufl., München/Wien 1994

Schneider, D.: Informations- und Entscheidungstheorie, München/Wien 1995

Schneider, H.: Hybrides Produktionsplanungs- und -steuerungssystem für heterogene Produktionsstrukturen, in: Produktionsplanung und -steuerung. Neue Anforderungen durch Veränderungen des Produktionssystems, 1. Arbeitsbericht des Fachgebietes Produktionswirtschaft/Industriebetriebslehre der Technischen Universiät Ilmenau, hrsg. v. H. Schneider, Ilmenau 1996, S. 4-25

Schneider, H.; Schlüter, F.: Hybrides Produktionsplanungs- und -steuerungskonzept für heterogene Produktionsstrukturen in kleinen und mittleren Unternehmen, in: Produktionswirtschaft 2000 - Perspektiven für die Fabrik der Zukunft, hrsg. v. R.F. Erben, K. Nagel und F.T. Piller, Wiesbaden 1999, S. 350-369

Schneider, H.M.; Buzacott, J.A.; Rücker, T.: Operative Produktionsplanung und -steuerung: Konzepte und Modelle des Informations- und Materialflusses in komplexen Fertigungssystemen, München/Wien 2005

Schönsleben, P.: Integrales Logistikmanagement. Operations und Supply Chain Management in umfassenden Wertschöpfungsnetzwerken, 5. Aufl., Berlin et al. 2007

Schönsleben, P.; Bärtschi, M.; Hieber, R.: Mehr Erfolg im Netzwerk, in: Manager Bilanz, 2. Jg. (2000), H. 1, S. 6-11

Schönsleben, P.; Hieber, R.: Supply-Chain-Management-Software. Welche Erwartungshaltung ist gegenüber der neuen Generation von Planungssoftware angebracht?, in: io Management, 69. Jg. (2000), H. 1/2, S. 18-24

Schulteis, G.: Informations- und Kommunikationstechnologie für vertikale Unternehmungskooperationen. Gestaltungspotentiale unternehmungsübergreifender Geschäftsprozesse, Wiesbaden 2000

Schütte, R.; Siedentopf, J.; Zelewski, S.: Koordinationsprobleme in Produktionsplanungs- und -steuerungskonzepten, in: Einführung in das Produktionscontrolling, hrsg. v. H. Corsten und B. Friedl, München 1999, S. 141-187

Schwarz, M.: ERP-Standardsoftware und organisatorischer Wandel. Eine integrative Betrachtung, Wiesbaden 2000

Schwarzmaier, U.: Verfahren zur Produktionsplanung und Produktionssteuerung in industriellen Unternehmungen, Berlin 1995

Seelbach, H.: Ablaufplanung, Würzburg/Wien 1975

Seidl, K.: Supply Chain Management Software. Einsatzmöglichkeiten und Nutzenerwartungen, in: Supply Chain Management: Logistik plus? Logistikkette - Marketingkette - Finanzkette, hrsg. v. H.-C. Pfohl, Berlin 2000, S. 161-183

Sethi, A.K.; Sethi S.P.: Flexibility in Manufacturing, A Survey, in: International Journal of Flexible Manufacturing Systems, Vol. 2 (1990), pp. 289-328

Shanker, K.; Tzen, Y.-J.J.: A Loading and Dispatching Problem in a Random Flexible Manufacturing System, in: International Journal of Production Research, Vol. 23 (1985), pp. 579-595

Sheikh, K.: Manufacturing Resource Planning (MRP II). With Introduction to ERP, SCM and CRM, New York et al. 2003

Silver, E.A.; Pyke, D.F.; Peterson, R.: Inventory Management and Production Planning and Scheduling, New York u.a. 1998

Simon, H.A.; Newell, A.: Heuristic Problem Solving. The Next Advance in Operations Research, in: Operations Research, Vol. 6 (1958), pp. 1-10

Skinner, W.: The Focused Factory, in: Harvard Business Review, Vol. 72 (1974), No. 3, pp. 114-121

Skinner, W.: Manufacturing. The Formidable Competitive Weapon, New York et al. 1985

Spearman, M.L.; Woodruff, D.L.; Hopp, W.J.: ConWIP. A Pull Alternative to Kanban, in: International Journal of Production Research, Vol. 28 (1990), pp. 879-894

Stadtler, H.: Hierarchische Produktionsplanung bei losweiser Fertigung, Heidelberg 1988

Stadtler, H.: Hierarchische Produktionsplanung, in: Handwörterbuch der Produktionswirtschaft, hrsg. v. W. Kern, H.-H. Schröder und J. Weber, 2. Aufl., Stuttgart 1996, Sp. 631-641

Stadtler, H.: Supply Chain Management und Supply Chain Planning, in: OR News, without Vol. (1999), No. 5, pp. 35-37

Stadtler, H.: Improved Rolling Schedules for the Dynamic Single-Level Lot-Sizing Problem, in: Management Science, Vol. 46 (2000), pp. 318-326

Stadtler, H.: Production Planning and Scheduling, in: Supply Chain Management and Advanced Planning. Concepts, Models, Software and Case Studies, hrsg. v. H. Stadtler und C. Kilger, 3rd ed., Berlin et al. 2005, pp. 197-214

Stecke, K.E.; Kim, I.: A Study of FMS Part Type Selection Approaches for Short-Term Production Planning, in: International Journal of Flexible Manufacturing Systems, Vol. 1 (1988), pp. 7-29

Stefanic-Allmeyer, K.: Die günstigste Bestellmenge beim Einkauf, in: Sparwirtschaft. Zeitschrift für wirtschaftlichen Betrieb, 5. Jg (1927), S. 504-508

Stute, G. et al.: PEARL-Programmsystem zur Steuerung und Überwachung flexibler Fertigungssysteme, PDV-Bericht KfK-PDV 213 des Kernforschungszentrums Karlsruhe GmbH, Karlsruhe 1982

Szyperski, N.; Mußhoff, H.J.: Planung und Plan, in: Handwörterbuch der Planung, hrsg. v. N. Szyperski, Stuttgart 1989, Sp. 1426-1438

Szyperski, N.; Winand, U.: Grundbegriffe der Unternehmensplanung, Stuttgart 1980

Tardif, V.; Maaseidvaag, L.: An Adaptive Approach to Controlling Kanban Systems, in: European Journal of Operational Research, Vol. 132 (2001), pp. 411-424

Tempelmeier, H.: Safety Stock Allocation in a Two Echelon Distribution System, in: European Journal of Operational Research, Vol. 63 (1993), pp. 96-117

Tempelmeier, H.: Advanced Planning Systems, in: Industrie Management, 15. Jg. (1999), H. 5, S. 69-72

Tempelmeier, H.: Material-Logistik. Modelle und Algorithmen für die Produktionsplanung und -steuerung und das Supply Chain Management, 5. Aufl., Berlin/Heidelberg 2003

Tempelmeier, H.: Material-Logistik. Modelle und Algorithmen für die Produktionsplanung und -steuerung in Advanced-Planning-Systems, 6. Aufl., Berlin/Heidelberg 2006

Vidyarthi, N.K.; Tiwari, M.K.: Machine Loading Problem of FMS: A Fuzzy-Based Heuristic Approach, in: International Journal of Production Research, Vol. 39 (2001), pp. 953-980

Wagner, H.M.; Whitin, T.M.: Dynamic Version of the Economic Lot Size Model, in: Management Science, Vol. 5 (1959), pp. 89-96

Weidner, D.: Engpaßorientierte Fertigungssteuerung. Eine Untersuchung über die in Optimized Production Technology implementierten Konzepte der Produktionsplanung und -steuerung, Frankfurt et al. 1992

Wein, L.M.; Chevalier, P.B.: A Broader View of the Job-Shop Scheduling Problem, in: Management Science, Vol. 38 (1992), pp. 1018-1033

Wiendahl, H.-P.: Belastungsorientierte Fertigungssteuerung. Grundlagen, Verfahrensaufbau, Realisierung, München/Wien 1987

Wight, O.W.: Input/Output Control. A Real Handle on Lead Time, in: Production and Inventory Management, Vol. 11 (1970), No. 3, pp. 9-31

Wight, O.W.: Production and Inventory Management in the Computer Age, Boston 1974

Wight, O.W.: Manufacturing Resource Planning. MRP II, revised ed., Essex Junction 1984

Wild, J.: Grundlagen der Unternehmungsplanung, Reinbek bei Hamburg 1974

Wildemann, H.: Die modulare Fabrik: Kundennahe Produktion durch Fertigungsseg-mentierung. Forschungsbericht des Lehrstuhls für Betriebswirtschaftslehre mit Schwerpunkt Fertigungswirtschaft an der Universität Passau, Passau 1988

Wildemann, H.: Die modulare Fabrik: Kundennahe Produktion durch Fertigungsseg-mentierung, 5. Aufl., München 1998

Winters, P.R.: Forecasting Sales by Exponentially Weighted Moving Averages, in: Management Science, Vol. 6 (1960), pp. 324-342

Witte, E.: Entscheidungsprozesse, in: Handwörterbuch der Organisation, hrsg. v. E. Frese, 3. Aufl., Stuttgart 1992, Sp. 552-565

Witte, T.: Heuristisches Planen. Vorgehensweisen zur Strukturierung betrieblicher Planungsprobleme, Wiesbaden 1979

Wittmann, W.: Unternehmung und unvollkommene Information. Unternehmerische Voraussicht - Ungewissheit und Planung, Köln/Opladen 1959

Zäpfel, G.: Dynamische deterministische Losgrößenmodelle. Lösungsmöglichkeiten mittels der dynamischen Optimierung, in: Industrial Engineering, 4. Jg. (1974), S. 203-211

Zäpfel, G.: Produktionswirtschaft. Operatives Produktions-Management, Berlin/New York 1982

Zäpfel, G.: Strategisches Produktions-Management, 2. Aufl., München/Wien 2000a

Zäpfel, G.: Supply Chain Management, in: Logistik-Management. Strategien - Konzepte - Praxisbeispiele, hrsg. v. H. Baumgarten, H.-P. Windahl und J. Zentes, Berlin/Heidelberg/New York 2000b, 7/02/03/01, S. 1-31 (getrennte Zählung)

Zäpfel, G.: Grundzüge des Produktions- und Logistikmanagement, 2. Aufl., München/Wien 2001

Zäpfel, G.: Losgrößenplanung, in: Lexikon der Betriebswirtschaftslehre, hrsg. v. H. Corsten und R. Gössinger, 5. Aufl., München 2008, S. 497-501

Zäpfel, G.: Produktionsplanung und -steuerung (PPS), in: Lexikon der Betriebswirt-schaftslehre, hrsg. v. H. Corsten und R. Gössinger, 5. Aufl., München 2008, S. 645-651

Zäpfel, G.; Altmann, J.: Losgrößenplanung: Problemstellung und Problemklassen, in: Das Wirtschaftsstudium, 7. Jg. (1978), S. 529-532

Zäpfel, G.; Braune, R.: Moderne Heuristiken der Produktionsplanung, München 2005

Zäpfel, G.; Gfrerer, H.: Sukzessive Produktionsplanung, in: Wirtschaftswissenschaft-liches Studium, 13. Jg. (1984), S. 235-241

Zäpfel, G.; Missbauer, H.: Bestandskontrollierte Produktionsplanung und -steuerung, in: Fertigungssteuerung. Grundlagen und Systeme, hrsg. v. D. Adam, Wiesba-den 1987, S. 27-52

Zäpfel, G.; Missbauer, H.; Kappel W.: PPS-Systeme mit belastungsorientierter Auf-tragsfreigabe. Operationscharakteristika und Möglichkeiten zur Weiterentwick-lung, in: Zeitschrift für Betriebswirtschaft, 62. Jg. (1992), S. 897-919

Zäpfel, G.; Missbauer, H.: New Concepts for Production Planning and Control, in: European Journal of Operational Research, Vol. 67 (1993), pp. 297-320

Zäpfel, G.; Piekarz, B.: Supply Chain Controlling. Interaktive und dynamische Regelung der Material- und Warenflüsse, Wien 1996

Zäpfel, G.; Wasner, M.: Modellierung von Logistikketten und Möglichkeiten der Optimierung, gezeigt an einem Praxisfall der Stahllogistik, in: Zeitschrift für Betriebswirtschaft, 70. Jg. (2000), S. 267-288

Zelewski, S.: Petrinetzbasierte Modellierung komplexer Produktionssysteme, Arbeitsbericht Nr. 6 des Instituts für Produktionswirtschaft und Industrielle Informationswirtschaft der Universität Leipzig, Bd. 2: Bezugsrahmen, Leipzig 1995

Zelewski, S.: Flexibilitätsorientierte Produktionsplanung und -steuerung, in: Dezentrale Produktionsplanungs- und -steuerungs-Systeme. Eine Einführung in zehn Lektionen, hrsg. v. H. Corsten und R. Gössinger, Stuttgart/Berlin/Köln 1998, S. 233-257

Zelewski, S.: Grundlagen, in: Betriebswirtschaftslehre, Bd. 1, hrsg. v. H. Corsten und M. Reiß, 4. Aufl., München/Wien 2008, S. 1-97

Zelewski, S.: Faire Verteilung von Effizienzgewinnen in Supply Webs. Ein spieltheoretischer Ansatz auf der Basis des τ-Werts, Berlin 2009

Zelewski, S.; Hohmann, S.; Hügens, T.: Produktionsplanungs- und -steuerungssysteme. Konzepte und exemplarische Implementierungen mithilfe von SAP® R/3®, München 2008

Zhu, Z.; Heady, R.B.; Lee, J.: A Simple Procedure for Solving Single Level Lot Sizing Problems, in: Computers & Industrial Engineering, Vol. 26 (1994), pp. 125-131

Zijm, W.H.M.: Towards Intelligent Manufacturing Planning and Control Systems, in: OR Spectrum, Vol. 22 (2000), pp. 313-345

Stichwortverzeichnis

Supply Chain Management umfassend und systematisch

Hans Corsten, Ralf Gössinger
Einführung in das Supply Chain Management
2., vollständig überarb. und wesentlich erw. Aufl. 2008.
XVI, 367 S., gb.
€ 29,80
ISBN 978-3-486-58461-5

Supply Chain Management stößt seit einigen Jahren zunehmend auf das Interesse von Wissenschaft und Praxis. Dies geht mit der Konsequenz einher, dass es für die Studierenden eine kaum noch zu überblickende Anzahl an Publikationen gibt. Diese vorliegende Literatur zeichnet sich jedoch dadurch aus, dass sie sich insbesondere mit speziellen Problemen im Rahmen des Supply Chain Management beschäftigt.
Ziel dieses Lehrbuchs ist es deshalb, Fragen des Supply Chain Management in systematischer Form aufzubereiten. Auch wenn sich das Lehrbuch in erster Linie an Studierende des Haupstudiums richtet, kann es auch im Grundstudium sowie von interessierten Praktikern mit Gewinn gelesen werden.

Aus dem Inhalt:
Netzwerke als Grundlage des Supply Chain Management.
Supply Chain als spezielles Netzwerk.
Quantitative Modelle zum Supply Chain Management.

Univ.-Prof. Dr. habil. Hans Corsten ist Inhaber des Lehrstuhls für Produktionswirtschaft an der Universität Kaiserslautern.

Prof. Dr. Ralf Gössinger ist Inhaber des Lehrstuhls für Produktion und Logistik an der Universität Dortmund.

Oldenbourg